뉘른베르크의 사형집행인

The Faithful Executioner

뉘른베르크의
사형집행인

16세기의 격동하는 삶과 죽음, 명예와 수치

조엘 해링톤 지음 | 이지안 옮김

마르코폴로

| 차례 |

머리말 8

1장
—
견습공 THE APPRENTICE 28

2장
—
숙련공 THE JOURNEYMAN 92

3장
—
장인 THE MASTER 160

4장
—
현자 THE SAGE 230

5장
—
치유사 THE HEALER 306

에필로그 368

THE WORLD OF FRANTZ SCHMIDT

프란츠 슈미트가 알았던 세계

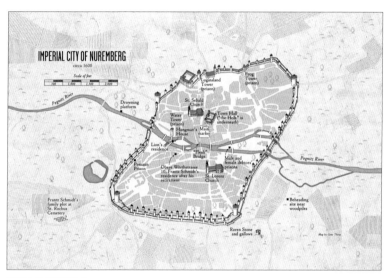

제국도시 뉘른베르크

머리말

메사 쓸모 있는 사람은 존경할 만하다.
— 율리우스 크라우츠, 『베를린의 사형집행인』(1889)₁

1617년 11월 13일 어느 쌀쌀한 목요일 아침, 동트기 전부터 군중이 모여들기 시작했다. 유럽 전역에서 법과 질서의 요새로 칭송받는 자유제국도시* 뉘른베르크에는 각계각층의 관중들 공개 사형을 관람하기에 좋은 자리를 차지하려고 혈안이 되어 있었다. 사형행렬이 지나갈 시내 중심부터 성벽 외곽의 교수대까지, 상인들은 벌써 길가에 좌판을 세우고 뉘른베르크의 명물인 소시지, 자우어크라우트, 소금에 절인 청어 등을 내다 팔 준비를 마쳤고, 어른들과 아이들은 군중 속을 누비며 병맥주와 포도주를 팔기 시작했다. 해가 높이 떠오르자, 군중은 수천 명으로 불어났고, 수십 명의 궁병(弓兵)이 순찰조를 이뤄 치안유지를 위해 분주히 움직였다. 술에 취해 음담패설을 지껄이는 젊은이들은 서로 떠밀며 장내를 쏘다녔다. 거리 곳곳에 땅콩과 소시지 굽는 냄새 사이로 토사물의 톡 쏘는 냄새와 지린내가 진동했다.

전통적으로 '가련한 죄인'으로 불리는 사형수에 관한 소문들이

---

* 자유제국도시(Freien Reichsstadt)는 제후에게 예속되지 않고 황제에게 직접 세금을 바치고 군대 복무 의무를 지며, 그대신 일정한 입법권과 사법권을 보장받는다. — 이하 각주는 옮긴이의 주.

어지러운 속도로 퍼져나갔다. 개요는 빠르게 전달되었다. 이를테면 사형수의 이름은 게오르크 카를 람브레히트, 나이는 서른 살 정도이고, 과거 마인베르하임의 프랑켄 마을에 살았다. 사형수는 방앗간에서 오랜 세월 일했는데, 최근에는 포도주를 운반하는 육체노동자로 막노동을 해왔다. 그는 다량의 금화와 은화를 위조한 죄로 사형을 선고받았고, 범행을 함께 저질렀던 다른 공범 일행은 이미 성공적으로 빠져나간 뒤였다. 궁금해하는 관중에게 가장 흥미로운 소식은 그가 온갖 종류의 마술에 능통했으며, 간통 때문에 본처와 이혼한 후로는 악명높은 여자 마법사, 일명 아이언 바이터를 내연녀로 삼아 지방 각지를 떠돌았다는 점이었다. 몇몇 목격담에 따르면, 최근 어떤 집회에서 람브레히트가 검은 암탉을 공중에 던지며 "보라, 악마여! 여기 너의 먹이가 있으니 이제 나의 것을 돌려다오"라고 외쳐 자기 적들을 죽음에 내몰도록 저주를 했다고 한다. 또한 돌아가신 어머니 역시 마녀였으며, 아버지도 오래전 도둑질로 형장의 이슬로 사라졌기 때문에, 감옥의 한 사제는 그를 가리켜 "피는 못 속인다"라고 평가했다.

시계가 정오를 가리키기 직전, 성 제발두스 교회에서 종이 경건하게 울리자 중앙시장의 성모교회와 페크니츠강 맞은편에 있는 성 로렌츠 교회에서 연쇄적으로 종소리가 울렸다. 몇 분도 지나지 않아, 시청사 옆문에서 가련한 죄인이 발목에 족쇄를 채우고 포승줄로 결박당한 채 밖으로 끌려 나왔다. 형사법원의 두 명의 사제 중

9

하나인 요하네스 하겐도른이 훗날 일기에 기록한 바에 따르면, 이
날 아침 람브레히트가 자신에게 매달려 수많은 죄악을 열렬히 참
회했다고 한다. 또한 그는 단칼에 목을 베어 신속하고 명예로운 죽
음을 맞게 해달라고 청원을 했는데, 이미 법원은 으레 그러했듯 화
폐 위조범을 산채로 불에 태우라는 화형을 선고한 뒤였다. 당연히
청원은 거절되었고, 람브레히트는 도시의 사형집행인 프란츠 슈미
트의 인도하에 인근 시장 광장으로 호송됐다. 지역 고위 관리들의
행렬이 처형장까지 약 1마일을 천천히 이동했다. 검붉은 귀족 법복
을 입은 '피의 법정'의 재판관들이 말을 타고 선두에서 호송행렬을
이끌었고, 그 뒤를 사형수와 두 명의 사제, 그리고 도시 주민에게
뛰어난 솜씨로 아주 유명한 사형집행인 마이스터(Meister, 匠人) 프
란츠가 걸어서 뒤따랐다. 프란츠의 뒤로는 검은 옷을 입은 뉘른베
르크 시의회 대표들과 부유한 유력 명문가의 자손들, 몇몇 수공업
길드의 우두머리들이 행렬에 참여하여 사형식이 아주 특별한 시민
행사임을 알려줬다. 사형행렬이 즐비한 관중 앞을 지나칠 때, 람브
레히트는 자신을 알아보는 사람들에게 흐느껴 울면서 용서를 구하
며 선처를 호소했다. 성벽 남쪽 '처녀의 문'을 지나 거대한 요새를
빠져나가자, 행렬은 드디어 최종 목적지인 까마귀 바위에 도착했
다. 이곳은 성 밖의 높고 외로운 처형대로 새들이 처형 후 썩어가
는 시체를 뜯어먹으러 몰려드는 곳이었다. 불쌍한 죄수는 늘어선
교수대에 눈을 떼지 못하며 사형집행인과 몇 계단을 더 올라가 몰

려든 군중을 향해 몸을 돌린다. 여기서 그는 한 번 더 참회와 신의 용서를 비는 기도를 올린 뒤 무릎을 꿇고 형목 사제가 귓가에 읊어 주는 '주님의 기도'를 따라 외운다.

기도가 끝나자마자, 마이스터 프란츠는 람브레히트를 '심판의 의자'에 앉히고 고급 비단 끈을 목에 조심스럽게 감아 불이 옮겨붙기 전에 먼저 목을 조를 수 있게 했는데, 이는 사형집행인이 베푸는 마지막 자비의 행위다. 또한 그는 사형수의 가슴에 쇠사슬을 단단히 묶은 다음, 불에 잘 타도록 사형수의 목에 작은 화약 자루를 걸고 팔다리 사이에 피치를 묻힌 화환을 놓았다. 형목 사제가 불쌍한 죄인과 함께 기도를 계속하는 동안, 마이스터 프란츠는 의자 주위에 짚 더미를 던져놓고 작은 못으로 고정했다. 그가 람브레히트의 발치에 횃불을 던지려는 찰나에 조수는 사형을 앞당길 목적으로 사형수의 목에 감긴 천을 몰래 잡아당겼다. 일단 불길이 의자에 넘실대기 시작하고 사형수는 "주님, 제 영혼을 당신께 바칩니다"라고 애처롭게 외치자 조수의 시도가 실패했음이 드러났다. 불길이 거세게 타오르자 "주 예수님, 제 영혼을 가져가십시오"라는 외침이 몇 차례 더 들려오다가 이내 불꽃의 탁탁거리는 소리 외에는 모든 것이 잠잠해지고 불에 탄 살의 악취가 대기를 가득 채웠다. 만 하루가 지난 후, 동정심에 북받친 하겐도른 형목 사제는 최후에 있었던 신실한 회개의 증거를 바탕으로 자신의 일기에 다음과 같이 털어놓았다. "그가 이 끔찍하고 가련한 죽음을 통해 영생의 삶을 얻

었고 주님의 아이가 되어 영원한 삶에 귀의했음을 나는 믿어 의심
치 않는다."[2]

이렇듯 버림받은 한 사람은 이승을 떠났고, 또 한 명의 버림받은
사람은 희생자의 검게 그을린 뼛조각과 불씨를 쓸어 담고 있었다.
프란츠 슈미트와 같은 전문 킬러들은 오랫동안 두려움, 경멸, 연민
의 대상이 되었지만, 후세에 남을 만한 능력과 가치가 있는 진짜 인
격체로 받아들여지는 경우는 거의 없었다. 그런데 이 63세의 베테
랑 사형집행인은 매캐한 연기 속에서 절망적인 경건함이 섞인 사형
수의 마지막 숨결이 밴 바위를 닦으며 무슨 생각을 했을까? 람브레
히트가 유죄라는 데는 의심의 여지가 없었다. 그가 직접 두 번의 긴
심문을 거쳐 유죄 확증을 도운 데다가 몇몇 증인들의 증언 공술도
확실했다. 위조 도구와 다른 뒤집힐 수 없는 증거들이 피고인의 거
처에서 발견되기도 했다. 마이스터 프란츠는 그런 당혹스러운 장
면이 연출됨으로써 망쳐버린 교수형을 되새기며 후회하고 있었을
까? 그의 직업적 자존심이 상처를 입었고, 명성이 추락했을까? 아
니면 그는 모두가 특별히 불경스러운 직업으로 생각했던 그 일을
거의 50년 동안 반복하면서 그저 둔감해진 것일까?[3]

일반적으로 이러한 질문에 대답하는 것은 만족할 만한 해결이 주
어지지 않는 추리 게임 또는 추측에 의존한 노력에 불과하다. 그러
나 뉘른베르크의 마이스터 프란츠 슈미트의 경우, 우리는 희귀하
고 뚜렷한 이점을 가지고 있다. 형목 동료들처럼 마이스터 프란츠

는 긴 경력 동안 그가 집행한 사형과 다른 형사 처벌에 대한 개인 일기를 썼다. 이 주목할 만한 문서는 슈미트가 1573년 19세의 나이로 처음 처형한 이후 1618년 은퇴할 때까지 45년 동안을 다루고 있다. 밝혀진 바에 따르면, 참회하는 위조범의 끔찍한 최후가 그의 마지막 처형이 될 것이며, 개인적인 추산에 따르면 394명을 사형하고 수백 명을 채찍질하고 처벌한 경력의 최정점에 놓여 있었다.

그래서 마이스터 프란츠의 마음속에 무슨 일이 있었던 걸까? 그의 일기가 비록 근세 독일(1500년경부터 1800년)의 역사가들에게 일찍부터 알려졌지만, 놀랍게도 극소수의 독자들만이 이 질문에 대답을 찾으려 했다. 그가 사망한 후 원본은 거의 2세기 동안 소실되었으나, 최소 5종의 필사본이 개인들 사이에 유통되었으며, 1801년과 1913년에 인쇄본이 출판되었다. 1913년 판의 축약된 영어 번역본은 1928년에 등장했고, 이를 그대로 옮긴 2개의 독일어 판본이 뒤따라 출간되었는데, 둘 다 아주 적은 부수만이 발행되었다.4

내가 마이스터 프란츠의 일기를 처음 접한 것은 몇 년 전 뉘른베르크 서점의 지방사 코너에서였다. 고대 수수께끼를 풀고 나서야 열리는 봉인된 금고에서 오래전 소실된 원고를 발견하는 것처럼 극적이지는 않지만, 그래도 그것은 유레카적인 순간이었다. 4세기 전의 전문 사형집행인이 이런 식으로 자기 생각과 행동을 기록할 정도로 의욕이 넘쳤다는 사실은 차치하고라도 그토록 명석했다는 생각만으로도 나는 이 매혹적인 가능성에 놀랐다. 어떻게 지금까

13

지 아무도 그 사람의 삶과 그가 살았던 세상을 재구성하기 위해 이 놀라운 원천을 의미 있게 사용하지 않았을까? 단지 고서 수집가의 호기심을 기대하며 서가 뒤쪽에 방치된 경이로운 이야기가 누군가 새롭게 해석하기를 간청하며 그곳에 있었다.

나는 그 얇은 책을 읽고 나서 몇 가지 중요한 발견을 했다. 첫째, 프란츠 슈미트의 자서전적인 연대기는 다른 동료들의 것과 비교해 독특한 면은 없었다. 비록 기록 연대가 길고 상당수 항목이 매우 상세한 내용을 담고 있지만 말이다. 동시대의 독일 남성 대부분이 문맹으로 남아 있었던 반면, 일부 사형집행인은 글에 익숙해서 간단한 사형 집행목록을 공식적으로 작성해왔고, 그중 일부는 오늘날까지 전해진다.5 근대 초에 사형집행인의 회고록은 그 자체로 인기있는 장르가 되었으며, 가장 유명한 것은 17세기 중반부터 19세기 중반까지 파리의 사형집행인이었던 상송 가문의 연대기다. 유럽 전역에서 사형이 잇따라 감소하면서 "마지막 사형집행인들"이 출판한 회고록은 끝물이 되었으나 그중 일부는 베스트셀러가 되었다.6

이런 매혹적인 인물이 계속 무명으로 남아 있다는 사실은 내가 일기를 더 자세히 조사할 때까지 계속 의문이었다. 그러나 곧 두 번째이자 더 벅찬 발견을 하게 되었다. 마이스터 프란츠는 황홀할 정도로 자신이 마주친 다양한 범죄자들을 묘사했는데, 정작 스스로는 감질날 정도로 뒷전에 물러나 있었다. 다시 말해 많은 사건에 핵심 역할을 맡은 프란츠는 그늘지고 과묵한 사건의 관찰자였다.

이런 점에서 그의 회고록은 현대적인 의미의 일기가 아닌 직업적
인 삶의 연대기로 보인다. 몇 줄에서 몇 페이지에 이르는 621개의
항목은 실제로 연대순으로 작성되어 있는데, 첫 번째 목록은 1573
년부터 마이스터 프란츠가 집행한 모든 사형 사건으로 구성되어
있고, 두 번째 목록은 1578년 이후 그가 관여한 모든 체벌, 즉 채찍
질, 낙인, 그리고 손가락, 귀, 혀 등 신체 절단형 등을 망라했다. 각
항목에는 범인의 이름과 직업, 고향은 물론 해당 범죄, 처형의 종류
와 집행 장소에 관한 정보를 담았다. 시간이 흐르면서 마이스터 프
란츠는 범인과 피해자에 대한 배경 정보, 당해 범죄 및 이전 범죄
에 대한 자세한 정보, 그리고 때때로 사형 집행 전 마지막 시간이나
순간에 대한 자세한 설명을 추가했다. 수십 개의 긴 단락에 사건
관련자에 대한 더 많은 정보와 다채로운 부연 설명을 제공하고 때
로는 대화체를 삽입하여 특정한 핵심 장면을 재연출했다.

　많은 역사가는 심지어 슈미트의 일기를 '에고다큐멘트*'의 전형
이라고 생각하지 않을 것이다. 즉 일기나 개인적인 서신과 같은,
학자들이 필자의 생각, 감정과 내적 투쟁의 증거를 찾는 그런 자료
가 아니다. 오랜 고문을 수행하는 데 따른 도덕적 위기에 대한 어
떤 설명도 없고, 정의에 관한 장황한 철학적 담론도 없으며, 삶의
의미에 대한 날카로운 사색조차 없다. 사실상 개인적인 언급은 거

---

*　에고다큐멘트(Ego-document)는 개인의 편지, 일기, 회고록 등을 통한 역사 쓰기를 말한다.

의 없다고 봐도 틀린 말은 아니다. 45년이 넘는 기간을 기술하는 동안 슈미트는 '나'와 '나의'라는 단어를 각각 15번, 그리고 '나를'이라는 단어는 1번만 쓴다. 통상의 경우 어떤 의견이나 감정을 표현하지 않고 직업적인 이정표(예: 나의 첫 참수형)를 진술하며, 나머지는 무작위 삽입(예: 3년 전에 내가 그녀를 채찍질하고 마을 밖으로 내보냈다)으로 기술되어 있다.7 중요한 것은 전문 사형집행인이었던 '나의 아버지'와 '나의 처남'은 직업상 맥락에서 각각 3번씩 등장한다. 슈미트의 아내, 7명의 자녀와 수많은 동료에 대한 언급은 전혀 없는데 이는 일기의 초점을 고려할 때 아주 놀랍지만은 않다. 그뿐 아니라 범죄 피해자나 가해자와의 친족 관계 또는 친밀함을 인정하는 표현도 없는데, 악명 높은 강도였던 처남을 포함해서 그들 중 일부는 그가 개인적으로 알고 있다는 확실한 증거가 있다.8 그는 명시적인 종교적 진술을 피했으며 일반적으로 도덕화된 언어의 사용도 자제한다. 어떻게 그렇게 지나칠 정도로 비인간적인 문서가 저자의 삶과 생각에 대한 의미 있는 통찰력을 제공할 수 있을까? 아무도 마이스터 프란츠의 일기를 전기 자료로 사용하지 않은 궁극적인 이유는 아마도 그 일기에 마이스터 프란츠가 충분히 드러나지 않았기 때문이라고 나는 판단했다.9

따라서 두 가지 중요한 돌파구가 없었다면 나의 기획은 시작부터 좌초했을 것이다. 첫 번째는 마이스터 프란츠와 처음 만난 지 몇 년 후에 다른 프로젝트를 수행하던 중 뉘른베르크 시립 도서관에서 이전에 사용된 판본보다 훨씬 오래되고 정확한 일기 원고 사본을 발견했던 일이었다. 앞서 출판된 두 판본의 편집자들이 가독성을 위해 바로크 필경사들이 수정한 17세기 후반의 판본에 의존했으나, 이 전기적(傳記的) 초상화는 슈미트가 사망한 해인 1634년에 완성된 판본에 따른다.₁₀ 후대 판본에서 도입된 몇몇 변형들은 사소한 것들이다. 예를 들어 참조하기 쉽도록 항목들에 번호를 매겼고, 몇몇 장소에서의 날짜가 약간 바뀌었고 일부 구문 교정과 특정 단어의 철자법 변경, 구두점 삽입 등 편집상 차이가 있었다. (1634년 버전에는 구두점이 없었는데, 슈미트는 자신과 비슷한 학력의 작가들처럼 구두점을 전혀 사용하지 않았을 가능성이 있다.) 그러나 두 판본의 차이는 매우 의미 있다. 일부 판본은 전체 문장을 생략하고 완전히 새로운 행을 추가했는데, 여기에 뉘른베르크의 도시 연대기와 범죄 기록에서 추려낸 다양한 세부 사항뿐만 아니라 도덕적인 고찰을 담았다. 이렇게 혼성모방적인 후대 판본은 이 일기를 18세기 뉘른베르크의 부르주아 계급에게 더 매력적으로 보이게 했고, 그들 사이에 이러한 한정판 원고가 비공개로 유통되었다. 하지만 동시에 이 판본은 종종 마이스터 프란츠의 독특한 목소리와 관점이 탈색시킨다. 후기 판본에서 특히 마지막 5년은 1634년 판과 근본적으로 차이가 있어서, 몇몇 항목을 아예 생략하고 가해자의 이름과 범죄의 세부 사항을 대부분 누락했다. 전체적으로 구 판본의 적어도 ¼이 후대 판본과 상당한 차이가 있다.

가장 흥미롭고 유용한 차이점은 일기 자체의 맨 서두부터 나타
난다. 1801년과 1913년 출판된 판본에서, 프란츠는 "1573년 밤베
르크에서 아버지를 위해 시작된" 처형에 관해 기록한다. 이 책에
사용된 판본에서는 젊은 사형집행인은 대신 다음과 같이 적었다.
"1573년: 여기에 기술된 사람들은 내가 아버지 하인리히 슈미트
를 대신하여 밤베르크에서 처형한 사람들이다." 언뜻 보기에 미묘
해 보이는 이 차이는 사실 일기의 본질에 관해 가장 이해하기 어려
운 질문을 제기한다. 애초에 프란츠 슈미트가 왜 이 일기를 썼을
까? 후기 판본의 문구는 헌사보다는 아버지의 명령에 더 가깝다는
것을 시사한다. 즉 아버지 슈미트는 숙련공 아들에게 장래 고용주
들을 고려해 전문적인 이력서와 상응하는 것을 만들라고 지시했
다. 그러나 이전 판본의 일기에서는 프란츠가 아버지(여기서도 이름
으로 언급된다)를 위해 수행한 것은 글쓰기 자체가 아니라 처음 5년
간의 사형 집행이었음이 명시되어 있다. 사실, 이 판의 최근 참고를
보면, 일기 자체는 1573년이 아니라 슈미트가 뉘른베르크에서 임
명된 해인 1578년에 시작된다. 돌이켜보면, 24세의 프란츠가 지난
5년간의 사형 집행만 기억할 수 있고, "내가 밤베르크에서 그 밖의
형벌을 가한 사람들을 더이상 알 수 없기" 때문에 그 기간에 있었
던 형벌 기록은 사실상 생략한다.

이 발견은 곧 몇 가지 새로운 질문들을 불러일으킨다. 특히 프란
츠 슈미트가 1573년에 그의 아버지를 위해 글을 쓰기 시작한 게 아

니라면 실제로 누구를 위해, 그리고 왜 썼을까? 처음 20년 동안 초고의 개요를 살펴보면, 그가 후일 출판을 의도했었는지 의문이 든다. 아마도 그는 이 책이 언젠가는 (실제로도 그랬듯) 원고지 형태로 회람될 것이라고 상상했을지도 모른다. 다시 말하지만, 연도 초기는 다른 경합하는 연대기들보다 훨씬 덜 상세하고 (또는 덜 흥미로우며) 전반적으로 순전한 문학적 시도라기보다는 일종의 장부처럼 읽힌다. 아마도 그 일기는 저자 자신을 위한 것이지 다른 사람을 염두에 둔 것은 아니었을 것으로 추정되지만, 이런 해석은 그가 왜 1578년 뉘른베르크 소속 사형집행인으로 임명되었을 때부터 일기를 쓰기 시작했는지, 그리고 어찌하여 사적인 문제에 대해서는 언

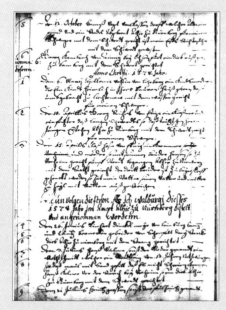

현존하는 가장 오래된 판본인 1634년판 프란츠 슈미트의 일기 중 한 페이지로, 뉘른베르크 시립도서관에 보관되어 있다. 왼쪽 여백에 있는 처형 집행의 계수는 필사자가 추가한 것일 가능성이 높다.

급을 단호히 피했는지에 대해 또 다른 의문을 낳는다.

프란츠 슈미트의 일기의 비밀을 풀어준 두 번째 열쇠는 말년에 남긴 감동적인 문서로, 현재 빈에 있는 오스트리아 국립기록보관소에 보존되어 있다. 평생을 천대받고 심지어 공식적으로 "불경스러운" 직군으로 지정된 직무를 수행하고 70세에 은퇴한 사형집행인은 그의 가족의 명예 회복을 위해 황제 페르디난트 2세에게 뒤늦은 청원을 제출했다. 전문 공증인이 청원서를 고안하고 작성한 것은 틀림없지만, 그 안에 표현된 감정은 매우 개인적이고 때로는 놀라울 정도로 사사롭다. 가장 흥미로운 사실은, 노년의 프란츠가 자신의 가족이 어떻게 부당하게 그런 불경스러운 직업에 귀의하게 되었는지를 설명하면서 아들들에게는 같은 운명을 피하게 하려는 평생의 결심을 내비친다는 것이다. 13페이지 분량의 이 문서에는 40년 동안 그를 고용했던 뉘른베르크 시의회의 열렬한 지지와 더불어 (당시에는 사형집행인에게 아주 흔한 부업이었던) 의료 컨설턴트이자 의사로서 슈미트가 치유한 여러 저명한 시민들의 이름이 포함되어 있다. 시의원들은 그의 오랜 근무 경력과 개인적인 예의범절이 매우 "모범적"이라고 선언하고, 황제에게 그의 명예 회복을 촉구했다.

명예 회복을 위한 슈미트의 여정에서 그 동기를 찾는다면 혹시 시의회 자체가 그가 쓴 일기의 주요 독자가 아니었을까? 그는 이 전략을 선택한 최초의 독일 사형집행인이었을 수도 있지만, 결코 마지막은 아니었다.[11] 이러한 근본적인 동기를 염두에 두고 마이스터 프란츠의 일기 목록을 다시 읽으면, 처음에는 몰개성적인 설명으로 보였던 그림자에서 천천히 걸어 나오는, 생각과 감정을 가진 작가의 모습이 보이기 시작한다. 주제와 언어적 패턴이 등장하고, 문체의 불일치와 변화가 더욱 두드러지며, 진화하는 자아 정체성이 더욱 뚜렷해진다. 자기 현시에 전혀 관심이 없으면서도 사실 거의 모든 대목에서 자기만의 생각과 열정을 무심코 드러내는 작가가 보인다. 훗날 필경사들이 의도치 않게 없애버린 바로 그 주관성이 관문이 되어 작가의 반감, 두려움, 편견, 이상을 보여준다. 잔인함, 정의, 의무, 명예 및 개인적 책임에 대한 잘 정의된 개념이 등장하고, 그런 개념은 일기의 전체 맥락에서 일관된 세계관의 개요를 제공하는 방향으로 수렴된다. 일기 자체가 도덕적인 의미를 띠었고, 바로 일기의 구성이야말로 존경받는 사회적 지위를 향한 저자의 변함없는 활동의 증거가 된다.

이 일기에서 등장하며 광범위한 문헌 자료로 보완된 복잡한 한 개인은 대중 소설에서 전형적으로 등장하는 감정 없는 짐승과는 거리가 멀다. 대신 우리는 경건하고 금욕적인 한 가장을 만나게 된다. 그는 자신이 봉사하는 존경받는 사회에서 배제되어 유죄판결을 받은 범죄자들과 폭력적인 간수들과 시간을 보내야 했다.[12] 사실상 오랜 기간 고립되었으나 역설적으로 높은 수준의 사회적 지능을 갖춘 사형집행인은 그의 능력을 통해 훌륭한 직업적 성공을 이루고 자신을 억압하는 대중적 오명을 차츰 반전시킨다. 이 광범위한 연대기를 통해 우리는 최소한의 교육을 받은 독학자가 어떻게 문학적이고 철학적인 방면에서 진화했는지를 목격한다. 또한 일기의 각 대목은 그가 겪은 범죄 사건에 대한 간결한 요약에서 출발하여 가상의 단편으로 발전하고 그 과정에서 작가의 (특히 의학적 문제에서) 타고난 호기심과 도덕적 우주를 더 많이 드러낸다. 인간의 온갖 유형의 잔인함, 그리고 자신이 정례적으로 집행하는 끔찍한 폭력을 반복적으로 보여주고 있으나, 참으로 종교적인 이 남자는 궁극적인 용서와 구원을 추구하는 자들을 향한 믿음을 흔들림 없이 지켜왔다. 무엇보다도 우리는 과거와 현재의 불의에 대한 쓰라린 분노와 앞으로 닥칠 미래에 대해 흔들리지 않는 희망을 품은 한 남자가 활기차게 영위한 인생을, 그 직업적이고 개인적인 이중의 삶을 대리 체험하게 된다.

이 모든 것을 파헤친 결과 나의 책에는 두 가지 이야기가 얽혀 있다. 첫 번째는 프란츠 슈미트라는 사람의 것이다. 1554년 사형집행인 가족으로 태어난 것을 시작으로, 우리는 그를 따라 아버지 곁에서 보낸 견습공 시절을 거쳐 숙련공으로 독립하여 지역을 떠도는 여행을 함께하게 된다. (큰따옴표로 표기한) 프란츠의 말과 그의 역사적 세계의 재창조 사이를 왔다갔다하면서, 우리는 전문 집행인에게 필요한 기술, 그의 불안한 사회적 지위, 그리고 자기 발전을 위한 그의 초기 노력에 점차 친밀해진다. 그가 성장함에 따라 우리는 근세 시대 뉘른베르크의 법적, 사회적 구조와 사회적, 직업적으로 진보하려는 중년 사형집행인의 끊임없는 시도, 그리고 정의, 질서, 존중에 대한 그의 관념을 마주하게 된다. 우리는 또한 그의 새 아내와 늘어나는 가족뿐만 아니라 다양한 범죄자와 사법 집행 기관의 동료들도 만난다. 마지막으로 우리는 그의 말년에 점점 더 지배적인 정체성, 즉 도덕가와 치유자가 꽃피는 과정을 목격하고 여기서 고문과 살인을 전문적으로 수행하는 사람의 내면적 삶을 엿볼 수 있다. 그가 인생 끝자락에 이룬 업적은 결국은 실망과 개인적인 비극으로 씁쓸하게 점철되지만, 명예를 향한 그의 고독한 탐구는 그 자체로 변함없이 경이로움과 심지어 감탄의 대상으로 남아 있다.

이 책의 핵심에는, 만약 그런 것이 실재한다면, 인간의 본성과 사회 진보에 대한 성찰이라는 또 다른 내러티브가 담겨 있다. 마이스터 프란츠가 정기적으로 집행한 사법적 폭력(고문과 공개처형)을 그와 그의 동시대 사람들은 용인하지만, 우리 시대 사람들은 혐오를 느끼는 것은 어떤 가정과 감성 때문일까? 그러한 정신적, 사회적 구조는 왜 유효했고, 또 어떻게 변화했을까? 확실히 근세 유럽인들은 인간의 폭력이나 잔인함, 개인적 또는 집단적 보복에 대한 독점권을 누린 것은 아니다. 살인율로만 따져 보면, 프란츠 슈미트의 세계는 중세 세계의 선조들보다 덜 폭력적이었지만 (결코 자랑은 아니나) 현대 미국보다 더 폭력적이었다.[13] 반면에 국가 폭력의 측면에서 본다면, 전근대 사회의 높은 사형률과 빈번한 군사 약탈은 20

세기의 전쟁들, 정치적 숙청들, 대량 학살과 비교하면 오히려 미미한 수준이다. 사법 고문과 공개처형이 아직도 전 세계적인 관행임을 고려하면, "더 원시적인" 과거 사회와의 지속적인 친화력과 우리 사회와의 유사성을 과소평가해서는 안 되며, 외면상 우리와 그들을 갈라놓는 사회 변화 역시 여전히 충분치 않다. 사형은 정말로 모든 곳에서 종식될 운명일까? 아니면 인간의 보복을 향한 본능이 우리 존재의 피부 깊숙한 곳까지 뿌리박혀 있는 것일까?

마이스터 프란츠는 무슨 생각을 하고 있었을까? 우리가 무엇을 빌견하든, 뉘른베르크의 경건한 사형집행인은 항상 낯설고 동시

뉘른베르크 법정 공증인이 예술적 열망을 담아 사형선고문의 여백에 그린, 프란츠 슈미트라고 추정되는 유일한 초상화. 1591년 5월 18일 한스 프뢰셀의 참수 사건 당시 마이스터 프란츠는 약 37세였다.

에 친숙한 인물로 남을 것이다. 우리 자신과 우리에게 가장 친밀한 사람들을 이해하기도 쉽지 않은 일인데 다른 시간과 장소에 산 직업 킬러는 말할 것도 없다. 모든 인생 이야기와 마찬가지로, 그의 일기와 다른 역사적 출처에서 드러난 사건들은 필연적으로 대답이 없는 (그리고 대답하기 불가능한) 숱한 질문들을 남긴다. 프란츠 슈미트라고 믿을 수밖에 없는 이 유일한 동시대의 그림에서, 이 확고부동한 집행자는 (적절하게도) 우리에게 등을 돌리고 있다. 하지만 프란츠 슈미트와 그의 세계를 이해하기 위해 노력하면서, 우리는 이 전문적인 고문자이자 집행자와의 관계 맺음에서 예상했던 것보다 더 많은 자아 인식과 공감을 경험한다. 뉘른베르크의 마이스터 프란츠의 이야기는 여러 면에서 먼 시대의 매혹적인 이야기이지만, 우리 시대와 우리 세계를 위한 이야기이기도 하다.

프란츠 슈미트의 일기 용례

이름

근세 시대에는 철자가 통일되어 있지 않아서, 마이스터 프란츠는 똑같은 이름인데도 때때로 같은 페이지에서도 다르게 표기하기도 했다. 나는 인명뿐만 아니라 도시명 등 지리적 명칭에 대해서도 근대 용례에 따랐다. 다만 명확한 이해를 위해 성은 표준 맞춤법을 준수하면서도 근세 시대의 맞춤법을 존중했다. 또한, 여성의 성은 근세의 표기 형식을 유지했는데, 이 경우 어미에서 두 번째 음절의 모음이 비�뀌거나 딘어의 끝에 음소 '인(-in)'을 붙인다. 예를 들어, 게오르크 비트만의 아내는 마르가레타 비트마닌 또는 비트메닌으로 적었고, 한스 크라이거의 딸은 막달레나 크라이게린 또는 크리긴으로 표기했다. 대중적인 별명이나 별칭은 (로트벨슈로 알려진) 동시대 길거리 은어를 이에 가장 근접한 미국식 속어로 바꾸었고, 이 과정에서 나의 문학적 각색이 첨가되었다.

통화

독일 근세에는 수많은 지역 화폐, 제국 화폐 및 외국 화폐가 유통되었으며, 시대에 따라 환율 변화가 극심했다. 화폐 비교가 쉽도록 가장 대량 유통된 플로린(또는 굴덴, 약칭은 fl)으로 통일하여 화폐 가치를 환산했다. 이 시기에 가정의 하인이나 시청의 수비대원은 통상 연간 10~15 플로린을 받았다. 빵의 가격은 4펜스(0.03플로린), 포도주 1쿼트(약 1.14 리터)는 30펜스(0.25플로린), 도시 빈민 주택의 연간 임대료는 6플로린 정도였다. 대략적인 환산 결과는 다음과 같다.

1굴덴(fl.) = 0.85탈러(th.) = 4파운드(lb. 구화 기준) = 15바첸(Bz.) = 20실링(sch.) = 60크로이처(kr.) = 120펜스(d.) = 240헬러(H.)이다.

날짜

그레고리력은 1582년 12월 21일 독일 가톨릭 영지에 도입되었으나, 대부분 프로테스탄트 국가에는 1700년 3월 1일, 또는 그 이후까지도 채택되지 않았었다. 그 결과 뉘른베르크 같은 프로테스탄트 국가와 밤베르크 주교후 같은 가톨릭 국가 간에는 10일(훗날 11일)의 시차가 발생한다(예를 들어 뉘른베르크의 1634년 6월 13일은 밤베르크의 1634년 6월 23일이 된다. 그래서 동시대인들은 때때로 1634년 6월 13/23일로 기록했다). 이 책에서 나는 뉘른베르크 달력을 기준으로 했으며, 여기서는 (당시 대부분 국가는) 1월 1일에 새해가 시작되었음을 일러둔다.

일러두기

1. 슈미트의 1634년 일기 사본과 1624년 명예회복청원서에서 인용된 내용은 큰따옴표로 표기했다.
2. 인명의 경우 표기법은 독일어 발음 표기법을 따랐다.
3. 본문의 각주는 옮긴이의 주임을 밝혀둔다

· 제1장 ·

견습공

> 유년기부터 자녀에게 최고의 교육을 받도록
> 배려하지 않는 아버지는 제대로 된 사람이 아니며,
> 인간 본성에 대한 공감대도 갖추지 못한 것이다.
> - 데시데리위스 에라스무스, 『아동교육론』(1529)₁
>
> 한 인간의 가치와 평판은 그 마음과 의지에 달려 있다.
> 여기에 그의 진정한 명예가 있다.
> - 미셸 드 몽테뉴, 『식인종에 대하여』(1580)₂

밤베르크의 이웃들은 마이스터 하인리히 슈미트의 집 뒷마당에서 매주 벌어지는 의례에 익숙해져 있어 이번에도 별 관심을 보이지 않았다. 주민 대부분은 주교후(Frstbischof)의 새로운 사형집행인 슈미트에게 우호적이었지만, 여전히 그의 가족을 집에 초대하는 것은 달가워하지 않았다. 1573년 5월의 어느 날, 하인리히의 관심은 (누군가는 망나니의 후손이라고 쑥덕이겠지만) 공손하고 행실 바른 열아홉 살 먹은 아들 프란츠에게 온통 쏠려 있었다. 이제 프란츠도 당시의 또래 십 대들처럼 11세부터 익혀온 아버지의 직업을 이어받으려 했다. 그는 유년기와 사춘기를 고향 호프(오늘날 체코 국경에서 10마일 떨어진 바이에른주 북동쪽 마을)에서 지냈고, 가족이 밤베르크로

이주하기 8개월 전부터는 도시와 인근 마을의 처형장을 따라다니며 아버지의 처형 기술을 익히고 잡다한 심부름을 도맡았다. 그가 성장하고 원숙해지면서 그의 책임감과 기술도 한층 발전했다. 최종적으로는 아버지처럼 '특별한 심문(즉 고문)' 기법과 법령에 규정된 대로 사형수의 영혼을 효율적으로 처형하는 기술의 장인이 되기를 바랐다. 처형 기술로는 가장 일반적인 교수형뿐만 아니라 흔치 않은 화형과 익수형(溺水刑), 그리고 가장 악명 높고 극히 예외적인 능지처참형까지 통달해야 했다.

오늘은 마이스터 하인리히가 아들 프란츠에게 처형방식 중 가장 난이도가 높고 죄수의 명예를 지켜주는 참수형, 즉 효수(梟首)를 시험하는 날이다. 하인리히가 자신의 애장품을 휘두를 능력과 자격이 아들에게 있는지를 꾸준히 고민하는 동안, 정교하고 우아한 조각으로 장식된 무게 7파운드짜리 '심판의 검'은 벽난로 위의 거치대에 1년 동안이나 걸려 있었다. 몇 달 전부터 그들은 호박과 조롱박으로 참수 연습을 시작했고, 그다음으로 사람 목의 강도와 비슷한, 뻣뻣한 대황 줄기로 연습했다. 상당히 서툴렀던 첫 시도는 프란츠 자신뿐만 아니라 "불쌍한 죄인"을 움직이지 않게 붙잡는 역할을 맡은 아버지의 생명을 위태하게 할 뻔했다. 그렇지만 시간이 갈수록 그의 동작이 더 유연하고 정확해졌으며, 마침내 마이스터 하인리히가 아들이 한 단계 더 어려운, 염소와 돼지, 그 밖의 '감정이 없는' 가축을 대상으로 연습해도 좋겠다고 결정했다.

그날 슈미트의 부탁에 따라 마을의 '개 사냥꾼', 즉 도축업자가 길 잃은 개 몇 마리를 허름한 나무 우리에 실어 도시 중심부에 있는 사형집행인의 집으로 가져다 주었다. 슈미트는 동료들에게 감사의 표시로 소정의 보수를 낸 뒤, 아들이 기다리던 집 뒷마당으로 개들을 옮겼다. 관중이라곤 아버지뿐이었지만, 프란츠는 퍽 긴장했다. 개를 죽이는 것은 무생물인 호박을 베거나 별 저항이 없던 돼지를 잡는 것과는 차원이 달랐다. 시대착오적인 투영에 불과하겠지만, 어쩌면 프란츠는 '죄 없는' 가축을 살해하는 데 양심의 가책을 느꼈을지도 몰랐다.3 앞서 작은 동물의 목을 단칼에 내리쳐 숨통을 끊는 경험을 성공적으로 쌓아왔던 프란츠는 이제 자신이 견습공의 최후 단계에 이르렀으며, 앞으로 숙련공의 더 넓은 세계로 나갈 자질을 아버지에게 인정받아야 할 때임을 깨달았다. 그렇기에 마이스터 하인리히가 또 한 번 조수를 자처하며 깨갱대는 개를 꽉 붙잡는 동안, 프란츠는 단단히 검을 부여잡았다.4

위험한 세상

공포와 불안은 인간 존재의 근원에 어려있다. 수 세기가 흘러 현대를 사는 우리에게도 그 공포와 불안은 여전하다. 그렇지만 하인리히 슈미트와 그의 아들 프란츠가 살던 세계의 개인은 상상 이상으로 취약해서, 근대의 사회 구성원이 감내할 수 있는 수준을 뛰어넘는다. 적대적인 자연과 초자연적인 힘, 신비하고 치명적인 전염병, 폭력적이고 악의적인 동시대 사람들, 연이은 실화와 방화, 이 모든 것들이 근세 유럽인의 상상력과 일상생활을 지배했다. 그러한 사회 불안의 풍토가 당대 사법 제도의 폭력성이 횡행한 이유를 온전히 설명할 수는 없지만, 슈미트와 같은 사형집행인들이 동시대인에게 어떻게 감사의 대상이자 혐오의 대상이 되었는지 그 사회적 맥락을 이해하게 해준다.5

이런 삶의 불안정성은 생애 초기 단계부터 뚜렷이 드러났다. 태아는 3명 중 1명꼴로 유산 또는 사산의 위험을 뚫고 생존했으며, 12번째 생일을 맞은 프란츠의 경우, 절반의 확률로 살아남은 셈이다(한편 아기의 탄생은 산모에게 위험을 초래한다. 당시에는 20명 중 1명의 산모가 출산 후 7주 이내에 사망했는데, 오늘날 산모 사망률이 가장 높은 개발도상국을 압도하는 수치다). 출생 후 2세 때까지가 가장 위험한 시기로, 특히 천연두, 장티푸스와 이질이 어린이들에게 가장 치명적인 질병이었다. 부모의 상당수는 적어도 한 명 이상의 자녀를 먼저 떠나보낸 경험이 있고, 아이 대부분은 형제자매나 양친 중 한 사람을 잃는 슬픔을 겪었다.6

조기 사망의 가장 흔한 원인의 하나는 유럽의 도시와 시골 전역을 여러 차례 휩쓴 전염병과 그로 인한 감염이었다. 50세가 된 어른은 대개 치명적인 감염을 적어도 대여섯 번을 겪고 살아남았다.

특히 뉘른베르크나 아우크스부르크와 같은 대도시는 전염병의 유행이 치솟던 시기에 단 1, 2년 동안에 인구의 ⅓에서 절반까지 감소했다. 굳이 순위를 따진다면, 그중 가장 무서운 질병은 바로 페스트였다. 14세기 중반 유럽 역사에 처음 등장한 이후, 페스트는 프란츠의 생애 동안 중부 유럽에서 가장 기승을 부렸고, 발생 주기와 위중증 측면에서도 아주 변덕스러웠다.[7] 이때 트라우마가 된 개인의 기억과 경험은 사회 전반에 문화적 공포를 일으켰고, 더 나아가 대중에게 인간 수명이 얼마나 연약하고 개인적 삶이 얼마나 허무한 것인지를 일깨웠다.

홍수, 흉작과 기근이 거의 예측할 수 없이 수시로 마을을 덮쳤다. 불운하게도 슈미트 부자는 소빙하기(1400년대~1700년대)로 알려진 최악의 시기에 살았다. 전 지구적으로 연평균 기온이 크게 낮아졌으며, 특히 북부 유럽은 길고 혹독한 겨울과 서늘하고 습한 여름을 겪었다. 프란츠 슈미트의 생애 동안에 고향 프랑켄은 과거보다 더 많은 폭설과 폭우에 시달려 침수된 논밭에 추수되지 못한 썩은 농작물만 남아돌았다. 어떤 해에는 일조량 부족으로 포도가 충분히 익지 못해서 시큼한 포도주가 생산되었다. 농작물 수확량은 절망적인 수준으로 줄어들어 사람과 가축이 질병과 기아에 내몰렸다. 심지어 야생동물의 개체 수가 급격히 감소해 굶주린 늑대 떼들이 사람을 먹이로 삼으려 인가를 덮쳤다. 식량 품귀 현상은 곧 인플레이션 폭등을 불러왔고, 지난날 준법 정신이 강했던 시민들이 기근

에 내몰려 밀렵과 절도로 가족의 생계를 연명하려 했다.[8]

이렇듯 자연적 재앙이 통제 범위를 벗어나자, 프란츠 슈미트 시대의 사람들은 일상의 폭력, 특히 곳곳에 출몰하는 산적들과 군인들, 영지를 무단 배회하는 범법자 패거리와 맞서야 했다. 밤베르크 주교후와 뉘른베르크 자유제국도시를 비롯한 영방국(領邦國, Territorial states)들은 대부분 광활한 처녀림과 목초지, 여기저기 흩어진 마을들, 기껏해야 1~2천 명의 주민이 사는 몇몇 도시들, 그리고 상대적으로 영토가 넓은 교구 도시들로 구성되었다. 성벽과 이웃 주민의 보호를 받지 못하는 고립된 농가와 방앗간은 변변찮은 무기를 가진 몇몇 장정의 자비에만 기대야 했다. 때로는 통행이 잦은 도로나 시골길은 도움의 손길이 미치지 못했고, 더구나 국경에 인접한 도시 외곽도로나 숲속은 더욱 위험했다. 무법자가 이끄는 산적 무리는 여행자를 손쉬운 먹잇감으로 삼았는데, 예컨대 쿤츠 쇼트 같은 악명 높은 도적은 희생자들을 구타하고 강도질했으며 공공연히 적이라고 선포한 뉘른베르크 시민들의 손을 잘라 수집하는 만행을 저질렀다.[9]

당시 독일에서 가장 큰 국가는 (훗날 볼테르가 신랄하게 풍자했듯) 사실 "신성하지도 않고, 로마도 아니며, 제국도 아닌" 신성로마제국이었다. 법률과 통치 권력은 3백여 개의 회원국이 나누어 가졌는데, 그 규모 면에서 작게는 성채와 주변 마을들을 아우르는 소국부터 작센 선제후국과 바이에른 공국처럼 광대한 영토에 이르는 제후국까지 크기가 다양했다. 뉘른베르크, 아우크스부르크 등 70여 개의 제국도시들은 준(準) 자치권을 행사했고, 밤베르크 주교후를 포함한 주교령과 수도원들은 교구 관할권 외에도 세속적 사법권을 오랜 기간 누려왔다. 황제가 주도하는 제국의회(Reichstag)는 독일 전역을 지배하는 권위의 상징으로 군림하며 영방국들의 공통된 충성을 이끌었지만, 그들 간에 정기적으로 발생하는 반복과 분쟁을 예방하거나 해결할 힘은 없었다.

16세기 초반 뉘른베르크의 풍경화는 가난한 농민들이 사는 교외를 묘사하지 않았지만, 성 주위의 숲에 도사린 갖가지 위험으로부터 주민을 보호하는 도시 요새의 특징을 잘 드러내고 있다(1516년).

프란츠 슈미트가 태어나기 2세대 이전, 개혁 군주인 막시밀리안 1세(Maximilian I)는 1495년 영구평화유지명령을 발표하며 영토 내에서 발생하는 폭력적인 혼돈을 어느 정도 묵인했다.

> "계급, 영토, 지위 고하를 불문하고, 누구도 분쟁이나 전쟁을 일으켜선 안 되고, 다른 사람을 강도, 납치, 또는 감금해선 안 된다. … 상대방의 의지에 반하여 성채, 시장, 요새, 마을, 촌락, 농장 등에 침입하거나 무력을 사용해서는 안 된다. 불법 점거하거나 방화로 위협하는 등 그 밖의 어떤 다른 방법으로도 해를 끼쳐서는 안 된다."[10]

당시 반목을 일삼던 귀족들은 소규모로 부하들을 이끌고 상대방을 공격하는 일이 잦았고, 그 과정에서 종종 농민들의 집과 재산을 불태우는 등 사회 소요를 일으켰다. 최악의 경우, 일부 귀족들은 강도, 납치, (흔히 '착취'로 불리는) 재물 강탈을 일삼는 범죄자 일당을 부리는 강도 남작(robber baron)*으로 활동하여 농민과 여행자들을 공포에 떨게 했다.

프란츠 슈미트의 시대에 접어들면, 귀족계층의 통합이 진전되고 강력한 대공들이 부상하면서 귀족 가문 간의 정쟁은 상당 부분 잠

---

* 중세시대에 주요 길목마다 불법으로 통행세를 걷던 라인강 유역의 군소 영주. 19세기 후반에는 미국에서 큰 부를 이룬 약탈적 사업가를 뜻하는 용어로 바뀌었다.

잠해졌다.[11] 그러나 뷔르템베르크 공국과 브란덴부르크 선제후국 (훗날의 프로이센)과 같은 더 큰 제후국에 권력이 집중되면서부터, 바야흐로 이들 권세 높은 대공들은 축적된 부를 활용해 용병 부대를 조직하며 더 넓은 영토를 차지하기 위한 정복 전쟁을 시작했다. 이런 전쟁에 대한 갈증은 공교롭게도 군 복무 외에 평민의 일자리가 크게 줄어들고 인플레이션과 높은 실업률이 지속되는 예외적인 시기와 맞물려 있는데, 후대 학자들은 이때를 '기나긴 16세기(1480년~1620년)'로 일컫는다. 16~17세기 동안 군 복무를 대가로 보수를 받는 용병은 자연히 12배로 불어나서 독일 영토의 개인 안전과 자산에 새로운 위협의 씨앗을 뿌렸으며, 사람들은 이들을 통상 경멸조로 '란츠크네히트*'라고 불렀다.

한 동시대인은 이들 란츠크네히트를 "명예와 정의, 관습을 존중하지 않고, [전혀 거침없이] 음행, 간음, 강간, 탐식, 음주, … 절도, 강도, 살인 등을 일삼는 영혼 없는 자들"로 규정하며, "전적으로 악마의 권능하에 살고 어디든 악마를 끌어들인다"라고 묘사했다. 용병에 의존했던 카를 5세 역시 방랑하는 용병들의 "비인간적인 폭정"을 인정하면서 "그들은 튀르크보다 더 불손하고 잔인하다"[12]고 말했다. 고용 기간의 대부분을 용병들은 막사에서 빈둥대다가 이따금 적군의 배후 마을을 약탈하며 소일했다. 한스 야콥

---

* 란츠크네히트(landsknechts)는 저지대인 신성로마제국의 용병을 알프스 산맥의 고지대 스위스 출신 용병과 대비하여 일컫는 말이다.

크리스토펠 폰 그리멜스하우젠의 17세기 소설 『짐플리치시무스 (*Simplicissimus*)』†에 적힌 한 일화는, 이런 소규모의 지엽적 폭력과 연관된 범죄행위를 다음과 같이 소름끼치게 묘사한다.

"병사들이 동물들을 죽이고 삶고 굽기 시작했고, 또 다른 병사들은 농민의 집을 위아래층 할 것 없이 온통 부수고 다녔다. 어떤 병사는 천과 의복 등 온갖 종류의 물건을 한 보따리 가득 챙겼다. 가져갈 생각이 없는 물건들은 모조리 파괴했다. 많은 양과 돼지를 도살하고도 성이 차지 않은 병사들은 총검으로 짚과 건초 속을 헤집었다. 베개와 이불에서 깃털을 끄집어낸 뒤 햄이나 고기, 식기류를 집어넣었고, 화덕과 창문을 부수고 놋그릇과 식기를 내동댕이쳤다. 침대, 식탁, 의자, 작업대를 불 태웠다. 냄비와 도마는 모두 산산조각 냈다. 헛간으로 끌려간 하녀는 아주 몹쓸 짓을 당해 실신했다. 하인들은 결박당해서 땅에 눕혀진 채, 입에 물린 깔때기를 통해 병사의 오줌 섞인 양조주를 억지로 삼켜야 했다. 그리고 난 후, 병사들은 마치 마녀를 화형시키듯 농민들을 끔찍하게 고문하기 시작했다."[13]

---

† 한스 폰 그리멜스하우젠(Hans J.C.von Grimmelschausen)이 1688년 처음 발표한 소설 『짐 플리치시무스』는 주인공 짐플리치시무스('천둥벌거숭이'라는 뜻)의 모험을 통해 전쟁의 참 혹함을 고발하고 자기 악행을 성찰하며 도덕적 교훈을 전달한다.

독일의 용병 란츠크네히트(1550년).

평화의 시기에도 상황은 나을 게 없었다. 청년 대부분은 실직하거나 (더 흔하게는) 봉급을 제때 받지 못했고, 그중 일부는 음식과 술, 여자를 찾아 시골을 배회했다. 빚에 쪼들려 아내를 버린 사람들, 추방당한 범죄자와 부랑자들, 여기에 (영국에서 '레니게이드'로 알려진) 도망간 하인과 직공들이 주류를 이루는 '사지 멀쩡한 거지들'은 주로 날치기와 좀도둑질로 목숨을 부지했다. 더 공격적인 자들은 강도 남작과 전문 강도단으로 변신해서 농부와 마을 주민, 여행자들을 공포에 떨게 했다. 약탈과 강도짓을 전업 또는 부업으로 삼았는지는 희생자들의 숫자와는 별 관련이 없었다. 훗날 프란츠 슈미트가 성밖에서 태형을 가했던 두 명의 전문 강도들의 경우, 공범인 용병들과 함께 도끼와 총으로 무장하고 세 곳의 방앗간을 습격해 재물을 털고 사람들을 고문했다.14

강도와 떠돌이 불한당들이 저지른 숱한 범죄 중에서 시골 주민들에게 강렬한 공포를 일으킨 것은 바로 방화였다. 소방서와 주택보험이 정착되기 훨씬 전에 방화는 매우 선동적인 단어였다. 횃불 하나만으로도 단 한 시간 만에 농장과 심지어 마을 전체를 폐허로 변하게 하고, 부자였던 사람을 집 없는 거지로 만들었다. 실제로 누군가의 집이나 헛간에 불을 지르겠다는 단순한 협박만으로도 잠재적인 방화행위라고 받아들였기 때문에, 방화범과 똑같은 형벌, 즉 화형대에서 산 채로 불에 타는 형벌을 받았다. ('살인 화기'로 알려진) 몇몇 폭력단은 이런 가공할 만한 범죄를 저지르겠다는 위협만으로도 상당한 금품을 강탈할 수 있었다.[15] 전문 방화범에 대한 공포가 독일 농촌에서 만연했지만, 민가에 발생한 고의적 화재는 대부분 마을 내에서 일어난 사적 분쟁 또는 앙갚음에서 비롯되었다. 어떤 때는 경고의 표시로 붉은 암탉을 담벼락에 그리고 '불에 그슬린 협박 편지'를 대문에 못질해 놓기도 했다. 중세 이후 상당수 도시는 화재 예방 대책이 거의 발달하지 않았고, 촌락 거주지와 헛간은 완전히 무방비 상태로 남아있었다. 부유한 상인들만이 보험에 가입할 여력이 있었고 그마저도 운송 물품에 한해 보상받을 수 있었다. 자연 발화이든 방화이든, 집과 헛간에 일어나는 화재는 사실상 일가족의 재정적 파산을 의미했다.

프란츠 슈미트 시대의 사람들은, 이런 위험 외에도 눈에 보이지 않는 수많은 위협에 시달렸다. 유령과 요정, 늑대 인간, 악마, 그리고 전통적으로 숲과 들판, 길과 벽난로에 깃들었다고 알려진 초자연적인 공격자 등 그 목록은 구구절절하다. 전국 각지의 종교개혁 사제들은 그런 고대 신앙을 깨부수려고 노력했으나 수포가 되었고, 오히려 당대 유행한 사탄의 음모라는 초자연적 위협을 들먹이는 과정에서 사회 불안만 더욱 높아졌다. 프란츠 슈미트의 생애 내내 유령처럼 떠돈 마술에 관한 공포가 때로는 현실 세계에서 비극적인 파국을 초래했다. 그것이 바로 1550년~1650년대에 불어닥친 유럽의 마녀사냥 광풍으로, 당시 마녀로 고발되어 처형된 사람들의 숫자가 최소 6만 명을 넘어섰다.

루카스 발켄보르쉬가 그린 풍경화의 일부(1585년). 봇짐 장사가 산길을 홀로 걷다가 노상 강도에게 습격당하고 있다.

이 눈물의 계곡에 이른 사람들은 보호와 위로를 찾아 과연 어디로 향했을까? 잔혹한 세상에서 전형적인 도피처인 가족과 친구는 자신에게 닥친 불운을 받아들이는 데 도움은 될지언정 예방 수단은 아니었다. 대중 치료사('교활한 사람들'[*]), 외과 의사, 약제사와 산파들은 상처와 고통을 어느 정도 완화시켰지만, 중병과 분만 같은 위험 앞에서는 무기력했다. 근대 의학의 전문 과목인 내과 의사는 보기 드물고 진료비가 비싼 데다 당대 의학지식의 한계가 있었다. 점성술사와 점쟁이는 고통받는 영혼에게 운명의 수레를 설교했으나 세상의 위험 자체를 막아줄 수는 없었다.

종교는 당대의 주요한 지적 자원으로 기능하며 각자에게 닥친 불운을 설명하고 불완전하나마 나름의 예방책을 제공했다. 1520년대 마르틴 루터와 프로테스탄트 신도들은 어떤 형태로든 악마를 쫓는 '미신적' 의식에 반대했으나, 한편으로는 사필귀정의 도덕적 세계에 대한 믿음을 강조했다. 비록 어디서 신의 노여움이 발원했는지 자명하지 않더라도, 일반적으로 자연재해와 풍토병은 신의 불만과 진노의 표시로 해석되었다. 일부 신학자들과 연대기 작가들은 (근친상간과 영아살해와 같은) 잔혹범죄가 속세의 처벌을 모면한다면 신의 분노를 불러일으킨다고 보았다. 또 다른 시대에서는 집단적인 환란을 속죄를 요구하는 하느님의 뜻으로 여겼다. 마르틴

---

[*] 잉글랜드, 웨일스 지역에서는 민속요법, 주술, 부적 등에 의존한 치료사들을 '교활한 사람들'이라고 불렀다.

루터와 장 칼뱅이 이끄는 초기 프로테스탄트들은 인류 최후의 날에 자신들이 살아남고 곧 세상의 재앙이 끝나는 묵시론적 희망을 품었다. 물론 재앙을 설명할 때마다 악마와 그 부하들이 어김없이 등장해서 마녀가 눈보라를 일으키고 악마가 범죄자에게 초자연적인 힘을 불어넣는다는 주장이 설득력을 얻었다.

각종 '죽음의 천사'를 막는 데 가장 유용한 수단은 간단한 기도문이었다. 여러 세기 동안 기독교인들은 "유행병과 기근과 전쟁으로부터 우리를 지켜주소서. 오, 주님!"이라고 일제히 읊조려왔다.16 16세기 후반에 특정한 악운을 피하려고 예수와 성모 마리아, 수호 성인에게 바치는 위령기도가 널리 퍼졌고, 공식적으로는 예수 외의 초자연적인 존재의 개입을 일체 거부하는 프로테스탄트라고 해서 이러한 유행을 외면하지 않았다. 신자들은 보석, 수정, 목패 같은 부적을 자연적이거나 초자연적인 위험을 막아주는 호신물로 사용했다. 또한 가톨릭 신자들에게 성물로 알려진 유사 종교적인 봉헌물들도 어떤 의미에서는 마법 부적과 비슷한 역할을 했다. 이를테면 성수, 성체의 일부, 성인의 메달, 축성받은 양초와 종, 성인이나 성가정(聖家庭)의 유골과 유해 일부로 주장되는 성유물 등이 숭배의 대상이었다. 어떤 사람들은 병을 낫게 하거나 적의 공격을 방어하기 위해 마법 주문과 가루, (심지어 의사에게서 공식 처방받은) 물약의 힘을 빌렸다. 이것의 일차적 목표가 위안과 안심이라면 우리도 그 효능을 마냥 부정할 수만은 없을 것이다. 사후 세계에서 모든 고통과 덕성이 보상받고 악은 필연코 징벌받으리라는 믿음은 또 다른 위안이 되었다. 비록 아무리 개인의 믿음이 강력하더라도 대재앙 자체를 막아주거나 모면하게 할 도리는 없었지만 말이다.

삶의 모든 국면에서 위험에 봉착한 프란츠 슈미트와 동시대인들은 안전과 질서를 갈구했다. 황제, 제후 군주, 도시국가의 통치귀족 등 모든 세속 권력은 이러한 대중의 염원을 공유하면서 그와 연관된 제반 조치를 해야 한다고 결심했다. 이러한 가부장적인 견해는 (당연히 권위 확장을 수반한다는 점에서) 이타주의와는 거리가 멀었지만, 공공의 안전과 복지에 대해서만큼은 상당 부분 진심이었다. 지진, 홍수, 기근, 유행병의 피해를 줄이고 미약하나마 희생자 구호를 지원하려 했다. 하지만 공공 위생 수준을 높이려는 원대한 계획은 근대 이전에 큰 진전을 이루지 못했다. 예를 들어 전염병이 창궐하는 동안 시 정부가 취하는 검역 조치, 쓰레기와 배설물의 처리 규정 등은 감염 속도를 조금 늦췄지만, 실상은 돌림병이 도는 도시를 탈출하는 것이 가장 나은 해결책이었다.

한편 사법 집행은 폭력을 막고 주민 안전을 보장하는 정부의 능력을 보여주는 확실한 기회이면서 이와 동시에 대중적 지지 기반을 넓히고 세속 군주의 권력을 강화하는 효과가 있었다. 결과적으로 프란츠 슈미트와 동시대인들은 자신들을 둘러싼 폭력에 대해 이율배반적이었다. 우리가 예상하는 대로, 사람들은 주기적으로 닥치는 자연재해와 질병에 묵묵히 순응했으며, 이와 비슷한 숙명론적인 자세로 주변 사람들이 자행하는 폭력을 수긍했다. 그러나 그런 폭력을 줄이려는 (또는 적어도 폭력의 대가를 받아내려는) 정치적 지도자들의 열망이 높아짐에 따라 사람들이 거는 기대와 희망도 커졌다. 사법 당국은 피해자들에게 사적인 보복에 나서는 대신 법원이나 관청을 찾으라고 촉구하면서도, 정작 재판정에 쏟아지는 청원과 고소에 거의 대응하지 못했다. 공적 개입을 요구하는 사례는 아주 다양했다. 이를테면 도로 보수와 쓰레기 수거 등 사소한 민원부터 거칠고 난폭한 거지와 고아들의 행패를 엄중히 단속해달라는 탄원, 게다가 이웃 간 시비와 탈법에 대한 신고가 줄을 이었다. 야심 찬 군주들은 지배력 확장을 위해 민중의 소리에 더욱 귀를 기울였고, 자신들이 내건 공약이 헛되지 않다는 증거를 보여주고 싶어 했다.

그런 의미에서 통치 권력은 민중이 무법 행위에 대해 느끼는 불안을 해소하고 위험한 범죄자들은 반드시 체포되고 처벌받는다는 사회 정의를 구현할 필요가 있었는데, 이를 위한 가장 효과적인 수단이 바로 숙련된 사형집행인이었다.

사형집행인이 공동체의 이익을 위해 행사하는 관례화된 폭력은 (a) 희생자의 복수를 대신하며, (b) 위험한 범죄자가 저지르는 폭력을 엄단하고, (c) 끔찍한 본보기를 보여줌으로써 (d) 분노한 친척과 성난 폭도가 2차 폭력을 일으키지 않도록 예방하는 역할을 맡았다.

사형 집행이 대중의 이목을 끌게 잘 설계되지 않으면, '검의 정의'

는 공허한 은유에 그치고, 공공안전의 보증인을 자처한 자신들의 역할이 허사가 된다고 시 정부와 세속 군주는 판단했다. 그러니 자신들의 대표자인 사형집행인이 피고에게 물리적인 폭행을 가하거나 살해하는 과정을 꼼꼼히 설계하고 집행함으로써 질서정연한 정의의 모범을 보여야 했다. 프란츠 슈미트처럼 유능한 장인은 처형 기술뿐만 아니라 어떠한 감정적인 상황에서도 침착과 평온을 유지하는 능력을 고용주에게 보여줘야 했다. 이는 보통의 젊은이에게는 벅찬 과제였겠지만, 유례없는 불굴의 의지를 지닌 마이스터 하인리히와 견습공 아들에게는 가능한 일이었다.

아버지의 수치

1573년 봄에 하인리히 슈미트와 그의 가족이 누렸던 상대적으로 관용적인 사회 분위기는 비교적 최근의 현상에 불과했으며 계속 지속되리라는 보장이 없었다. 중세 이후 전문 사형집행인은 통상 정부에 고용된 냉혈 살인자로 손가락질을 받아 왔으며, 언제나 중류층 사회에서 당연히 배제됐다. 그들 대부분은 성벽 밖에 살거나, 성내에서는 도살장, 나환자촌과 같은 불결한 장소 주변에 거주했다. 시민권 행사는 철저히 박탈되어서 사형집행인과 그의 가족은 시민권을 가질 수 없었다. 길드 가입과 공직 복무 역시 허용되지 않았으며, 후견인, 법정 증인, 유언장 작성 등 공증행위도 할 수 없었다. 15세기 후반까지 실수로 처형을 망친 망나니(hangmen)는 군중의 폭력에서 보호받지 못했고, 실제로 성난 폭도에게 돌을 맞아 죽은 경우도 일부 있었다. 대부분 도시에서 망나니로 알려진 사람은 교회 출입을 금지당했다. 사형집행인은 자녀에게 세례를 받게 하거나 죽어가는 친척에게 고해성사를 주고 싶어도, '불결한' 주거지에 발을 들여놓기를 꺼리는 교구 사제의 미온적인 자비에 매달려야 했다. 또한 망나니들은 목욕탕, 선술집 등의 공공장소에 발을 들일 수 없었고, 점잖은 가문에 초대받기를 기대한다면 실로 가당찮은 일이었다. 프란츠 슈미트 시대의 사람들은 마음속 깊이 사회적 오염을 두려워했기 때문에, 사형집행인의 손이 닿는 일상적인 접촉만으로도 지체 있는 신분의 사람조차 생계가 위태로워질 수 있다고 믿었다. 고대의 금기를 깨뜨린 자에게 닥친 재앙에 관한 속설들이 난무했고, 어떤 아름다운 미모의 하녀 사형수가 망나니와 결혼하느니 차라리 죽음을 선택했다는 이야기가 퍼졌다.[17]

망나니의 직업적 속성을 고려하면 이 뿌리 깊은 불안은 당연해 보인다. 오늘날에도 많은 전통 사회에서 시체를 직접 만지는 것은 곧 오염으로 낙인찍힌다. 근세 독일에서 사형집행인뿐만 아니라 매장업자, 무두장이, 도축업자 등은 '불경한 직업군'에 속한다.[18] 많은 사람은 망나니를 비도덕적인 용병의 일종으로 여겼고, 부랑자, 매춘부, 도둑, 더 나아가 집시와 유대인의 동류로 취급해서 '품위 있는 사회'에서 격리하려 했다. 그래서 동시대인과 근대 학계에서는 (비록 상관관계를 입증할 만한 증거가 부족했지만) 그런 불미스러운 직업을 택한 사람은 범법자일 확률이 매우 높다고 추측했다. 이와 비슷하게 사회적인 주변인들은 불명예스러운 사실혼의 출생자이든 불법적인 혼외자이든 구분하지 않고 통상 서출자(庶出子)로 의심받았다. 그래서 공식 문서에서 '사생아 망나니'로 기록하는 경우가 흔했다.[19]

당연하게도 망나니와 그 외 불명예스러운 개인은 직업적으로나 사회적으로나 서로 단단히 결속했다. 사형집행인 가문은 상호 배제와 정략결혼을 통해 제국 곳곳에 뿌리를 내렸다. 시체(Leichnam)를 뜻하는 불길한 성(姓)을 사용한 가문도 있었으나 브란트, 파너, 푹스, 슈바르츠 같은 남부 독일의 가문 대부분은 동종 업계에서 명성을 쌓아왔다.[20] 몇 세대를 거쳐 통혼한 가문들은 입회식 등 여러 관례를 발전시켜 금세공업자와 제빵업자 같은 점잖은 직업에서 찾아볼 수 있는 통합된 이미지를 만들려 했다. 그 직업군이 자신들을 퇴짜 놓았듯, 사형집행인 역시 자신들만의 직업 관계망을 형성하여 도제 훈련을 관장하고 세습 고용을 안정적으로 보장하려 했다.

하지만 하인리히 슈미트가 아들에게 거는 야망은 워낙 대담해서 가족 외의 외부인에게 감히 누설할 수 없을 정도였다. 슈미트는 자신의 후계자에게 밑바닥 계층의 지위를 준 가문의 저주를 벗어나려 했다. 사회적 신분 상승에 대한 담대한 꿈은 엄격한 계급 존중의 세계에서 상상하기 힘든 것이었다. 슈미트 가문이 치욕에 떨어지게 된 비밀스러운 이유는 아버지에게서 아들로 전해졌으며, 마이스터 프란츠의 노년에 이르러서야 세상에 그 내막이 밝혀진다. 그러나 어린 프란츠가 불쌍한 개를 향해 검을 치켜든 날에는 이 수치스러운 비밀은 그의 영혼 깊숙한 곳에서 타오를 뿐이었다.

1553년 가을 프란츠의 아버지 하인리히 슈미트는 호프 시의 나무꾼이자 새 사냥꾼으로 평화롭고 존경받는 삶을 살고 있었다. 그곳은 프랑켄계인 브란덴부르크-쿨름바흐 변경백*의 영토였다. 벨라토르(전사)로 정평이 난 젊은 제후 알브레히트 알키비아데스 2세(1522년~1557년)의 영토 팽창주의가 일으킨 수년 동안의 전란기에도 슈미트 가족은 그곳에서 무던히 잘 살았다. 아테네식 이름†에서 연상되듯, 알브레히트 알키비아데스는 1540~50년대의 종교분쟁에서 합종연횡을 거듭하며 야만적 침략 행위를 일삼다가 종국에는 가톨릭과 프로테스탄트 양측으로부터 모두 비난받았다. 특히 당시에는 그의 공격성과 표리부동함에 반발하여 뉘른베르크, 보헤미아, 브라운슈바이크 공국 같은 프로테스탄트 제후국과 밤베르크, 뷔르츠부르크 등 가톨릭 주교후들이 함께 그의 군대에 맞서 연

---

* 변경백(邊境伯, Markgraf)은 국경 지역의 방어를 위해 설치한 변경구역(Mark)의 봉건영주로 일반 영주(graf)보다 폭 넓은 군사권과 행정권이 허용되었다.

† 알키비아데스(Alkibiades, BC 450년~404년)는 고대 그리스 아테네의 정치가이자 군인이다. 펠로폰네소스 전쟁에서 아테네, 스파르타, 페르시아를 오간 행적 때문에 희대의 배신자이자 책략가로 알려져 있다.

합함으로써 후대에 제2차 변경백 전쟁으로 알려진 전투를 벌였다. 이렇게 알브레히트의 의도치 않았던 에큐메니즘*은 연합군이 그의 영토 경계를 넘어 호프 시를 비롯한 많은 성채를 겹겹이 포위하면서 최고조에 달했다.

호프 시는 알브레히트의 관할 영토 중 가장 요새화된 도시로서, 높이 12피트, 두께 3피트인 성벽에 둘러싸여 있었다. 1553년 8월 1일 연합군의 포위가 시작되자, 알브레히트 변경백은 성내에 없었으나 약 6백 명의 민병대가 자발적으로 무장하여 지원병력을 곧 보내겠다는 알브레히트의 서신이 도착할 때까지 3주 동안이나 13,000명의 적군과 대치했다. 약속한 지원군은 그후 4주가 지나도 오지 않았고, 포격, 기습, 대규모 기아에 피폐해질 대로 피폐해진 호프 시는 마침내 항복을 선언했다. 뒤이어 이어진 점령과정이 오히려 무난했다. 그런 상황에서 10월 12일 알브레히트는 60명의 호위 기사단을 이끌고 입성하면서 호프의 성난 주민들에게 요란한 환영 행사를 열도록 요구했다. 호프 시에 주둔한 몇 주간 알브레히트는 주민의 분노를 전혀 개의치 않았을 뿐더러 성채를 포위한 적군에게 적개심을 불러일으키는 데도 충분했다. 이런 무모한 선동은 재앙으로 끝났다. 정복군은 더욱 가혹하게 도시를 약탈했으며, 변경백은 제국의 국경 너머로 추방되었다. 1557년 45세의 나이로 숨을

---

*   에큐메니즘은 기독교의 교파와 교회를 초월하여 하나로 통합하려는 세계교회주의를 뜻한다.

거둘 때까지 약 4년을 그는 프랑스 등지에서 국외 추방자로 떠돌며 살았다. 그때까지 알프레히트 변경백의 영지 대부분은 초토화되었고, 그의 이름 역시 주민들에게 저주의 대상이 되었다.

Markgraf Albrecht Alcibiades.

브란덴부르크-쿨름바흐 변경백 알브레히트 알키비아데스는 만인에게 비난을 받았으며, 특히 호프의 슈미트 가문에 불행을 안겨준 장본인이었다(1550년경 그림).

실각한 변경백에게 하인리히 슈미트와 아들 프란츠는 다른 호프 주민들보다 훨씬 더 깊고 지울 수 없는 원한이 있었다. 1553년 10월 16일 월요일, 알브레히트 알키비아데스 변경백이 가신들을 거느리고 황폐해진 호프 시로 돌아온 지 3일째 되는 날이었다. 독일의 다른 소도시처럼 호프 시 또한 사형집행인을 종신 고용할 재정 여건이 되지 않았다. 그런데 이 몹쓸 알브레히트는 마을 총포공 3명을 반역죄로 체포한 뒤, 그들을 처형할 사형집행인을 따로 부르는 통상의 관례를 지키지 않았다. 대신에 고집 센 알브레히트는 옛 관습을 들먹이며 현장에 있던 구경꾼 중에서 한 명을 지목했다. 이런 끔찍한 선발 과정에서 뽑힌 사람이 하인리히 슈미트였다. 존경받는 호프 시민인 슈미트는 이 선발이 장래 그 자신과 후손에게 어떤 치욕을 안겨줄지 불보듯 훤했기 때문에 완강히 거부했으나 아무 소용이 없었다. 70세의 프란츠는 "[내 아버지가] 계속 거부한다면, (변경백은) 아버지를 체포해 반역자들 옆에 나란히 세우겠다고 협박했다"고 회상했다.

왜 이 무서운 임무에 순진한 나무꾼을 선택했을까? 정답은 프란츠의 인생 후반까지 감춰온 또 하나의 이야기에 숨어 있었다. 개를 놓고 다툼이 벌어진 이 희한한 사건은 알브레히트 알키비아데스와의 불행한 만남이 있기 몇 년 전으로 거슬러 올라간다. 프란츠의 조부인 재단사 페터 슈미트는 자신의 딸과 혼인을 허락해달라고 부탁하는 튀링겐 출신의 직조공 숙련공을 만나게 되었다. 그후 이 젊은 한 쌍은 혼례를 올리고 호프 시 근처의 작은 농장에 신접살림을 차렸다. 어느 날 직조공(80년 후 프란츠가 회고하기를 그는 군터 베르크너라는 이름이었다)이 시골길을 걷다가 큰 개의 공격을 받았다. 이에 베르크너가 화를 내며 개를 들고 사슴 사냥꾼인 주인에게 집어 던졌는데, (프란츠의 표현대로) "그와 우리에게 덮친 불운" 탓에 그 주인이 비명횡사했다. 베르크너는 간신히 기소를 면했지만 명예롭지 못한 자로 각인되어 모든 직공 길드에서 추방되었고, 그 후로 어느 누가 권하지 않았는데도 "절망과 실의에 빠져" 사형집행인이 되었다. 이런 낙인은 호프 시에서 재봉사로 일하던 장인 페터 슈미트에게 영향을 미치진 않았다. 하지만 몇 년 후 시간에 쫓기던 변경백이 처형을 집행할 자를 찾을 때, 하인리히 슈미트의 처남인 베르크너(아마 노쇠한 그는 이런 일을 할 기력이 없었을 것이다)의 비천한 직업이 사형집행인의 새 명단에 하인리히를 맨 위에 올려놓게 한다.21

슈미트의 예상대로, 알브레히트의 명령에 굴복하는 순간부터 그와 그의 가족은 주변 이웃과 친구들로부터 확실하고 무자비하게 명예로운 사회에서 배제당한 데다가 그의 불길한 직업과 추방당한 독재자의 악명이 한 묶음으로 주민들의 입질에 오르내렸다. 만일 불명예를 짊어진 하인리히 슈미트가 멀리 떨어진 도시에서 가족과 새 삶을 꾸렸다면 이런 치욕을 벗어날 수 있었을 것이다. 그런데 하인리히는 조상 대대로 물려받은 집에 남아 자신에게 유일하게 허락된 직업을 영위하며 생계를 꾸렸다. 이렇게 사형집행인의 새로운 가문이 시작했다. 그러나 훗날 아들 프란츠와 함께 계획했듯, 프란츠가 성공을 거둔다면 가문의 고난은 오래가지 않을 것이다.

프란츠 슈미트는 아버지가 극적으로 품위를 잃고 나락으로 빠진 지 수개월이 지났을 때 태어났다. 이 시기는 대략 1553년 후반에서 1554년 중반 사이로 추정된다.[22] 호프 시의 고립된 지형 탓에 프란츠는 유년기와 청소년기를 기껏해야 인구 1천 명 남짓의 폐쇄된 사회에서 매우 경직되고 편협한 사람들 사이에서 자랐다. 후일 '바이에른의 시베리아'로 알려진 이 지역은 잘러 강에 인접해 있고 깊고 울창한 원시림과 수천 미터 높이의 산들로 에워싸여 있다. 길고 혹독한 겨울, 석회와 철 성분이 많은 토양 탓에 경작은 쉽지 않았다. 직조와 섬유 관련 무역이 도시의 경제를 좌우했으며, 시골에서는 주로 소와 양을 키웠다. 수 세기에 걸쳐 광산이 또 다른 부의 원천이었는데, 특히 프란츠 슈미트의 시대에는 금, 은, 철, 구리, 주석, 화강암과 수정을 주로 채굴했다.[23]

호프 시는 문화적으로도 앞서 있었다. 튀링겐과 작센 지역에서 남쪽에 치우치고, 프랑켄과 비교하면 상대적으로 북쪽에 위치해 있다. 보헤미아 국경과 서쪽에 맞닿아 있는 이 도시는 슬라브 문화와 게르만 문화가 독특하게 섞인 데다가 1430년에 종교개혁가 얀 후스를 신봉하는 종교적 급진주의자의 침략을 받았다. 호프의 종교적 정체성은 포크틀란트 지역과 유사했다. 16세기경 영방 군주이자 제후인 포크트의 이름에서 유래한 영토는 하나의 정치적 통일체로 보기에는 문화적 구성이 매우 모호했고, 사투리, 도수 높은 맥주와 소시지의 종류 정도로 구별하는 것이 고작이었다. 19세기 민족주의자들은 풍광이 수려한 포크틀란트 지역을 두고 원시림의 아름다움을 이상화하며 게르만 황야의 원형으로 내세웠다. 하지만 사회적으로 배척받는 슈미트 가족의 입장에서 지리적으로 고립된 호프 시는 추방된 자신들의 내면에 도사린 낙담을 더욱 사무치게 했다.

하인리히 슈미트가 호프에 머물며 치욕을 받아들인 이유는 분명하지 않다. 마침내 알브레히트 알키비아데스의 폭정이 막을 내리자, 슈미트에게 강요된 직업에 훨씬 유리한 국면이 조성되었다. 1557년 알브레히트가 사망한 후, 브란덴부르크-쿨름바흐의 관할

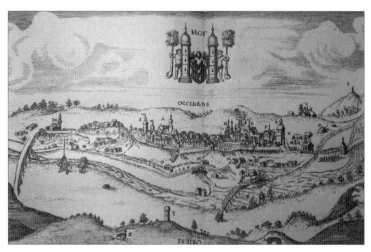

동쪽에서 바라본 호프 시의 전경(1550년경)

권은 그의 사촌인 브란덴부르크-안스바흐의 변경백 게오르크 프리드리히의 수중으로 넘어갔다. 성급했던 사촌과 달리 호프 시의 새 제후는 신중하고 사려 깊었다. 지역 연대기 기록관인 에노크 비트만은 그해 가을 도시의 가로수가 일제히 꽃을 피웠다고 기록했는데, 이는 알브레히트의 무정한 폭정을 예언했던 지진만큼이나 강력한 징조였다.24 바이로이트 인근에 거처를 마련한 게오르크 프리드리히는 즉시 이웃 국가와의 친선 회복에 힘쓰는 한편, 호프 시의 재건에 착수했다. 또한 형법 및 치안조례 제정을 필두로 재정혁신과 사법 개혁에 박차를 가했다. 이는 즉각적인 효과를 거두어 범죄자의 처형 건수나 강도가 모두 큰 폭으로 증가했다. 1560년 5월까지 12개월 동안, 변경백의 새 사형집행인이 된 하인리히 슈미트는 호프 관할에서만 8건의 사형을 집행했다.25

그 결과 하인리히 슈미트가 변경백 휘하에서 받는 금액은 상당히 안정적인 수입원이 되었고, 이에 더하여 자유계약 방식의 처형 업무와 전통적인 부업인 상처 치료를 통해 꽤 많은 부수입을 거둘 수 있었다. 하지만 호프 시에서 가족이 겪어야 하는 사회적 불운은 되돌릴 수 없어 보였다. 하인리히는 최소 두 번 이상 다른 지역의 사형집행인 모집에 지원했고, 드디어 프란츠가 8세가 되던 1572년에 이르러서야 밤베르크 주교후의 공식 사형집행인 지위를 얻었는데, 이는 출세의 사다리에서 한 단계 격상한 것이었다.26 옛 친구와 동료에게 냉대받으며 근 20여 년을 보낸 후에야 마침내 슈미트 가족은 고통의 기억과 굴욕의 유산을 떨치고 호프 시로부터 해방되었다.

밤베르크 교구(훗날 대교구)는 제국에서 가장 오래되고 권위 있는 교구 중 하나였다. 지난 40년의 종교개혁을 거치며 상당히 위축되었지만, 1572년 밤베르크 주교들은 4세기 넘게 세속 권력과 종교적 권위를 함께 누려왔으며, 당시에도 수천 제곱마일에 달하는 영토와 15만 명의 주민을 통치했다. 주교후의 행정부는 비교적 정교한 것으로 정평 있는데, 특히 1507년 『밤베르크 형법전』(Bambergensis)을 출판하면서 형법 분야의 위상이 매우 높아졌다.[27] 하인리히 슈미트의 새 고용주인 바이트 2세 폰 뷔르츠부르크 주교는 가혹한 세금으로 악명을 떨쳤지만, 다행히 사형집행인과 사법부 관리를 통솔하는 업무는 부주교의 몫이었다. 1572년 8월 하인리히 슈미트는 이 가톨릭 도시에서 보직을 시작하면서 직업과 일신상 의미 있는 성취를 이루었다.

슈미트 가족은 이 새로운 주거지에서 물질적인 풍족함을 누렸다. 평균 연간 50플로린의 꾸준한 수입은 목사나 학교 교사에 상응하는 보수였으며, 이에 더하여 시청 소속 고용인으로 받는 부가적 혜택이 있었다.[28] 오늘날 '작은 베네치아'라 불리는 뉘른베르크 북동쪽 강변에 있는 꽤 넓은 집을 재직 기간에 무상 임차할 수 있었다. 1572년 늦여름 슈미트 가족이 도착하자, 시 정부는 하인리히의 요구사항에 맞게 집을 완전히 개조하고 확장했다.[29] 물론 사형집행인의 조수(밤베르크에서는 '형리(刑吏)'로 호칭했다) 한스 라인슈미트와 집을 나누어 썼으나 주로 집에 있던 외동아들 프란츠는 사생활을 어느 정도 보장받았다.

여전히 조심스럽긴 하지만, 가족의 사회적 지위는 호프 시의 소규모 공동체에 비해 덜 억압적이었다. 13세기에 완공된 대성당과 독특한 훈제 맥주로 오늘날까지 유명한 밤베르크는 당시에도 1만 명 이상이 살던 상대적으로 국제적인 도시였다. 주민들은 7개의 언덕에 각각 독특한 교회를 세우고 '영원한 도시' 로마의 7개 언덕과 비견하며 자랑스러워했다. 적어도 이론상으로는 슈미트의 새 주거지는 지방 도시인 호프에 비해 거리와 시장에서 익명성을 보장받을 수 있었고, 아마 이웃들도 꽤 우호적이었던 듯하다. 도시가 이런 규모인 만큼 사형집행인에게 출입을 허가해주는 교회도 있었고, 몇몇 선술집도 그들을 위해 교수대를 본뜬 듯한 삼발 의자를 내주었다.30 프로테스탄트 교도인 슈미트 가족은 가톨릭이 압도적인 도시에서 어쩔 수 없는 장벽을 느꼈지만 적어도 가톨릭 고용주들은 확연한 차별을 삼갔고, 이러한 상황은 주교가 대항종교개혁을 공개 천명했다고 달라질 것은 없었다.31

이 시대의 사형집행인 지위는 과거에 비해 상대적으로 더 높아졌다는 (또는 덜 천시받았다는) 뚜렷한 증거는 바로 '전통적인 가치'와 '자연법적인' 사회질서를 복원하려는 반동적 입법이 계속 추진되었다는 점에서 찾을 수 있다. 예를 들어 15세기 사치 단속령처럼, 1530

년과 1548년의 제국 치안 조례는 사형집행인이 (유대인과 매춘부처럼) "남들과 쉽게 구분되는 옷을 입어야 한다"고 규정했다.[32] 비슷한 맥락에서 많은 지방 조례들은 전통적 경계를 흐트러뜨리는 행위를 비난하고, 이를 어기는 자에게 무거운 벌금이나 태형을 내리며 '불명예스러운' 개인에게 관용을 베푸는 시대 흐름을 되돌리려 했다.

대중의 편견은 항상 느리게 사라진다. 특히 경제 상황의 악화와 불안정한 사회 지위에 민감한 개인들은 더욱 그런 경향이 있다. 16세기 후반 국제 시장이 늘어나자, 전통적인 직조공과 그들이 만든 생산품은 심각한 궁지에 내몰렸다. 그런데 부유한 은행가와 상인에게 직접 분노를 쏟아붓는 대신, '가난하지만 정직한' 직조공들은 자신들보다 신분이 낮으면서 겉보기에 경제적 여유가 생긴 하인리히 슈미트 같은 사형집행인과 악명 높은 유대인들을 먼저 공격했다. 1548년 사형집행인의 자녀에게 길드 가입을 허용하는 황제의 칙령이 발표되자, 자칭 '비둘기처럼 순수한' 명예를 지킨다고 자부했던 독일 수공업자들은 이를 공개적으로 거부하고 회원들에게 어떤 형태로든 사형집행인들과 접촉해서는 안 된다고 금지했다. 이러한 금지 조치는 도축업자, 구두장이, 무두장이, 봇짐장수와 같은 여타의 '불명예스러운' 직업에 똑같이 적용되었으며, 이를 어기면 사회적 추방, 길드 회원 자격 상실과 때로는 그보다 더한 제재를 감내해야 했다. 바젤 지역의 한 기능공은 사형집행인과 접촉하여 오염되었다는 이유로 자살했다고 알려졌고, 다른 오염된 자들은 도시를 떠나 다른 곳에서 새로 터전을 꾸려야 했다. 기본적으로 태어날 때부터 정해진 사회적 지위에 대한 경직된 시선은 아주 오랫동안 유럽과 독일의 대다수 사람이 사고하고 행동하는 방식을 크게 좌우해왔으며, 사실 현대 사회에서도 그런 시선은 여전하다.[33]

슈미트 가족에게는 다행스럽게도, 주변인을 색출하고 그들의 사회적 성취를 폄훼하려는 가혹한 법적 시도들은 일상생활에 별 영향을 미치지 못했고, 다만 일부 불안해하는 기능공들을 달래주는 데 그쳤다. 예를 들어 근대 사회의 제복과 달리 하인리히 슈미트와 훗날 아들 프란츠는 근무 중에 또는 비번 중에 특정한 옷을 입도록 강요받지 않았으며, 따라서 (19세기 낭만주의자의 상상 속에서 곧잘 등장했던) 검정 복면을 착용했다는 증거는 어디서도 찾아볼 수 없다. 물론 몇몇 도시는 사형집행인에게 선홍색, 노란색, 녹색 망토나 줄무늬 셔츠를 입게 하거나 특이한 모자를 쓰게 했다는 기록이남아 있다.[34] 그렇지만 16세기 후반기에 그려진 삽화를 보면, 사형집행인은 예외 없이 잘 차려입었고 때때로 멋쟁이처럼 빼입었다. 요약하면 그들은 여느 중산 계급과 다를 바 없었으며, 바로 그 대목에서 지위에 민감한 수공업자들의 불안을 자극했다.

그러나 조례가 사실상 위력이 없다 해도, 밤베르크 도시에서 약간이나마 향상된 슈미트의 사회적 위치가 근본적으로 불안정하다는 사실을 바꿔놓지는 않았다. 사회적 등급과 평판에 의존하는 한 개인의 명예는 여전히 가장 귀중한 (그리고 깨지기 쉬운) 상품이었다.

하인리히 슈미트의 시대에는 그의 '이름'을 모욕하는 행위(남자에게 '불한당', '도둑', 여자에게 '매춘부', '마녀'라고 부르는 것)는 같은 계층의 사람 간에 종종 신체적 폭력과 살인으로 이어졌다. '망나니의 후레자식'은 셰익스피어 희극에도 등장하는 대표적인 욕설의 하나다. 또한 '단두대로 가야할 것'은 주변의 빈축을 사는 행동을 가장 간결하게 가리킨다. 축제, 공개행렬, 그 밖의 시민 행사는 엄연한 사회 위계질서와 그로부터 철저히 배제된 계층 의식을 생생하게 각인시키는 장소로서, 그럴 때마다 슈미트는 자신의 비천한 지위를 상기할 수밖에 없었다. 인종이나 그 밖의 이유로 분리가 통용되는 사회였기 때문에, 법령과 관습은 명시적으로 사형집행인과 가족들을 공

1584년 7월 7일 프란츠 슈미트가 안나 파이엘슈타이닌을 처형하는 장면이 아마 목격자 진술에 기초하여 그려진 후 사후에 뉘른베르크 연대기에 실렸다(1616년). 원본에서 사형집행인은 평소처럼 (시각적인 효과를 높이기 위해) 독특한 의상, 즉 분홍 스타킹, 연청색의 양말과 샅보대, 흰색 셔츠와 더블릿을 입었고, 특히 핏자국이 튀는 것을 보호해주기 위해 가죽 조끼를 덧입었다.

공장소 출입을 금지했고, 교육, 구직, 주거 등 제반 기회를 과도하게 제한했다. 이런 삶의 조건은 곧 다가오는 세대에도 오랫동안 지속될 것이다.

어쩌면 슈미트의 직업에 깊숙이 찍힌 낙인의 가장 사악한 면은 예측불가능성일 것이다. 이로써 그의 가족과 이웃 간 교제에는 늘 언제 끊어질지 모르는 분위기가 감돌았다. 해석이 천차만별인 사회학 용어와 마찬가지로(언뜻 미국에서 자주 쓰는 '중간층'이 떠오른다), 사형집행인의 불명에에 관한 정의는 개인과 공동체마다 다양하고 선별적으로 해석되며, 때로는 적의에 넘친다. 뤼베크에서 온 한 상인은 아우크스부르크의 망나니가 도심에 살고 일반 시민들과 함께 먹고 마시며 집을 방문하는 광경에 경악했다. 반면 다른 도시의 사형집행인은 그의 집에 발을 들여놓지 않으려는 산파 때문에 출산 중인 아내를 잃었으나, 이웃들은 대수롭지 않은 사건으로 취급했다. 널리 인정받던 한 사형집행인은 살아생전 "마을에 친구들이 아주 많다"고 소문이 자자했지만, 정작 숨을 거두자 관을 운구할 사람을 한 명도 구할 수 없었다.[35]

넉넉한 봉급을 받는 관리직, 부르주아의 생활 수준, 자신의 정직성에 대한 세간의 평판. 그중 어떤 것도 자신의 가족을 영속적으로 받아들이고 안정된 미래를 보장해줄 수 없다는 것을 하인리히 슈미트는 잘 알고 있었다. 일상에서 크든 작든 사회적 모욕이 반복되며 그의 수치를 계속 일깨웠다. 동시대 사람은 그의 곤궁한 처지를 확고부동한 사실로 취급했다. 하지만 마이스터 하인리히와 아들 프란츠는 불굴의 의지를 지녔고, 둘 다 이 수치스러운 직업이 가족을 구원할 바로 그 수단임을 믿어 의심치 않았다.

아들의 기회

성공은 시간과 행운이 따라야 한다. 프란츠 슈미트는 역사가들이 '사형집행인의 황금기'라고 부르는 시절에 성장기를 맞이하는 행운을 누렸다. 지난 두 세기 동안 독일 형법은 아주 느리지만 심오한 변화를 겪으며 황금기를 맞이했다. 로마 제국 이래 게르만족은 대부분 범죄를 개인 간 갈등으로 보고 재정 보상 또는 팔다리를 자르거나 추방하는 등의 관례적 형벌로 다뤘다. 중세 후기까지도 정부 관리들은 수가 많지 않아 주로 법체계를 주관하는 조정자에 그쳤고, 그 외 심문, 공판, 판결 등은 마을의 최연장자나 지역 배심원들에게 맡겨졌다. 이런 방식은 유혈 분쟁과 연쇄 폭력을 예방하려는 미온적인 목표에 그쳤다. 따라서 범죄자를 전부 처벌하지도 않았고 실제로 비실용적이라 여겼기에 그럴 생각도 없었다. 대개 희생자의 남자 친척이 가해자를 직접 처형하도록 허용했고, 국가가 공인한 살인의 경우 망나니와 (경범죄를 관장하는) 법원 공무직을 프리랜서로 고용하여 처형 건수에 따라 급료를 지급했다.[36]

중세 후기의 형벌 제도에서 정부가 적극적 개입을 하게 된 배경에는 상호 연관된 두 가지 동인이 작용한다. 첫째, 통치권 자체를 더 폭 넓고 야심차게 정의하려는 요구이다. 이는 아우크스부르크와 뉘른베르크처럼 번영하는 도시국가에서 두드러졌다. 관할구역을 무역과 제조업을 위한 보다 안정적이고 매력적인 거점으로 만들려는 열망이 높아지면서, 도시 길드와 지배귀족 가문은 다양한 조례 제정을 통해 과거에 사적 영역으로 치부한 것까지 폭넓게 규율하게끔 했다. 현대인의 시선에서 보면 일부 신규조례는 이상하고 별나 보인다. 그중 숱하게 제정된 사치 단속령은 갖가지 방식으로 복장과 춤을 제한하는 등 공공질서의 유지 목적을 노골적으로 드러냈다. 이를테면 귀족만이 검을 차거나 모피를 입고, 귀족 부인과 딸들만 장신구를 착용하거나 다채로운 옷감을 쓰는 특권을 누렸다. 무엇보다 의미심장한 것은, 16세기 초 독일에서 약 2천 개의 도시와 관할구역이 고등법원을 독점하여 중범죄 재판권을 얻으려 했고 실제로도 이를 행사했다는 것이다. 상당수의 지방 법원은 경범죄에 대해 사적 해결을 권고하면서도 사형을 집행하는 특권은 지키려 했다. (돌로 때리든, 몽둥이로 때리든, 밧줄에 매달든) 정의를 내세운 사형(私刑)은 범죄 못지않게 빈번히 발생했고, 그렇게 돌발적으로 일어난 군중 폭력은 정부 관리가 수호하려는 권위를 심각히 훼손했다.

물론 신법률과 국가고권을 소리 높여 천명하는 것과 이를 집행하는 것은 다른 차원이다. 게다가 고도로 분권화된 제국 치하에서는 더욱 그렇다. 그렇기에 개혁적인 법조계 전문가들의 출현은 독일 형법과 관행을 혁신하는 두 번째 핵심 동인이 되었다. 신형법과 훈령이 대거 제정되고 복잡화됨에 따라 구법률 조직은 시대에 뒤쳐졌고 그대신 제반 분야에서 두루 전문성을 갖춘 법조계 전문가 집단이 요구되었다. 바로 이러한 점을 들어, 체계적 학제 훈련을 받은 법조인 집단은 업무환경 변화에 민감했던 사법당국을 효과적으로 설득할 수 있었다.

유사한 맥락에서, 아우크스부르크와 뉘른베르크의 귀족 법관들은 효과적인 범죄 기소를 위해 (고문을 포함한) 심문과 처형 기술에 숙달된 전문가를 전속 고용해야 한다는 결론을 내렸다. 그에 따라 망나니를 정규직 공무원의 위치로 승격하고 사형집행을 합법화했다. 바야흐로 망나니들은 더 이상 '사람의 피를 보려는 사악한 욕구를 숨긴 용병'이 아니라 시청의 감독과 문서를 통해 관리받는 충직한 하수인이 되었다.37 사형집행인과 장기 고용계약을 체결하는 것이 그들을 더욱 안정적이고 확실히 통제할 수 있어 사법 관할권 확대에 훨씬 수월할 것이라고 믿었다. 그 결과 16세기 초반에 이르면 종신 사형집행인은 제국 전역에서 돌이킬 수 없는 대세로 굳혀졌다.

그러나 독일 형법 체계의 변천사처럼, 시간제 망나니가 종신직 사형집행인으로 완전히 바뀌기까지는 수 세기가 흘러야 했고, 1554년 프란츠 슈미트가 태어나던 해에도 여전히 현재진행형이었다. 일부 지역은 18세기 후반까지도 망나니에게 처형 건수에 따라 급료를 지급했다.[38] 많은 소규모 법정은 종신 사형집행인을 고용할 재정적 여력이 없다는 단순한 이유로 중세 전통에 따라 공동체의 젊은 남성 중 한 명을 골라 사법 살인이라는 저주받은 과제를 수행하게 했다(슈미트 가문에 이미 익숙한 시나리오였다). 더 외딴 지역은 아직도 고대 관습을 유지해 희생자의 남자 친척이 즉결 처분 권한을 가졌다. 심지어 16세기까지 사형집행인을 고용한 대다수 도시는 고용 계약서에 기소와 형벌 집행 외에도 사창가 감독, 쓰레기 수거, 자살자의 시신 처리 등 기피 직무를 기술해 두었다.[39]

어쨌든 16세기 중반은 사형집행인에게는 새로운 기회의 시대였다. 프란츠의 또 다른 행운은 미래의 고용주인 밤베르크 주교후와 뉘른베르크 제국도시가 독일 형법체계 개혁에서 최선두에 있었다는 점이다. 로마 시민법을 교육받은 법률가는 특히 프랑켄 지역에서 영향력을 발휘하여 획기적인 형법전의 탄생을 이끌었다. 그 하나가 바로 1507년에 출판된 『밤베르겐시스』로 공식 명칭은 『밤베르크 형사재판법전』(Bambergische Halsgerichtsordnung)이다. 문자 그대로 '목에 관한 법정'(neck-court) 규정으로 해석되는데, 주로 사형에 초점을 맞춰 기술되었기 때문이다. 두 번째 형법전은 전자를 계승하여 1532년 집대성된 『카롤리나 형법전』(또는 『카를 5세 황제의 형사재판법전』)으로, 통상 '카롤리나'로 알려져 있다.[40] 프랑켄 귀족인 요한 프라이헤어 폰 슈바르첸베르크가 편찬한 구 판본은 주로 전문 법조인 훈련을 받지 못한 재판관들이 참조할 수 있도록 쉬운 일상 독일어로 쓰였고 목판화 삽화가 많이 실렸다. 비록 공식 인증을 받지 못했지만, 이 책은 선풍적인 인기를 끌며 첫 10년 동안 개정판이 여러 번 발행되었다.

『밤베르겐시스』의 후속작으로 제국의 후원하에 훌륭하게 작성된 카롤리나 형법전은 선대 텍스트의 단순명쾌함을 구현하면서 더 원대한 정치적 목표를 가지고 있었다. 16세기 초반 황제와 영방국 제후는 영토 통치에 있어 표준화된 법적 절차의 가치를 높이 샀지만, 실제 법전 편찬 과정에서 로마법을 차용하는 데 대해 상당한 반대에 직면했다. 카롤리나 형법전은, 로마법의 실재성과 정합성에 매료된 혁신적인 법률가 집단과 '외국의 법률과 관습'에 회의적이고 고유의 특권을 뺏기지 않으려는 보수적 세속권력이 서로 타협한 귀중한 성과물이었다.41 "우리는 선제후, 대공, 장원에 관한 합법적이고 공정한 오랜 관습을 결코 훼손하지는 않을 것"이라고 밝히면서도 카롤리나 형법전의 저자는 훈련된 법률가를 최대한 많이 참여시킴으로써 제국의 다양한 관할구역 내에 공통적으로 적용될 수 있는 공정하고 일관된 법규를 마련하려 했다. 이를 위해 신형법은 각종 범죄 유형의 나열에 그치지 않고, 위법행위의 영역과 속성을 정교하게 기술하고, 체포 및 증거 채증의 기준을 제시했으며, 더 나아가 사법 절차의 원칙을 선언했다. 동시에 최종 목표는 소송절차의 투명성과 규범성 강화에 두었다. 마법과 (중죄가 된 지 얼마 되지 않은) 영아살해를 빼고는 카롤리나 형법전은 중대 범죄에 대한 관습적인 정의를 거의 바꾸지 않았다. 실제로 (생매장, 화형, 익수형, 능지처참형을 포함한) 중세 시대 처형방식을 본질에서 큰 변화 없이 그대로 기록했다.

젊은 프란츠 슈미트에게 무엇보다 중요한 점은, 카롤리나 형법전이 이미 『밤베르겐시스』에 실린 공판 단계별 세부 조치사항을 재확인했으며, 더 나아가 '망나니' 대신에 '후판사'(Nachrichter, '판결 이후'라는 의미를 지닌다) 또는 '(칼처럼) 예리한 재판관'(Scharfrichter)이란 표현을 썼다는 점이다.42 또한 카롤리나 형법전은 '존경할 만한 개인'에게 정규 봉급을 지급할 것을 강력히 권고하면서, (수당이 가장 높은 수레바퀴형을 포함해) 처형방식에 따라 차등화된 수당표를 부록에 실었다. 그리고 전문 사형집행인이 처형을 이유로 대중의 보복이나 법적 처벌을 받지 않도록 명문화했고, 법관은 판결 때마다 이 사실을 의무적으로 알리도록 했다. 한편 사형집행인이 지나치게 잔인하거나 부패하거나 비전문적인 경우, 즉시 직무를 정지하고 처벌받도록 규정했다. 마지막으로 신형법은 즉흥적이거나 정당화할 수 없는 사유로 신체적 강요를 행사할 수 없도록 수많은 지침을 만들었다. 이로써 증거를 얼마나 확보해야 고문을 개시할 수 있는지(최소 2명 이상의 공정한 증인이 증언해야 한다), 어떤 종류의 범죄에 대해 '특별 심문'이 허용되는지(마술과 노상강도가 이에 포함된다), 고문의 강도와 지속시간(고통의 강도에 따라 고문 기술을 오름차순으로 정리했으며, 그 목록의 맨 처음은 여성에 대한 손가락 죄기 기술이 올라 있다) 등이 상세히 기술되어 있다.[43]

카롤리나의 사형집행인에 대한 높은 요구 수준은 당연한 수순으로 급여 인상이 가능해졌으며, 더 나아가 신형법이 몰고 온 광범위한 사회적 변화는 애초 설계자가 예상했던 바를 훌쩍 뛰어넘어 프란츠 슈미트의 신분 상승으로 이어졌다. 카롤리나 시행 후 한 세대도 지나지 않아서 범죄자의 체포, 심문, 처벌 건수가 제국 전역에서 큰 폭으로 증가했다. 어떤 지역에서는 사형률이 지난 반세기에 비해 2배 넘게 치솟아서 (마녀사냥을 포함하면 통계치는 몇 배로 증가한다) 전문 사형집행인에 대한 수요가 비약적으로 늘어났다. 실제로 마이스터 프란츠의 생애에 뉘른베르크의 사형 횟수는 연평균 9건(도시 전체인구는 약 4만 명)으로, 1인당 기준으로 보면 제국의 어느 도시보다 높은 수치를 기록한다. 다른 대규모 관할구역도 비슷한 경향을 보인다. 하인리히 슈미트는 훨씬 인구가 많은 밤베르크 주교후 아래에서 일하는 동안 1년에 약 10건을 처형했고, 이웃한 브란덴부르크-안스바흐에서 거둔 실적을 합치면 거의 2배에 달한다.[44]

이렇듯 외관상 범죄와 형벌 건수가 폭증한 까닭은 무엇일까? 높은 고용률과 인플레이션(이는 당연히 절도와 폭력으로 이어진다)이 프란츠 슈미트 시대의 인지된 범죄 건수가 늘어난 주요 요인이었다. 하지만 기소율 증가의 가장 강력한 원인은 역설적으로 카롤리나 형법전 때문이었다. 신형법은 아주 좋은 성과를 냈다. 하지만 대부분의 개혁이 그렇듯, 카롤리나 역시 예상치 못한 몇몇 부정적 결과를 가져왔다. 첫째, 신형법은 의도치 않게 지방정부가 악명 높은 마녀사냥을 비롯해 광범위한 대중조작에 앞장서게 했다. 일개 시민 또는 군중이 어떤 사람을 마녀로 의심하면 당국에 기소를 요구할 수 있었고, 또 유죄 판결은 곧 사형 선고로 이어졌기 때문이다. 둘째, 형벌을 체계화하여 불필요한 잔혹성과 자의성을 없애려던 카롤리나는 정확히 반대 방향으로 작용해서 되려 최후의 심문인 고문을 정당화하는 결과를 낳았다. 뉘른베르크 같은 관할구역은 제국법전의 다양한 지침서와 '특별 심문' 제한 규정을 꼼꼼히 따졌지만, 다른 지역에서는 이를 제멋대로 해석하여 오히려 심문 과정에 물리적 강제를 합법적으로 승인받은 것으로 간주했다.

이와 동시에 카롤리나의 재범 방지를 위한 규정이 의도치 않게 재범자를 너무 많이 처형시키는 결과를 초래했다. 이전 세대에서 도둑질은 단순 절도범이므로 단두대로 보내지는 않았다. 그런데 어떤 일이 벌어졌을까? 카롤리나는 범죄자가 다시 범죄를 행하지 않도록 처벌기준의 가중지표를 만들었다. 초범은 공개 태형, 재범은 추방형, 그리고 추방된 전과자가 돌아와 다시 전과 3범이 되면 사형을 받게 된다. 이렇게 빠져나갈 구멍 없는 처벌 규정이 지방 관료의 손에 쥐어지면서 비극적 결과를 초래했다. 이를테면 재물 관련 범죄는 과거에는 사형 건수의 $\frac{1}{3}$에 불과했는데, 프란츠 슈미트의 생애에는 거의 $\frac{7}{10}$을 차지한다.[45]

이 겉보기에 이해할 수 없는 가혹함은 새로운 잔인성의 산물이라기보다 기존 형벌의 비효율성에 대한 깊은 좌절에서 비롯한다. 마이스터 프란츠가 처형한 도둑 대부분은 잦은 투옥과 다양한 태형, 그리고 추방형 등 아주 긴 처벌 기록을 보유했다.46 때때로 고통스럽고 모욕적인 공개 태형(초범에 전형적인 처벌이며, 재범부터는 영토에서 추방된다)은 바라던 효과를 거뒀다. 한 예로 성년이 된 프란츠는 시장을 돌아다니며 물건을 훔친 십대 형제를 공개된 장소에서 채찍질했는데, 그 후 뉘른베르크 범죄기록에서 이 형제에 대한 기록을 더는 찾아볼 수 없다. 하지만 대부분 범죄자는 공개적인 망신과 추방을 당한 후에도 (이제는 그들이 속했던 친족과 사회관계에서 인연이 끊긴 채로) 익숙한 범죄로 되돌아가서 다른 장소나 도시로 나가 물건을 훔치기 마련이었다.

비폭력 범죄에 흔히 적용된 추방도 별 효과가 없었고, 유럽 일부 국가는 절도 및 파렴치범을 영구히 추방하기 위해 식민지로 유배 보냈다. 그런데 대양 너머로 파렴치범을 유배 보내는 것은, 뉘른베르크와 밤베르크처럼 해외 식민지나 함대가 없는 내륙 국가로서는 고려할 만한 선택이 아니었다. 바이에른 대공은 제국도시 뉘른베르크를 설득해서 형이 선고된 도둑을 제노바 갤리선에 보내는 실험을 시도했다. 하지만 5년 후 근검절약하는 대공은 그런 투자가 신뢰할 만한 효과가 없다고 결론 내렸다. 황제의 헝가리 군대에 강제 징용하는 해결책도 빈번히 채택되었지만, 그 조치 역시 소규모

로 시행되다가 곧 중단되었다. [47]

이런 문제에 대해 근대 사회가 내놓은 해결책(국내 유배 또는 수감 기간의 연장)을 받아들이기 위해선 관념의 변화가 뒤따라야 하는데, 그조차 오랜 시간이 걸렸다. 상당수 정부 기구는 (위험한 광인을 제외하고) 장기 수감의 경우 예산이 많이 들고 너무 잔인하다고 여겼다. 근대 감옥의 전신인 구빈원(workhouse)은 대부분 재정 자립이 가능하다는 점이 선전되면서 17세기에 많은 옹호자가 생겼다. 하지만 프란츠 슈미트의 뉘른베르크 감독관은 초기부터 그런 기구가 알고 보면 밑 빠진 독임을 정확히 간파하고 이런 시대적 유행에 반대했다. [48] 대신 그들은 청소년의 절도와 구걸에 대해 보다 효율적인 형벌의 하나로 강제노역 제도를 도입했는데, 당시에는 프랑스에서만 시행된 처벌이었다. 이 죄수들은 종이 달린 모자를 쓰고 발에는 '쇠고랑'를 차고 있어서 '쉘부벤'(Schellbuben)이라고 불렸는데, 통상 몇 주간 거리 청소와 보수작업에 강제 동원되어 인분, 동물의 배설물, 쓰레기 등을 청소해야 했다. 추방과 마찬가지로, 강제노역은 젊은 도둑들 전부는 아니더라도 일부나마 재범을 예방하는 효과가 있었다. 물론 후일 마이스터 프란츠는 그들 중 대다수가 결국은 교수대 앞에 서는 것으로 끝났다고 기록했지만 말이다. [49] 재범자와 그 밖의 '갱생 불가능한' 비폭력범을 다루는 조치 중 하나로, 정부 기구들은 16세기 후반에 교수형이라는 '최후의 수단'에 점차 의존하기 시작했다.

뉘른베르크의 죄수들이 2년에서 10년에 달하는 복역형을 받고 갤리선으로 향하고 있다.
이런 형태의 추방은 지중해 지역에서 보편화된 형벌이었다(1616년).

잘 훈련된 사형집행인의 수요와 봉급이 연쇄적으로 올라간 것은
프란츠 슈미트와 같은 배경과 야심을 지닌 신참자들에게 분명 희
소식이었다. 『카롤리나』가 그의 기술을 정의 구현을 위한 필수적
책무로 격상시키면서 그의 칼을 쥔 손에도 힘이 실렸다. 프로테스
탄트 신도인 프란츠는 아마 종교개혁의 아버지에게서 축복을 받았
다며 감사했을 것이다. 마르틴 루터는 "범죄자가 없다면, 사형집행
인도 없을 것이다"라고 설교했고, 또 "칼과 올가미를 휘두르는 손
은 인간의 손이 아니라 신의 손이다. 또한 죄인의 목을 매달고, 바
퀴를 굴리고, 밧줄을 조르며 투쟁하는 이는 인간이 아니라 신이다"
라고 덧붙였다. 천대받던 망나니에 대한 암시를 은연중에 드러내
며, 루터는 다음과 같이 결론내렸다.

"그러므로 [전형적인 사형집행인] 마이스터 한스는 매우 쓸모
있고 자비로운 사내이다. 왜냐하면 그는 악한이 범죄를 행하

지 못하게 막고 다른 이들에게 경고하기 때문이다. 그는 죄인의 목을 자르며, 남은 자들에게 칼을 두려워하지 말고 평온을 유지하라고 훈계한다. 그것은 크나큰 자비이다."

한편 장 칼뱅은 사형집행인이 '신의 도구'임을 전파하는 데 그쳤지만, 열광적인 루터는 한 걸음 더 나아가 다음과 같이 축복했다. "망나니, 경찰, 판사, 군주, 제후 등이 없는 곳에서는 당신이 공직에 봉사해야 한다. 그렇기 때문에 그런 필수적인 정부 기구들이 냉대받거나 권위를 잃지 않도록 해야 한다."50

슈미트의 직업에 대한 교리적 뒷받침은 사형집행인에게 환영받을 만한 진보였지만 식자층 외의 대중에게 퍼져나가는 속도는 느렸다. 루터의 설교 스타일은 1565년 한 유명한 법률가의 변호에서도 찾아볼 수 있다. "사형집행인의 이름은 여전히 혐오의 대상인 동시에 비인간적이고 잔인하고 독재적인 관리로 인식된다. 그러나 그는 신 앞의 죄인이 아니며, 질서를 집행하는 세상 속의 죄인도 아니다. 그는 그 자신의 의지가 아닌 하느님의 종으로 정의를 실현한다." 재판정의 판사, 배심원, 증인과 마찬가지로, 사형집행인은 스스로 수치스러워할 필요가 없다. "탐욕, 질시, 적의, 복수나 욕망"에 이끌려 행동한 것이 아니라면 말이다. 달리 말하면, 법과 질서에 있어 그는 제후 못지않게 필수적인 존재이다. 어떤 법률학자는 사형집행인의 책무에 쏠린 혐오를 배설물에 대한 수치와 연결짓고,

둘 다 불쾌하긴 하나 신의 계획에서 필수적인 부분이라고 설명했다. 또한 망나니를 향해 계속되는 대중의 비난은 근본적으로 직무 자체보다는 "불경하고 경솔한 사람들"을 끌어당기는 직업적 속성에서 비롯된다고 본다. 이 범주에 "마술사, 강도, 살인자, 도둑, 간음한 자, 뚜쟁이, 신성 모독자, 도박꾼, 그 외 난폭한 범죄와 추문과 골칫거리를 몰고 오는 자"를 나열했다. 또한 효율적인 법정이 요구하는 사형집행인은 "경건하고, 빚이 없으며, 친절하고, 자애롭고, 두려움이 없는 자"이며 동시에 "처형 기술에 능통하되, 자기 직무를 행함에 있어 불쌍한 죄인에 대한 적의와 경멸이 아니라 하느님과 법률에 대한 사랑이 우러나오는 자"여야 한다고 강조했다.[51]

그렇게 프란츠 슈미트는 전임자보다 더 많은 보상과 사회적 수용을 받을 뿐 아니라 한층 높아진 위상과 기대에 부응해야 하는 전문 사형집행인의 시대로 발을 내디뎠다. 한두 세대 전에는 세속 권력은 이 공직에 입후보하는 자의 불미스러운 배경을 감수해야 했으며, 일부 사형집행인은 교수대나 단두대에서 처형되는 것으로 생을 마감하곤 했다. 그러나 프란츠 시대에는 "규율에 능하고 법을 준수하는" 전문가적 명성이 공직 채용을 위한 가장 중요한 자질이 되었다. 어떤 형태이든 전과를 가진 자는 즉시 해고되고 처벌받았다. 그 대가로 견습공을 숙련공, 장인으로 임명하는 기존 방식은 위엄을 갖추기 시작했고, 몇몇 사형집행인은 다른 직종의 겸업을 허가받거나 휘장을 수여받았다.[52]

물론 여러 세기 동안 쌓여온 미신, 혐오와 공포가 쉽게 사라질 리는 만무했고, 더구나 프란츠가 누렸던 상대적으로 넓은 기회는 여전히 무거운 사회적 희생과 비교해야 마땅할 것이다. 사법부와 행정부가 뭐라 말하든, 동시대인 대다수는 사형집행인을 사악한 존재로 보지는 않아도 여전히 미심쩍어했다. 각종 의례를 통해 계급과 명예를 과시하는 사회에서 경건하고 정직한 망나니는 다행스러운 존재이지만, 그들과 접촉하는 것만으로도 오염된다고 믿는 관념은 무척이나 완고했다. 하인리히 슈미트의 생애 동안 대부분의 문들이 굳게 닫혀 있었으나, 새로운 유형의 사형집행인에 대한 수요가 늘자 젊은 프란츠에게 또 다른 기회의 문이 열렸다. 아버지가 품어온 꿈을 이루기 위해, 또 명예로운 남자로 죽기 위해 그는 기꺼이 그 기회를 활용하기로 결심했다.

사형집행인의 기술

우리는 프란츠 슈미트가 호프 시에서 보낸 유년과 청년 시절에 관해 직접 알지는 못한다. 하지만 아버지의 악명 높은 직업에도 불구하고, 그가 겪은 경험은 16세기 여느 독일의 중산층 소년과 상당히 비슷했을 것이다. 아마 6, 7세가 되기 전에는 다른 아이들처럼 여자 어른의 보살핌을 받았을 것이다. 여섯 번째 생일 전에 어머니가 세상을 떠났으니까—당시에는 조실부모가 매우 흔한 일이었다—아마 그때부터 고모나 할머니가 그에게 엄마 노릇을 해줬을 것이다. 1560년 아버지가 바이로이트 인근의 사형집행인 가문 출신인 안나 블레히슈미트와 재혼하면서 그는 계모를 얻게 되는데, 이 역시 당대에 흔한 경험이었다.[53] 그림 형제의 악의적인 출판 내용에도 불구하고, 근세 시대의 계모는 대부분 의붓자식과 매우 좋은 관계를 유지했다. 어린 프란츠도 이런 경우에 해당했기를 바란다.

후일 프란츠가 회고했던 것처럼 호프 시에서 가족이 겪은 사회적 고립이 아주 가혹했다면, 그는 매우 외로운 유년기를 보냈을 것이다. 당시 유아나 어린이들은 (적어도 근대 유럽의 기준에서 보면) 자유방임하에 키워져서 뚜껑을 열어둔 우물, 조리용 화덕 등 일상생활에서 어린 목숨을 많이 앗아갔던 위험한 장소를 제한 없이 돌아다녔다. 아마 이런 자유는 그에게 주어진 유일한 놀거리이며, 부친의 직업에 대한 편견에 굴하지 않도록 도왔다. 한 살 위 누이인 쿠니군다가 있었고, 어쩌면 다른 형제들이 있었는데 당시 12세 미만의 아동 사망률이 50퍼센트 이상인 끔찍한 상황에서 희생되었는지도 모른다.

아버지 하인리히가 재혼할 무렵, 프란츠는 더 많은 집안일을 떠맡으며 읽기, 쓰기, 산술 등 기초교육을 받았다. 일부 지역에서는 사형집행인의 자녀도 돈을 내면 라틴어 학교나 인문계 학교에 갈 수 있었다. 뉘른베르크에 사는 친척 린하르트 리페르트는 훗날 학

부모들이 자녀들에게 자기 아이와 나란히 앉지 못하게 했다고 고 발했는데, 시청 관리는 중재를 거절하고 대신 집에서 가르칠 것을 권유했다고 전해진다.54 호프 시는 독일어를 쓰는 교구 학교와 멜 란히톤의 수제자가 설립한 라틴어 학교가 있는데, 프란츠의 입학 허가 기록은 전혀 남아 있지 않아서 그가 학교 정규교육을 받았는 지, 아니면 가정교사나 부모로부터 배웠는지는 알 수 없다. 다만 성인이 된 후 그의 글씨체와 서명을 보면, 독일어 기초교육과 약간 의 라틴어 수업을 받았던 것으로 추측된다. 하지만 구두점이 없는 문장, 특이한 어법과 철자로 미루어보건대, 그가 문학을 이해한다 거나 단순한 공증 이상의 지식에 도달했다고 보기는 어렵다. 대부 분 장인이 중등교육을 받았던 시기인 만큼, 프란츠는 자기 생각을 화려한 수사법 없이 기록하는 정도였을 것이다. 그는 실용적인 연 대기 작가로, 간혹 문장의 명료함을 무시했고 사실과 편의성을 우 선했다.

(슈미트의 집에 기꺼이 출입해도 좋다는 사제가 있었다면) 호프 시의 교 구 목사로부터 교리 문답을 배웠을 수도 있지만, 프란츠는 기본적 으로 집에서 종교 교육을 받았다고 짐작된다. 주로 복음주의 또는 루터교의 신앙이 그의 소년 시절 종교적 감수성의 뿌리가 되었다. 1520년대의 내분이 심각했던 종교개혁 시기에 호프 시는 가톨릭 교회와 절연하고 루터파 교회와 연합했다. 그렇게 프란츠 출생 후 1세대쯤 흘렀을 때, 호프 시는 루터교의 요새가 되었고 거의 모든

신도가 프로테스탄트 교리를 신봉했다. 마이스터 프란츠가 강렬한 종교적 신념의 소유자였던 걸 보면, 그의 부모나 적어도 가까운 친척들로부터 종교 훈련을 익혔을 것이다. 당시 많은 아이가 집에서 종교 교육을 받았다. 실제로, 교회 지도자들은 모든 가장(Hausvater, 문자 그대로 '집에 계신 아버지'란 뜻이다)에게 자녀를 지도해야 할 성스러운 책무가 있다고 설교했다. 여느 가문과 마찬가지로 프란츠와 누이 쿠니군다는 어린 나이부터 루터파의 교리, 곧 원죄, 신의 용서, 인간 경험을 장악하는 신념의 구심력, 독실한 삶과 이를 떠받치는 책무에 관해 교육받았다.

필시 프란츠 슈미트의 도제 생활은 12세부터 시작되었으리라. 이제껏 하인리히 슈미트의 존재가 어떤 의미였든, 이 순간 아버지는 소년에게 인격적으로나 직업적으로나 가장 중요한 본보기가 된

Abb. 16

1584년 고용 계약서에 남아 있는 프란츠의 서명. 시대를 고려하면 양식이 지나치게 깔끔하지만, 문서 자체는 확실히 공증인의 손을 거쳐 작성된 것이므로 프란츠의 서명 역시 진품으로 보인다.

다. 재봉이나 목공 같은 명예로운 직업은 공인된 장인과 2~4년간 도제 계약을 공식 체결하고, 이를 대가로 청년의 가족으로부터 상당한 규모의 연간 수업료를 받는다. 일부 사형집행인의 아들은 집을 떠나 친척 어른에게 배우거나 비슷한 조건의 다른 장인을 찾아갔다. 하지만 장인은 상대적으로 드물어서, 대부분 아들은 집에 머무르며 아버지의 지도하에 조기 훈련을 받았다.55 당연히 프란츠 같은 사형집행인의 아들은 다른 존경할 만한 직능 훈련을 받을 수 없었고, 대학이나 신학교에 입학할 수도 없었다. 이 뿌리 깊은 금제는 그 후로도 2세기 동안 유효했다. 물론 현실이 그렇다고 해서 자기 자신이나 자녀들을 위해 또 다른 삶을 꿈꾸는 것까지 막지는 못했다.

그렇다면 십 대의 어린 프란츠는 아버지로부터 과연 무엇을 배웠을까? 무엇보다 남자다움에 관한 근본적인 개념이 형성되었다. 근세 시대의 남성성은 특히 개인과 가문의 명예에 초점을 맞췄다. 하인리히가 프란츠에게 일찍부터 강조했듯 알브레히트 알키비아데스 2세 변경백은 슈미트 가문이 소중히 간직해온 모든 것들, 곧 명예로운 직업, 시민의 권리, 친구들, 그리고 무엇보다 그들의 진정한 이름을 뺏어갔다. 70세가 된 마이스터 프란츠가 남긴 기록은 아주 상세해서 작고한 할아버지와 삼촌의 이름(당시에는 그의 증조부에 대해 거의 알려지지 않았다), 사냥꾼과의 불운한 만남, 변경백이 그의 아버지에게 말한 정확한 표현, 암살 미수자의 구체적 숫자 등등을 모두 담았다. 누차 얘기되어 온 가족사에 얽힌 모험담의 전형이었다. 대다수 근세 사람들은 공격받은 명예에 집착한다. 따라서 슈미트 가문도 매일 치욕을 느끼게 하는 것들로 인해 (당연한 귀결로) 더욱 그 주제에 병적으로 집착했다. 개인의 명예에 대한 프란츠의 생각은 평생에 걸쳐 변화했지만, 아버지와 매한가지로 가족을 궁지로 몰아간 원천적인 부당함에 대해 불꽃 같은 분노를 느꼈다. 사실 누구라도 한 번쯤 의문을 품을 만했다. 한때 알브레히트 알키비아데스의 오랜 숙적이었던 밤베르크와 뉘른베르크에서 하인리히와 프란츠 둘 다 일했던 것이 그저 단순한 우연일까?

우리가 확인할 수 있는 유일한 정보는 하인리히 슈미트가 총애하는 아들에게 남성성의 실용적인 측면, 바로 기술을 전수했다는 것이다. "처형의 예술"은 개개의 기술들로 구성된다. 그 필수조건(sine qua non)은 바로 기술적 숙련도다. 즉 얼마나 효과적으로 고문과 신체적 처벌을 집행할 것인가. 여기에는 눈 찌르기와 손가락 자르기부터 회초리로 매질하기, 그리고 다양한 형태의 사형 기술이 포함된다. 하지만 프란츠는 먼저 견습공이 익혀야 할 잡일부터 묵묵히 수행했다. 아버지의 검과 고문 도구를 청소하고 관리하기, 공개처형 도구(수갑, 밧줄, 형틀)를 모아 준비하기, 아버지와 조수에게 음식 배달하기, 게다가 효수된 중범죄자의 시체와 머리를 치우는 일까지 해야 했을 것이다.

나이가 들고 원숙해지면서, 프란츠는 심문과 사형 집행 과정에서 죄수를 결박하는 일을 맡았고 아버지와 함께 프랑켄 전역의 온갖 처형장을 순례하기 시작했다. 경험 많은 마이스터 하인리히 옆에서 관찰하고 귀 기울이며 형장에서 단두대가 놓이는 위치, 저항하는 사형수를 밧줄과 쇠사슬로 제압하는 방법 등을 배웠다. 또한 그는 강에 나무로 임시연단을 세우는 것을 도와 익수형을 준비했고, 이 까다롭고 간혹 지연되는 집행을 신속히 마무리하는 방법을 관찰했다. 더욱 결정적으로 하인리히 슈미트는 "고통스러운 심문"의 실제 현장에서 아들에게 다양한 고문 도구의 사용법을 보여주면서 죄수의 상태와 인내력을 정확히 판단해 너무 빨리 죽지 않게 조절하는 요령을 가르쳤다. 요컨대 하인리히와 프란츠 사이에는 세대와 세대로 연결되는 기술이 있는 것이다.

현대인에게 종종 충격으로 다가오는 사형집행인의 기술 분야 중 하나는 민간 치료사라는 부업이다. 일부 집행인은 손님을 모으려고 처형과 관련된 신비한 분위기를 이용했고, 특히 해박한 인체 지식이 망나니 치료사의 명성을 높이는 데 일조했다. 따라서 마이스터 하인리히 역시 프란츠에게 (그 자신도 다른 집행인에게 배웠을) 치료용 약초와 연고에 관한 지식을 전수해줬다. 이들 치료약제는 고문당한 죄수의 상처를 치료하고 공개처형에 앞서 죄수의 부러진 뼈를 교정하는 데 효과가 컸다. 그런 기술을 터득한 어른 프란츠 슈미트는 치료사와 의료 상담가로서 상당한 부수입을 거둘 수 있었고, 은퇴 후에는 해당 분야로 더욱 정진하여 의료 전문가의 위상을 다졌다.

성공적인 사형집행인이 갖춰야 할 마지막 자질은, 최근 높아진 사회적 기대 수준에 부응하여 사람에 관한 기술, 즉 심리학적 통찰력이다. 물론 인간 본성을 꿰뚫는 능력은 가르친다고 되는 것이 아닌데, 하인리히 슈미트는 고문실이나 단두대에서 지나치게 흥분한 사형수를 다루는 방법과 더불어 체통을 중시하는 귀족층과 신뢰하기 힘든 하류층의 각기 다른 부류를 대하는 방법에 좋은 본보기를 보였다. 밤베르크의 고용주들은 사형집행인의 필수 자질로 복종, 정직과 분별을 제시했는데, 이는 하인리히의 공직 선서문에 잘 열거되어 있다.

저는 은혜로운 밤베르크의 대주교님과 그분의 영광스러운 교구를 모든 해악으로부터 보호하고, 경건하게 업무를 수행하며, 교구의 권위 아래 매사 사법 심문·처벌 절차에 따라 충실하게 직무를 수행할 것입니다. 또한 법령에 따라 정해진 수수료 이상을 받지 않으며, 형사 심문 과정에서 알게 된 사실에 대해 비밀을 엄수하고, 장래 어떤 누구에게도 발설하지 않을 것입니다. 대주교 체임벌린과 시종 내관 마샬의 허가 없이는 여행을 떠나지 않을 것이며, 공무와 명령에 항상 순종하고 받들며, 모든 일에 변함없이 충직하고 무리 없이 처리할 것을 맹세합니다. 바라옵건대 하느님과 성도들이여, 저를 도우소서!56

프란츠는 아버지보다 앞서 주요 사형사건의 협상적 특징, 다루기 힘든 제반 이해관계와 목적의 균형, 형사 소송실무의의 사업적 측면 등에 대해 직접 체험해왔다. 하인리히가 이들 영역에서 좋은 모범이었는지는 알 수 없지만, 십 대의 프란츠는 일찍부터 직업적 성공에서 기술적 탁월함보다 또 다른 재능이 훨씬 중요하다는 걸 깨달았다. 그 재능은 바로 고용주에게 확신을 주고, 심문받는 죄수에 공포를 불어넣으며, 이웃에게 존경받는 것이었다. 달리 말하면, 그의 공연은 단두대 위의 극적인 (그리고 여전히 중요한) 순간에 국한된 것만은 아니었다. 사형집행인의 직위는 자각과 경계심을 늦추지 않으며 일평생에 걸쳐 역할을 수행 해야 했다.

또한 인간관계 기술은 동료들과의 관계에서도 매우 중요시되었다. 어느 전문가 집단처럼 마이스터 하인리히와 다른 도시의 동료들은 로트벨슈(Rotwelsch, '거렁뱅이의 말') 또는 가우너슈프라헤(Gaunersprache, '불한당의 말')로 불리는 전문 용어를 사용했는데, 기본적으로 당대의 길거리 속어에 뿌리를 두었다. 동료 기술자 사이에서 교수형은 '끈으로 묶기'(lacing up), 참수형은 '썰기'(slicing)라고 불렀다. 탁월한 기술을 가진 동료 집행인을 칭찬할 때는 '멋진 매듭을 묶는', '바퀴를 잘 굴리는', 또는 '멋지게 조각하는' 사람이라고 추켜세웠다.[57] 또한 사형집행인은 목을 잘못 자른 참수를 가리켜 고유명사를 썼고, 각자의 장기를 고려해 주먹왕, 도살자, 분쇄기, 만능꾼, 박살 내는 사람, 회 뜨는 사람 등과 같은 별명을 붙였다. 하지만 아무리 그들이 자화자찬하더라도 대중들은 훨씬 원색적인 표현을 동원해 화려한 별명을 붙였다. 대중들은 그들을 부기맨, 피의 심판자, 나쁜 놈, 도둑 망나니, 자비로운 신, 작은 망치, 톱날, 짧게 자르는 사람, 머리 떼는 사람 등으로 불렀다. 장인들의 별명 역시 무시무시해서, 해멀링은 박피공, 스님 조니는 매듭장인 또는 성천사, 그 밖에 우치, 픽스 등 대부분의 장인들은 단순히 도살자로 불렀다.58

　다른 직종의 길드와 마찬가지로, 근세 사형집행인들은 서로를 '사촌'으로 부르며 결혼식과 축제에서 한데 어울리거나, 때때로 큰 규모의 집회에 참여하는 등 다양한 사교 모임을 즐겼다. 콜렌베르크 집회로 널리 알려진 독일 사형집행인들의 집회는 14세기 바젤에서 시작되어 17세기 초까지 비정기적으로 개최되었다. 이 모임은 서로 풍족하게 먹고 마시며 담소를 즐겼을 뿐 아니라, 중세 후기의 민사 법정 형식의 희극을 연출하여 회원간 분쟁을 해결했다. 현실에서 회원 자격은 사형집행인뿐 아니라 길드 가입이나 자치권 행사가 막혀 있던 낮은 신분의 유랑민들에게도 개방되었다. 16세기까지 사형집행인과 보따리상이 주로 회합을 주도했고, 그 외에도 사회적 주변 계층들이 계속 참여해왔다. 1559년 기록에 따르면, 법회는 콜렌베르크의 사형집행인 집 외곽 광장에 있던 "라임나무(독일어로 '정의의 나무'라는 뜻이 있다)와 옻나무 아래에서 열렸다." 회합을 주재하기 위해 선출된 모의 재판관은 "여름이든 겨울이든 항상 물 양동이에 맨발을 담그고" 회원들 사이의 명예훼손 사건과 분쟁에 대해 청문회를 열었다. 재판관이 7명의 배심원이 참여한 표결 결과를 발표하고 양동이를 비우면, 그날의 축제가 시작되었다. 아내의 내연남인 사형집행인에게 소환당한 한 남편은 이 집회가 "외국의 온갖 의식이 마구 뒤섞여" 있어서 현지인들에게 무시당하기 일쑤라고 헐뜯었다. (그의 아내까지 한통속이 된) 장난을 친 주민들을 제외하곤 말이다.59

프란츠 슈미트의 일기에는 그가 콜렌베르크 집회나 다른 사교 행사에 참석했는지는 분명치 않다. 아마 하인리히가 적어도 한 번쯤은 바젤 집회에 따라오라고 강권했을지도 모른다. 어쩌면 그들 부자는 아무나 참여해서 매춘부와 거지가 뒤섞여 야단법석인 모임이 추례하다고 여기고, 그런 수치스러운 교제에 매달려야 하는 신세를 떠올리며 달가워하지 않았을 수도 있다. 카니발 풍의 집회가 비정규적으로 개최된 것은 정교한 사법 기구가 도입되고 사형집행인 기술이 전문화되기 훨씬 오래전부터로 거슬러 올라간다. 프란츠는 이미 아버지를 통해 꽤 많은 동료 전문가들과 친분이 있었고, 그중 몇몇과는 오랜 교류를 해왔다. 그러나 당대의 사형집행인들은 직업적 정체성과 영업 비밀을 공공연히 드러내기보다는 사적인 교류를 선호하는 편이었고, 더군다나 피혁공, 무두장이, 그 밖에 별로 섞이고 싶지 않은 불명예스러운 직군들과 거리를 두려 했다.

프란츠 슈미트의 견습 시절이 절정에 달해 심판의 검으로 훈련하던 때로 돌아가 보자. 근세 이전 유럽에서 도끼는 용병이나 나무꾼이 쓰는 도구이나, 검은 명예와 정의를 상징한다. 황제와 군주 등 통치자들은 검의 이름 아래 신이 주신 법적 권위를 논했고, 대관식이나 다른 공식 의식에서도 검은 매우 중요한 역할을 했다. 장검을 소지할 수 있는 권리는 오랫동안 귀족만의 수호 특권이었고, 그들의 높은 지위를 한눈에 알게 하는 징표였다. 따라서 검을 사용한 참수는 로마 시대 이후로 시민과 귀족만의 특권이 되었으며, 죽음을 신속히 마무리하는 장점 못지않게 명예의 함의 때문에 보편적으로 선호되는 처형방식이었다.

사형집행인이 쓰는 검은 상징적이며 금전적 가치가 높았다. 평균 길이 40인치, 무게 7파운드에 달하여 검의 크기가 위압적인 데다 종종 화려하게 장식되었다. 중세의 사형집행인이 쓰던 전형적인 도검은 16세기 중반에는 특별히 고안된 무기로 바뀌어 칼끝이 뾰족하지 않고 평평했고, 무게가 고루 배분되어 죄인의 목을 치기에 적합하게 만들어졌다. 오늘날에도 유물로 꽤 많이 남아 있어서 검이 제작되기까지의 뛰어난 기술과 고심의 흔적을 엿볼 수 있다. 전형적으로 검마다 독특한 문구가 새겨졌다. 예를 들어 "정의를 통해 이 땅의 번영과 성공을 실현하고, 결코 무법을 살려두지 않으리라." 또는 "스스로 악행을 삼가라. 그렇지 않으면 단두대로 가게 되리라." 아니면 "군주가 기소하고, 내가 처형하리라."라는 아주 간결한 글귀도 있었다.60 몇몇 검에 새겨진 조각들은 정의의 저울, 예수, 성 마리아와 아기 예수, 아니면 교수대, 수레바퀴, 효수된 머리 등 다양했다. 어떤 사형집행인 가문은 검을 소유한 자의 이름과 날짜를 새겼고, 처형당한 사람의 숫자를 눈금으로 새긴 가문도 있었다.

그러므로 마이스터 하인리히의 정의의 검은 단순히 기술적 역량의 상징 이상이었다. 검은 그의 추방된 가족이 명예로 연결되는, 아주 가늘고 희박한 마지막 희망의 끈이었다. 대중의 상상 속에는 용병 도살자의 이미지로 각인되었으나, 견습공 아들에게 아버지의 검은 새 시대의 존경받아 마땅한 전문 직업인의 상징이 되었다. 어른이 된 후, 프란츠는 자신이 쓰기에 알맞게 새로 만든 검을 사용했고, 정의의 검은 가죽 칼집에 자랑스럽게 보관해뒀다가 사형 무대에서 대중의 흥분이 최고조에 달하는 순간 꺼내 휘둘렀다. 그는 자신의 일기에 검을 사용한 첫 번째 참수형, 뉘른베르크에서의 첫 참수형, 희생자를 세운 채로 처형한 첫 참수형 등 각각의 정확한 날짜를 꼼꼼히 기록해 두었다.[61]

1573년의 봄 프란츠 슈미트가 장인이 되는 길에 두 가지 장애물이 남아 있었다. 다른 직종들처럼, 그 역시 수년간 숙련공으로 지방을 돌며 건당 수수료를 받는 일거리를 통해 귀중한 경험을 쌓아왔다. 하지만 그가 전문가로 활동하려면 일단 장인 자격시험을 통과해야 했다. 18세기 프로이센은 실제로 사형집행인 지망생에게 상당히 광범위한 필기 및 실기 시험을 치르게 했다. 그로써 지망생은 뼈를 부러뜨리지 않고 고문할 수 있는지, 화형에 처하는 시체를 완전히 잿더미로 만들 수 있는지, 온갖 종류의 심문과 처형 도구를 능숙하게 쓰는지 등을 시험관에게 보여줘야 했다.62 16세기 밤베르크에서의 시험은 상대적으로 철저하지도 않고 덜 정형화되어 있었지만, 견습공이 장래에 좋은 일자리를 얻으려면 여전히 장인의 승인을 받는 게 필수적이었다.

프란츠의 최종 시험은 19세가 되던 1573년 6월 5일에 다가왔다. 5년 후 그가 일기를 쓰기 시작했을 때, 가장 따분하게 느꼈던 이 시기 동안에 유일하게 날짜를 기억하던 날이었다. 그는 당시 아버지와 함께 밤베르크에서 북서쪽으로 40마일 떨어진 슈타이나흐 마을로 2박 3일 출장을 왔다. 유죄판결을 받은 죄수는 체예른 출신의 린하르트 루스였는데, 프란츠의 기록에는 단순히 '도둑'이라고만 적혀 있다. 아버지와 아들의 인생에서 중요한 행사임을 고려하면, 하인리히의 동료와 지인들이 (참수이든 흔한 교수형이든) 사형장에 참관하러 왔었던 것 같다. 그런 처형방식은 일류 전문가의 솜씨가 필요하지 않지만, 실패할 확률도 낮았다. 젊은 프란츠는 루스의 손발을 정해진 방식대로 묶고 교수대 위의 올가미 아래에 놓인 사다리로 데려가며 무슨 생각을 했을까? 죄수에게 최후의 유언을 남기라고 말할 때, 프란츠의 목소리가 떨렸을까? 모여든 마을 군중들이 사형집행인의 젊음을 두고 쑥덕대고 그의 기술에 의문을 품었을까? 이 모든 것들은 오로지 우리의 추측일 뿐이다. 우리가 아는 것은 이것뿐이다. 프란츠는 눈에 띄는 실수 없이 일을 잘 마무리했다. 죄수의 몸이 생기를 잃고 처형대 위에 쓰러졌을 때, 마이스터 하인리히와 또 다른 마스터가 젊은 프란츠가 서 있는 곳으로 걸어 나왔다. 그들은 태연자약하게 "고대 관습에 따라" 프란츠의 얼굴을 세 번 때린 뒤, 처형대 주위에 모인 군중들 앞에서 젊은이가 "아무런 실수 없이 능숙하게 사형을 집행"했음을 선언하고 지금부터 마스터의 인정을 받았다고 공언했다. 프란츠는 장래 고용주에게 제시할 장인 면허증을 받았다. 그로써 이 새로운 장인이 "최고로 만족할 만한 용맹을 떨쳐" 과업을 수행했고 앞으로 장인의 지위에서 일하고 급료를 받을 수 있다고 선언해준 것이다.63 그리고 다른 분야에서도 그렇듯, 장인 입단식은 성공적으로 치른 후에 친지와 친구들이 모인 축제가 되었고, 다들 기쁨에 찬 하인리히로부터 융숭한 대접을 받았다. 프란츠를 위해 준비된 축하연은 아마 밤베르크로 돌아온 뒤에 열렸을 것이다.

이날로부터 반세기가 지난 무렵, 늙은 전직 사형집행인은 씁쓸한 멜랑콜리에 젖어 다음과 같이 회상한다. "크나큰 불행 탓에 순진한 아버지뿐 아니라 나도 사형집행인이라는 공직을 맡게 되었다. 내가 아무리 원했어도 그걸 피할 수는 없다."64 하지만 한편으로는 일평생 큰 대과 없이 과업을 해내 이 땅에 "평화와 평온, 화합을 가져왔다"는 자부심이 드러난다. 19세의 나이에 최초의 사형집행을 해낸 프란츠는 자신의 숙명 같은 직업에 대한 반감과 자부심이 복잡하게 얽힌 심경이 된다. 이러한 이중적인 감정은 그 이정표가 되는 날 이후 그가 직업 성공의 가도를 달리는 원동력이 되었지만, 그와 동시에 내적 갈등을 겪게 했을 뿐만 아니라 그가 바라던 개인적인 영달과 직업적 보상을 포착하기 어렵게 만들었다.

· 제2장 ·

숙련공(The Journeyman)

세상 사람들을 많이 알아 두면 판단력이 놀랄 만큼 명확해진다.
— 미셸 드 몽테뉴『아이들의 교육에 대하여』(1580년)₁

나는 친절해지려고 잔인하게 굴 뿐이다.
그리하여 악이 시작하고, 더 악한 것은 남아 있다.
— 윌리엄 셰익스피어『햄릿』3막 4장 177-78(1660년)

공식적으로 사형집행인 협회에 가입한 19세의 프란츠 슈미트는
언젠가는 안정적인 직위를 보장해 줄 이력서의 첫 단추를 끼웠다.
1573년 6월 슈타이나흐에서 방금 데뷔 무대를 가진 젊은 숙련공은
밤베르크와 호프 사이에 있는 크로나흐 마을에서 첫 '수레바퀴형'
을 집행했다. 그가 남긴 처형기록은 아주 간결한데, 숙련공 시절에
는 내내 그런 서술방식을 유지했다. 우리는 단지 심문받은 강도 중
바르텔 도센트란 자가 무명의 공범들과 함께 최소 3건의 살인을
저질렀다는 것, 먼저 교수형을 받았으나 목숨이 붙어 있는 상태로
최후의 시련을 받아야 했다는 것, 그리고 이 이중 처형 중 첫 번째
교수형을 신참 사형집행인이 맡았다는 것 등을 확인할 수 있다. 어
쨌든 아들 슈미트는 이 새로운 전문적 경험을 기록에 시시콜콜 남
기지는 않았다.

　숙련공으로 데뷔한 첫 12개월 동안 프란츠는 아버지의 도움을 받아 7건을 처형하는 이례적인 기록을 남겼다. 프란츠가 매우 간결하고 담담한 어조로 기술한 바에 따르면, 대부분은 도둑을 교수형에 처한 것이었다. 교수형은 상대적으로 간단하지만, 모골이 송연한 작업이었다. 젊은 사형집행인은 사형수를 이중 사다리 위에 올려놓고 그를 그저 아래로 밀치기만 하면 된다. 일부 지역은 발판이나 의자를 사용했으며, 발판이 자동으로 떨어지는 트랩도어(trapdoor) 교수대는 18세기 후반에야 등장한다. 그러므로 당시에는 목뼈를 부러뜨리는 방식이 아니라 매듭이 천천히 조여들며 질식시키는 방식*이었는데, 간혹 사형집행인이나 조수가 개가죽으로 만든 특수장갑을 끼고 발버둥치는 죄수의 발을 꽉 붙들어 사형 시간을 단축하기도 했다. 생존을 위해 절박하게 몸부림치던 사형수가 죽음을 맞은 뒤 프란츠가 사다리를 치우고 교수대에 매달린 시체를 남겨두고 가면, 시간이 지나 썩은 시신은 자연히 교수대 아래 뼛구덩이로 떨어졌다.

　프란츠가 첫해 맡은 3건의 수레바퀴형은 그에게 더 높은 수준의 신체적 체력과 정신적 강인함을 요구했다. 그것은 사형집행인이 직무 수행에서 가장 폭력적이고 끔찍한 방식이었다. 주로 악명

---

*　유럽에서 주로 쓰이던 교수형 방법은 죄수의 목에 로프를 걸고 낮은 높이에서 떨어뜨리는 쇼트 드롭(short-drop) 방식이었는데, 이 경우 찰과상, 혈관 파열 등 고통이 심하고 실패 가능성이 컸다. 19세기 후반부터 영국에서 좀 더 깃 밧줄로 묶어서 떨어뜨리면서 순간적으로 목뼈를 부러뜨리는 롱 드롭(long-drop) 방식이 도입된다.

높은 산적들이나 살인자들에게만 시행되던 처형인데, 마지막 숨을 거두기 전에 대부분 공개 고문이 수반된 점을 고려하면, 더 악명 높고 (훨씬 드물게 시행된) 능지처참형과 비슷한 수준이었다. 통상적으로 감옥에서의 고문은 표면상 기소나 유죄 평결을 뒷받침하기 위한 증거 수집을 목적으로 시행되는 반면, 사형장의 수레바퀴에서 죄인의 척추와 사지 관절을 부러뜨리는 행위는 단순히 공동체의 분노를 배출할 관례화된 수단을 제공하고 잠재적 살인 성향이 있는 관중에게 무시무시한 경고를 보내기 위한 것이었다.

프란츠가 첫해에 수레바퀴형으로 처형한 3명의 죄수는 모두 연쇄살인범이었는데, 그중 일곱 번째 사형수였던 바일스도르프의 클라우스 렌크하르트는 프란츠의 일기에 두어 줄 넘게 할애되어 가장 높은 비중으로 다뤄졌다. 1574년 가을에 마이스터 하인리히는 고향인 호프에서 북서쪽으로 40마일을 더 가야 하는 그라츠 마을까지 아들이 가끔 출장가도록 주선했다. 밤베르크에서 4일간 일정을 끝마쳤을 때, 프란츠는 비로소 3건의 살인과 상습 강도 혐의로 기소된 렌크하르트와 대면했다. 그들의 만남은 비록 짧았지만, 그 마지막 한 시간 동안 숙련공 프란츠와 사형수는 영원한 동반자일 수밖에 없었다.

지방 법원이 사형을 선고한 직후, 프란츠는 족쇄를 채운 렌크하르트를 말이 끄는 수레에 태워 이송했다. 처형장으로 천천히 가는 동안, 프란츠는 법원이 선고 내린 횟수를 지키며 뜨겁게 달궈진 집게 인두로 사형수의 몸통과 팔의 살갗을 지졌다. 프란츠는 일기에서 이런 고문에 대해 말을 삼갔지만, 일반적으로 인두형은 너무 잔혹해서 4회 이상을 넘지 못하도록 제한되었을 것이다. 교수대에 도착하자, 프란츠는 피투성이의 렌크하르트를 바닥에 눕히고 옷을 벗겼다. 죄수를 말뚝에 고정한 후, 뼈를 쉽게 부러뜨릴 수 있도록 팔다리의 관절 마디를 수레바퀴 살에 꼼꼼하게 찔러 넣었다. 법원은 무거운 수레바퀴 살을 굴리는 횟수, 특별히 고안된 철심을 박는 횟수 등과 함께 바퀴를 굴리는 방향까지 꼼꼼이 사전에 지정했다. 판사와 배심원이 좀 더 자비를 베풀 요량이라면, 프란츠는 '위에서 아래로' 처형을 집행할 수 있다. 다시 말해 사형수의 사지를 산산이 부러뜨리기 전에 그의 목이나 심장에 '자비의 일격'을 내리친다. 한편 판사는 범죄가 지극히 사악하다고 판단하면, 죄수의 고통이 가능한 한 오래 지속되도록 '아래로부터 위로' 처형을 선고하는데, 이 경우 프란츠는 마차 수레바퀴를 들어 올려 죄수의 목숨이 끊어질 때까지 30회 이상을 굴린다. 이 처형에 자비의 일격이 허용되었는지에 관해서는 기록이 없으나, 기소된 죄목의 잔혹함에 미뤄보면 그럴 가능성은 없어 보인다. 마지막으로 젊은 사형집행인은 결박을 풀고 렌크하르트의 짓이겨진 시체를 수레바퀴의 높은 장대 위에 세워둔 뒤, 썩은 고기를 먹는 새들의 만찬이 되도록 전시해두었다. 이런 전시는 모여든 관중에게 정부 당국이 법 집행에 있어 절대 타협하지 않음을 보여주는 시각적 효과가 있었다.

이 잔학무도한 피의 의식에서 자기 자신이 맡은 역할에 대해 프란츠는 어떻게 느꼈을까? 그의 일기는 매우 절제된 기록 외에 별다른 통찰력을 제공하지는 않는다. 숙련공 시절 동안 그의 성과 역시 사형 이후에 남긴 기록만큼 우유부단했던 것일까? 결국 그런 참혹한 광경을 목격하는 것과 자기 손으로 직접 시행하는 것은 완전히 다를 테니 말이다. 기술 전문가로서 적정한 승급을 획득하는 것 못

1585년 프란츠 슈미트가 부친 살해범인 프란츠 조이볼트의 사형을 집행하는 장면이 당시 유명한 전단(broadsheet)에 실렸다. 그림 상단 왼쪽에 조이볼트가 매복한 뒤 새 덫을 설치 중인 자기 아버지를 살해하는 장면을 그렸다. 정면 그림은 처형장에 도착할 때까지 마이스터 프란츠가 불에 달군 인두로 죄인의 살을 지지는 장면이다. 까마귀 바위에 도착하자마자, 조이볼트는 말뚝으로 땅에 고정된 뒤 수레바퀴 아래서 처형을 당한다. 이후에 그 시체는 수레바퀴 위에 올려놓고 처형대 바로 옆에서 전시되었다. 뒤편 배경에는 형장 주변에 말뚝 위에 꽂힌 머리들이 보인다.

지않게, 렌크하르트와 같은 죄수들의 숨이 끊어지기 직전까지 그들의 눈을 똑바로 응시할 수 있는 정신적인 단호함을 유지하는 것 역시 중요한 과제였다. 젊은 숙련공의 야망이 그 구역질 나는 작업에 대한 본능적인 혐오를 넘어설 수 있었을까? 아니면 처형을 더 감내할 만한 것으로 만드는 어떤 묘책이 있었을까? 무엇보다도 그가 거의 매일 반복되는 폭력에서 어떻게 스스로 버틸 수 있었을까?

일기에 적힌 렌크하르트에 관한 짧은 단락은 앞선 질문에 대한 부분적인 해답을 제공한다. 그가 훗날 서술했듯, 처형 장면 자체를 묘사하기보다, 숙련공 사형집행인은 렌크하르트가 저지른 범죄, 뼛속 깊이 그를 소스라치게 했던 근래 보기 드문 잔혹성에 대해 초점을 맞췄다. 프란츠는 렌크하르트와 그의 동료가 외딴 농가를 덮쳤던 어느 밤의 사건을 설명했다. 가택 침입을 한 렌크하르트는 "방앗간 주인을 총으로 쏴서 죽이고 주인의 아내와 하녀를 마음껏 유린했다. 그러고 나서 그는 여자들에게 달걀을 요리하라고 시킨 뒤, 시신 위에 그걸 올려놓고 주인의 아내에게 함께 먹도록 강요했다. 더구나 시신을 발로 차며, '이봐, 너도 한 점 먹어보는 게 어때?'라고 모욕했다." 프란츠는 이처럼 인간 존엄을 저버린 강도의 충격적인 범죄를 되새기며 수레바퀴형의 집행을 정당화했다. 그가 그런 처벌을 집행했어야 할 만큼 극악무도한 범죄를 되살리고 기록하는 전략이야말로 그가 오랜 경력을 쌓는 동안 끊임없는 자기 확신을 유지하게 했던, 매우 유용한 발견이 되었다.

길 위에서

19세부터 24세까지 프란츠는 밤베르크의 부모님 집을 본거지로 삼고 프랑켄 지역을 순회하며 비정규적인 일거리를 도맡았다. 이 점에서 그의 인생은 비슷한 나이의 다른 숙련공과 별반 다르지 않았으며, 다들 평판을 쌓아 장인으로서 종신 직위를 받기를 바랐다. 마이스터 하인리히의 이름과 연줄 덕분에, 프란츠는 비교적 수월하게 임시 집행인이 필요한 마을들로부터 일거리를 받았다. 물론 이런 소도시들에서 종신직 자리가 나올리는 만무했지만, 이런 일들을 통해 그는 귀중한 경험을 쌓으며 생계를 꾸릴 수 있었다.

그의 일기에는 이 기간에 마을 13곳에서 29건의 사형 목록이 기재되어 있으며, 그중 자주 방문한 홀펠트와 포르히하임 마을들은 그의 집에서 가면 이틀도 채 걸리지 않는 곳이었다. 또한 밤베르크에서 아버지를 대신해 3건의 사형을 맡았는데, 한 건은 1574년, 또 다른 2건은 1577년에 있었다.2 후일 프란츠는 일기에서 종종 사형수의 내적 동기를 추정해 적기도 했지만, 초기에는 렌크하르트의 처형에 관해 두어 줄 써놓은 것이 전부였다. 대신 젊은 숙련공의 사고와 저술내용은 전문가적 성취에 주로 관심을 두고, 그가 집행한 사형의 건수와 다양한 처형 방식을 집중적으로 파헤쳤다. 아주 간략하나마 자기 성찰이 등장하는 대목을 보려면 적어도 그의 기술이 확립되고 안정화될 때를 기다려야 했다.

야심 있는 젊은이들처럼, 프란츠는 (부분적으로는 아버지의 충고 덕분이겠지만) 기술적 탁월함만으로 자신이 바라는 종신 직위를 얻을 수 없음을 확실히 깨달았다. 점점 수지가 높아지고 업계 경쟁이 치열해졌기에 전문 사형집행인으로 성공하려는 자는 인맥을 넓히고 존경받는 평판을 쌓아야 했다. 하인리히 슈미트가 아들의 입문 과정을 후원했더라도, 본격적인 성공 여부는 프란츠 본인이 전문가적 기술과 고결한 인격으로 사법 당국에 좋은 인상을 줄 수 있느냐에 달려 있었다. 그러니 종국에는 정직, 신뢰성, 신중함, 경건함 등의 미덕을 갖추는 것이 교수대의 실무 경험과 함께 요구받는 자질이었다. 프란츠는 훗날 명예로운 사회에 점점 더 가까워지며 훌륭한 평판을 쌓아갈 터였다. 그렇지만 초기 경력에서 그에게 가장 시급한 일은 평판이 나쁜 사회와 가능한 한 멀리 떨어져 있는 것이었다. 이 자아 만들기(self-fashioning)*를 향한 조숙한 행동 때문에 그의 숙련공 생활은 힘들고 외로웠지만, 훗날 마이스터 프란츠로 알려지고 존경받게 한 그의 생활 습관과 미덕은 이 시절부터 싹텄다.

숙련공 시절 '방랑하는 새'처럼 떠돌면서 프란츠는 현실에서 각계각층의 사람들을 만났다. 근세 이전의 유럽은 꽤 정적인 사회로 치부하는 경향이 있지만, 사실 지리적인 이동성이 상당히 활발했다. 젊은 사형집행인은 여행자들을 그들의 태도와 교통수단을 통

---

* 자아 만들기 또는 자아형성은 르네상스 휴머니즘의 핵심으로 자기 결정의 자유에 따라 운명을 선택하고 자신을 변화시킨다는 관념을 뜻한다.

해 쉽게 신분을 분간했다. 모피를 두른 귀족들이나 비단 망토를 걸친 상류층 인사들은 주로 말이나 마차를 타고 무장한 부하들의 호위를 받으며 이동했으므로 (그들이 본디 의도했던 대로) 매우 특별해 보였다. 상인, 은행가, 의사와 법률가들은 가벼운 모직 외투를 걸치고 역시 말을 타고 여행했다. 프란츠는 아버지의 말을 몰 때도 있었지만, 보통 다른 사람들처럼 도보 여행자였을 것이다. 그가 흙먼지투성이인 프랑켄의 시골길을 걷는 동안 귀족들의 마차 행렬이나 심지어 공산품, 포도주, 식료품 등을 가득 실은 수레들조차 느릿느릿 그를 지나쳐갔다. 참회의 뜻으로 하얀 삼베를 칭칭 감고 종교적 성소를 찾아 떠난 순례자들은 더 느린 걸음이었을 테고, 결혼식에 참석하는 가족이나 장터로 가는 농부들은 떠들썩한 가운데 급히 서둘러 걸었다. 그러니 수수한 모자와 여행용 망토에다 지팡이를 짚고 걸었을 이 젊은 숙련공은 이들 도보 여행자 중에서도 가장 평범해 보였으리라.

시골 여행은 프란츠가 익히 알던 대로 많은 면에서 위험했다. 설혹 그가 노상강도와 무뢰한을 만났다는 기록은 딱히 없지만, 이 젊은이가 어김없이 겪었을, 또는 적어도 피하려고 애썼던 일상적인 위험에 대해 우리는 충분히 짐작할 수 있다. 여행길에는 다른 불명예스러운 '유랑민'들이 흔했으니 말이다.3 이들 중 가장 소외된 계층은 유랑하는 계절노동자들과 소매상들이다. 즉 보따리상인, 호객꾼, 땜장이, 주물꾼, 칼 가는 사람과 넝마주이 같은 부류였다. 또한 망나니들은 도살업자나 무두장이들과 더불어, 곡예사, 피리 부는 사람, 꼭두각시패, 배우, 투견업자 등 온갖 부류의 여흥꾼들과 동류로 취급되었다. 여행 내내 이들과 섞여 지내면, 프란츠는 자신이 피하고 싶었던 사회적 낙인을 이마에 붙이고 다니는 것과 다를 바 없었다.

밑바닥 범죄자, 이른바 도둑들의 사회와 깊이 얽힌 인연은 때때로 프란츠를 꽤 불편한 상황으로 몰고 갔다. 아버지의 조수들은 대부분 썩 유쾌하지 않은 배경을 가진 데다, 자신이 직접 처벌했던 범죄자들은 더 말할 것도 없었다. 다른 동료처럼 슈미트 부자는 둘 다 이디시어, 집시어, 갖가지 독일 사투리들이 뒤섞인, 범죄자와 불한당의 원색적인 길거리 속어인 로트벨슈를 능숙하게 구사했다. 예를 들어 "원숭이를 산"(술에 취한) 밑바닥 사람들이 "애인"(경찰)과 마주칠까 봐 두려웠는데, 최근에 "펜싱"(구걸)과 "흥정"(소매치기)을 했거나 "불에 데인"(공갈 협박한) 경우라면 더욱 그렇다는 식이다.4 또한 프란츠는 부랑자 패거리가 민박이나 여인숙에 분필로 쓰거나 벽에 새긴 기호와 상징에 대해서도 잘 알았다.5 비록 사교 생활에서 어울리지 않았으나 험한 직업 특성상 이들과 폭넓게 접촉해왔던 젊은 슈미트는 일반 대중의 "지루한" 세상이 아니라 "약삭빠른" 밑바닥 세상의 일원에 더 가까웠다는 의미다. 그는 두 세계의 주민들을 두루 잘 알았기에 쉽게 수상쩍은 인물들을 인식하고 피할 수 있었지만, 아버지를 오랫동안 보조하면서 정직과 부정직의 경계가 고정된 것도 명백한 것도 아니라는 점 역시 배웠다.

그런 측면에서 정직한 이름을 남기고 싶은 이 젊은이에게 힘든 난관은 되려 동년배들로부터 비롯했다. 가는 곳마다 프란츠는 (자신과 같은 정직한 숙련공이든 수상쩍은 사업에 종사하는 패거리든) 미혼 남성의 주류 문화와 맞닥뜨렸는데, 그건 바로 술, 여자와 스포츠에 몰두하는 사교계였다. 특히 독일 근세 시대의 음주문화는 남성 친교에서 가장 핵심적인 요소인 데다 미혼 남성들의 통과의례로 특별한 의미가 있었다. 야한 노래와 시를 읊으며 맥주나 포도주를 잔이 넘치도록 마시는 것은 친구들과 한철 유대를 다지고 또래 청년, 군대 보병, 동종 단체에 입단하거나 심지어 피의 혈맹을 맺는 주요 의식이었다. 오늘날 '푸른 열쇠' 또는 '황금 도끼'와 같은 예스러운 간판이 달린 선술집은 보통 마을이나 도시에 처음 도착한 뜨내기 남성이 가장 먼저 들르는 장소였고, 호감을 사고 친구를 사귀기 위해 한 차례 술을 돌리는 것은 허울뿐이나마 가장 효과적인 방법이었다.

오늘날과 마찬가지로, 이 시대의 젊은 남성들은 온갖 종류의 시합을 치르며 우정을 쌓았다. 카드 게임이나 도박은 말할 것도 없고, 레슬링이나 궁술 시합은 체력적 기술을 시험하는 동시에 퍽 흥미로운 내기를 걸기 좋았다. 독일 남성들은 포도주와 맥주를 섞은 술을 얼마나 많이 마시는지 내기하다가 건강을 해치거나 무리해서 사망하는 예도 있었다. 선술집에서 술 취한 우정은 때때로 성적 기량에 대한 자랑과 허풍으로 이어졌다. 물론 알코올과 테스토스테론의 가장 위험한 조합은 누가 뭐라 해도 불꽃 튀는 폭력인데, 젊은 사내들 간의 주먹다짐이나 칼부림을 넘어 다른 여성에 대한 성폭행으로 번질 때도 있었다.[6]

이 난장판에 함께 휩쓸리는 것은 야심이 큰 프란츠의 계획에는 애당초 없었다. 그래서 명예롭지 않은 계층을 피하려는 노력 못지않게 불량한 동년배와 섞이지 않으려고 그는 부단히 애썼다. 더구나 아직 품위 있는 사회의 일원으로 인정받지 못한 상황에서, 그처럼 고립을 자초한 행위는 틀림없이 프란츠를 감정적으로 지치게 했을 것이다. 번듯한 여관의 주인은 그의 직업 때문에 방을 내주기를 꺼렸다. 아무리 주교후에게 직무를 위임받았다거나 외양상 단정한 복장을 갖추고 예의가 깍듯하다고 해도 예외는 아니었다. 길위에서 슈미트는 자신의 직업을 숨기거나 둘러대면서 이방인에게 그나마 친절한 농가와 헛간에서 잘 곳을 마련했다. 그러나 처형을 해야 할 마을에 도착하면 그는 더 이상 신분을 숨길 수 없었고, 그경우 자연스럽게 모든 사교 모임에서 배제되었다. 프란츠의 식탁을 함께 쓰려는 젊은이가 있다면, 바로 그토록 피하려 애쓰던 거지들, 용병들, 잠재적 범죄자들뿐이었다. 여성과의 교제는 매우 제한적이었다. 존경받는 장인의 딸들과 엮일 가능성은 거의 없었고, 매춘부나 헤픈 여자와 어울리는 것은 그가 신경쓰는 평판을 크게 훼손할 위험이 있었다.

근세 시대의 선술집은 프란츠 같은 젊은이들에게 술 외에도 도박과 싸움을 즐기고 성적 착취를 하는 기회를 제공했다. 일부 도덕주의자들은 선술집을 '범죄의 학교'라고 비난했고, 실제로 그곳에서 도둑질이나 다른 범죄가 모의되기도 했다. 반면 주인은 이를 못 본 척했고, '도둑 창녀'로 알려진 매춘부는 술에 취해 방심한 손님의 지갑을 훔쳤다(1530년경).

따라서 프란츠는 더 큰 사회적 희생을 치르기 전에 동시대 남자들로서는 놀라운 결심을 했다. 다시 말해 포도주, 맥주 등 어떤 종류의 술도 입에 대지 않기로 했다. 평생토록 지킨 이 맹세로 인해 결과적으로 그는 더욱 평판이 올라갔고 널리 존경받았다. 프란츠의 종교적 신념은 이 결정에서 중요한 역할을 했겠지만, 완전한 금주는 16세기에 매우 보기 드물어서 성직에 종사하는 남녀라 해도 예외는 아니었다. 물론 현대인의 시각에서 그가 아버지나 가까운 지인의 술 취한 행동이나 폭력에 고통받았던 경험이 있었던 것은 아닐지 추측해볼 수 있다. 하지만 종교적 신념에서든, 감정적 이유에서든, 금주의 맹세는 세심하게 계산된 직업적 결단으로 봐야 한다. 근세 유럽인은 사형집행인은 과음한다고 쉽게 예단했다. 이런 스테레오타입 이면에는 숨은 진실이 있다. 사람을 살해하거나 고문해야 하는 사형집행인들로서는 처형에 앞서 용기를 불어넣기 위해 맥주를 서너 잔 마시고 처형이 끝난 후에는 기억을 잊으려고 포도주를 폭음했다. 동료들이 병째 마시는 분위기를 깨고 프란츠는 금주라는 강력한 수단을 골랐는데, 이는 문자 그대로든 비유로든 그가 살기 위해 선택한 방식이었다. 이 주짓수 전략은 영리하게도 사회적 고립이라는 현재의 불이익을 장래 고용주의 눈에 돋보일 만한 미덕으로 바꿔놓았다. 더 나아가 사회 전반으로 그의 평판은 한층 높아졌다. 아무 동행 없이 선술집 한 귀퉁이에 홀로 앉아 있는 숙련공은 비록 외로워 보일지라도 자신이 하는 행동의 의미를 누구보다 정확히 알고 있었다.[7]

진실을 추구하는 폭력

종신 직위를 얻으려면 프란츠는 물론 법 집행의 양대 분야, 즉 심

문과 처벌 분야에서 기술적 탁월함을 입증해야 했다. 두 분야 모두
근대 사법 당국의 (적어도 기록상) 허용 범위를 넘어선 신체적 폭력
이 수반되었다. 이러한 대비는 기본적으로 우리 현대인에게 인간
고통에 대한 높은 감수성, 또는 인간 존엄을 위한 더욱 엄격한 잣
대가 있다는 믿음에 근거한다(하지만 일간신문의 헤드라인을 보면, 이런
득점표에서 현대인의 우월감은 그야말로 조롱의 대상일 뿐이다). 사법 정의
에 관한 근대의 논쟁에 불을 지피게 하는, 이 동정과 보복의 불안
정한 연금술은 프란츠 슈미트 시대의 범죄 대응에 활기를 불어넣
었다. 근세 시대의 형사 정의는 왜 유별나게 잔혹했던 것일까? 그
리고 프란츠 슈미트 같은 국가 폭력에 순응하는 도구가 왜 그렇게
많이 필요했던 것일까?

다시 한번 말하지만, 당대의 사법 당국, 특히나 뉘른베르크 같은
'진보적인' 제후국은 새롭고 더 효과적인 형사 소추 체계를 확립하
려는 시도와 이 목표를 달성하기 위해 불충분하고 관습적인 수단
에 기대려는 관성 사이의 간극을 좁히려 노력했으나 허사였다.『밤
베르겐시스』와『카롤리나』제국 형법전이 집대성되었으나, 상당수
지역의 사법 절차, 인력, 전반적인 사고방식은 지난 세기의 사인 고
소 모형(private accusational model)에 근거를 두고 있다. 일부 사건에
서는 최근 활기를 띤 형사법원이 대중의 편견이나 개인적 원한에
휘말리기도 했는데, 악명 높은 마녀사냥 광풍의 시대가 그런 비극
적인 사례였다. 더 빈번하게는 세속 권력이 범죄 현장에서 사건을

막지 못했거나 사후에 범죄자 체포에 실패했던 무능력을 은폐하려고 적극적으로 나서기도 했다. 프란츠의 일기에는 당국을 손쉽게 모면하는 악당 이야기가 자주 등장하는데, 결국에는 "다른 관할권으로 도주해 버젓이 살다"가 피해자의 가족 또는 개인이 고용한 민병대에게 잡혀 법원으로 끌려오는 것으로 결말을 맺는다.8

냉정하고 믿음직한 사형집행인은 용의자가 실제 체포되어 구금되는 몇 안 되는 기회를 최대한 활용하는 데 정통했다. 그들은 심문을 주관하며 저항하는 용의자로부터 정보를 캐냈고, 종국에는 처형을 집도하며 대중의 볼거리를 제공했다. 중립적인 입장의 12세 이상인 증인이 최소 2명 이상이 있다면 용의자가 대개 자백했기 때문에 프란츠의 고문 기술은 필요 없어진다. 도난품이나 피 묻은 살인 도구 같은 물적 증거들이 있다면 검사 기소는 충분했다. 그러나 19세기 이전의 허술한 법과학 수준 탓에 법원이 증인이나 물적 증거를 찾지 못했다면 심문대 설치는 불가피해진다. 다른 반박 증거가 없는데 유죄판결을 내리려면, 고발당한 사람의 자백만이 유일하고 유력한 증거가 되기 때문이다. 바로 이 지점에서 전문 사형집행인이 호출된다. 프란츠는 밤베르크에서는 아버지의 조수 노릇을 했고, 그 밖의 지역에서는 단독으로 출장가서 고문을 직접 주관했다.

오늘날 심문관과 마찬가지로 프란츠 슈미트와 그의 상관은 협박과 심리적 압박을 능수능란하게 구사했다. 살인자의 자백을 끌어내는 비폭력적이고 심리학적으로 강력한 방법은 이른바 '상여 시험'이었다. 니벨룽과 중세 민담의 독자들에게 잘 알려진 이 고대 독일 관습은 전문 심문관이 가진 비장의 무기에 해당했다. 사형집행인과 조수는 증인을 가득 불러 모은 뒤 고발당한 사람(또는 집단)을 들것에 놓인 희생자 앞으로 데려가 그 시신을 만지게 했다. 그때 시체에서 피가 흐르거나 또 다른 죄의 징후(예를 들면 경련)가 나타난다면, 피고발자는 스스로 살인을 자백한 것으로 취급되었다.9

어떤 법학자도 상여 시험이 충분한 증거라거나 신빙성 있는 물증이라고 생각하지 않았지만, 때로는 살인자가 정신적 충격을 받아 죄의식을 드러내게 하는 효과가 있었다. 프란츠는 숙련공이 된 지 한참 후에 단 한 차례 상여 시험을 활용했다고 기록했다. 기소된 도

중세 후기 법원에서 실시된 고대 상여 시험의 한 장면. 16세기부터 최종 심판을 신에 맡기는 시험은 공식적으로 사라졌으나, 살인자의 손이 닿으면 희생자의 시체에 출혈이 있거나 움직임이 있다고 믿는 사람들이 여전히 많았다(1513년).

로테아 호프메닌은 갓 낳은 딸을 질식시켰다는 죄목을 완강히 부인했다. 하지만 "죽은 아기 앞으로 데려가 만지게 하자 (그녀가 간 떨어질 뻔하게) 아기의 살갗에 붉은 피멍이 생겼다." 젊은 하녀는 곧 평정을 찾고 끝내 자백을 거부했기 때문에, 마을 밖에서 채찍으로 매질을 받는 데 그쳤다. 그렇지만 그런 수난이 있을 거라는 두려움이 살인자의 허점이 되었고, 노련한 사형집행인은 이를 놓치지 않고 십분 활용했다. 후일 프란츠가 기록한 일화에 따르면, 야밤에 잠든 귀족 여성을 살해한 어떤 살인자가 공범이 피살된 여성의 저택에 들어가는 것을 큰 소리로 제지했는데, 사체에서 "달착지근한 피"가 흘러 자신의 죄상이 드러날까 두려웠기 때문이었다.[10]

최초의 심문에서 만족한 결과를 얻지 못한 자문 법률가들이 유효한 기소 증거를 찾으려고 고문을 허가하면, 관리는 프란츠에게 고문의 5단계 중 첫 번째 단계로 용의자를 "단단히 결박하고 협박하라"고 명령했다.[11] 슈미트는 숙련공 기간에는 심문 방법에 대해 아무런 기록을 남기지 않았지만, 훗날 뉘른베르크에서 시행한 고문과 비슷한 순서를 정교하게 따랐을 것이다. 우선, 그와 그의 조수는 용의자를 감방에서 데리고 나와 각종 고문 도구가 즐비한 밀폐된 방으로 옮겼다. 뉘른베르크에는 고문을 위해 특별히 설계된 지하 감옥이 있었다. 이곳에는 "예배실"이라는 별명이 붙었는데, 이는 아치 모양의 지붕 때문이었지만 잔혹한 아이러니를 암시하기 위해서였을 수도 있다. 창문이 없는 약 가로 6, 세로 15피트의 방이 시청의 접견실 바로 아래층에 마련되었다. 고문실 위에 있는 별도의 접견실에는 두 명의 귀족 배심원이 배석해서 철창 밑에서 벌어지는 끔찍한 광경을 지켜보며 사건 기록을 살펴봤고, 방과 연결된 특별히 설계된 환기구 통로를 통해 용의자에게 질문하기도 했다.

이때가 되면, 사형집행인은 단순한 물리적 강제보다는 감정적인 취약함을 건드리거나 심리적으로 압박하는 방법을 주로 썼다. "예배실"에서 마이스터 프란츠와 그의 조수는 단단히 결박된 죄수 앞에서 (고문대에 세우거나 주로 바닥에 고정된 의자에 앉혔다) 즐비한 고문 도구의 기능을 시시콜콜 설명해줬다. 한 베테랑 법학자는 젊은 프란츠처럼 경험이 적은 사형집행인은 절대 나약하거나 겸손하게 굴어서는 안 되며, "소문과 추측을 활용해서… 놀라운 사실, 즉 그는 자신의 기술 분야에서 배우고 연습한… 대단한 성과를 보여줬던 훌륭한 사람이며… 누구도 그의 책략과 동작으로부터 진실을 감출 수 없으며… 가장 고집 센 악당을 비롯한 온 세상이 기꺼이 그를 인정했다는 사실을 들려줘야 한다"고 충고했다."[12] 아마도 프란츠는 "좋은 집행인과 나쁜 망나니"의 전략, 곧 두 사람이 공포에 질린 용의자를 교대로 협박하고 달래는 상황을 연출하는 방법을 아버지로부터 배웠다. 용의자 대부분은 그런 상황이 되면 고문으로 인한 고통과 그 후에 뒤따르는 사회적 낙인을 피하려고 어쩔 수 없이 죄를 고백했다.[13]

그러나 무자비한 강도 같은 죄수들은 끝내 저항할 때도 있었다. 그러면 사형집행인과 조수는 감독관의 승인을 받아 물리적 강제력을 동원하는 다음 단계로 넘어가게 된다. 밤베르크와 뉘른베르크가 승인하는 심문 기술은 다음과 같다. "엄지손가락 죄기(주로 여성 죄수들의 몫이었다), "스페인 부츠"(다리 비틀기), "불"(촛농이나 횃불을 죄수의 겨드랑이에 떨군다), "물"(오늘날에도 물고문으로 알려져 있다), "사다리"(용의자를 사다리에 묶고 양쪽 나무를 잡아당기거나 비틀고 또는 쇠못이 박힌 통 위에 올려놓고 앞뒤로 굴린다), 그리고 "화관"("왕관"으로도 알려져 있는데, 금속 가시가 박힌 가죽띠를 머리에 두른 뒤 천천히 조인다) 등이 그 예다. 가장 일반적으로 행해진 고문은 "돌", 곧 "스트라파도(strappado)"라고 알려진 기술로, 용의자의 양팔을 등 뒤로 묶고 도르래에 매달아 천천히 끌어 올리는데, 발에는 다양한 크기의 돌들을 쌓아 추의 무게를 더해지도록 했다. 인간의 창의력과 가학성은 피할 수 없는 고통을 주는 수많은 방법(포메라니안 모자, 폴란드 양, 영국 셔츠 등)을 고안해냈다. 그 외에도 용의자에게 벌레나 대소변을 먹이거나 손톱 밑에 나무못을 박아넣는 등 고통에 치욕을 더하는 고문 기술을 동원했다.14 당연하게도 프란츠 슈미트는 그런 기술의 전부는 아니더라도 대부분의 기술에 능통했다. 그런데 슈미트 부자가 (반항이 극렬한 용의자가 더는 실토하지 않는 경우) 금지된 고문 기술까지 동원했을까? 예상된 일이지만, 프란츠의 일기나 다른 공식 기록은 이 점에 대해 침묵을 지키고 있다.

프란츠의 지침에는 고문 시간까지 미리 정해져 있었는데, 아주 드문 경우지만 막 분만한 산모는 15분을 넘겨 고문하면 안 된다고

'스트라파도'로 알려진 심문 기술의 한 장면. 발에 매달기 전에 돌을 용의자에게 보여주고 있다(1513년)

적혀 있다. 일반적으로 용의자가 고통을 참을 수 있는 '고문 감내 능력'을 판단하는 것은 전적으로 사형집행인의 책임이었다. 2세기 후에 이 관행이 폐지되기 직전까지 외과 의사와 일반의는 고문 현장을 참관하지 않았다.15 이론상으로는 해부학에 아무런 정식교육을 받지 않은 프란츠가 오히려 심각한 부상이나 죽음에 이르는 일 없이 충분히 고통을 가하는 요령을 터득하고 있었다. 장인이 된 그는 간혹 자신의 판단이 받아들여지지 않을 때도 있었으나 대체로 고문을 취소 또는 연기하거나 고문의 강약을 적당히 조절할 수 있었다. 한 도둑 용병은 "이미 손과 발뿐 아니라 머리에도 심각한 상처를 입어" 스트라파도를 받으면 목숨을 부지할 수 없다고 프란츠의 진단이 내려졌다. 당시 그 용병은 엄지손가락 죄기 고문을 받았는데도, 프란츠의 상관이 흡족할 만한 자백이 나오지 않은 상태였다. 그래서 프란츠는 더 강도 높은 고문을 하라는 명령을 받아 결국 불 고문 2회, 화관 고문 4회를 각각 실시했다. 기소된 강도의 매형인 공범은 완강하게 버텨서 왼쪽 겨드랑이에 촛농 고문을 여러 차례 받은 데 이어 사다리 고문을 6회나 받았다. 결국에는 둘 다 자백했고 자비를 받아 참수형으로 죽음을 맞이했다.[16]

이외에도 모든 용의자를 고문 전후를 통틀어 비교적 건강한 상태를 유지하게 하는 것도 사형집행인의 몫이었다. 프란츠는 얼마나 투옥이 나쁜 환경인지 잘 알았고, 그의 일기에서도 용의자들이 심문과 처벌을 받기 전에 잠시 구류할 목적으로 설계된 비좁은 감방에서 실제 몇 주일이나 보내며 "누추한 유폐" 생활을 견뎌야 한다고 한탄하는 대목이 등장한다.[17] 그는 용의자의 부러진 뼈와 벌어진 상처를 직접 돌봤고 살인자 중 최근에 출산한 여자와 다른 병약한 여자를 간호사를 데려오기도 했다. 감금된 용의자의 건강을 돌보는 아버지와 같은 염려는 근대인의 감수성으로 볼 때 모순적이며 잔혹하기까지 한데, 특히 일부러 용의자의 상처를 치료한 후에 훨씬 효과적으로 고문받고 처형당하게 하는 상황의 아이러니 때문에 더욱 그렇다. 이는 프란츠와 그의 동료만의 일은 아니었다. 어떤 형목의 기록을 보면, 사형집행인을 도와주러 들어온 이발사 외과의사는 "기소된 자를 치료하는 내내, 그토록 오랜 시간을 들여 치료를 마치면 마이스터 프란츠가 다시 망가뜨린다는 상황에 무척 괴로워했다."[18]

그러나 공개처형을 위해 기소된 범죄자를 만족할 만한 수준으로 회복시키기는 전혀 쉽지 않은 일이어서, 프란츠도 오랫동안 경험을 쌓아야 했다. 1586년 한 농부가 의붓아들을 살해했다는 혐의로 붙잡혀 고문받았는데, "신이 [그가 저지른] 범죄의 징후를 뚜렷이 보여주셨기에" 자신의 죄를 자백하자마자 곧 (추정컨대) 심장마비로 사망했다.[19] 또한 고문으로 인한 심리학적 피해가 상당했는데, 이로 인해 평탄히 진행할 공개처형이 잘못되거나 더 큰 위험에 노출될 수 있었다. 어떤 "거칠고 고집 센 도둑"은 (신에게 맹세코 무죄라고 항변하다가) 불 고문을 3회나 연달아 받은 후, 감방에서 "무척 이상하고 통제하기 힘든" 증세를 보여 걷잡을 수 없이 통곡하고 채찍질을 받는 중에 감옥의 간수를 물어뜯으려 했다. 그전까지 "열렬히 기도"했던 죄수가 지금은 기도나 말하기를 거부하며 감옥 귀퉁이에 쪼그려 앉아 "멍청한 작은 등신아! 악마여, 와라!"라고 중얼거리기 시작했다.[20]

길거리의 허풍과 꾀가 넘치는 젊은 도둑과 강도들은 고문실에 들어와서도 예상대로 끈질기고 완강하게 버텼다. 그의 일기나 심문 요령에 이런 내용은 적혀 있지 않았으므로, 프란츠가 이런 고집 센 용의자나 단호한 귀족 상관 사이에서 고문이 길어질 때 얼마나 곤혹스러워했는지는 확실하지 않다. 방화와 살인 미수 혐의로 기소된, 흉포한 16세의 헨자 크로이츠마이어는 하루에도 몇 번씩 고문을 받았다. 스트라파도, 화관 고문, 불 고문을 차례로 거친 끝에, 프란츠가 그에게 얻어낸 말이라곤 불친절했던 마을 사람들을 향한 "분노에 찬 쌍욕" 뿐이었다.[21] 또한 비슷한 나이에 이미 수많은 절도 행각을 벌였던 외르크 마이어는 6주 동안 몇 차례나 심문당하며 버텼으나 드디어 심문관들의 발치에 엎드려 자비를 빌었다.[22] 더 나이가 많고 노련한 범죄자들은 대개 저항해봐야 소용없음을 알고 금세 죄를 실토했다. 교활한 노상강도를 상대로 퍽 길고 성과가 없는 고문을 하던 끝에, 프란츠의 상관은 침착하게 "우리는 원하는 것은 반드시 얻어낼 테고 자네가 범죄를 자백하지 않는다면 사지를 갈기갈기 찢어놓을 것이다"라고 협박했다. 그러자 더는 희망이 없다는 걸 깨달은 용의자는 모든 죄상을 털어놓았다.[23]

프란츠는 이러한 전문 고문관의 역할을 어떻게 받아들였을까? 가장 연차가 낮은 숙련공으로서, 프란츠는 전체 고문 중 가장 잔인한 행위(스트라파도 고문에서 밧줄을 당기거나, 나사를 조이고, 비명을 지르는 죄수에게 불을 놓는 등)를 주로 맡았다. 대다수 장인은 고문 과정을 총감독할 뿐 달갑지 않은 고문 행위는 지위가 낮은 조수에게 맡겼다. 프란츠가 장인이 된 후 조수에게 이런 작업을 얼마나 떠넘겼는지는 알 수 없는데, 거의 반세기에 걸친 일기에서도 고문 과정에서의 역할을 거의 기록하지 않았기 때문이다. 사형과 형벌 목록에는 고문 횟수가 빠져 있으나, 현실에서는 사적 심문이 사형과 형벌이 공개 집행된 경우보다 더 활발히 행해졌으리라고 추정된다.[24] 기록에 남아 있지 않다면, 이런 매달 또는 매주 행해진 고문에서 그가 맡은 역할은 영원히 묻힐 것이다.

프란츠는 고문실에서 자행한 꺼림직한 행위에 수치를 느꼈던 것일까, 아니면 그저 고문에 관심이 집중되는 것을 꺼린 것이었을까? 고문 자체는 그가 몇십 년 후 은퇴할 때까지 쉴새없이 실시했던 공개 태형, 교수형, 수레바퀴형보다 더 불명예스러운 것은 아니었다. 또한 그는 이런 신중한 폭력이 매우 정당하다고 여겼던 것이 틀림없다. 비록 고문 기록은 몇 번 안 되지만, 프란츠는 이 단계까지 온 용의자들, 특히 악명을 떨친 강도나 도둑들은 실제로 유죄라고 확신했다. 프란츠가 고문을 후회했던 사례는 연쇄 살인범 바스티안 그뤼벨이 공범을 거짓으로 자백했던 경우가 유일했다. "그는 원한이 있던 동료를 이 마을로 데려와 자신의 눈앞에서 고문당하게 했다. 살인이 진실이 아니라 거짓말이었으니 [그뤼벨은] 그 농부에게 큰 잘못을 저지른 셈이나, 그런 부당한 짓을 하면 살인이 발각되지 않고 자신이 풀려날 것으로 생각했다."[25] 사형집행인의 분개한 어조는 고문의 희생자들에게 평소 느꼈던 연민을 드러내면서, 동시에 그런 잘못된 고문이 굉장히 예외적인 상황이라는 점을 은연중에 강조했다. 그렇지 않았다면 고문이란 주제가 가택 침입범이 저지른 잔혹범죄 이상으로 자주 기록되었을 것인데, 사형집행인의

관점에서 일종의 흥미로운 얼버무리기인 셈이다.26

　　그렇다면 프란츠는 과연 "고통이 진실을 알려준다"라는 당대의 격언을 진실로 믿었을까? 그것은 알 수 없다. 그는 자백을 얻기 위해 통상 심리학적 압박과 비폭력적인 방법을 우선시했고, 신체적 고통을 가하는 것은 최후 수단으로 미루었다. 이러한 사실은 그가 때때로 고문을 필요악으로 여겼으나 진실을 찾는 과정에서 필수 불가결한 요소로 보지 않았다는 것을 의미한다. 그는 용의자의 고통에 자주 동정심을 표현했고, 어떤 의미로든 분명 사디스트는 아니었다.

　　프란츠가 물리적 강제력을 동원한 자백을 어느 정도 신뢰했는지는 더욱 알기 어렵다. 아동 살해범으로 고발된 용의자가 고문 과정에서 "진실을 드러냈다"라고 언급한 적도 있지만, 이는 단발적인 사례였다.27 전반적으로 프란츠는 고문받는 용의자가 실제 기억하기 불가능한 세부 사항을 발설할 때도 확실한 신뢰를 내비친다. 설령 강압에 의한 가능성을 염두에 뒀더라도, 궁극적인 유죄 여부는 달라지지 않는다고 그는 판단했다.

　　프란츠가 고문으로 유도된 자백이 결백한 사람을 처형으로 몰고 갈 가능성을 고려했을까? 그 정답은 누구도 알 수 없다. 다만 사회적 위계에 늘 민감했고 경력관리의 중요성을 절감했던 이 열성적인 젊은 사형집행인은 고문의 책임이 명령을 내린 상관에게 있다며 자위했을 수도 있다. 더구나 그는 (사리 추구 외에도) 상관을 따르고 복종하기로 서약했다. 경험이 많고 재정적으로 안정된 사형집 행인은 양심이 괴롭지 않도록 더욱 자기 합리화를 했을 것이다. 예를 들어 용의자가 이 범죄는 아니더라도 다른 여죄가 있을 수도 있었다. 또 결백해 보이는 용의자를 위해 나선다면 직업과 가족의 안전이 위태로울 수도 있었다. 그의 직무는 명령을 그대로 수행하는 것일 뿐이며, 유죄 여부를 판단하는 것이 아니었다.

무엇보다도 프란츠는 자신을 어떤 희생이 있어도 자백을 받으려 집착하는, 피고문자의 흔들리지 않는 적수로 생각하지 않았다. 고문을 중지 또는 철회하는 공식적인 특권이 정당한 의심이 있는 경우 그에게 상당한 재량권이 있었고, 더 나아가 기소를 기각하게 할 수도 있었다. 예를 들어, 인생 후반에 그가 마녀로 고발된 노파들에 대해 아무리 가벼운 고문이라도 신체적으로 견딜 수 없다는 이유를 들어 석방을 권고한 경우가 최소 2회 이상이었다.[28] 또 평의회에 회부당한 많은 용의자 중 아주 소수만이 고문받았고, 그들 상당수가 폭력적인 범죄로 기소되었을 뿐 아니라 1회 이상 고문을 받은 경우는 더욱 극소수였다는 점도 프란츠에게는 상당히 위안이 되었다. 그리고 피고문자 중 상당수가 궁극적으로 사형을 면할 것이고, 아마 ⅓ 이상은 다른 후속 형벌 없이 풀려난다는 것도 기정사실에 가까웠다.[29] 조정 제도 및 공정한 재판을 받을 권리와 매우 유사한 이 장치는 특히 동정심이 많고 지적이며 경건한 한 개인이 고문이라는 혐오스러운 폭력을 일상적으로 수행하면서 어떻게 평온을 유지할 수 있었는지를 이해하게 해 준다.

정의를 추구하는 폭력

대중에게 얼마나 성공적으로 사법적 폭력을 공개하느냐는 프란츠가 전문가로서 명성을 높이는 데 필요조건이었다. 많은 전근대 형벌은 현대인의 시선으로 보면 야만적이며 때로는 별스럽게 보인다. 야콥 그림(Jacob Grimm)이 "법 속의 시(詩)"라고 일컫듯,30 문학 작품에서 범죄와 처벌을 일일이 조응하는 방식은 문자 그대로의 유치한 표현을 사용하고 있다. 특히 집단적이고 공개적인 보복은 본질적 요소의 하나로서, 게르만 시대의 전통뿐만 아니라 지난 세대를 풍미한 복음주의 개혁 열풍 덕분에 '탈리오의 법칙'(lex talionis, 同害報復法), 또는 모세의 율법("눈에는 눈")과 같은 고대 관습의 영향력이 새롭게 부상했다. 종교적으로 열띤 당대의 분위기 역시 사법 절차의 확립을 긴급한 의제로 추가했는데, 이는 처벌받지 않은 범죄가 전체 공동체에 홍수, 기근, 역병의 형태로 신의 분노를 가져온다고 믿었기 때문이다. 프란츠 슈미트의 생애 동안, 그리고 18세기까지도 효과적인 형사법 집행에 대한 행정당국의 깊은 관심은 새로운 치안 캠페인의 촉매가 되었고, 때로는 사법적 판단에도 큰 영향을 미쳤다.

신체적 형벌을 효과적으로 집행하는 능력은 프란츠가 제출한 직무기술서에서도 유난히 강조됐다. 여기서 중세 시대가 화려하고 "적절한" 공개 굴욕을 무척 선호했다는 사실을 기억해야 한다. 불화를 일으킨 주부는 "가문의 용(龍)" 가면이나 "바이올린"(목과 팔목에 긴 나무 형틀을 차는 형벌)을 써야 했다. 사통한 젊은 여성은 (30파운드 이상 무게가 나가는) "수치의 돌"을 짊어지고 온갖 욕설과 침, 돌맹이를 던지는 분노한 대중 앞에 서야 했다. 반면 공동체에서 지위가 높은 자들은 재정적 보상을 통해 사적으로 해결하는 관례를 유지했다.

16세기 이전에는 더 폭력적인 처벌, 예를 들면 위증하는 사람의 손가락(서약을 표시하는 검지와 중지) 두 개를 자르거나 모독죄로 혀를 뽑는 형벌이 비교적 흔했다. 하지만 프란츠의 시대에는 독일의 대부분 국가는 그런 전통이 쓸데없이 잔인하고 비웃음을 자아낼 뿐, 실제 처벌 효과가 낮고 어쩌면 파괴적일 수 있다고 여겼다. 어떤 뉘른베르크 법률가는 (살인 미수범의) 눈을 찌르는 야만적 형벌이 "참수보다도 더 가혹한 형벌"이라고 비난했고, 1600년대에 이르면 대부분 제국 영토에서 이런 형벌이 중단되었다.[31] 유사하게 끔찍한 절단형이었던 거세와 손목 절단 역시 프란츠 시대에는 거의 찾아볼 수 없었다.

이러한 경향에도 프란츠 슈미트는 신체를 훼손시키는 형벌을 계속 집행했다. 다른 제후국에서 고대 관습으로 여겨 폐지한 이후에도 밤베르크와 뉘른베르크는 모두 위증범과 상습범의 손가락을 잘

16세기 후반 눈을 찌르는 전통적인 형벌은 독일에서 차츰 자취를 감췄다(1540년경).

라 강에 버리는 형벌을 고집했다. 그 결과 프란츠는 뉘른베르크의 프라이슈 다리 위에서 매춘부와 포주, 사기 도박꾼, 밀렵꾼, 허위 증인 등 재범자 9명의 손가락을 잘랐다. 또한 뚜쟁이와 사기꾼 4명의 뺨에 (뉘른베르크의 약칭인) 대문자 N을 낙인찍었고, 도둑질을 한 매춘부 4명은 귀를 잘라내고, 신성모독의 죄를 저지른 유리공의 혀 끝을 잘랐다.32

신체 절단이 쇠퇴하는 16세기 중반부터 구빈원과 감옥이 등장하는 17세기의 기간(곧 마이스터 프란츠의 생애기)에 독일 영토에서 가장 일반적인 형벌은 바로 추방이었으며, 종종 공개 태형을 받고 나서 추방되는 경우도 허다했다. 사소한 절도나 성범죄 등 경범죄를 처벌할 형벌이 마땅하지 않았기에 밤베르크와 뉘른베르크의 상관들은 이 중세 관습을 자신들의 수요에 맞게 변형했다. 추방형은 (1년 ~10년이 아닌) 무기한이 되었고, 추방지는 (도성 밖이 아닌) "모든 마을과 외곽지역을 포함"하도록 바뀌었다. 이에 더해 공개 태형을 받거나 형틀을 채워 고통과 수치심을 가중하려 했다. 독일의 대도시에서 매질하며 도시 밖으로 내쫓는 체벌은 거의 매주 구경할 수 있는 행사처럼 변했다. 1572년 가을부터 1578년 봄까지 프란츠는 자신의 아버지가 1년에 12명에서 15명의 죄수를 매질하는 것을 관찰하거나 보조했다.33 뉘른베르크에서 혼자 일할 때, 그가 매질한 사람은 총 367명으로 연평균 9명에 달했고, 1579년부터 1588년까지의 전성기 시절에는 거의 2배 이상 늘어났다. 일기에 수록된 참고문헌을 보면 프란츠가 통계에 넣지 않은 건수가 꽤 있었고, 특히 조수가 맡은 건수도 상당했다.34 뉘른베르크에서는 온갖 종류의 형벌이 아주 흔했다. 심지어 어떤 날은 형틀 6개가 전부 쓰고 남는 게 없어서 프란츠는 상습 사기 도박범을 "돌다리(오늘날의 막스브뤼케) 위의 칼뱅파 사제의 의자"에 앉혀둔 뒤 두 개의 손가락을 자르고 성 밖으로 매질해서 내쫓아야 했다.35

도시 경계 밖으로 불경한 자들을 내쫓는 관습은 16세기 사법부가 매우 선호했던 필수요소들을 고스란히 보여준다. 이를테면, 교구 직원이 큰 소리로 죄를 선고하여 사법부의 권위를 만천하에 알리는 것, 교회에서 "가련한 죄인의 종"을 울리는 것, 사형집행인이 굴욕을 더할 요량으로 죄수의 가슴팍까지 옷을 벗기는 것(다만 여인들은 정숙을 지킬 수 있도록 옷을 벗기지 않았다), 군중이 보는 앞에서 도시 성문으로 행진하면서 고통스러운 매질을 가하는 것 등등이다. 이로써 관중에게 교훈을 널리 알려줌과 동시에 죄인에게 갱생의 기회를 주고 최소한 관할권 내에서 또다시 범죄를 저지르지 못하게 하려는 의도였다. 이런 공개 태형은 군중의 폭력으로 이어질 가능성이 늘 있었다. 뉘른베르크에서 "세 명의 젊고 아름다운 여성들"을 매질했을 때, "운집한 군중들이 [매질 후에 떼로 달려드는 바람에] '처녀의 문'에서 압사 사고가 났다."[36] 이런 위험에도 불구하

뉘른베르크 연대기에는 프란츠 슈미트가 4명의 범죄자를 매질하며 마을 밖으로 내쫓는 장면이 그려져 있다. 마이스터 프란츠는 행사를 위해 붉은 망토를 입고 있고, 남자들은 옷을 벗겨 등을 드러냈지만 모자는 그대로 쓰고 있다는 점이 특이하다(1615년).

고, 가부장적인 통치자들이 이런 의례화된 추방령을 계속 고집한 까닭은 결국 이런 방법이 범죄의 응징과 억제라는 조화된 목표 달성에 최적이라 여겼으며, 딱히 다른 대안도 없었기 때문이다.

매질은 대체로 사형집행인의 조수나 프란츠 슈미트 같은 숙련공의 몫이었다. 밤베르크에서는 하인리히 슈미트가 직접 매질했는데, 아마 그가 여전히 건수에 따라 보수를 지급받았기 때문이다. 아버지의 지시에서든, 아니면 자신의 노동 윤리에 따랐든, 프란츠는 연봉을 받으면서부터 상당히 오랜 기간 조수에게 맡기지 않고 직접 매질을 한 데다가 기록도 꼼꼼히 남겼다. 또한 그가 사용한 자작나무로 만든 회초리는 다른 어떤 매질 도구보다 더 고통스럽고, 더 치명적인 상처를 남겼고 아주 드물게 죽음으로 이어질 때도 있었다.[37] 그러나 매질하고 추방했던 많은 범죄자에 관해 기록하면서도, 그는 이런 고통과 굴욕의 의식이 별 효과가 없다는 것을 스스로도 의식했던 듯하다. 이와 비슷한 맥락에서 뉘른베르크의 배심원들은 아우크스부르크의 동료들에게 건장한 거지와 방랑자 무리와 같이 경범죄를 저지른 자들에게 매질을 아끼지 말아야 상습범으로 거듭나는 걸 막을 수 있다고 권고했다.[38]

물론 근세 사형집행인에게 공식적으로 인가된 폭력은 널리 알려졌듯 공개처형이었고, 바로 그 대목에서 프란츠의 탁월한 기술이 요구되었다.[39] 20세기 초반 독일 역사가들은 이 시대의 형사 정의가 "상상할 수 있는 한 가장 잔인하고 무자비한 처벌"이라고 표현했다. 그런데 사실 처벌의 제반 형식과 매 순간은 모두 (특히 잔인함과 의례화된 폭력의 적절한 수준에 관해) 충분한 숙고를 거친 결과였다. 16세기 후반 세속 권력은 전통적인 형벌을 법전화하는 과정에서 엄격함과 자비심을 균형 있게 보여주도록 공개 사형을 유례없이 세밀하게 설계했다. 모든 절차는 법의 통치와 그 권위를 강화하려는 것을 목표로 삼았다. 폭도의 지배 또는 (유대인 인종청소나 마녀 학살에서 보듯) 자경주의(自警主義)의 아주 사소한 조짐조차 뉘른베르크와 같은 "선진적" 사법 체계에서 더는 용인하지 않았다. 치안 판사들을 조롱의 무대로 올리는 중세의 관습은 이제 철폐되어야 한다. 여기에는 흉포하고 "혐오스러운" 동물뿐 아니라 범죄자의 시체를 공개 도륙하는 것도 포함된다(이는 18세기까지 덜 계몽화한 지역에서 남아 있었다).40 기술적으로 탁월하고 믿을만한 사형집행인은 신속하고 흔들림 없고 치명적으로 정의의 검을 사용해야 하며, 절대 자의적이거나 잔인성 자체를 즐기는 것처럼 보여선 안 된다.

야심 있는 프란츠 슈미트가 맞닥뜨린 이 새로운 기준은 그의 레퍼토리에 포함된 거의 모든 사형 방식에서 변화를 불렀다. 특히 여성에 대한 형사 처벌은 그와 같은 "온화한 동시에 끔찍한" 게르만 관습이 변용된 매우 생생한 예시를 보여준다.41 중세 시대와 프란츠 시대에 걸쳐, 여성 범죄자들은 주로 벌금형 또는 대중 앞의 굴욕과 신체적 고통이 한데 섞인 처벌을 받았다. 일시적 추방은 다양한 질서 위반행위에 맞는 처벌이었다. 여성이 사형받는 경우는 아주 드문 반면, 처형방식은 오히려 무척 끔찍했다. 교수형은 여성에게 (치마 속이 들여다보일까 봐) 적당치 않았고, 참수형은 전형적으로 귀족 남자에게 허용되었기 때문에, 16세기 이전 여성에 대한 일반적인 처형은 교수대 아래에 산 채로 묻히는 것뿐이었다. 프란츠가 태어나기 훨씬 전부터 뉘른베르크의 지도자들은 "끔찍하기 그지없고 당혹할 정도로 시대에 뒤처진" 이 형벌이 "신성로마제국의 일부 지역에서 [아직도] 시행 중이다"라고 통탄했다. 그들의 비판은 생매장이 죄인의 가슴에 말뚝을 박아 죽음을 앞당기려 해도 사실상 뒤처리가 곤란하다는 점이 크게 작용했다. 한 젊은 여자 사형수는 "너무 발버둥쳐 팔다리의 피부가 거의 벗겨지다시피" 했으며, 급기야 뉘른베르크의 사형집행인이 사법부에 그녀를 사면하고 이런 처형방식을 폐지해 달라고 요청했다. 결국 1515년 생매장은 폐지되었다. 놀랍게도 1532년 『카롤리나』 형법은 영아살해범에 대해 여전히 생매장을 "그런 절박한 행동을 억제하려는" 목적에서 허용했으나, 실제로 집행 건수는 많지 않았다.[42]

그 대신 여자 사형수에게 적용된 처형방식이라곤 현대인의 눈에는 그리 나을 바가 없었다. 마대자루에 넣어 익사시키는 것은 타키투스(Tacitus, 56년~117년) 때부터 언급되었던 고대 게르만족의 형벌이었다. 16세기 상당수 지역은 물속에서 죄수의 몸부림이 보이지 않는 익수형이 발버둥치는 모습이 눈에 보이는 생매장보다는 한결 낫다고 여겼다. 후자의 방식은 그들조차 외면하고 싶을 정도여서 대중의 과도한 동정심을 자아내기 마련이다. 하지만 프란츠 슈미트 같은 전문가는 익수형이 더 집행하기 어렵고 심지어 처형 시간이 너무 길다고 생각했다. 1500년 한 여자 사형수는 수면 아래에서 자루를 풀고 헤엄쳐 나와 다시 사형대로 올라오기까지 했다. 그녀는 "나는 미리 포도주 4리터를 마셨기 때문에… 물을 삼키지 못했다"고 씩씩하게 설명했으나, 치안 판사는 별 감동을 받지 않았는지 그녀를 곧바로 물에 다시 빠뜨리도록 명령했다. 프란츠가 뉘른베르크에 온 직후의 일이었는데, 선임 조수가 긴 장대를 써서 가련한 죄수가 든 자루를 강 수면 아래에 도로 밀어 넣으려 애썼으나 "자루 매듭이 풀려 팔 하나가 [수면 위에] 떠오른 상태에서 비명이 들렸고, 그런 상태에서 거의 45분을 버텼다."[43]

프란츠는 1578년 레어베르크의 영아 살해범인 젊은 하녀에게 집행된 자신의 첫 익수형이 무탈하게 진행됐는지 별달리 언급하지는 않았다.[44] 다만 2년 후 이례적으로 적극적이고 자랑스럽게 그와 동료 사제가 익수형 폐지를 뉘른베르크 당국에 제안하면서, 최근 이런 신중한 경향이 제국 전체로 확대되고 있다고 밝혔다. 슈미트의 제안은 순전히 실용적인 이유에서였는데, 페크니츠 강은 대체로 수심이 깊지 않았고, 어떤 때는 (1월 중순이면) "완전히 꽁꽁 얼었기" 때문이었다. 시의회 의원 상당수가 여자들은 자연스럽고 "유순하게 강바닥에 가라앉는다"라는 논거를 들어 형벌을 변경하지 않았고, 대신 젊은 사형집행인에게 절차를 빨리 끝내라고 주문했다. 훗날 프란츠가 영아 살해범으로 기소된 여자 3명에게 참수형을 제안했을 때도, 시의원들은 이런 처벌은 여성에게 집행한 전례가 없고 "이렇듯 충격적이고 빈번히 발생하는 죄악"을 예방하기에 너무 관대하다며 반대했다. 특히 연달아 행해질 처형을 보려고 기다리던 관중의 눈에는 더욱 관대해 보였을지 모른다. 다행히도 프란츠의 성직자 동료들이 "물이 악령에 힘을 불어넣기 때문에" 사형 시간이 오래 걸린다고 주장함으로써 이 논쟁에 불을 붙였다. 여기에 가세한 법학자들이 최후의 일격을 더했는데, "너무 힘든 죽음"인 익수형은 그 자체로 충분히 가치가 있으나, 범죄 예방 면에서는 참수형이 더 탁월하다고 주장했다. 왜냐하면 "누구도 물에 가라앉는 사형수의 최후를 보기 어려"운 반면 공개된 장소의 참수형은 아주 생생해서 관중에게 확실히 효과적인 "교정 사례"가 되기 때문이라고 부연 설명했다. 마침내 사법 당국은 한발 물러서서, 사형집행인에게 "저 거대한 교수대 위에 세 명의 머리를 못 박아 둔다"는 조건을 달아 허락했을 때, 프란츠는 일기에 다음과 같은 글을 남겼다. "내가 축성식을 올린 이 다리는 이미 익수형을 받았던 모두를 위한 것이었다."₄₅

이러한 여성 사형에 대한 타협적 해결은 프란츠의 남은 생애 동안 사법 당국의 상충하는 요구, 즉 "충격적인" 공개처형을 보여주는 동시에 권위를 원만하고 부드럽게 드러내기를 바라는 요구를 효과적으로 해결한 모범사례다. 교수대에서 처형되는 죄수의 머리나 사지에 못을 박는 행위는 피에 굶주린 복수와 굴복을 욕망하는

중세 시대에서조차 여성에 대한 생매장은 끔찍한 광경으로 생각해서 버둥거리는 희생자의 가슴에 말뚝을 찔러 넣어 죽음을 앞당기려 했다. 이 그림은 1522년 뉘른베르크에서 마지막으로 집행된 생매장을 묘사하고 있다(1616년).

인간 본성을 충족시켰다. 또 다른 한편으로는 전통적 관습에 뿌리 내렸던 대중의 고문을 뿌리 뽑고 전체 절차를 사법적이고 세속적인 더 넓은 무대로 올리는 효과를 거뒀다. 훗날 프란츠는, 말뚝을 박고 산 채로 화형당한 두 명의 죄인들을 빼고는 대개 먼저 참수하고 사후에 형식적으로 화형을 하는 등 화형에 전적으로 의존하는 방식을 되도록 피했다.[46] (물론 마녀의 화형은 독일 각지에 유행처럼 번져 나가서 사전에 교살하는 경우가 드물었다). 그 후로 프란츠가 익수형을 집행했던 사건은 흉포하기로 악명 높은 강도단 일원인 여자 한 명뿐이었고, 생매장이나 말뚝에 박히는 형벌은 적어도 밤베르크와 뉘른베르크에서 다시는 찾아볼 수 없다(이 관습은 스위스 일부 지역과 보헤미아 지방에서는 한 세기 후까지도 남아 있었다.)[47] 그 대신에 여자 살인자들의 잘린 목은 종종 교수대나 인근 장대 위에 걸어두었고, 또

취리히 등 일부 관할 구역은 배 위에서 사형수를 익수시켰다. 뉘른베르크는 이를 위해 강가에 임시 가설대를 세웠다(1586년).

한 반역죄로 처형된 죄인은 사분 오시한 팔다리를 전시했으나 그 전에 자비를 베풀어 검으로 목숨을 먼저 거뒀다.48

마을 광장 한복판에서 정규적으로 고문하는 전통적인 사형 중 유일하게 남은 것은 바로 수레바퀴형이었다. 영아 살해범, 강도들,

용병들이 저지른 잔혹 범죄는 공포와 함께 대중의 깊은 분노를 불러일으켜 때로는 정부가 통제할 수 있는 수준을 넘어섰다. 밤베르크에서 말수레에 실려온 사악한 강도 니클라우스 슈틸러(별명 '검은 소시지')의 몸을 사형집행인이 "벌겋게 달군 인두로 세 차례나 찌르자 군중들은 기쁨에 찬 환호성을 질렀다." 슈틸러는 동료인 필라 및 괴르글라 폰 준베르크 형제와 함께 8명을 살해했는데 그중 2명은 만삭의 임신부였다. 슈틸러의 자백에 따르면, "괴르글라가 너무 큰 죄라고 말렸고, 나 자신도 갓난아기를 사제에게 데려가 세례를 주자고 제안했는데, 필라가 사제 흉내를 내며 세례를 준 후 아기의 다리를 잡고 바닥에 내동댕이쳤다." 그러나 숙련공인 프란츠의 손에 수레바퀴형을 당했던 슈틸러의 죽음은 "훗날 코부르크의 사형집행인에게 능지처참형을 당했던" 동료들의 형벌에 비하면 오히려 약해 보였다. 벌겋게 달군 부젓가락으로 사형수의 살갗을 난자한 후에 수레바퀴로 뼈를 골고루 부러뜨리는 형벌은 전문가로서 프란츠가 집행했던 사형 중 가장 폭력적인 방식이었다. 부젓가락으로 찢는 횟수와 수레바퀴를 굴리는 횟수 모두 선고받을 때부터 정해졌지만, 사형집행인은 그 강약을 조정할 수 있었다. 후일 뉘른베르크의 한 상관은 "사형수에게 너무 자비를 베풀지 말고 인두 집게를 꽉 조여 사형수의 고통을 높이라"고 명령했다. 49 하지만 만삭인 아내를 살해한 한스 도퍼처럼 잔인한 범죄자일지라도 자신의 사지를 바퀴로 찢고 썩게 버려둘지언정 제발 먼저 참수해 달라고 탄원하

면 수석 판사와 배심원들은 차마 거절하지 못할 때가 있었다.50

그의 고문과 마찬가지로 프란츠는 (숙련공 시절에 7건, 전체 경력을 통틀어서 30건의) 수레바퀴형에 대해 유달리 침묵을 지켰다. 단 한 번 바퀴를 굴린 숫자만 언급했을 뿐, 주로 그런 중범죄자의 죄목 열거에 그쳤다.51 하지만 여러 다른 기록을 통해 우리는 이 처형방식이 길고 참혹해서 체포된 강도들이 진정한 공포를 느꼈다고 추측할 수 있다. 마이스터 프란츠의 일기에는 공포에 사로잡힌 한 사형수가 "감방에서 구한 칼로 자신의 배를 두 차례 찔렀으나 자살에 실패하자, 셔츠의 천을 찢어 목을 조르려 했으나 그조차도 성공하지 못했다"고 적혀 있다. 교도소 형목(刑牧) 마기스터 하겐도른은 일지에 수레바퀴형을 피하려고 숨겨둔 도구로 세 번이나 자살을 시도했다가 실패했던 도적에 관해 적고 있다. 그는 그때마다 마이스터 프란츠의 치료로 살아남아 끝내 까마귀 바위에서 예정된 형을 받고 죽음을 맞이했다.52

수레바퀴형보다는 덜 잔혹했으나, 교수형은 보편적으로 수치스럽고 어떤 의미에서는 더 잔인하게 여겨졌다. 죽을 때까지 밧줄이나 쇠사슬 끝에 공개적으로 매달려 있는 것도 그렇지만, 이후 까마귀나 다른 동물의 먹이가 되도록 시체가 방치되어야 한다는 점에서 매우 수치스러웠다. 대다수 장인은 이 혐오스러운 일을 주로 조수에게 위임했는데, 프란츠 슈미트는 퇴임 전 수십 년 동안 가장 불쾌한 이 일거리를 직접 처리했다. 19세에 첫 사형을 시작으로 그

는 1573년~1578년 동안 14명을, 평생에 걸쳐 총 172명을 교수했는
데, 대부분 성인 남자 도둑들이었으나 젊은 여성 2명과 18세 미만
청소년도 24명에 달했다. 1584년 프란츠는 두 명의 여자를 교수하
라는 명령을 받았을 때, 뉘른베르크에서는 "여성을 교수하는 일 자
체가 유례없는 일"이었다고 회상했다. 더군다나 "갱생할 수 없는"
십 대들을 교수하는 건 더욱 언짢은 일이었다. 하지만 그런 때조차
도 이 부지런한 전문가는 결코 일을 처리하는 데 실수하는 법이 없

귀족을 목매다는 일이 매우 보기 드물던 시절, 아우크스부르크의 재무장관과 젊은이로 보
이는 사람이 동시에 교수형을 받았다. 사형수들이 숨을 거둘 때까지 사형집행인은 이중 사
다리에서 대기했고, 그 아래에서는 사제가 미사를 올리고 있다(1579년).

었다.53

마이스터 프란츠는 교수형을 다른 점 못지않게 기술적 숙달이 별로 필요 없다는 점에서 하찮게 취급했다. 교수형에서 사형집행인이 하는 일이라곤 사다리에 올라가 사형수 목에 올가미를 건 다음 사다리를 치우는 일에 불과했기 때문이다. 상설 교수대가 없는 마을에서는 때때로 임시 가설물 설치를 검사해달라는 요구를 받았으나, 설치 자체는 숙련된 기능공이 따로 맡았다. 모든 처형에서 그렇듯, 사형집행인은 교수형을 받는 사형수를 통제해야 했는데, 일단 사형수를 억지로 사다리에 올라가게 한 다음 올가미를 거는 일 자체가 쉽지 않았다.

뉘른베르크의 연대기는 마이스터 프란츠와 조수가 이를 해결하기 위해 이중 사다리를 쓰거나, 간혹 도르래를 사용했다고 기록했다. 특히 사형집행인이 사형수를 사다리에서 밀어내 "죄인의 시체와 땅 사이에 햇살이 비칠" 때, 교수형은 절정에 이른다.54 일부 사형집행인들은 최후를 더 고통스럽게 하거나 수치스럽게 만들 요량으로 교살 후에 사슬을 걸어 위아래로 매달기도 했다. 뉘른베르크는 그런 용도의 설비를 전부 갖추고 있었으나, 한 유대인을 (특별한 호의로) 교수대 앞의 의자에서 처형했고 또 다른 죄수는 "기독교 방식으로" 교수했다.55

숙련공으로 보낸 첫 3년간 11건의 교수형 중 2건은 가장 끔찍한 처형방식인 교수형과 수레바퀴형을 결합한 것이었다. 이런 임무는 그의 계약기간에 피할 수 없는 일이었고 그 지역에서 평판을 높이는 데도 필요한 수임이었다. 그 결과로 이후 3년 동안 프란츠가 맡은 교수형(11건)과 참수형(10건)의 집행 횟수가 거의 비슷했는데, 이는 그의 위치가 퍽 공고했다는 확실한 지표였다. 이렇듯 밤베르크와 뉘른베르크에서 보낸 기간 동안 그가 집행한 394건 중 90퍼센트 이상이 교수형과 참수형이라는 두 가지 방식에 해당했다.[56]

참수형에 대한 선호도가 높아진 것은 사실 당시 독일 땅에서 일반적인 경향이었다. 절도죄에 대해 교수형을 선고하는 일이 점차 줄어들었고, 또 한편으로는 마지막 숨을 거둘 때까지 고통을 오래 주는 방식을 차츰 꺼려서였다. 슈미트의 경력 전반기에는 교수형이 참수형의 거의 2배 정도로 많았는데, 17세기 초반에 이런 경향이 역전되었다.[57] 숙달된 사형집행관의 기술과 전문가적 지위에 대한 대중의 인식도 자연스럽게 높아졌다.

프란츠의 검을 잘 다루는 기술은 직업적 정체성의 뿌리였고, 그가 한결같이 싫어했던 경멸적인 명칭인 '목매다는 사람(hangman)'이 하는 부끄러운 일이 아니었다. 그의 일기에 항상 쓰인 '사형집행관'이란 표현은 바퀴나 밧줄, 고문실과 같은 불경한 직무보다는 법률과 사법부와의 긴밀한 연계를 강조했다. 프란츠는 숙련공 시절에 집행했던 2건의 교수형에 관해 "내 생애의 첫 사형(1573년)과 뉘른베르크에서의 첫 사형(1577년)이기 때문에 기록에 남길" 뿐이나, "내 첫 참수형(1573년)은 개인적 성취의 순간으로 기억될 것이며 앞

선 다른 두 교수형과는 비견될 수 없다"라고 적었다.[58]

로마인들이 '포에나 카피타스(poena capitas)', 프란츠 같은 전문가 용어로 "목치기"라고 불리는 참수형은 확실히 교수형보다는 사형집행인을 더 돋보이게 했다.[59] 프란츠는 불쌍한 죄인을 무릎을 꿇릴지, 의자에 앉힐지, 아니면 서 있게 할지 등등 모든 것을 마음대로 좌우할 수 있었다. 죄인이 일어서면 좌우로 움직여서 칼을 조준하기가 훨씬 어려운데, 프란츠는 30세가 되기 전에 이 참수 방법을 5번이나 연속으로 성공했다고 기록했다.[60] 탁월한 솜씨와 평판이 쌓여 종신 고용이 확실시되면서부터 그는 더 평범하게 죄수를 무릎 꿇리거나 앉히는 방법을 선택했다. 특히 여자 죄수들은 마지막 순간에 더 많이 움직인다는 이유로 사형 의자에 결박시킨 후 처형했다. 사제로부터 최후의 기도를 올린 후, 사형집행인은 (골프 선수가 스윙 전에 완벽하게 자세를 잡는 것처럼) 자기 발 위치를 주의 깊게 배치한 다음, 죄수의 목 정중앙을 겨냥한다. 그리고 검을 치켜 올리고 자비로운 일격을 내리치는데, 전형적으로 경추를 가로지르도록 오른쪽 목 뒤를 내리치면, 목이 몸에서 완전히 분리된다. 일반적인 법률 용어에 따르면, "죄수는 일격에 목이 잘려서 마차바퀴가 그 머리와 몸통 사이를 지나갈 정도로 완전히 두 동강 나야 한다."[61] 깨끗하게 잘리면, 사형수의 머리는 그 발치로 굴러떨어질 것이다. 앉은 자세의 몸통과 절단된 목에서 숫구치는 피로 사형집행인과 조수는 흠뻑 젖게 된다. 프란츠는 검으로 어떤 대단한 묘기,

예를 들면 그의 선임자처럼 단칼에 두 사람의 머리를 한꺼번에 잘 랐다든가 하는 등의 재주를 부렸는지에 관해서는 말을 아꼈다. 다만 완전히 참수를 끝내기 위해 칼을 더 휘둘러야 했던 몇몇 안타까운 사연도 있었는데, 이런 극적인 일화에서 겪는 위험한 순간들은 아래에서 살펴보도록 하자.

존엄한 죽음을 위하여

공개처형은 신체적 형벌과 마찬가지로 두 가지 목표를 지닌다. 첫째, 관중에게 충격을 주는 것이고, 둘째, 성스럽고 세속적인 권위를 재확인하는 것이다. 안정적이며 믿을 만한 사형집행인은 국가를 대표하여 의례화되고 통제된 폭력을 행사하면서 이런 우아한 균형을 이루는 데 핵심 역할을 한다. 법원의 유죄판결, 사형수의 행렬, 그리고 사형의식 자체는 역사학자 리하르트 판 뒬멘*이 '공포의 극장'이라고 일컬은, 정교하게 설계된 도덕극의 세 막을 구성한다.[62] (사형집행인의 지휘하에) 각각의 참여자는 이 도덕극의 궁극적인 성공을 위해 필수적인 역할을 한다. 프란츠와 동료가 추구한 '존엄한 죽음'

---

* 리하르트 판 뒬멘(Richard van Dülmen)은 1937년에 태어나 독일 근세사 분야를 주로 연구했으며, 1993년 뢰트케를 비롯한 일상사 연구자들과 함께 『역사인류학』 잡지를 창간하여 학제간 연구에 힘썼다.

은 본질적으로 종교적 구원의 드라마이며, 여기서 불쌍한 죄수는 자신의 죄악을 이해하고 속죄하며 세상에 훈계하는 역할을 자발적으로 맡는 대신 그 보답으로 신속한 죽음과 구원을 약속받는다. 어떤 의미로는 사형수가 이 세상에 남기는 최후의 거래인 셈이다.

라스도르프의 한스 포겔의 사례를 들어보자. "그는 마구간에서 원수를 불태워 죽인 죄수로, 1577년 8월 13일, (내가 아직 숙련공이었을 때) 뉘른베르크에서 행한 첫 참수형의 대상이었다." 공개처형을 위해 막 뒤편에서 어떤 준비를 하는지가 무엇보다 중요하다. 사형 3일 전부터 포겔은 약간 더 큰 사형수 전용 감방으로 옮겨졌다. 그가 상처를 심하게 입었거나 병을 앓는다면, 프란츠와 다른 의료진이 최후의 사형의식을 치를 기력이 회복하도록 그를 돌봐야 한다. 그렇지만 이 기간에 사형집행인은 주로 까마귀 바위나 그 밖의 처형 장소를 확보하고 필요한 장비를 준비하느라 바빴고, 사형의식의 리허설과 마무리를 어떻게 할지도 고심했다.

심판의 날을 기다리며, 포겔은 감옥에서 가족과 다른 방문자들과 면회하거나, (만약 문맹이 아니라면) 책을 읽거나 작별 편지를 쓰며 마음의 평안을 찾으려 했을 것이다. 희생자의 미망인이 "영혼 깊은 곳에서 용서했다는 표시"로 오렌지나 생강빵을 줬던 한 사형수처럼, 포겔 역시 희생자의 일가친척과 화해했을 수도 있다.63 이때 감방을 가장 자주 찾는 사람은 바로 교도소에서 사역하는 형목 사제다. 뉘른베르크에서는 두 사제가 있어서 종종 함께, 때로는 경쟁적으로 공포와 비탄과 희망이 뒤섞여 탄원하는 "죄수의 마음을 부드럽게 달래주었다." 포겔이 글을 읽지 못한다면, 사제는 그림 우화로 된 성경을 보여주며 루터교의 교리 문답과 주기도문을 가르친다. 죄수가 좀 더 배운 자라면, 은총과 구원에 관한 토론을 함께한다. 무엇보다 사제들은 (때로는 간수, 죄수의 가족들까지 가세해서) 이 고집 센 영혼을 꾸준히 설교하고 동시에 위로하기 위해 찬송가를 부르고 기도를 올렸다.

틀림없이 죄수를 고분고분하게 만들어 사형의식을 무탈하게 진행하려는 목적도 있겠으나 사제들은 더 고귀한 목표가 있었다. "신앙 속에서" 죽도록 돕는 것이 뉘른베르크의 동료인 마기스터 하겐도른의 각별한 관심사였다. 그는 죄수가 체념하고 처형장에 가게 하는 동시에, 경건함과 이해심을 불어넣으려 했다. 하겐도른은 일기에서 영아살해로 기소된 한 여성 사형수에 대해 특히 안타까움을 드러냈다. 1615년에 처형된 마르가레타 린트네린은 7주가 넘도록 구금되어 있는 동안 거의 교리 문답을 깨우치지 못했으나, 드디어 존엄한 죽음에 대한 훌륭한 예시를 보여줬다.

그녀는 성호를 그으며 잘 버텼다. 열렬히 기도하고 매 순간 자신의 아기와 부모님을 떠올리며 쓰라린 눈물을 흘렸다. 임박한 죽음에 어느 정도 체념하며 차분히 걸었고, 행렬 중에 자신을 아는 사람들을 보면(8년 동안 여러 가정에서 일해 안면 있는 사람들이 많았다) 열렬히 축복하고 함께 기도했다. 행렬이 처형장에 도착했을 때, 그녀는 "오, 주여, 제가 이 곤경을 헤쳐나가도록 제 옆에 계셔 주소서"라고 기도하기 시작했다. 그녀는 내게도 거듭해서 말한 뒤, 모여든 군중을 축복하고 그들의 용서를 빌었다. 그리고 벼락을 맞은 듯 꼼짝하지 않고 서 있었다. 내가 두세 번이나 말을 걸자, 그때 비로소 그녀는 군중을 축복하고 용서를 빌며, 전능하신 주의 손에 그녀의 영혼을 온당히 맡기고, 사형 의자에 앉아 사형집행인에게 그녀의 목을 바쳤다. 이토록 끝까지 그녀가 옳고 신실한 신앙을 지켰으니, [베드로전서 1장에 따라] 믿음의 끝, 곧 영혼의 구원과 축복을 함께 얻었을 것이다.64

어떤 방식으로 내적 개종을 이뤄냈든 간에, 사제들은 사형수 포겔에게 사형 준비 단계의 최종 의식인, 그 유명한 '망나니의 식사'를 주며 충분히 진정시키려 했다. 역설적으로 프란츠는 (아마 수치스러운 별칭 때문이라도) 이 고대 관습에 직접 관여하지는 않았지만, 감옥 간수와 그의 아내가 이 특별한 만찬을 위해 식탁과 의자를 가져와 뉘른베르크에서 통상 '사형수의 응접실'이라 알려진 준비를 하게 허락했다. 아직 사형제도를 유지하고 있는 현대 사회와 비슷하게, 포겔은 최후의 만찬을 위해 엄청나게 많은 양의 포도주를 포함해 무슨 음식이든 부탁할 수 있었다. 이런 만찬에 참석했던 하겐도른 사제는 그들의 투박하고 무례한 행동에 질색했다. 어떤 험악한 강도는 간수의 포도주를 퉤퉤 뱉고 더 따뜻한 맥주를 달라고 요구했고, 또 다른 덩치 큰 도둑은 "자신의 영혼보다 위장을 채울 음식을 더 많이 달라고 한 뒤, 한 시간 동안 고기 두세 덩어리와 많은 음식을 게걸스럽게 먹었으며" 결국 너무 과식한 탓에 교수대에서 말 그대로 "몸 가운데가 폭발하듯 터졌다."[65] 반면 (특히 신생아를 살해하고 정신착란을 일으킨 여자 죄수 등) 일부 가련한 죄수들은 아무것도 삼킬 수 없었다.

포겔이 포만감을 느끼고 만취해 식사를 마쳤을 때, 사형집행인의 조수는 그에게 흰 리넨으로 만든 사형수복을 입힌 뒤, 당시 교수대 현장 작업을 감독하던 프란츠를 불렀다. 간수가 관례에 따라 "사형집행인이 도착했다"라고 알리면, 예복을 입은 프란츠가 감방문을 두드린 후 들어갔다. 죄수에게 용서를 청한 뒤, 그는 포겔과 함께 세례 요한의 포도주로 입을 축인 후 사형수가 대기 중인 판사와 배심원 앞으로 나아갈 준비가 되었는지 결정하기 위해 간단한 문답을 주고받았다.

이때 일부 사형수들은 종교적 확신, 흥분, 아니면 순전히 술에 취해서든 필멸의 세상에서 풀려난다는 데 기뻐하거나 아찔함을 느꼈다. 때때로 프란츠는 아주 작은 양보를 베풀어 사형수를 유순하게 만들기도 했다. 예를 들어 한 여자 사형수에게 아끼던 밀짚모자를 교수대까지 쓰게 허락해주거나, 밀렵꾼에게 그의 누이가 감옥으로 보내준 화관을 쓰게 해준다든지 하는 등등이다. 또한 프란츠는 조수에게 더 많은 술을 가져오게 해서 따로 준비한 진정제와 섞어주었다. 물론 이런 잔꾀는 가끔 역효과를 내서 한 여자를 기절시키거나 젊은 남성들을 더 난폭하게 만들 때도 있었다. 노상강도인 토마스 울만은 프란츠의 전임자를 때려죽일 뻔해서 간수와 경비병들이 간신히 말린 적도 있었다. 포겔이 충분히 진정되었다고 본 프란츠와 조수는 죄수의 손을 밧줄(여성의 경우는 비단끈)로 단단히 묶고 사형극의 첫 번째 막을 시작한다.66

귀족 판사와 배심원들이 주재하는 '피의 법정'은 유죄와 형벌을 투표하는 게 아니라 선고하는 자리였다. 포겔의 운명은 (이번에는 고문 없이도 얻어낸) 자백으로 벌써 결정되었다. 중세 시대에는 이런 사법 판결이 유죄 선고에서 가장 중요한 순간이므로 주로 마을 광장에서 행해졌다. 16세기에는 '선고일'은 시청 재판정에서 비공개로 치러졌으며, 그 이후에 치르는 사형의식의 위상이 훨씬 더 높았다. 이후의 행렬과 처형식처럼 이 예비 단계에서 가장 중요한 목표는 절차의 정당성을 강조하는 것인데, 선고의 경우는 믿고 안심할 수 있는 사법 당국 관계자들로만 제한되었다.

이 격식 있는 절차는 당연히 의례적이고 위계적이며 형식적이었다. 뉘른베르크 시청 재판정에서 판사는 높은 방석 위에 앉아 오른손에는 흰색 지팡이, 왼손에는 칼집에 두 개의 건틀릿이 달린 단검을 들었다. 판사 양옆으로 각각 6명의 귀족 배심원들이 빨간색과

검은색 법복을 입고 화려하게 조각된 의자에 앉았다. 사형집행인과 조수가 죄수를 데리고 오면, 법원 서기가 최후 판결문과 죄수가 저지른 죄명을 차례로 낭독하고, 다음과 같이 선언했다. "신성로마제국의 법률을 위반한 자에게 사형[교수형/참수형/화형/익수형/수레바퀴형]에 처할 것을 최종적으로 선고한다." 판사는 가장 나이가 젊은 배심원부터 시작해서 총 12명의 배심원단에게 차례대로 동의를 묻고 "법에 따른 판결에 만족합니다"라는 정형화된 대답을 들었다.

최종 평결을 내리기 전, 판사는 처음으로 포겔을 앞으로 불러내 직접 말할 것이 있으면 하라고 시켰다. 고분고분해진 사형수는 항변하기보다는 배심원과 판사가 막 내린 판결에 감사를 표시했다. 참수형으로 감형받은 경우, 구제받은 영혼은 감격에 벅차오르기도 했다. 몇몇 무모한 악당들은 법정에서 욕설을 퍼부을 정도로 대담했지만, 대부분 죄수는 대부분 공포에 질려 말문을 닫고 서 있을 뿐이었다. 판사는 프란츠를 돌아보며 시종을 통해 위임장을 전달하며 다음과 같이 말했다. "사형집행인이여, 신성로마제국의 이름으로 너에게 명령하노니, 이 가련한 죄수를 처형장에 데려가 앞서 선고한 대로 처벌하라." 그리고 들고 있던 하얀 심판의 지팡이를 두 조각으로 부러뜨린 다음, 죄수를 사형집행인에게 돌려보냈다.67

드라마의 두 번째 막은 사형장으로 가는 행렬로, 관중 수백 수천이 모여들어 장관을 이뤘다. 처형식은 시청 벽에 큰 선홍색 천을 내걸거나 전단, 관보를 통해 널리 홍보해왔다. 포겔은 밧줄에 두

손이 묶인 채 교수대까지 1마일쯤 걸을 예정이었다. 이따금 죄수가 기력이 쇠하거나 병에 걸렸다면, 높은 의자에 앉혀 프란츠의 조수가 사형장까지 옮겼다. 외다리 사기꾼인 엘리자베트 아우롤틴처럼 허약한 노파 역시 의자에 태울 때도 있었다.[68] 폭력적인 죄수들이나 뜨거운 집게로 인두형을 받은 죄수들은 형틀에 단단히 묶인 채 파펜하이머라고 불리는 청소부들이 모는 말이 끄는 수레에 실렸다. 두 명의 기마 궁수와 화려한 법복 차림의 판사가 말을 타고 앞서면, 프란츠와 조수는 경비병들이 군중을 뒤로 물리는 동안 아주 느린 속도를 유지하며 행렬을 이끌었다. 두 명의 사제가 사형수의 양쪽에서 성경을 낭독하고 큰 소리로 기도를 올렸다. 사형행렬의 종교적인 분위기는 단순한 겉치레 이상이었고, 프란츠의 생애 동안 유일하게 개종하지 않았던 모세 유트만이 "그와 동행하거나 위로해줄 사제도 없이 홀로 교수대로 인도되었다."[69]

이 단계에서 사형집행인의 관례적인 의무는 사형수가 남긴 최후의 소원을 존중하고 군중을 멀리한다는 인상을 주지 않는 것인데, 종종 프란츠의 입장에서 매우 인내력이 필요한 일이었다. 한스 포겔은 전혀 저항하지 않았지만, 다른 도둑들과 도박사 한스 멜러(별명 멋쟁이 기사)는 사형집행인에게 잡혀 끌려가면서 다음과 같이 배심원들을 저주하며 위세를 떨었다. "신이 함께하시길! 너희가 나를 이딴 식으로 다룬다면, 언젠가 검은 악마를 보게 될 거야." 그리고 프란츠는 멜러가 교수대에서 하나도 아니고 둘씩이나 ("내 시간이 다

뉘른베르크 도심의 사형행렬 장면. 두 명의 기마병이 선두에 서면, 그 뒤로 사형수와 그의 양옆에 사제들이 나란히 도보로 이동했다(1630년경).

가왔네", "신이 뜻하는 대로 이뤄지소서"라는) 가요를 부르는 동안 참을성 있게 기다려야 했다. 도둑 우츠 마이어(별명 교활한 무두장이)와 게오르크 쥐뮬러(별명 수다쟁이) 역시 끌려가며 "기운차고 오만하게 소리 질렀고, 올가미를 목에 걸기 전에 '버찌 열매'라는 노래를 부를 수 있었다."[70]

이 '공포의 극장'의 총감독은 장엄하고 질서정연한 사형의식을 원하는 상관들의 기대를 만족시키기 위해 상당한 부담을 져야 했다. 게다가 야유와 조롱, 돌을 투척하는 군중을 막아내며 엄숙한 분위기를 유지해야 했다. 근친상간죄를 저질러 사형을 선고받은 죄수 한 쌍이 서로 앞서려고 우스꽝스러운 경주를 벌였을 때, 프란츠는 분명 당황하고 좌절했을 것이다. "그는 처녀의 문 앞에 있었다. 그런데 여기까지 오는 동안 그녀는 몇 번이고 그를 앞지르려 뛰어갔다."[71] 프란츠는 죄수가 거칠게 행동하며 말썽 피울 때 탄식하기도 했고, 때로는 인내심이 바닥났다. 예를 들어 방화범 린하르트 데위얼라인은 뻔뻔한 건달이라 사형행렬 내내 술병에서 손을 떼지 않았다. 또한 군중 앞을 지나갈 때마다 관례적인 축복 대신 온갖 저주를 퍼부어댔고, 교수대에 도착해서는 술병을 사제에게 넘기고 무대 위에서 노상 방뇨했다. 사형집행문이 낭독되자, 그는 차라리 울타리 안에서 경비병 4명과 싸우다 죽겠노라고 주장했다. 마이스터 프란츠는 그의 요청이 거절되었다고만 덤덤하게 기록했다. 아연실색했던 사제의 회고에 따르면, 데위얼라인은 요청이 거절되자 "다시 술을 마시기 시작해서 사형집행인이 그의 목을 칠 때도 술병을 입에서 떼지 않았다. 그래서 그는 '주여, 당신의 손에 내 영혼을 맡겼습니다'라는 말조차 할 수 없었다."[72]

속죄를 공공연히 드러내는 것은 사형의식의 제3막에서 매우 중요한 의미였다. 프란츠는 속죄를 매우 중시해서 회한이 가득한 죄수가 "무릎 꿇는 동안 내내 흐느껴 울었다", 또는 속죄한 도둑이 "기독교인으로서 세상을 떠났다"라고 공식적으로 기록해뒀다. 사제들과는 대조적으로, 그는 죄수가 복음 교리의 세부 사항을 이해했는지보다 심적 변화가 외관상 드러났는지를 더욱 중시했다. 그러니 온순해진 파울루스 크라우스가 교수대 사다리 앞에서 막 자신의 죄를 회개하려는 찰나, 마기스터 하겐도른이 "주 예수께서 이미 회개하고 죗값을 대신 치르셨으니, 죄인은 이제 주 예수, 하느님 아버지에게 영혼을 바쳐야 합니다"라고 시끄럽게 설교해서 분위기를 망쳤을 때 프란츠가 얼마나 속으로 울화가 치밀었을지는 충분히 짐작된다.[73]

최후의 성찬식은 특히 이런 영혼의 굴복을 보여주는 방식이므로 사형수가 이 장면에서 마지막 고집을 부리면 프란츠는 무척 초조해졌다. 포겔은 쉽게 성찬식을 받아들였지만, 다른 범죄자 한스 슈렝커(일명 앉은뱅이)는 가톨릭 신자라는 이유를 들며 루터교 영성체를 집요히 거부했다. 반면, 쿤츠 뤼나겔(일명 깡패)는 "처음에는 욕설을 퍼붓고 영성체를 거부했으나 마침내 이를 받아들였을 때" 사형집행인은 크게 안도했다. 강도인 게오르크 프뤼크너는 "몇 번이고 탑에 갇혔다가 착하게 살겠다고 약속해서 풀려났던 매우 악질적인 인물인데, 최후의 순간에 깊이 후회하며 기독교 신자다운 태도를 보여" 까마귀 바위에서 영성체를 받고 모여든 군중 앞에 소리 높여 죄를 참회했다.[74]

프란츠 슈미트가 경력 후반기에 묘사한 최악의 죽음은 악명 높은 노상강도 한스 콜브(일명 키다리 벽돌장이)의 경우다.

그는 감옥에서 탈출할 수 없게 되자 자기 왼팔의 정맥을 물어뜯었다. 상처를 치료하고 최후의 날이 다가왔을 때, 그는 또다시 자살할 각오로 오른팔을 동전 넓이에 1인치 깊이로 물어뜯었다. … 그러나 결국 살인, 강도, 노상강도와 셀 수 없이 많은 도둑질을 한 죄로 수레바퀴형을 받고 사지가 뜯겨나갔고, 최종적으로 화폐 위조죄를 물어 시신이 불에 태워졌다. 형장에 나갈 때 그는 더 이상 걸을 수 없는 것처럼 사람들을 속였다. 기도도 전혀 올리지 않았고, 이미 아는 성경 따위는 두통만 일으키니 닥치라고 사제에게 고함쳤다. 그가 어떻게 죽었는지 신만은 아시리라.[75]

사실 프란츠가 다루기 힘든 죽음들을 이해한 것은 직업적으로 안정된 경력 후반기에 이르러서였다. 그런 때조차 그가 완전히 솔직했던 것은 아니었고 특히 통제력을 잃어 대실패로 귀결되는 경우는 더 그러했다. 예를 들어 사회적 물의를 일으켰던 도둑 게오르크 메르츠(별명 망치)에 대해서 프란츠는 다음과 같이 간략하게 기술했다. "그는 끌려 나오면서 매우 이상한 행동을 했다. 머리를 흔들며 낄낄거렸고, 기도하지 않은 채 '내 신앙이 날 구원할 것'이라고 사제에게 말했다." 대조적으로 형목과 법원 서기는 재난에 가까운 이 광경을 자세히 기록했다. 마기스터 하겐도른에 따르면, 22세의 메르츠는 검은 모자와 모직 셔츠를 입고 형장에 가겠다고 고집하며 이 마지막 소원을 들어주면 조용히 죽음을 맞이하겠다고 약

148

속했다.

하지만 그는 감옥을 나오자마자 고함치며 바보 흉내를 냈다. "오늘은 나의 날이니 사람들을 위로해주마." 그가 수없이 떠들어대는 바람에 나는 세 차례나 돌아가서 그의 호송을 도와야 했다. 시청에 도착하자, 그는 더 큰 목소리로 똑같은 말을 떠들어대서 나는 그를 제지하고 조용히 하라고 훈계했다. 법정에 등장하면서부터 미친 사람처럼 웃고 좌우를 돌아보며 이빨을 딱딱 마주치고 입을 실룩거려 내가 두 번이나 말렸다. … 형을 선고받자, 그는 법정에 경의를 표하려는 듯 쉴 새 없이 절을 했다. 시청에서 데리고 나올 때는 전혀 통제 불능이었다. 그는 광란에 빠진 것처럼 격분해서 미쳐 날뛰었다. 사형 의자가 나오자, 그는 스스로 의자에 앉아 묶인 후, 말처럼 발을 쉴 새 없이 구르고 고개를 들었다 떨구며 마구 소리쳤다. "나는 위로를 받았다. 내 신앙이 날 구원했다." 그는 사람들을 천사라고 부르며, 천사를 볼 수 있도록 모자를 벗겨달라고 여러 번 요청했다.

법원 공증인의 기록에 따르면, 메르츠는 그들만 괴롭힌 것이 아니었다.

가는 길 내내 간수들을 난폭하게 발로 찼다. 간수들은 비명을 지르고 메르츠를 몇 번이고 땅에 넘어뜨렸다. 그러자 그는 우스꽝스러운 표정을 짓고, 사람들에게 이를 드러내고 혀를 힘껏 내밀었다. 사형장에 도착해 망나니가 사다리에 오르라고 명령하자 그는 이렇게 대꾸했다. "왜 그리 서두르지? 아침이나 오후나, 늦거나 이르거나, 아무 때나 사형하기 좋잖아. 이 지루한 시간을 보내는 데 딱 알맞지." 그리고 그가 사다리 위에 오르자, 마기스터 하겐도른이 이제 가련한 영혼을 신에게 맡길 때라고 말했다. 그러자 그는 훌쩍 뛰어내려 폭소하며 외쳤다. "사제여! 이게 다 무슨 말이야? 내 술친구, 밧줄, 사슬 외에 또 누가 있다는 거야?"

이 난처한 처형을 서둘러 끝내려던 프란츠와 달리, 두 사제는 사형수 메르츠를 회개시키려 거듭 시도했는데 돌아온 것은 기껏해야 메르츠의 조롱뿐이었다. "나도 내 턱을 많이 움직이고 싶지만 그럴 수가 없어. 내가 대마를 너무 많이 삼켜 질식될 수 있거든."[76] 죽음 앞에서 고의로 존엄성과 속죄의 메시지를 산산이 조각낸 메르츠는 결국 이죽거리며 죽었다고 전해졌다.

사형집행인, 특히 젊은 숙련공들은 사소한 실수로 주의 깊게 설계된 속죄와 구원의 드라마를 망치고 더 나아가 자신의 직업이 위험해질까 봐 두려워했다. (요란한 주정뱅이들을 포함한) 관중 대부분은 멋진 볼거리를 보여달라는 무언의 압력을 가했다. 사형수의 길고 긴 작별의 연설이나 노래는 군중의 긴장감을 높일 뿐만 아니라 처형을 준비하는 사형집행인의 긴장과 인내 역시 한계에 다다르게 했다. 한 연대기 작가는 살인자 마르가레타 뵈킨의 형장에서 마이스터 프란츠가 보인 초조함을 이렇게 기록했다. "세 번이나 쇠꼬챙이로 인두질을 당하면서도 그녀는 꿋꿋이 서서 버텼으나, 극도로 쇠약해져서 거의 말하기 힘들 정도였다. 그는 뵈킨에게 관중에게 말하라고 명령했지만, 형장에서 그녀에게서 들을 수 있었던 건 고작 세 마디뿐이었다."[77] 엘리자베트 메히틀린은 처음에는 죽음의 여정을 무난하게 시작했지만, 이내 흐느껴 울었다. 그런 그녀를 보고 마기스터 하겐도른은 이렇게 기술했다. "그녀는 이 사악하고 보잘것없는 세상을 떠나 기뻐했고, 죽음을 향해 춤이라도 추듯 나가려 했다. [하지만] … 죽음에 가까워질수록 그녀는 더 슬퍼했고 더 겁에 질렸다." 교수대로 가는 행렬 내내 메히틀린은 감당할 수 없을 정도로 비명지르고 소리쳤다. 그녀가 너무 심하게 몸부림치는 바람에 사형의자는 소용없었고, 결국은 노련한 프란츠 슈미트조차 별수 없이 그 히스테릭한 여자를 칼로 세 번 내리친 후에야 사형을 집행할 수 있었다.[78]

다행히 한스 포겔의 처형은 특이하게 기록할 만한 사건 없이 마무리됐다. 그렇지만 근세 연대기에는 프란츠 슈미트가 종신직을 맡았던 뉘른베르크에서 몇 차례 실수가 있었던 기록이 남아있다.

45년의 경력 동안 187건의 참수형을 치르면서 마이스터 프란츠가 칼을 두 번 휘둘러야 했던 것은 단 4번에 불과했으니 성공률은 98퍼센트다. 하지만 그때마다 '망친 처형'이라는 간단한 주석이 달렸다.[79] 흔히 실패한 참수형에 내놓는 구구절절한 변명 따위는 늘어놓지 않았다. 예를 들어 악마가 그의 앞에 세 개의 머리를 내놓았다(그는 이런 경우에 중간 머리를 겨냥하라고 충고한다), 또는 사형수가 마법을 걸었다 등의 허튼 변명은 찾아볼 수 없다. 일부 사형집행인은 그런 마법의 힘을 막으려고 판사의 '정의의 지팡이' 조각을 품에 지니거나, 사형수에게 검은 천을 덮어씌워 악마의 눈을 피하려 했다. 프란츠는 매우 절제력이 강해서 동료들이 흔히 선택했던 세속적인 해결책, 즉 중요한 순간에 "용기를 북돋기 위해 술이나 마법 음료를 마시는 일"도 하지 않았다.[80] 결정적으로 숙련공 시절이나 뉘른베르크의 초임 시절에 그는 전혀 실수하지 않았고, 후일 지역 사회에서 존경받는 인물이 되어 일신의 안위와 명성에 흠잡을 데 없던 때가 돼서야 실수를 몇 번 했을 뿐이었다.

마이스터 프란츠가 은퇴한 후 뉘른베르크의 사형집행인을 맡았던 한 젊은이는 꽤 운이 없었다. 1641년에 신참 발렌틴 도이저는 "19세의 절세미인이었던" 아동살해범 마르가레타 포글린을 참수할 예정이었다. 한 연대기에는 다음과 같이 기록되어 있다.

스위스 쿠어 주(州)에서 성난 군중들이 참수를 망친 사형집행인에게 돌을 던지고 있다. 처형을 망치면 군중은 항상 폭력적으로 변했지만, 이로 인해 사형집행인이 죽게 되는 사건은 매우 드물었다(1575년).

이 가련한 처녀는 매우 아프고 허약해서 교수대인 까마귀 바위까지 들것에 실려 와야 했다. 마이스터 발렌틴은 그녀를 의자에 앉히고, 여물통 앞의 소처럼 주위를 돌다가 칼을 휘둘렀는데, [동전 하나] 차이로 빗나가 나무 형틀을 잘못 내리쳤고 그녀는 땅바닥에 쓰러졌다. 사형집행인이 그녀의 털끝 하나 다치지 못하자, [군중은] 그녀를 방면해달라고 요구했다.

하지만 경험이 부족했던 도이저가 풀어줄 생각을 보이지 않자, 그녀는 의자 아래서 울며 소리쳤다.

그녀는 자꾸 되풀이해서 소리쳤다. "오, 주여, 제발 저를 도와주세요." 그러자 [사형집행인의 조수가] 그녀를 붙잡고 의자에 도로 앉힌 후, 사형집행인이 두 번째 칼을 휘둘렀다. [이번에는] 그녀는 목이 반쯤 잘려 바닥에 쓰러졌지만, 여전히 살아 소리쳤다. "아, 주의 자비를!" 사형집행인은 한 번 더 칼을 휘둘러 바닥에 쓰러진 그녀의 목을 마저 잘랐다. 그런 잔인한 학살과 부끄러운 처형을 목격한 군중은 사형집행인을 에워싸고 돌을 던졌는데, 경비병들이 그를 보호하고 피가 철철 흐르는 상처를 제때 지혈하지 않았다면 아마 사망했을 것이다.

젊은 사형집행인은 사형수가 자기 눈을 멀게 하고 마법을 걸었

다고 항변했지만, 그런 형편 없는 실력과 그로 말미암은 폭동에 책임을 지고 체포되고 해고되었다.[81]

군중의 폭력과 린치를 일으키는 이런 실수들은 종교적 구원과 국가 권위라는 핵심 메시지를 실추시켰다. 어떤 독일 도시에서는 사형집행인들이 세 번이나 칼을 휘둘렀다가 군중에 잡혀 사형수의 눈앞에서 사망한 사고도 있었다. 프란츠는 사형장에 오를 때마다 매번 '일생일대의 위기'를 느꼈다. 하지만 실력이든 운이든, 그는 숙련공 시절을 탈 없이 보냈고, (매질이 폭동과 돌팔매질로 바뀌어) 군중의 질서가 무너지는 현장은 딱 한 번 겪었다.[82] 한편 방화범 포겔의 처형처럼, 참수형이 무난하게 끝나면 프란츠는 판사 또는 판사를 대리하는 관리를 돌아보고 법 집행을 끝내도 되는지를 확인하기 위해 다음과 같이 질문했다. "판사님, 제가 잘 처형했습니까?" 그러면 관례에 따라 "그대는 판결과 법이 요구하는 바대로 집행했다."라는 대답이 돌아왔고, 사형집행인은 "주님과 저를 가르친 스승님께 감사드립니다"라고 대답했다.[83] (말 그대로) 수백 명의 시선이 쏠린 중앙 무대에서 프란츠는 바닥에 흐른 피를 닦고 잘린 목과 시체를 적절히 처리했다. 마이스터 슈미트의 가르침대로 이 순간에도 사형집행인의 공개 의식은 끝나지 않는다.

일생일대의 기회

프란츠 슈미트의 초기 경력에서 가장 획기적인 순간은 그가 23세가 되던 1577년 1월 15일에 찾아왔다. 행운도 작용했지만, 아버지의 능숙한 수완이 더 큰 역할을 했다. 하인리히 슈미트는 일찍부터 뉘른베르크의 사형집행인을 퍽 근사한 자리, 더 나아가 제국에서 가장 위엄 있는 자리이자 가족의 영광을 회복할 기회로 생각했다. 자주 자리를 비웠던 콘라트 피셔를 대리했던 하인리히는 1563년에 공직에 응모했지만, 뉘른베르크 의회는 쌀쌀맞게 이를 거절했다.[84] 6개월 후 재차 공석이 생겼을 때 슈미트는 재도전했지만, 이번에도 피셔가 돌아온 바람에 실패했다. 아마 하인리히는 1565년 6월 피셔가 사망한 직후, 또는 그로부터 일 년 후 후임자였던 길크 슈미트가 세상을 떠났을 때도 지원했을 것이다. 어쨌든 1566년에 이 탐나는 자리는 결국 안스바흐의 린하르트 리페르트에게 돌아갔고, 그 후 여러 해 동안 그는 직책을 유지했다.

불굴의 의지를 지녔던 슈미트 부자는 이런 실망감을 기회로 반전시키려 했다. 뉘른베르크의 새 집행인이었던 린하르트 리페르트는 임명된 지 1년 후 시의회에 자신의 가정부 (우연하게도 프란츠의 누이인) 쿠니군다와 혼인을 허락해달라고 요청했다. 언제 어떻게 이런 요청이 있었는지 정확한 기록은 없지만, 그런 행운의 전개는 슈미트 가문이 예상치 못한 상황만은 분명 아니었을 것이다. 처음에 시의회는 리페르트의 청원을 "그가 이미 안스바흐에 처자식이 있다는 이유로" 단호히 거절했다. 하지만 십여 년 동안 계속된 청원에 지친 상관들은 공개적인 추문이 없다는 전제로 "이 미천한 하녀"를 계속 고용해도 좋다고 허락했다. 이듬해에 리페르트와 쿠니군다 슈미딘은 조용히 결혼식을 올렸고, 1568년 10월에 일곱 자녀 중 첫째를 낳게 되었다. 이혼과 중혼 모두 고용인에겐 달갑지 않을 상황이므로 그는 이미 소원해진 아내와 서둘러 결별했을 것으로 짐작된다.[85]

프란츠는 이제 아버지가 과거 (그리고 현재는 아들을 위해) 탐낸 자리에 친척이 있다는 혜택을 톡톡히 누렸다. 더구나 열성적인 젊은 숙련공은 제멋대로 구는 매형과 비교되었다. 뉘른베르크 의회는 집행인 자리가 자주 바뀔까 하는 우려에 리페르트의 사생활과 직업적인 결점을 오래 인내해야 했다. 1569년 12월 3일 세 번 연속하여 참수에 실패했을 때조차(심지어 이날은 칼을 3차례나 휘둘러 끝마쳤다), 의회는 가벼운 경고로 마무리하고 군중의 보복으로부터 그를 보호해줬다. 1575년 11월 리페르트가 마침내 심각한 낙상사고를 입었고, 그로부터 4개월 후 그는 너무 아파서 교수대 사다리를 오를 수 없으니 자기 대신 처남인 젊은 프란츠 슈미트에게 일을 맡겨달라고 요청했다. 의회는 교수형을 참수형으로 바꾸고, 리페르트에게 봉급을 받는 만큼 책임을 다하라고 지시했다. 리페르트는 너무 쇠약해져 고문을 수행할 수 없다고 거듭 탄원했으나, 이 역시 거절당했

고 대신 조수인 프란츠에게 무기한 일을 맡으라고 명령했다.[86]

병의 진위는 모르겠으나, 1577년 1월 리페르트는 별안간 2주간 밤베르크에 있는 장인 집으로 허가 없이 여행을 떠났다. 이로써 의회는 "그의 친척이자 타지 출신인 사형집행인"에게 도둑 한스 웨버의 교수형을 맡길 수밖에 없었다.[87] 이 기회를 하인리히 슈미트가 교묘히 짜낸 것일까? 어쨌든 그 결과는 훗날 프란츠가 일기에 기록한 대로, "내 첫 처형식은 이때 시작되었다." 그 후 16개월간 "젊은 신참 사형집행인"이 뉘른베르크를 대표하여 사형 7건을 집행했고, 법원 서기의 표현에 따르면 어떤 사고도 없이 "아주 잘" 해냈다고 전해진다. 하지만 그때만 해도 건수에 따라 급료를 받는 방식이었다.[88] 마침내 말썽 많은 리페르트의 매력적인 대안이 떠오르자, 사법 당국은 굳이 나이 든 사형집행인을 고집할 이유가 없어졌고, 급기야 "게으름과 무질서한 생활 습관을 고치지 않는다면, 다른 장인으로 교체될 가능성"을 경고했다. 그리하여 1578년 4월 25일 리페르트가 더는 직책을 수행할 기력이 없다고 알리자, 의회는 열두 해를 재직해 온 그의 사임을 수락하는 동시에 연금과 주택보조금에 대한 요청을 거절함으로써 가혹하게 인연을 끊었다(그는 그 후 한 달도 채 안 돼 숨을 거뒀다). 같은 날, 의회는 새 사형집행인으로 호프 출신의 프란츠 슈미트를 임명했다.[89]

임명된 지 2주 후, 프란츠는 새 상관으로부터 "4박 5일"의 밤베르크 여행 허가를 받았다.[90] 그 기념할 만한 귀향은 그들 부자에게 정말 강렬한 순간이었다. 프란츠는 아버지가 오래 염원했던 바로 그 자리를 얻었고, 실추된 가문의 명예를 되찾기 위한 바람을 공유하며 의미 있는 첫걸음을 내디딘다. 하인리히가 이 소식을 들었을 때 자긍심과 질투와 안도가 뒤섞인 감정을 느꼈을까? 아마 하인리히의 성화 때문이었겠지만 이때부터 프란츠는 일기를 적기로 했다. 아버지를 대신한 과거 처형기록을 일일이 나열하면서 (그렇지만 신체적 형벌은 자세히 기억나지 않는다고 주장하면서), 젊은 사형집행인은 현재의 순간에 이르렀다. 평소처럼 일체의 감정을 배제하면서도, 프란츠는 빛나는 영광에 깃든 기쁨을 표현하기 위해 다음과 같이 볼드체로 자랑스럽게 선언했다. **1578년 5월 1일 성 발부르가*의 날, 나는 여기 뉘른베르크에서 공식적으로 임명되고 취임한 후, 다음과 같은 자들을 처벌하였다.**

---

* 성 발부르가(Saint Walburga, 710~777)가 870년경 5월 1일 성인으로 공포된 날에서 유래되었으며, 독일에서는 4월 30일 밤과 5월 1일 새벽에 걸쳐 발푸르기스의 밤에 마녀들이 브로켄 산에서 모닥불을 피우고 봄을 기다리는 축제를 벌인다고 전해진다.

· 제3장 ·

장인

우리 삶의 행동은 우리 생각의 진정한 반영이다.
— 미셸 드 몽테뉴, 『아이들의 교육에 대하여』1

행동하라. 하나 동시에 보여줘라. 사물은 있는 그대로가 아니라
보이는 대로 흘러간다. 탁월함을 보여주는 방법을
안다면 두 배로 탁월한 것이다.
— 발타자르 그라시안, 『세상을 얻는 지혜의 기술』(1647)2

1593년 10월 11일 악명 높은 위조 사기범 가브리엘 볼프는 마이스터 프란츠의 손에 최후를 맞이했다. 슈미트는 가장 긴 진술문 중 하나로 이 사건을 일기에 기록해뒀다. 30년 동안 교육받은 중산층의 자제로 자란 볼프는 유럽 귀족 사교계에서 온갖 가명으로 대담한 사기극을 벌였다. 가장 널리 알려진 '글라치어'라는 가명 외에도 베를린의 선제후 비서관인 게오르크 빈트홀츠를 사칭했으며, 야콥 퓌러, 에른스트 할러, 요아힘 퓌른베르거 등의 이름을 빌려 썼다. 그가 저지른 수많은 사기극 중 특이한 범죄 사건은 다음과 같다. 뉘른베르크의 명문가 자제인 볼프는 "베를린의 변경백이자 선제후인 요한 게오르크의 위조 인장과 가짜 서명이 적힌 편지를 들고 시의회로부터 1,500두카트를 빌렸다." 범죄 피해자로는 단치히의 의

원, 외팅겐 백작, 콘스탄스 제후, 단치히의 두 상인과 네덜란드의
장인, 그 외에도 리스본, 몰타, 베네치아, 크레타, 뤼베크, 함부르
크, 메시나, 빈, 크라쿠프, 코펜하겐과 런던의 고위직 인사들이 모
두 망라되었다. 볼프는 파르마 공작에게서 1,400크로나를 훔쳐 콘
스탄티노플로 도망친 후, 그곳에서 최근 사망한 야콥 퓌러의 신분
을 도용해 "야콥의 인장, 책, 옷가지와 돈을 자기 것으로 취했다."
그의 거칠 것 없는 행보는 이탈리아로 이어져, 그곳에서 "수녀원장
과 동침한 뒤 납치하려 했으며, 그 계획이 수포로 되자 수녀원장의
여동생으로부터 은제 회중시계를 뺏었다. 또한 마이스터 게오르크
로 알려진 성 요한의 기사에게서 은 회중시계를 훔친 뒤 말을 뺏어
도주했다. 프라하에서는 황제의 개인 수행원인 척 가장하여 귀부
인의 은제 술잔과 허리띠를 전당포에 12플로린에 넘겼다가, 이를
다시 훔쳐 되팔아 40플로린을 챙겼다." 마침내 볼프의 죄목과 희생
자를 길게 나열하는 데 지친 마이스터 프란츠는 다음과 같이 간략
히 요약한다. "그는 24년 동안 신사의 인장을 위조하고 문서를 위
조하여 숱한 사기행각을 벌였다." 그리고 여기에 두 개의 인상적인
주해를 덧붙였다. 첫째, 볼프가 7개 국어에 능통했다는 점, 둘째,
뉘른베르크에서 볼프는 자비롭게 참수형을 받았고, 그 후 시신은
불태워졌다는 점이다. 판결문에 따르면 그의 오른손을 먼저 잘랐
어야 했는데 그조차도 면해졌다.₃

　왜 이 수치심도 없는 구제불능의 사기꾼이 그토록 프란츠의 관

심을 끌었을까? 확실히 악당소설에나 나올 법한 볼프의 모험에 맞설 만한 사기꾼들은 여태껏 없었으며 앞으로도 수년간 관중의 입에 오르내릴 것이 분명했다. 그가 도둑질한 금액 규모도 남달라서 (평범한 장인 월급의 수백 배에 달하는) 수천 굴덴을 훔쳐 유럽 부유층 틈에서 호화로운 생활을 즐기며 전부 탕진했다. 틀림없이 볼프의 처형을 구경하러 온 관중 중 상당수는 뉘른베르크 출신의 교활한 자가 당대 국제적인 지식인 계층을 담대하게 속여넘겼다는 데 죄책감과 자부심을 동시에 느꼈을 것이다.

마이스터 프란츠가 이 대형 사건에서 얻었을 관음중적인 즐거움이 어쨌건, 그에게는 더 중대한 (그리고 개인적으로 더 의미 있는) 도덕적 쟁점이 걸려 있었다. 엄격히 위계적인 사회에서 천부적인 재능과 가문의 혜택을 받았던 볼프가 자신의 특권적인 위치를 내팽개치고 고결한 인품을 갖춘 주변인들, 곧 그의 가족, 고향의 지도층들, 귀족 고용주, 은행가, 대상인들, 수도원장 등을 모두 배신했다. 더 넓은 시각에서 보면, 당대의 유럽을 구성하는 제국, 공국들, 도시국가 간의 거대한 패치워크*를 통해 상업과 공공기구를 기능하게 했던 느슨한 연합을 볼프의 사기극이 훼손했다고 볼 수 있다. 더 중요하게는 볼프의 범죄는 그런 남용행위를 수사하고 처벌하는

---

* 패치워크(patchwork, 조각보)는 공간과 지리학, 문명론에서 차용되어 각기 다른 문화와 문물이 만나는 혼성적인 문화 공간을 뜻한다. 질 들뢰즈(Gilles Deleuze)는 중심 테마나 모티프를 가지는 자수와 구분하여 (특히 크기, 형태, 색상이 서로 다른 천 조각을 이리저리 이어서 하나의 직물의 짜임을 만들어내는) 패치워크의 재창조성을 강조한 바 있다.

사법 관료(그리고 사형집행인)의 능력에 대한 신뢰의 근간을 뒤흔들었다. 이처럼 광범위한 규모의 사기행위는 근대의 사법 체계보다도 프란츠 슈미트와 그의 고용주에게 훨씬 중대한 체제 위험이 분명했고, 따라서 볼프 화형대에서 불태워지는 것은 어찌 보면 너무나 당연했다. 그러나 볼프의 시민권과 가문의 연줄, 게다가 신사다운 유창한 능변까지 더해져 결국은 구명이 이뤄졌다. 그는 오른손이 잘리는 굴욕스럽고 끔찍한 형벌을 면했으며, 화형대에서 고통과 치욕 속에 죽음을 맞이하는 대신 마이스터 프란츠의 검으로 신속하고 영예롭게 참수를 받게 되었다. 한 연대기 작가가 인용한 대로, "그는 말을 정말 잘했다."[4]

프란츠 슈미트가 뉘른베르크에서 종신직을 맡고 14년만에 발생한 가브리엘 볼프 사건에 그토록 경악했던 데는 새로운 고용안정과 번영이 그가 겪는 사회적 지위에 대한 끊임없는 불안을 누그러뜨리기에는 턱없이 부족했음을 보여준다. 역사학자인 스튜어트 캐롤이 우리에게 일러준 대로, "명예란 단순히 행동을 규제하는 도덕률이 아니다. 그것은 마법이나 기독교처럼 하나의 세계관이다."[5] 이러한 당대의 세계관을 수긍했던 사람으로서, 프란츠는 볼프 사건 이후 깊은 내적 갈등을 겪었다. 한편으로는 좋은 집안 태생인 볼프가 사형집행인의 아들은 결코 누리지 못할 사회적 혜택을 낭비하고, 24년 동안 철저히 방탕하고 비도덕적인 생활 습관에 젖어 살았다는 데 반발심이 컸을 것이다. 그 건달을 직접 처형하면서 프란츠는 정의가 반드시 실현되며 사회질서에 바친 신념은 보상받는다는 확신을 되새겼다. 하지만 법정이 볼프에게 특권적인 신분을 이유로 관용을 베풀어 당초 선고되었던 손을 자르는 형벌을 면해줬을 때, 슈미트는 일부 계층에게 특혜를 허용하는 위선적 이중잣대에 분노를 쏟는 대신 이를 부당하게 혜택받은 소수의 사례로 치부했다. 평생에 걸쳐 기록한 일기에서 프란츠는 위계적 신분 자체에 대한 경외심을 꾸준히 내비쳤고, 귀족이나 특권층이 범죄자 또는 희생자가 된 경우 (볼프 사건에 많은 글을 할애했던 것처럼) 자세한 주석을 붙였고, 존칭도 빼놓지 않았다. 존경받는 지배층 인사들은 여전히 이 야망 있는 사형집행인을 꺼렸기에, 프란츠는 바꿀 수 없는 사회 현실에 격분하기보다는 그 안에서 자기 자리를 점진적으로 향상하려 했다. 꿈을 향해 나가는 그의 전진은 평판이 낮은 직업을 주요 장애가 아닌, 목적을 이루는 수단으로 삼을 수 있는가에 달려 있으며, 그 가능성은 이제까지와 마찬가지로 여전히 불확실했다.

책임감 있는 사람

프란츠가 지방 소도시인 호프에서 밤베르크 도시로 옮겼을 때도 문화적 충격을 맛보았지만, 1578년 훌륭한 제국도시 뉘른베르크에 입성했을 때와는 비견할 수 없었다. 당시 뉘른베르크 성내에는

4만 명이 살고 있었고, 500제곱마일에 이르는 인근 영토에는 6만 명이 넘는 인구가 추가로 거주했다. 페크니츠 강에 인접한 이 도시는 당시 가장 번영한 제국도시 중 하나로, 아우크스부르크, 콜론, 빈과 같은 도시를 바짝 뒤쫓고 있었다. 프랑스인 법학자 장 보댕*은 뉘른베르크를 가리켜 "가장 거대하고 유명하고 질서 있는 제국도시 가운데 하나"라고 말했고, 뉘른베르크 출신인 요하네스 코클라우스는 "독일뿐 아니라 유럽의 중심지"라며 자긍심을 내비쳤다.6 시민들도 사랑하는 고향 뉘른베르크를 북유럽의 아테네, 베네치아, 또는 피렌체라고 부르며 자랑스러워했다. 그리고 이런 명성은 단순히 알브레히트 뒤러(1471-1528), 빌리발트 피르크하이머(1470-1530)와 콘라트 켈티스(1459-1508) 등 일군의 저명한 예술가와 인문주의자에게 기댄 것만은 아니었다.

균형 잡힌 관찰자들조차 뉘른베르크가 당시 가장 강력한 정치경제적 국가의 하나임을 인정했다. 1525년 이래로 루터교 신앙을 공식 채택했으나, 뉘른베르크의 사제들은 가톨릭 황제인 카를 5세와 막시밀리안 2세와 우호적인 관계를 성공적으로 유지했기 때문에, 1555년 아우크스부르크 화의가 체결된 이후에도 정치적 영향력은 전혀 줄어들지 않았다. 뉘른베르크의 은행과 상업 합자회사

---

* 장 보댕(Jean Bodin, 1530년~1596년)은 프랑스의 법학자이며 정치학자이다. 주권의 개념을 확립하고 종교로부터 국가의 독립을 주장하여 절대주의 왕권의 기초를 쌓았다. 저서에 정치학 이론을 체계화한 『국가론』 등이 있다.

들은 피렌체의 메디치 가문, 아우크스부르크의 푸거 가문과 세력이 비등했고, 신세계로부터 받는 최신 소식을 바탕으로 신뢰할 만한 국제 지도와 창의적인 '지구본'을 제작해서 인쇄 산업이 활황을 이뤘다. 도시의 장인들은 (오늘날에도 유명한 생산품인) 생강빵과 장난감 외에도 높은 품질의 다양한 수제품과 시계, 무기, 측정기 등 정확한 계측도구로 명성이 높았다. 제국과 유럽 전역에서 "좋은 물건은 뉘른베르크에서 온다"라는 말이 관용어처럼 굳어지면서 뉘른베르크에 근대 상공회의소라도 부러워할 브랜드 명성을 안겨줬다.[7]

프란츠 슈미트의 생애는 뉘른베르크가 부와 권력, 권위 면에서 최고 정점에 있던 시기와 거의 정확히 일치했다. 밤베르크에서 뉘른베르크로 올 때, 수 마일 앞부터 펼쳐진 제국령 숲에서 도시 북

도시 남동쪽에서 바라본 뉘른베르크의 전경. 뒷배경에는 카이저부르크성이 어렴풋이 보이고, 성벽 바로 밖에는 까마귀 바위와 교수대가 눈에 잘 띄게 그려져 있다(1533년).

쪽으로 들어온 그는 압도적인 경관에 매혹당했다. 성내에서 가장 높은 언덕에 우뚝 솟은 위풍당당한 카이저부르크성은 높이 200피트, 길이 600피트로 로마 콜로세움과 비슷한 크기다. 18세기 후반까지 제국의 왕관과 보석을 보관해온 요충지로 황제가 도시를 찾을 때마다 머물렀던 곳이다. 성벽 언덕부터 측면 양쪽으로 기와지붕들이 거리 아래까지 이어지는데, 더 가까이 다가가면 바로 수백 채의 집들과 인파가 붐비는 가게들이 있었다. 저 멀리 뾰족한 교회 첨탑들이 도시의 중심 교구를 이루고 있는데, 페크니츠 강 북쪽의 성 제발두스 교회와 강 남쪽 교구에 있는 성 로렌츠 교회가 대표적이다. 도시 성벽에서 몇 마일 떨어진 외곽에는 강도와 불한당으로부터 도시를 지켜주는 숲이 울창했고, 그 사이로 민가와 농장이 드문드문 흩어져 있었다. 젊은 슈미트는 가난한 사람들이 사는 외곽을 통과해서 마침내 넓이와 깊이가 각각 100피트가 넘는 해자(垓字)에 도착했다. 해자의 맞은편에는 거의 높이 50피트, 두께 10피트, 길이 17,000피트에 달하는 성벽이 도시와 성 전체를 둘러싸고 있다. 이 위협적인 요새를 따라 대략 150피트 간격으로 세워진 83개의 탑은 무장한 경비병들로 북적였다. 뉘른베르크의 지도자들은 고향을 방어하기 위해 성을 섬의 요새처럼 설계해뒀고, 아마도 새로운 사형집행인이 충격과 경외심을 품고 바라본 도시 경관에 퍽 만족해했을 것이다.

해자에 도착한 프란츠는 경비초소에서 잠시 검문을 받고 강 위에 놓인 비좁은 목교(木橋)를 건넜다. 연이어 나오는 더 큰 경비소에서 철저한 검문을 받고, 그 후에는 여덟 개의 성문중 하나(아마 북서쪽의 베스트너 성문)를 골라 성내로 들어갔을 것이다. 견고한 아치형 성문을 지나, 마침내 그는 성벽 사이로 난 좁고 긴 골목을 지나 도시 시내에 당도했다. 500여 개의 거리와 골목이 연결된 비좁고 구불구불한 미로 앞에 건물 수천 여 채가 모습을 드러냈는데, 대부분은 장엄한 공공건축, 훌륭하게 조각된 귀족 명문가의 저택들, 기능공들의 검소한 하프팀버* 주택들과 헛간, 마구간, 가건물, 각종 매대로 빼곡했다. 자갈이 깔린 거리는 행상인, 기능공들과 상인들, 심부름하는 하녀들, 빈둥거리는 청년과 뛰노는 아이들, 거지들, 매춘부들, 소매치기들, 가축을 모는 농민들로 붐볐으며, 그 밖에도 말, 개, 고양이, 돼지와 쥐 등 동물들이 돌아다녔다. 뉘른베르크의 거리들은 인구와 가축이 밀집했는데도 당시에 보기 드물게 깨끗한 편이어서 프란츠가 소년 시절을 보낸 호프의 지저분한 뒷골목과 확연히 차이가 있었다. 이 모든 것이 118개의 공공우물을 비롯한 발달한 상하수도 시설과 쓰레기 청소부들 덕분이었다. 특히 청소부들은 매일같이 시내의 쓰레기를 도시 외곽으로 부지런히 실어 날랐고 때로는 페크니츠 강에 불법으로 투기했다. 치안 판사들은 여전히 보기 흉하게 쌓인 쓰레기에 불평을 늘어놓았지만, 이 도시

---

* 기둥이나 들보는 통나무를 사용하고 그 외의 벽은 석재, 벽돌, 흙으로 채워 넣은 건축양식으로 12세기경부터 17세기까지 보편적인 유럽의 서민 가옥의 양식이었다.

는 상당히 많은 시립 공원, 정원, 분수와 화려한 광장을 갖춰 근세 기준으로 보더라도 깨끗하고 푸릇한 정취가 있었다.

지난번 체류에 프란츠가 익히 느꼈던 바대로, 뉘른베르크의 시 의회는 42개의 귀족 가문 간 폐쇄된 사회가 지배했고, '상원의원들' 은 여태껏 힘들게 쌓아올린 '법과 질서의 요새'라는 고향의 명성을 대단히 소중하게 여겼다. 도시의 8개 권역에 각각 2명의 행정관이 있었고, 그 아래에는 40여 명의 시 경비대원(뉘른베르크에서는 '궁수' 로 알려진)과 24명의 야경원을 두고 각기 치안을 유지했다.8 자발적 으로 모인 몇몇 지구대장들과 함께, 이들은 무기와 탄약, 말, 등불, 사다리, 기타 보급품을 창고에 비축했고, 화재나 적군의 침입 등 비상시에는 마을 장정들을 소집했다. 시 정부는 보건감독관들을 따로 고용했고, 수공업품의 생산 가격을 항상 주시해서 장인들에 게 독립적인 길드에 앞서 시 정부에 일정 책임을 다하도록 했는데, 이는 당시 도시의 관행이기도 했다.

프란츠 슈미트가 관심을 기울인다면, 뉘른베르크가 돈을 받는 정보원 끄나풀을 비롯해 경찰 네트워크가 매우 활발했고 그 결과 로 다른 제국 도시보다 높은 사형률을 자랑했다는 점을 알 수 있었 을 것이다. 해질녘 이후 도시의 거리나 뒷골목을 배회하는 사람은 누구든지 강도 용의자로 체포되었고, 노상 방뇨와 같은 경범죄라 해도 (적어도 이론상) 최대 20탈러(17플로린)의 벌금을 내야 했는데 그 금액이면 거의 재택 하인의 연봉의 2배에 맞먹었다. 이에 한 영국인 주민은 "도시가 너무 정직하고 정의로워서, 당신이 길거리에서 돈이 든 지갑이나 반지, 팔찌 등을 잃어버리면, 반드시 되찾게 된다. 이런 건 런던에서나 있을 법한 일이다"라고 감탄했다.⁹ 물론 뉘른베르크 주민들이 정말 이렇게 정직했다면, 아마 새 사형집행인이 필요한 일도 없었겠지만 말이다.

프란츠의 상관들은 이른바 형사법원의 참심원(Schöffen)으로 알려진 14명의 시의원이었다. 뉘른베르크의 모든 행정기구가 그렇듯, 구성원들은 해마다 약간 변동이 있었지만, 아무튼 지역사회의 귀족층과 훈련받은 법률가들로 이뤄진 소규모 집단에서 선발되었다. 사법 당국은 일반적으로 종신직으로 임명된 상임 판사들이 매일 번갈아 관리했다. 뉘른베르크에서 가장 유명한 법학자의 자제인 귀족 크리스토프 폰 쇼일은 '호프 출신의 젊은 사형집행인'을 새로 임명했을 때 3년간 이 직책을 맡고 있었는데, 그 후로도 15년간 일했다. 후일 알렉산더 스토카머가 직책을 물려받아 17년간 봉사했으니, 프란츠로서는 운 좋게도 상사와 업무 관계에서 연속성과 안정성이 보장된 셈이었다.

새 사형집행인은 첫 5년의 근로계약에서 당시 기준에 비춰볼 때 꽤 획기적인 재정 지원을 받았다. 주급 2.5굴덴(연간 140플로린)에 더하여 무료로 온천탕이 딸린 넓은 숙소, 상당한 양의 포도주와 땔감, 출장비와 모든 직무 관련 비용을 받았고, 이에 더해 평생 면세를 보장받았다. 그리고 심문 1회마다 1탈러(0.85플로린)을 받았고,

시의회의 승인을 받으면 프리랜서 사형집행인과 의사로서 부수 입을 올릴 수 있었는데, 특히 의료 수입이 상당한 수준이었다. 기본 봉급만으로도 뉘른베르크의 상위 5% 노동자에 해당했고, 뮌헨의 사형집행인 봉급보다 60퍼센트 정도 더 많았다. 이로써 프란츠는 제국 내에서 가장 보수가 좋은 사형집행인이 되었고, 적어도 재정적인 측면에서는 일부 의사와 법률 전문가에 버금가는 수준이었다. 개인적인 기록에 따르면, 그는 아버지 하인리히보다 연봉이 적어도 세 배가 넘었다.10

도시 서쪽에서 바라본 웅장한 뉘른베르크 시청사. 기소된 중범죄인은 1층 재판정에서 최후의 '재판'을 받을 때까지 지하 감옥에서 대기했다. 중앙 광장은 이 그림의 오른쪽(남쪽)에 위치한다(1650년경).

아무리 나이에 비해 뛰어난 자질을 갖췄다 한들 어떻게 24세의 숙련공이 그런 성취를 이룰 수 있었을까? 일단은 타이밍, 성격, 그리고 연줄이 결정적이었다. 뉘른베르크의 지도자들은 분명히 린하르트 리페르트의 추천서뿐 아니라 프란츠의 숙달된 기술과 경험에 감명받았을 것이다. 하지만 그의 젊음, 무엇보다 절제와 신뢰성으로 평판이 높았다는 점이 직업적 요구 수준과 맞아떨어졌다. 16세기 사형집행인들이 오래 직위를 유지하지 못했던 까닭은 대부분 폭력적인 성향이나 신체적 노쇠함 때문이었다. 뉘른베르크의 선임자 중에서 한 사람은 반역죄로 동료에게 처형당했고, 두 번째 사람은 임금 문제로 싸우다가 조수를 죽인 죄로 해고되었으며, 세 번째 사람은 한 괴한의 매복 공격으로 살해당했고, 네 번째 사람은 도살업자의 아내를 거의 찔러 죽일 뻔해서 자리에서 쫓겨났다. 그리고 (리페르트를 포함한) 두 사람은 노령이나 심각한 질환으로 사임을 종용받았다.[11] 젊지만 잘 훈련되고 외견상 신앙이 깊은 슈미트는 전임자들이 갖추지 못한, 전무후무한 안정성과 진지함을 보여줬다. 가족을 동원한 연줄이 그를 기회의 문 바로 앞까지 끌어줬지만, 정작 뉘른베르크의 종신 직위를 맡은 것은 프란츠의 기술과 자세가 인상적이었고, 무엇보다 임시직을 맡았던 짧은 기간 동안 사법부 관리들에게 매력적으로 보였기 때문이었다.

어떤 직종이든 장인이 독신인 경우는 흔치 않아서, 프란츠는 곧바로 이 사회적 결핍을 채우려 했다. 뉘른베르크를 방문한 지 1년 반쯤 흘렀을 때, 젊은 사형집행인은 9살 연상인 마리아 베킨이라는 여성과 교제를 시작했다. 마리아는 창고노동자 요르크 베크의 딸로, 1561년 부친이 세상을 등졌을 때 미망인과 무려 7명이나 되는 16세 미만 자녀들이 남아 가족의 생계가 막막한 상태였다.[12] 거의 20년이 흐른 후 호프의 젊은이가 구혼했을 때 마리아가 어떤 처지였는지는 분명치 않다. 존경받는 신분이라면, 심지어 미천한 출신이더라도 사형집행인과 결혼하는 것은 썩 내키지 않았겠지만, 34세의 노처녀가 지참금이 없고 나이가 꽉 찬 여동생을 3명이나 데리고 있다면 다른 대안은 없었을 것이다. 둘 사이에 순수한 이끌림이 전혀 없지야 않았겠지만, 실용적인 이유를 보더라도, 특히 프란츠의 높은 봉급과 주택을 고려하면 혼인은 분명 둘 다에게 이득이었다. 1579년 11월 15일 프란츠는 뉘른베르크의 종신직을 얻은 지 18개월 만에 성 제발두스 교회에서 마리아와 약혼식을 올렸다. 그리고 3주 후 시의회는 마이스터 프란츠가 새 주택에서 신혼생활을 하게 해달라는 탄원을 받아들였고, (교회에서 결혼식은 여전히 불가능했지만) 12월 7일 드디어 그와 마리아는 공식적으로 부부의 연을 맺었다.[13]

시 정부의 소유 건물이 그들의 신혼집이 되었고, 지역사회에서는 '망나니의 집'(Henkerhaus)으로 불렸다. 당시 독일 도시들은 통상 사형집행인이 성벽 내에 거주하는 것을 허락하지 않았다. 그래서 그의 집은 다른 불경스러운 장소, 즉 도살업자의 집, 돼지 도축시장, 시영 감옥 등이 있는 지역에 있었다. 하지만 프란츠와 그의 아내는 비교적 운이 좋다고 여겼다. 원래 14세기에 지어진 그 주택은 실제로 3층의 작은 탑(자연히 망나니의 탑이라고 불렸다)이나 마찬가지였고, 페크니츠강의 남쪽에 세워져 작은 섬 같았다. 1457년 도시는 그 탑과 육지를 잇는 아주 큰 나무 보행교를 세웠다(이 다리 역시 '망나니의 다리'로 불린다). 그리고 목수들은 보행교 위에 하프팀버 양식의 길쭉한 집을 지어 탑의 부속건물로 연결했다. 확장된 공간은 방 6개와 실내 변소를 갖췄고 전체 면적이 1600평방피트가 넘었는데, 당시 4인 가족이 사는 집이 통상 이 주택의 ⅓수준이라는 점을 생각하면 독신 남성 혼자 쓰기에는 지나치게 넓었다. 지리적으로는 페크니츠강 한가운데에 있어 중심가에 위치하면서도 외따로 있고, 한쪽 강변에는 불미스러운 감옥이 있는 구역이지만 다른편에는 점잖은 부르주아 동네가 있어서 여러모로 안성맞춤이었다. 물론 프란츠가 매일 시청으로 출근하는 길에 악취 나는 도축 시장을 지나가야 했지만, 적어도 창밖으로 탁 트인 전망에서 도심의 호화로운 구조물들을 감상하는 여유가 있었다.14

아마 젊은 사형집행인은 처음에는 그 주택에서 최근 과부가 된 누이와 다섯 명의 조카와 함께 살았던 것으로 보이지만, 마리아와 결혼한 후, 적어도 1581년 3월 14일 첫째 아들인 비투스를 낳은 후에는 가족끼리 오붓하게 살았다. 보통의 사형집행인 아이와는 달리, 비투스는 태어나자마자 성 제발두스 교회에서 세례를 받았고,

그 후 다른 아이들도 마찬가지였다. 프란츠가 당대의 관습대로 첫째 아들이나 다른 자녀 이름을 할아버지 하인리히의 이름을 따르지 않기로 한 것은 어떤 의미일까? 아버지의 고용주였던 밤베르크의 주교인 바이트의 독일식 이름을 따서 '비투스'라고 지으면서 그는 어떤 후원을 기대했을까? 아니면 비록 프로테스탄트 신도였지만 사형집행인의 부업인 의료업을 고려해서, 치유의 수호신 성 비투스의 명성에 끌렸던 걸까? 다시 한번 강조하건대, 프란츠의 생각이 어땠는지는 알 수 없다. 반면 다른 두 자녀의 이름은 아주 평범해서 마르가레타(1582년 8월 25일에 세례를 받았다)와 요르크(1584년 6월 2일에 세례명을 받았다)는 당시 가장 인기 있는 소년 소녀의 이름이었다.

한 집안의 가장이며 보수를 넉넉히 받는 장인이 된 프란츠 슈미트는 마침내 존경심을 받기에 충분한 사회적 기반을 쌓았다. 그러나 프란츠의 공적 페르소나인 사형집행인에 대해 그와 그의 상관들 모두 더 큰 존엄성을 부여하려 했는데, 이는 앞선 세대부터 뉘른베르크 사형집행인의 직위를 점진적으로 재정의하지 않았다면 불가능했을 것이다. 사형집행인의 가장 불쾌하고 불명예스러운 직무 중 일부, 예를 들어 (1543년 개신교 개혁자들의 주장으로 폐쇄된) 시립 위안소에 대한 감독 업무 등은 오래전에 사라졌다. 다른 업무들은 더 평판이 나쁜 사람들에게 외주를 주었고, 특히 길거리 청소와 쓰레기 처리와 같은 일은 당시 두 명의 '똥 장인'('밤의 장인들'이라고도 불렸다)이 꽤 후한 보수를 받으며 관리하고 있었다.[15]

프란츠가 존경받는 삶을 추구하는 데 특히 중요한 역할을 했던 것은 바로 그의 수석 조수로서, 뉘른베르크에서는 '사자'(독일어로 Löwe, 집행관을 뜻하는 중세어 lêvjan에서 유래된 말이다)라는 호칭으로 알려졌다. 조수는 상당한 보수를 받는 대가로 굉장히 다양한 일을 처리했는데, 무엇보다 과거 사형집행인들이 혼자 감당해야 했던 사회적 오명의 대부분을 기꺼이 떠맡았다. 원래 조수는 법정에서 유죄를 선고받은 죄수들을 넘겨주기만 했는데, 프란츠가 뉘른베르크에 도착했을 무렵에는 시체의 화장, 죽은 동물의 살처분, 상한 음식, 기름, 포도주 등의 뒤처리(대부분 페크니츠강에 불법 투기했다) 등의 잡무를 도맡았다. 또한 소환 영장을 집행하거나 온갖 종류의 고문, 매질, 처형에 있어서 사형집행인을 보좌했고, 때때로 그의 대리를 맡았다.16 더구나 사자는 마이스터 프란츠가 불명예스러운 사람들을 접촉하는 빈도를 줄여줬다. 이런 무리에는 도살업자, 갓바치, 매장꾼들, 교도관들, 궁수들이 속했는데, 특히 사실상 경찰대원으로 활동한 도시 궁수의 경우 매우 잔인하고 부패해서 세간의 평이 좋지 않았다.

프란츠는 뉘른베르크에서 40년간 근무하면서 단 한 번만 손바뀜이 있었을 정도로 조수들과 돈독하게 지냈다. 베테랑 아우구스틴 암만은 젊은 프란츠를 보좌할 때 이미 13년의 경력자였고, 1590년에 은퇴(또는 사망)할 때까지 충실히 일했다. 암만의 후임자인 클라우스 콜러는 프란츠 슈미트의 남은 경력 내내 곁을 지켰고, 그 후로는 1621년 사망 때까지 후임 사형집행인과 3년 더 일했다.[17] 슈미트는 자신의 조수와 강력한 직업적 연대를 쌓아왔다. 어쨌든 그는 매일 몇 시간씩 조수와 함께 일했으니 가족을 빼면 가장 오랜 시간을 보낸 셈이었다. 게다가 직업 특성상 신체적인 혹독함, 사회적 민감성, 공공성이 요구되었기 때문에, 성공적인 직무를 위해서는 사형집행인과 조수가 항상 협력하고 상호 소통하는 것은 필수였다.[18] 조수를 의지할 수 없고 신뢰할 수 없다면, 사회적 존경을 얻으려는 프란츠의 노력은 애초부터 허사가 되었을 것이다.[19]

물론 업무 관계의 긴밀성이 반드시 끈끈한 사회유대로 이어지지는 않았다. 마이스터 하인리히의 조수는 실제 숙식을 함께 했지만, 뉘른베르크의 마이스터 프란츠의 조수는 시 소유의 인근 건물에 별도 숙소를 배정받았다. 프란츠의 조수가 슈미트 가족과 어떻게 교제했든 간에, 그것은 매우 신중했고 대부분 공개되지 않았다. 프란츠가 뉘른베르크 시청에서 첫 취임 선서를 한 지 2년 후, 몇몇 시민들은 불명예스러운 조수의 옆에서 선서하는 데 대해 불평했다. 그때부터 충실한 조수가 대중에게 경멸당하는 궁수들과 함께 별도로 연례 선서를 하게 됐지만, 사형집행인은 그걸 말릴 수도 없었고 말릴 생각도 하지 않았다.

뉘른베르크는 또한 사형집행인에게 감옥 관리 책임을 면제해줬는데, 이는 제국의 다른 동료들이 볼 때도 시간 소모적이고 불쾌한 직무였다. 시영 교도소는 대부분 판결을 기다리는 용의자를 위한 감방인데, 전체 용의자의 절반은 일주일 내에, 열의 아홉은 한 달 내에 풀려났다.[20] 제국도시의 루긴슬란트 탑과 시청에 있는 감방은 귀족 죄수들이 쓸 수 있게 비워뒀다. 프란츠의 재임 기간에 A~F까지 6동의 개별 영창이 세워져 제멋대로인 비행 청소년과 경범죄자를 수용했다. 친구와 친척들로부터 재정적인 도움을 기다리는 채무자들은 특별하게 지정된 감옥에 갇혔다. 다른 탑들에는 전쟁 포로들과 '지하 감옥'에 미처 수용되지 못한 죄수들이 수감되었고, 프로그타워와 워터타워 같은 몇몇 탑들은 정신병자들을 수용하는 장기 감호소의 역할을 했다.[21]

감옥과 탑에는 각각 교도소장이 있어서 프란츠처럼 형사국에 직접 보고했으며, 그 외에도 ('철의 장인'이라 불리는) 부설 경비대가 따로 있었다. 비록 공식적으로 불명예스럽지는 않았지만, 교도소 직원들은 일반적으로 태생이 비천하고 보수가 적어 천시받았다. 그들은 부패와 무능으로 유명했고, 더구나 죄수들이 내는 수감 비용에 따라 '안락함'의 수준이 좌우되는 중세 감옥의 재정구조로 인해 평판은 더욱 나빠졌다. 하루 36페니히(주당 2플로린)라는 터무니없는 최저 요금으로 수감자 한 명에게 돌아가는 것은 아침 수프, 흰 빵 한 조각, 포도주 1리터뿐이었다. 더 많은 음식과 다른 특권적 서비스들(예를 들어 여분의 담요, 베개, 식수 등의 제공과 변기통의 빈번한 교체 등)은 각각 추가 요금이 부과되었다. 물론 가난한 죄수들은 기본 비용도 낼 수 없었기 때문에, 시청 구호국이나 다른 자선단체가 비

용을 대납해줄 때까지 (유무죄에 상관없이) 계속 감금되는 일도 빈번
했다.[22]

뉘른베르크에서 일한 첫 20년 동안 프란츠와 조수는 지하 감옥
에서 교도소장으로 오래 복무했던 한스 윌러와 자주 협력해야 했
다. 법에 따라 감옥에서 결혼하고 거처를 두어야 했던 윌러는 두
명의 아내와 잇달아 혼인해 낳은 아들과 딸, 하녀 두 명과 함께 비
좁은 처소에서 살았다. 혼인 외에도 그런 매력적이지 않은 계약조
건을 받아들여야 하는 사람에 대한 기대는 당연히 낮을 수밖에 없
었다. 간수들의 처우를 개선하는 형사국의 조치라곤 단지 교도소
장과 아내가 부하직원이 바뀔 때마다 임무를 상세히 설명하라는
내용의 계고장을 보낸 것밖에 없었다.[23] 형사국은 부하 직원들이
일을 잘못하면 윌러를 (결코 해고는 하지 않았으나) 종종 문책했는데,
직원들 대부분은 재소자 출신으로 매우 평판이 좋지 않았다.

프란츠는 머지않아 이 교도소 동료의 무능함과 부패를 목도하
게 된다. 1578년 6월 20일 밤, 새 사형집행인의 첫 번째 사형수가
될 도둑이 지하 감옥에서 대담한 탈옥을 감행했다. 당대의 기록을
보면, 한스 라인타인은 자신을 지키던 간수에게 술을 먹인 후 비밀
지하통로를 통해 성밖에 빠져나갔다고 한다. 석공으로 일했던 경
력으로 감옥 구조에 익숙했던 점이 주효했다. 라인타인은 쇠막대
기를 이용해 감방 자물쇠를 부순 후, 성 제발두스 교회의 지하 복
도 천장에 구멍을 뚫고 빠져나와 자유를 누렸다.[24] 관례대로 간수

들은 혀를 뚫는 형벌을 받았지만 해고되지는 않았다. 2년 후 또 다른 대담한 탈출이 있었다. 이번에는 간수들을 속여 철창 밖으로 빠져나간 뒤 역시 지하 통로를 통해 탈출했는데, 이 역시 단순히 '엄중한 경고'를 받았을 뿐이었다.[25] 프란츠의 복무 중 그런 용감한 탈출은 수감자의 자살이나 폭력 사건 못지않게 빈번했다. 시의회는 그런 분규를 예외 없이 조용한 방식으로 처리했고, 단순히 교도소장과 경비대원들에게 "죄수가 새로 들어오면 다른 죄수를 다치게 하거나 탈출에 이용할 만한 칼, 못 등 위험 물건이 없는지를" 철저히 검색하라고 교육하는 데 그쳤다.[26]

당연히 프란츠 슈미트는 평판이 나쁜 사람과 장소와 접촉하는 것을 꺼렸는데, 죄수의 신체 상태를 관리해야 하는 직무상 자주 감옥과 탑에 찾아가야 했다. 게다가 고문이 아니더라도 모든 심문은 시청의 지하 감옥에서 실시되었는데, 그곳은 중세 감옥에 대한 최악의 스테레오타입과 일치하는, 아주 비좁고 더럽고 어둡고 끔찍한 장소였다. 13개의 감방은 각각 넓이 36제곱피트로 좁은 나무 의자, 밀짚 침대와 변기통 하나만 두고 죄수는 2명씩 수용했으며, 너무 비좁아서 2~5명의 심문관은 복도 밖에 서서 작고 깜박거리는 유등 아래서 심문해야만 했다. 석탄 난방으로는 혹독한 겨울 추위를 누그러뜨리지 못했고, 아주 작은 환풍구만으로 지하의 음습하고 눅눅한 공기를 정화하는 건 역부족이었다. 사형을 선고받은 수감자들은 다른 죄수보다 약간 넓은 감방을 배정받아 최후의 3일 동안 이른바 창문이 딸린 망나니의 응접실에서 약간의 호사를 누렸다. 매일같이 반항하는 죄수를 고문 또는 치료하기 위해 구불구불한 복도를 걷는 프란츠에게 유일한 위안이라면, 적어도 이 죄악과 고난의 소굴이 대중의 눈에 닿지 않는 곳에 있었다는 점이다.

 마이스터 프란츠가 숨길 수도, 피할 수도 없었던 불쾌한 직무는 무엇보다 처형장 관리였다. 처형장은 교수대와 까마귀 바위 두 곳으로 참수형과 수레바퀴형에 맞게 높은 무대로 이루어졌다. 1441년부터 교수대와 까마귀 바위는 '처녀의 문'으로 알려진 도성 밖에 설치됐고, 그 후로 거의 4세기 동안 바이에른 공국에 병합될 때까지 그 자리에 남아 있었다. 한때 흙 둔덕 위에 수수하게 만든 나무 처형대가 슈미트의 시대에는 장중한 벽돌 건조물들로 바뀌었는데, 하나는 네 개의 기둥을 세운 튼튼한 교수대, 또 다른 하나는 잔디를 깔아놓은 높은 연단이었다. 법과 관습에 따라 처형장은 공포를 자아내도록 시체 두어 구를 몇 주 동안 방치해 바람을 쐬게 두었다가 다 썩으면 교수대 아래 뼛구덩이에 인정사정없이 떨어뜨렸다. 처형장 근처에는 효수된 머리와 다른 신체 부위를 꿰어놓은 날카로운 말뚝들이 즐비했고, 때로는 처형 도구인 수레바퀴에 사형수의 시체가 짓이겨진 채 걸려 있었다. 이 저주받은 무대에는 온갖 대중의 미신들이 넘쳐났고, 이 기괴한 침묵을 깨뜨리는 것은 오로지 배고픈 까마귀의 울음소리와 성벽 사이로 불어오는 날카로운 바람 소리뿐이었다.

　뉘른베르크의 사형집행인으로서 죄수 3명을 교수한 첫 공개사형을 마친 다음 주, 마이스터 프란츠는 교수대를 완전히 뜯어고치는 일에 착수했다. 1578년 6월 말부터 7월 첫 주에 걸쳐 2주간, 조수와 인부들은 낡은 교수대와 까마귀 바위의 무대를 끌어내려 해체했다. 한 번도 사용하지 않은 새 건조물이라도 일평생 오염과 불운이 따라다니는 작업을 누구도 떠맡으려 하지 않자, 모든 석공과 목수들이 건설 계획에 참여하여 위험을 공평하게 나누기로 했다. 7월 10일 아침, 336명의 장인과 숙련공이 단 하루의 '교수대 축제'를 시작하러 모였다. 나팔수와 고수들, 귀족 가문과 길드의 대표자들, 성직자들이 모여 화려하고 떠들썩한 행렬을 이뤘다. 옛 교수대 주위를 엄숙하게 세 번 돈 후, 기능공들은 마차 몇 대에 실어 온 석재와 목재를 내리고 일을 시작했다. 현대 아미시 교파를 재현하듯 그들은 아주 신속하고 효율적으로 협동하여 그날 늦은 오후 교수대와 까마귀 바위의 무대를 완성했다. 하루 만에 일을 끝낸 장인들은 뉘른베르크의 동료들과 함께 둘러앉아 음식과 술을 마음껏 즐겼으며, 시정부의 예산으로 임금이 지불되었다. 이 의식은 27년 후인 1605년 똑같이 반복된 이래로 이후 2세기 동안 매 세대마다 반복해서 치러졌다.[27]

　축제 기간을 제외하면 교수대 관리는 확실히 흥겨운 일이 아니었다. 처형장에 얽힌 온갖 악령과 불명예에 관한 무수한 소문에도 불구하고 교수대에 걸린 시체가 도난되거나 훼손되는 범죄는 수

뉘른베르크의 교수대(왼쪽)와 까마귀 바위(오른쪽)의 유적지(1648년)

시로 발생했다. 주로 마법의 힘이 깃들었다는 미신 탓에 사형수의
손, 손가락, 심지어 성기를 잘라가는 약탈행위가 한밤중에 일어났
다. 또한 오싹한 기념품으로 보관할 요량으로 말뚝에 꽂혀 있던 머
리를 뽑아가는 악당도 나타났다. 그밖에 여러 세속적인 이유로 고

183

대의 금기를 깨뜨리는 사례들이 있었다. 1588년 가을 게오르크 졸렌의 시체가 교수된 지 8일 만에, 그리고 한스 슈나벨의 시체는 14일 만에 각각 훼손되었는데, 범인은 시체의 조끼와 바지를 벗긴 후 신체 일부를 잘라갔다고 전해졌다. 라인하르트 바르트만(일명 마부)은 교수된 지 3일 만에 누군가 목을 잘라가는 바람에 몸뚱이는 땅에 굴러떨어지고 머리만 계속 매달려 있어야 했다. 약탈의 주된 목적은 바로 절도였기 때문에 이 영리한 사형수가 자기 시신이 처리되도록 엉뚱한 소문을 냈던 것으로 밝혀졌다. "그들은 바르트만이 웃옷 속에 금을 숨겨놓았다고 믿고 썩 괜찮은 전리품을 얻으려 했다. 하지만 아무것도 발견되지 않았다." 덕분에 그 마부는 원래 의도했던 대로 땅에 매장될 수 있었다.[28]

마이스터 프란츠와 상관들도 효수된 도둑의 시신이 심하게 훼손되는 일을 매우 혐오했을 것이다. 솔렌은 하반신이 도난당한 채로 "상반신만 걸려 있었다. 너무 끔찍한 광경에 질려 결국은 다음날 교수대 구덩이에 던져졌다." 그리고 형목 사제의 기록에 따르면, 교수형을 받은 마테스 렝어는 첫날밤 양말 외에 옷이 전부 벗겨져 알몸이 되었고, 이를 구경하러 ("짓궂은 아낙네들"을 비롯해) 관중이 몰려드는 바람에 시의회는 프란츠에게 시체에 셔츠와 바지를 입히라고 명령했다고 한다.[29] 다른 사형집행인처럼 프란츠가 이 불쾌한 일을 조수에게 떠넘겼는지는 기록되어 있지 않다.

법원 서기가 그린 뉘른베르크의 교수대 장면(1583년)

명예로운 이름

24세의 프란츠 슈미트는 천시당하는 직업을 가진 미혼 남성으로 뉘른베르크 사회에 진입했다. 현지 주민들이 외부인에게 응당 가질 법한 경계심 이상의 텃세에 맞닥뜨렸다고 말한다고 해도 지나치게 절제된 표현이리라. 프란츠가 아내를 맞고 지역사회에서 알려진 후에도, 뉘른베르크의 시민과 지도층에게 받아들여지려면 아직 갈 길이 멀다는 것을 깨달았다. 그들의 예의범절 기준을 충족시키고 더 나아가 격식을 잘 차려 명예로운 남자로서 지위를 굳건히 할 방법을 찾아야 했다. 법률사학자인 윌리엄 밀러(William Miller)의 통찰에 따르면, "명예 기반 사회에서는 타인의 존경에서 자유로운 자기 존중은 존재하지 않으며," 따라서 모든 개인 간 상호작용에는 명예를 잃을 위험이 항상 따라다닌다.[30] 외지 출신의 전문 살인자에 대한 지역사회의 반감을 완전히 없애지는 못할지라도 프란츠는 적어도 그들의 반발심을 누그러뜨리고 아버지가 겪은 불명예의 혼적을 지우려 했고, 더구나 자신을 사회 구렁텅이로 끌어내리는 자들에게 빌미를 줄 생각은 추호도 없었다. 그런 과정은 매우 길고 많은 인내와 끈기를 요구했다. 호프 출신의 젊은 사형집행인은 까마귀 바위에서 검을 휘두를 때마다 그가 얼마나 신중하고 정확한지 매번 입증해야 했다.

마이스터 프란츠는 평판을 체계적으로 관리하는 과정에서 동시대 사회질서의 일부분을 포용했고 또 일부분은 거부했다. 그는 결코 반항자는 아니었다. 자기 자신에 대한 미래상은 당연히 동시대의 관습이라는 좁은 틀에 갇혀 있었다. 하지만 우리는 남겨진 일기를 통해 그가 다른 야심가들처럼 자신의 독특한 처지에 맞춰 당대 관습을 각색할 수 있는 사회적 상상력의 소유자임을 알 수 있다. 당시 대부분 개인의 평판과 정체성은 불가분의 관계였고, 그런 정체성은 고향과 사회적 지위 등 상속된 것들에 상당 부분을 빚지고 있었다. 물론 프란츠 슈미트에게 출생의 정체성이 중요하게 작용했던 것은 사실이지만, 인품과 행동이야말로 (자신이 통제할 수 있는 후천적 자질로서) 평판을 좌우했다. 이런 명백한 구분은 통상적이지는 않으나 적어도 이 젊은 사형집행인에게는 승부수를 던질 기회가 되었다.

프란츠가 넘어야 할 첫 번째 장애물은 그가 타지 사람이라는 점이었다. 출신 고향은 근세 개인의 정체성에서 비중이 컸다. 지역마다 관습이 다르고 여행은 아주 느린 속도로 가능한 현실에서 이는 충분히 이해할 만했다. 오늘날 독일로 포괄되는 지역들은 수십 개의 방언으로 넘쳐났고, 단 며칠만 머무르는 여행자들로서는 대부분 알아들을 수도 없었다. 프란츠가 남긴 죄수 신상 기록은 어김없이 그들의 고향부터 시작했다. 뉘른베르크에서 일하는 동안 프란츠 자신도 "호프 출신" 또는 (아주 잠시 살았던 곳이지만) "밤베르크 출신"으로 알려졌다. 출신이 불분명한 사람은 다른 사람들이 기억하기 어려웠을 뿐만 아니라 곧 의혹의 대상이 되었다. 프란츠는 죄수의 이름을 제대로 기억하지 못하거나 잘못 기억할 때조차 (몇몇 뜨내기 매춘부들을 빼고는) 출신지는 빼놓지 않고 기록했다.

또한 프란츠는 지리적인 출신지가 지닌 정치적 함의에 예민했다. 그래서 상대편을 뉘른베르크나 인근 지역에서 출생한 본국 태생인지, 아니면 현재 거주지역과 언어권 등과 상관없이 외국 태생인지 확실히 구분했다. 예를 들어 소몰이꾼 하인츠 노이너는 뉘른베르크 교외인 고스텐호프에서 도공으로 일했으나, 이웃한 안스바흐 변경백의 백성이라는 이유로, 사보이아 공국 출신의 슈테판 레브벨러, 쾰른에서 14마일 떨어진 칼카 출신의 하인리히 하우스만과 마찬가지로 외국인으로 분류되었다.31 프란츠는 종종 (778건 중 45건에서) 사형수가 뉘른베르크 출신인 동시에 시민이라고 강조했는데, 이때 시민은 특정 장소의 거주민에게만 부여되는 특별한 법적 지위에 해당한다. 시민은 여러 특권을 보장받는데, 이 중에는 사기꾼 가브리엘 볼프의 경우처럼 사형 중 참수형을 받을 권리, 또는 위조범 엔트리스 페트리와 근친상간범 바르바라 그림민이 혜택을 받았듯 매질을 감경받는 권리 등이 널리 알려진 특혜였다.32 그러나 반역죄로 기소된 마르가레타 뵈킨은 시민이라는 이유로 선 채로 참수형을 받는 특전이 주어졌으나, 그 외엔 3회 이상 인두형을 당했고, 참수된 후에는 효수된 목이 장대에 높이 꽂히고 시신은 처형대 아래 구덩이에 버려지는 치욕을 당했다.33

뉘른베르크처럼 복잡한 대도시에는 이민자들이 많았으며 그들 중 일부는 수십 년 동안 그곳에 거주해왔다. 이런 정체성은 사회 최하층이라고 해서 예외는 아니었다. 프란츠의 외국 국적이 그를 고립시켰을까? 그는 고향을 어떻게 느꼈을까? 그건 정확하지는 않다. "호프 출신의 젊은 사형집행인"은 수년 동안 고향 땅에 살지 않았고, 동향의 지인이라고 적당히 매질하는 법도 없었다. 그렇다고 현재 자신이 고용된 페크니츠 강변의 도시에 대해 유별나게 친밀함을 드러내지도 않아서, 뉘른베르크에서 일을 시작한 지 10년째가 돼서야 "우리 마을", 또는 "우리 시민의 아들인 살인자"라는 표현을 쓰기 시작했다.[34] 또 평생 정착할 게 확실해졌을 때조차 뉘른베르크와의 연대감을 공공연히 드러낸 기록은 없다.[35] 바꿔 말하면 "뉘른베르크의 프란츠 슈미트"로의 변화는 더 많은 시간과 기다림 끝에 행정당국과의 관계에서 상호 수용의 징후가 더욱 진전된 이후에 나타났다.

가문과 직업에 기반한 사회적 지위는 확실히 젊은 사형집행인에게 더 큰 문제일 수밖에 없다. 이 대목에서 명예와 지위에 관한 프란츠의 해석은 근대적 감수성과 비교해 상당히 동떨어진 동시에 익숙하다. 변덕이 들끓는 영주의 명령에 따라 가문의 운명이 바뀐 희생자이면서도, 그는 상류층의 특권 관념을 수용했을 뿐만 아니라 매우 심오한 차원에서 계층제를 신성시했다. 그가 상관을 언급할 때는 단순한 습관 또는 그들이 언젠가 자기 글을 읽으리라는 격정에서가 아니라, 변함없는 존경심에서 우러나서 글을 썼다. 사실 프란츠가 귀족이나 상류층에 피해를 준 하류 계층의 범죄를 기술할 때마다 그 죄목의 위법성보다도 계급의 경계를 뛰어넘은 몰염치한 행위에 더욱 분개했다. 예를 들어 위조범인 가브리엘 볼프가 주제넘게도 뉘른베르크의 귀족과 다른 도시의 부유층에게 사기를 쳤을 때, 그는 눈에 띄게 격분했다.36 그리고 또 다른 기록에서 "뉘른베크르 시민의 아들이며 여인숙 주인의 사생아인 용병 도미니쿠스 콘이 귀족 출신 무관 알베르니우스 폰 비젠슈타인을 살해한" 사건을 묘사할 때도 그는 분노로 끓어올랐다.37

프랑스 혁명을 경험한 현대인들은 부자와 귀족의 태생적 우월성에 대한 마이스터 프란츠의 뿌리깊은 믿음을 대부분 이해하기 어렵다. 질투와 시기에 관한 현대의 문화는 다른 사람들이 상속받은 부와 특권에 대해 분개하고 탐낼 수 있으나, 신이 부여한 선물로 존중할 수는 없다. 그렇지만 프란츠와 동시대인들에게는, 출생 신분의 위계는 날씨나 페스트처럼 변덕스럽고 파괴적일지라도 결코 바꿀 수 없는 자연적인 힘으로 존재했다. 사실 마이스터 프란츠가 있는 그대로의 현상을 받아들인 것은 별로 놀랍지 않다. 결국 그는 이 계층화된 사회의 핵심적인 수호자 중 한 명이었으며, 그런 제약 아래서 자신이 바라는 사회적 목적을 달성할 재주와 결단력이 있다고 믿었다. 물론 이때 치러야 하는 비용은 상당했다. 젊은 사형집행인은 거의 매일 자신의 낮은 신분을 체험했다. 일상적인 무시

1605년 추밀원 고문관 니클라우스 폰 귈헨이 횡령 및 기타 범죄로 처형되는 장면을 그린 연대기의 한 삽화(1616년). 실제로는 폰 귈헨은 무릎을 꿇지 않고 심판의 의자에 앉아 처형되었다.

나 간접적인 모욕을 받았고, 더 나아가 불경한 직업과 직접 연관이 없다면 축제, 무도회, 행렬 등 여타의 공개 행사에서 공식적으로 배제되었다. 한편 형사 사건을 함께 담당했던 동료들 즉 의사, 치안판사, 법원 공증인 등은 자신과 거리에서 자유롭게 대화하는 등의 어떠한 사회적 친밀감도 보여주지 않았다. 이러한 모욕감은 마이스터 프란츠가 그저 참아넘겨야 했고, 자신과 같은 독특한 사회적 처지에 있는 자의 팔자로 받아들였다. 이러한 일상적인 모욕에 대면하며 그가 느낀 감정이 분노인지, 수치인지, 혹은 절망인지 오직 그만이 알 것이다.

프란츠의 경력 후반부에 있었던 한 인상적인 사건은 그가 권위와 고귀한 출생에 대해 얼마나 깊은 존경이 있었는지 보여준다.

1605년 12월 귀족 출신의 추밀원 고문관인 니클라우스 폰 궐헨(슈미트는 길겐이라고 표기했다)은 뉘른베르크의 유명 인사들에게 사기를 치고 횡령 혐의로 기소되었다. 이는 거의 1세기 동안 가장 질 나쁜 정부 유력인사의 추문이었다. 궐헨은 사형 선고를 받았는데도 최상급 특전을 누렸다. 이를테면 지하 감옥 대신에 루기슬란트 탑의 비교적 안락한 감옥에서 특식을 허락받았고, 심문에서 일체의 고문을 면제받았고, 명예롭게 참수형을 받았으며, 사후에는 성 요한 교회의 가족 묘지에 매장되었다.38 프란츠는 아주 많은 분량을 할애해서 궐헨의 온갖 다양한 악행을 기술하면서 분노와 혐오를 드러냈다. 가령 궐헨은 추밀원 고문관의 서약을 깨고 반대당에 비밀 정보를 흘린 데다가, 시 예산을 횡령하고 맥주와 포도주 등 공공물품을 마음대로 꺼내썼다. 사생활도 문란해 아내의 하녀에게서 5명의 사생아를 낳았고, 자신의 하녀를 강간했으며, 며느리 한 명을 강간하려 했고 또 다른 며느리와는 돈을 주고 오랜 내연관계를 유지했다. 이뿐 아니라 많은 귀족 가문을 속였고, 인장을 위조해 의사로 사칭했다. 좋은 집안 출신의 사기꾼이었던 가브리엘 볼프처럼, 궐헨은 특권적 신분을 남용하여 손쉽게 사기행각을 벌여 가문의 명예를 땅에 떨어뜨렸는데, 바로 이 대목에서 뉘른베르크의 사형집행인은 일종의 신성모독 같은 분노를 느꼈다. 하지만 이번에도 계급의 특권이 승리를 거뒀다. 마이스터 프란츠는 사형장의 의상 문제를 두고 이 귀족 죄수와 감방에서 오랜 협상을 벌여야 했다. 마침내 인내심이 바닥난 슈미트의 상관은 시 창고에서 길고 화려한 장례식 예복과 모자를 꺼내주도록 지시했다. 이로써 공개행렬에서 사형 의자에 앉는 순간까지 아름다운 검은 비단옷을 두른 사형수는 귀족에 걸맞은 위엄을 과시했다.[39]

한편 프란츠 슈미트는 귀족과 특권층이 아닌 일반 대중에 대해 사회적 지위와 평판을 연관지어 판단하는 것에 상당히 회의적이었다. 더구나 길드의 장인이 회원들의 지위와 영향력을 높이기 위해 사형집행인과 같은 다른 불명예스러운 직업군을 비방하려는 움직임에 대해서는 무척 경계했다. 프란츠는 일찍부터 이른바 명예로운 길드에 가입해 훈련받거나 고용되는 일이 그 개인을 영예롭게 만들 수는 없다고 깨달았다. 그래서 당시에 그의 일기는 (갖바치, 농부, 철사 제작인 등의) 직업에 따라 범죄자를 분류하는 통상의 관습에 따르면서도 특정 직업군 또는 길드 자체를 영예롭게 취급하지는 않았다. 사실 "명예로운"이라는 단어는 귀족이나 상류층을 언급할 때만 적었고, 반대말인 "불명예스러운"이란 표현은 일기에 아예 등장하지 않는다. 프란츠에게 있어서 직업은 고향이나 이름처럼 한 개인을 현실 세계에 위치 짓는 중립적인 수단에 불과했다. 그의 정신세계에서 그런 유형의 형식적 정체성은 인격의 좋고 나쁨에 관해서는 아무런 암시를 하지 않았다. 그래서 연쇄살인범인 니켈 슈바거를 처음 호칭할 때도 그저 석공이라고 지칭했을 뿐이다.[40]

프란츠가 한 개인의 직업과 범죄적 신원을 함께 병치하는 방식을 보면, 사회적 지위와 평판을 분명히 다르게 취급했다는 것을 알수 있다. 가령 "잡화점 주인이자 살인자", "말 사육사…이면서 도둑", "봇짐장수이자 도둑", 게다가 더 인상적인 표현으로는 "벽돌공이자 도둑인 동시에 아내를 셋이나 둔 도박사" 등이 있다. 이 경향은 항상 일관적이지는 않지만, 적어도 뉘른베르크에 정착하던 초기 시절에 매우 두드러진다. 가령 게오르크 괴츠의 신분을 "궁수, 도둑, 그리고 뚜쟁이"라고 지칭했다가 후일에는 단순히 "궁수"로만 표기했는데, 이렇듯 이해할 수 있는 범위 내에서 표기 누락은 순전히 본인의 의지에서 일기를 쓰기 시작했다는 사실을 방증한다.41 (괴츠가 최후에 참수되기 전 기질이 바뀌어 도둑질과 여색을 끊지는 않았을 테니 말이다.) "푸줏간 주인, 용병, 살인자, 강도, 그리고 도둑인 미헬 겜펄라인." 이렇게 복합적인 신원 표기를 프란츠가 점차 선호하게 된 것은, 직업을 통해 신분을 드러내는 구질서가 도덕적 측면에서 무의미하다는 것을 깨달았기 때문이다.42

가해자를 오로지 범죄의 관점에서 조망하는 몇몇 사건들은 도덕성과 인성에 관한 프란츠만의 관점이 오롯이 드러난다. 예를 들어 영아 살해범은 "아동 살인자", "방화범", 또는 (근친상간과 수간을 저지른 사람은) "이교도"라고 지칭했다. 단순한 간통과 살인과는 달리, 이런 범죄는 사형집행인이 마음속에서 죄인의 신분을 깡그리 무시하게 할 정도였다. 상습범은 가끔 "도둑"이나 "강도" 등 대표적인 전문 분야로 지칭했는데, 이는 거의 가치중립적인 표현에 해당한다.

프란츠가 사회적 지위와 평판을 혼동하는 경향에 반대한 것은 자신의 고유한 처지와 분명 관련이 깊다. '마이스터'라는 찬사조차 그의 불길한 직업에서 시선을 돌리게 할 수는 없었다. 그러나 일반적으로는 한 개인의 이름만으로 평판은커녕 신분을 알기란 어렵다. 물론 고귀한 귀족의 경우 이름 자체에서 신분이 확실히 나타나는 데다가, 프란츠의 일기에는 반드시 '영예로우신'(der Ehrenwerte) 또는 '각하'(Exzellenz)라는 수식어가 함께 사용되었다. 유대인의 경우, '모세'와 같은 히브리인의 성과 '유디트'처럼 유대계 이름을 주로 쓰기 때문에 쉽게 구분되었다. 그러나 일반적으로 호칭만으로 유추할 수 있는 것은 거의 없었다. 프로테스탄트인 여성은 성녀나 성인을 따서 이름을 지을 수 있고, 구두 수선공이 뉘른베르크의 전통 가문인 프랑크푸르터의 피서로 알려질 수도 있다. 분명한 것은, 현실 세계에서 지역에 따라 특정 가문의 성이 다른 성보다 더 비중이 클 수 있다지만, 뉘른베르크의 많은 귀족 가문들의 성은 구빈명단, 또는 범죄 기록에서조차 가끔 등장했다.

이런 모호성에서 가장 주요한 예외는 별명이나 가명으로 개인을 식별하는 경우다. 수치스러운 범죄를 저지른 자들에게 전부 별명이 붙지는 않았지만, 사실상 유명한 악당들은 적어도 하나 이상의 신원을 가졌다. 마이스터 프란츠가 만난 소년범들은 대부분 전문 범죄자가 될 때까지 거리에서 불리던 별명이 있었다. 예를 들어 개구리 조니, 검은 베이커, 붉은 레니, 병마개, 갈고리, 날치기 등등이다. 인기 있는 별명은 직업(가게주인, 석공, 빵집 소년), 출신지(스위스인, 폼멜스부룬의 쿤츠), 의복(초록 모자, 기사 조니, 장갑 조지) 등에서 유래하거나 (사기꾼 염색공, 라프 출신의 나뭇꾼, 바이에르스도르프의 검둥이와 같이) 여러 특성이 두루 조합된 별명이다. (닭다리, 토끼, 달팽이처럼) 익살스럽거나, (수다쟁이, 말더듬이 바트, 난봉꾼처럼) 거만스럽거나, 심지어 (딱정벌레, 갈까마귀 포더와 같은) 모욕적인 표현도 있었다. 결정적으로 정치적 올바름(PC)에 민감하지 않았던 세상이었기 때문에, 사람의 외모(뾰족 머리, 길쭉이 벽돌공, 빨간 페트, 말라깽이 조지, 작은 뚱뚱보 등)와 위생(재투성이)에 초점을 둔 별명도 흔했다.[43] 카테리나 슈베르친(검둥이)은 석탄 소녀로 알려진 이름을 변형시킨 경우였다.[44] 그러나 유래가 어떻든, 별명은 분명히 실용적 목적이 있었다. 몇 안 되는 이름들(특히 한스라는 이름은 정말 흔했다)에 의존했던 사회에서 서로 혼동을 피할 수 있었다.

뉘른베르크의 노련한 사형집행인 프란츠 슈미트가 보기엔, 별명을 가졌다는 사실로도 암흑가는 아니더라도 '방종한 사회'와는 관련 있는 사람임을 뜻했다. 물론 별명 자체만으로 평범한 보통 사람에게 사회적 낙인을 씌우지는 않겠지만, 당대 사람들로서는 '용병 존', '칼집'이라고 불리는 사람에게 폭력 성향이 있을까 조심하는 게 당연했을 것이다. 또한 '소매치기 태너' 또는 '여덟 손가락'과 인사를 나누면 지갑을 도난당할까 걱정이 앞서게 된다. '노는 토끼', '고양이 캐시', '맷돌 소녀', 가장 귀에 거슬리는 '갈보 애니' 따위의 별명이 붙는 여성들은 존중받는 사회적 위치나 일자리를 얻기 힘들 것이다.[45] 마이스터 프란츠 역시 무례하거나 적어도 점잖지 못한 별명을 가졌던 건 틀림없지만, 후손을 생각해서 따로 기록에 남기지는 않았다.

한 개인의 출생, 직업 또는 별명이 무엇이든 간에, 프란츠 슈미트의 동시대인들은 평판에 관해 가장 신뢰할 수 있는 지표는 바로 사귀는 친구들이라는 데 동의했을 것이다. 이는 뉘른베르크의 사형집행인에게 상당한 위안을 주었을 텐데, 그는 출생과 동료를 고르진 못해도 친구들을 선택할 수는 있었기 때문이다. 그러나 만연한 사회적 제약과 마주했던 그의 처지를 고려할 때, 누가 이 한정된 소수의 친교 집단에 속할 수 있었을까? 그리고 그들은 어디서 만났을까? 확실히 남자들만의 사교 장소는 아니었을 것이다. 일반적으로 선술집은 사형집행인의 출입을 금했고, 더군다나 프란츠처럼 음주나 도박을 멀리하는 사람은 들어가기 힘들었다. 공공 축제, 결혼식 피로연과 같은 행사들도 여전히 그에겐 닫혀 있었고, 사형집행인과 친분이 알려지면 평판이 떨어질까 염려하는 학식 있는 동료와 지인의 집도 아니었다. 물론 프란츠의 오랜 재임 기간을 고려하면, 사법 당국의 관계자들, 법률가들, 외과 의사와 약제사들과의 업무 관계가 어느 정도 두터웠다. 또한 인근 지역의 다른 사형집행인들과도 서신을 교류하거나 아마도 나름의 우정을 쌓아왔을 것이다.[46] 이와 대조적으로, 교도소 사제들과의 관계는 그리 가깝지 않았던 듯 보인다. 기록에 따르면 마기스터 하겐도른과 마기스터 뮐러는 프란츠의 이름을 부르는 경우는 드물었고 주로 '사형집행인' 또는 '망나니'라고 불렀다. (프란츠가 우정의 기쁨을 즐겼기를 우리 역시 바라지만) 그의 친한 동료가 누구였든, 남들 이목을 꺼렸던 상황에서 사회적 만남은 주로 사형집행인의 집이라는 사적 공간에서 이루어졌을 것으로 짐작된다. 비록 그곳에 드나들다가 눈에 띄는 것 자체가 평판에 위험이 뒤따랐겠지만 말이다.

단순히 나쁜 사람과 교제를 피하는 것은 훨씬 간단한 문제인데, 하인리히 슈미트의 아들로서 분명 잘 훈련받았을 것으로 짐작된다. 조수가 애써준 덕분에, 프란츠는 시 궁수들과 그 밖의 낮은 신분의 집행관들과 만남을 되도록 줄였다. 그래서 그들의 부패와 전반적인 패악에 대해 일반인이 갖는 적개심을 피할 수 있었다. 매춘부와 뒹굴거나 근무 중에 어린 소녀들을 강간하는 궁수들, 뇌물을 요구하는 집행관들에게 태형이나 사형을 집행할 때, 프란츠는 절대 주저하지 않았다.47 그는 살인과 절도를 저지른 전직 동료 4명을 처형한 사실을 냉정한 태도로 기록했다. 여기에는 깡패 한스 함머(별명 조약돌)과 궁수 카를 라이하르트(별명 에컬라인)도 포함되는데, 그들은 "사형집행인과 조수들뿐 아니라 자신들이 묵었던 여인숙 사람들을 비롯해 여기저기서 돈을 훔쳤다." 그런 사람들과 교제할 때 불러올 불명예를 고려하면, 프란츠가 그들과 거리를 두려고 고심했던 것도 이해될 만하다. 분명히 그는 그런 일탈행위가 하급 직원들 사이의 아주 예외적인 경우라고 합리화하지는 않았다. 그러나 살인죄로 기소된 전직 집달관이 사실 평판이 꽤 좋은 사람으로 밝혀지자 놀라움을 감추지 못했고, 결과적으로 수레바퀴형을 참수형으로 감형하게 되었다.48

남자들 사이에서 무절제한 무리와 어울린다는 것은 퍽 포괄적인 개념이고, 통상 전문 범죄자와 교제하거나 심지어 함께 공모한다는 것을 암시한다. 따라서 중대한 사건에서는 불한당들과 친분이 있다는 이유만으로도 고문받을 가능성이 충분했고, 더군다나 강도단에 가입했다면 처벌을 피할 수 없었다. 그래서 마이스터 프란츠는 화제의 인물들을 가리켜 다음과 같은 간단한 말로 범죄를 요약했다. 요아힘 발트(일명 '가정교사')는 "30여 명의 패거리와 함께 가정집에 침입해서 잔인하게 재물을 훔쳤"으며, 헨자 발터(일명 '치즈칼')는 "14명의 공범과 2명의 매춘부와 함께 일했다." 매우 전형적인 예로, 프란츠는 유죄판결을 받은 어떤 강도가 공범들의 숫자가 많다면 일고의 가치도 없이 평판이 나쁜 악당이므로 처형당해 마땅하다고 결론을 내렸다.49

나쁜 남성들의 평판을 이루는 전형적인 요소로는 과도한 음주, 도박, 싸움, 매춘부와의 동침 등이 있으며, 더 단순하게는 "음탕하고 형편없는 언어"도 이에 포함된다.50 하지만 상당수 남자가 그런 행동을 한다는 점을 고려하면, 그런 행동 자체로는 범죄의 경향성을 보여줄 뿐이지 유죄의 증거는 될 수 없었다. 대신 프란츠는 범죄자의 사소한 행동을 구체화하고 꼼꼼히 유형화하여 기록함으로써 각각의 범죄자의 나쁜 품성을 부각하고 자신이 집행했던 형벌이 응분의 조치임을 강조했다. 한스 게르슈타커(일명 '레드')는 "물건을 훔쳤을 뿐만 아니라 말다툼 중에 여자를 두들겨 팼고," 가방 제조업자이며 통행료 징수관인 안드레아스 바이어는 "이미 아내가 있는 데도 세 명의 창녀와 음행을 저질렀고, 통행료를 횡령했다."[51]

프란츠는 여성의 평판에 관해서는 여전히 관습적인 태도를 유지했다. 그가 매질하거나 처형한 많은 여성은, 남성들과 매한가지로, 잘 알려진 범죄자들과 인연이 있다거나, 종종 악명 높은 강도의 내연녀 또는 아내라는 이유만으로 추문에 휩싸였다. 절도나 살인에 직접 관여한 사실이 확인되면, 처벌은 더 혹독해져서 손가락이 잘리고 익수형을 받았다. 마르가레타 회른라인은 "그녀의 집에서 갓난아기들이 살해될 당시 이를 방조했으며, 살인자들과 도둑들에게 음식을 대접하며 밀고하지 않았다"는 이유로 주범들과 동종의 처벌을 받았다. 프란츠는 여성이 그런 생활방식을 선택했다면, 이미 도둑, 강도, 살인자들로 들끓는 음습한 사회의 일원으로 보았다. 마리아 칸테린은 사형수인 '미남자' 및 '장갑 게오르크'와 동거했다는 이유로 이미 살갗이 모두 찢겨질 정도로 모진 매질을 받았고, 그 후에는 당시 애인인 '바이로이트의 학자'와 함께 절도죄로 처형되었다.[52]

절도와 폭력 행위에 관여한 정도와는 별도로, 평판이 나쁜 여성은 언제나 성적 일탈 문제가 가장 중요했다. 한 마디로, 프란츠의 동시대 사람들은 사기꾼이나 포주로 비난받는 남자들보다, 음란하다고 의심받는 여성의 평판을 더욱 심각하게 훼손했다. 직업 매춘부, "군인의 정부", 그리고 "품행이 방정하지 못한 여성들"(그들 중 대다수는 강간이나 근친상간의 피해자였다)은 프란츠의 일기에 어김없이 "거리의 창녀, 도둑의 창녀 또는 단순히 창녀"로 등장한다.53 어머니를 구타한 남자나 법정에서 욕설한 남자처럼, 아무 데서나 잠을 자는 여자는 자연히 더 중대한 범죄를 저지른 것처럼 취급받았다. 때때로 이런 결과로 "시민들의 딸들인 세 명의 창녀", "배관공의 딸이자 창녀", "요리사인 창녀", "궁수의 아내이자 창녀"와 같은 복합적인 칭호들이 프란츠의 일기에 종종 등장하는데, 정작 그런 여성들의 신분과 그 밖의 다른 정보, 심지어 이름조차 기록해두지 않은 경우가 흔했다.54

성적 일탈에 관한 종교 개혁주의자의 편견은 (독신, 과부, 기혼을 가리지 않고 모든) 여성들을 음행과 그로 인한 타락을 이유로 손쉽게 비난했다. 가장 최악의 시나리오로 전개되면 근세 시대에서 여자를 처형하는 주된 죄목인 마술과 영아살해 고발에 영향을 미치는 요인이 되기도 했다. 더 흔한 시나리오는 간통죄로 이어져 태형이나 추방형으로 엄히 다스렸고, 드문 경우이긴 하지만 절도죄를 덧씌워 사형을 집행하기도 했다. 프란츠의 임기 동안, 전체 사형 건수 중 여성이 차지하는 비율은 10퍼센트에 불과하지만, 도성 밖에

서 가축우리에 집어넣고 매질을 받는 성범죄자의 80퍼센트 이상이 여성에 해당했다.[55]

프란츠는 남녀에 대한 이중잣대를 확실히 인식하고 있어서, 간통을 비롯해 성적 일탈로 기소된 남자들이 여성보다는 덜 처벌받고 있다고 기록했다.[56] 하지만 "21명의 기혼자와 청년들과⋯음행과 매춘을 벌인" 죄목으로 처형당한 여자의 남편이 교회 벽에 남긴 다음의 글을 인용하면서, 그는 이를 동정하기보다는 오히려 재미있어 하는 듯했다. "매춘한 사내들이나 뚜쟁이가 내 아내와 똑같은 처벌을 받아야 마땅했다. 정의가 구현되지 않았으니, 나는 저승에서 황제와 제후 앞에 나아가 탄원할 것이다. 가난한 나는 죄가 없으나 고통받았다. 여기서 영원히 잠에 들리라."[57] 뉘른베르크의 사형집행인이 볼 때, 사람은 자기 행동의 결과를 감수해야 하며, 만약 "5년 전에 용병에게 당신의 명예[즉, 처녀성]를 잃었다거나 사생아를 세 명이나 낳았다면," 그녀는 창녀와 다를 바 없었다.[58]

당대로서는 놀랍게도 (더구나 루터교의 경건한 사형집행인인데도) 프란츠는 개인의 평판과 인품을 평가하는 데 있어 종교적 정체성을 완전히 중립적인 요소로 취급했다. 프란츠는 자신이 처형한 가톨릭 신자에 대해 '교황파들'이라는 표현을 쓰는 등 공개적인 적대감을 드러낸 적이 없었고, 단지 교수대 위의 성찬식이나 기도문을 언급했을 뿐이다.[59] 예를 들어 한스 슈렝커(별명 앉은뱅이)는 가톨릭 신앙을 들먹이며 건방지게 처형을 미룰 요량으로 "사제에게 자신이 순례를 떠나도록 허락해 달라며 그때까지 처형을 미뤄야 한다고 주장했으나 이를 거절당했다." 슈미트는 독특하게 '이단'과 '무신앙'을 특정 범죄 행위를 묘사할 때 인용했을 뿐이며 죄수의 종교적 성향과는 연관 짓지 않았다.[60]

심지어 유대인에 대해서도 범죄의 하수인으로 취급하지 않고 처형된 도둑과 강도의 희생자로 대하며 연민을 드러냈다.[61] 프란츠가 청년기를 보낸 호프에서는 유대인은 성금요일*마다 모욕을 당했고, 1498년까지도 뉘른베르크의 성벽 안에 들어올 수 없었다. 마이스터 프란츠가 간첩이자 도둑인 오텐포스 출신의 모제스에게 (자비를 베풀어) 교살형을 집행할 때, 그는 "유대인 암셀이 처형된 지 54년 만의 일이었다"고 세심하게 기록했다. 근대 반(反)유대주의자가 주장한 "혈통의 오염"은 아예 언급조차 하지 않았으며, 하이 유트에게 태형을 집행한 사건 외엔 별다른 기록을 남기지 않았다. 그는 "추행하려는 속셈으로 기독교 여성의 등 뒤에서 자신의 본성을 채울 때까지 무절제하고 뻔뻔하게 압박"한 죄로 처벌받았다. 또한 기독교로 개종한 후 뷔르츠부르크의 주교를 비롯해 유력한 후원자를 둔 율리우스 쿤라트는 "(기독교인) 매춘부에게서 세례도 받지 못한 사생아를 낳아" 중혼과 간음으로 태형과 추방형을 받았다. 같은 해 (자칭) 라이헨작센의 쿤라트는 강도, 상습 절도와 살인으로 처형되

---

* 예수의 수난과 죽음을 묵상하고 기념하는 수난주간의 금요일을 말한다.

는데, 여기서 슈미트는 "[루터교의] 고해성사 대신에 가톨릭 방식을 고집했다"라는 사실을 제외하곤 그의 종교적 정체성에 관해서는 별다른 언급을 자제했다.[62]

프란츠 슈미트는 스스로 평판을 신중하게 관리했던 만큼 당연히 평판의 남용에 매우 민감했다. 특히 그는 이름 또는 사회적 지위를 도용하는 개인에게 무척 분개했는데, 당시에는 신원 확인 수단이 표준화되지 않았기에 누군가를 사칭하는 것은 상당히 수월한 일이었다.[63] 근대 학자들이 경탄했던 "자아 만들기"(self-fashioning)와 법률가들이 "부정사기"로 규정했던 것은 뉘른베르크의 사형집행인에게 매우 심각하고 골치 아픈 문제였다. 예를 들어 가짜 편지와 위조된 인장을 갖고 수도원장이나 사제를 행세한 린하르트 디싱어가 아주 간단한 매질만 받고 법망에서 빠져나가자 프란츠는 매우 분노했다. 반면 포르히하임 시민과 콜무츠의 참사관 행세를 하며 다수의 사기행각을 벌였던 쿤라트 크라프트가 거짓말을 한 죄로 사형을 받게 되자 그는 크게 안도했다.[64] 악명 높은 가브리엘 볼프의 사례에서 보듯, 명의 사칭은 재물 절도 이상으로 슈미트의 세계관을 뒤흔들었다. 직공의 딸로 사형을 받은 마리아 코르둘라 후네린에 대해 쓰면서, 그는 주인의 돈을 꽤 많이 훔친 절도행각보다 명의 사칭을 부끄럽고 괘씸하기 짝이 없다고 보고 다음과 같이 무대의 중심에 올렸다.

그녀는 슈바인푸르트 출신 방직업자의 아들과 알트도르프에서 체포되었다. 바이로이트의 '검은 곰 여관' 주인장의 딸이라고 사칭한 그녀는 마차를 빌려 자신의 약혼자와 군인의 아내를 데리고 여관에 와서 음식과 마실 것을 주문했다. 그리고 여관에 있는 한 노인을 자신의 아버지라고 거짓말한 뒤, 다른 사람들은 여관에 둔 채 동생을 데리러 간다고 핑계 대고 그 자리를 떠났다. 군인의 아내는 32플로린을 대신 갚아야 했다.65

직업적 도둑들이 복수의 신원을 도용하는 건 당시 흔한 일이며, 더 나아가 불명예스러운 지위를 보완하는 관행이기도 했다. 실제로 프란츠가 임기 동안 만났던 사람들은 적어도 하나 이상의 가명을 가지고 있었다. 강도이자 용병인 린하르트 키스베터는 린하르트 루빙, 코른슈타트의 린하르트, 모젤 레니, 환자 레니 등으로 알려져 있었다. 어떤 젊은 도둑은 16세부터 이미 5개의 가명을 썼다. 하지만 정직한 사람이라면 신원이 하나만 있는 것이 당연했다. 그래서 프리츠 무스터러(일명 '작은 프리츠' 또는 '달팽이')가 "교수대로 끌려가기 직전에 자신이 바흐하우젠의 강도 게오르크 슈텐겔이라고 본명을 털어놓자", 프란츠는 이를 참된 속죄의 표현으로 받아들였다. 강도와 상습범의 내연녀들 역시 여러 개의 가명이 있었고 남자들을 바꿀 때마다 수시로 이름을 바꿨다. 도둑이자 매춘부인 안나 그뢰슐린(일명 '잽싼 아낙네')은 지난 3년 동안 통정했던 사내 게오르

205

크 쇼버(그의 이름도 가명일 것이다)의 성을 따서 마르가레타 쇼베린으로 행세했다고 고백했다.[66]

명예훼손죄는 일종의 평판 도용에 속했기 때문에 신분에 민감한 사형집행인은 이를 매우 불쾌한 범죄로 받아들였다. 그 자신도 악의적인 소문과 편견으로 고통받았던 처지였으니 어찌 보면 그럴만 했다. 이런 관점에서 동시대 사람들도 명예 훼손을 신체 상해보다 중대 범죄로 여겼다. 바스티안 그뤼벨(별명 "찌꺼기")은 "많은 재물을 훔치고 20건 이상 살인을 저질렀다고 고백"했는데, 그중에서 프란 츠가 가장 분노했던 대목은 그가 죄 없는 사람을 공범으로 무고해서 고문당하게 만든 행위였다. 또한 전임 사형집행인의 조수인 프리드리히 슈티글러가 "시민들의 아내들 몇몇이 여기서 마술을 부렸다"라며 고발했을 때 프란츠는 더욱 격분했다. 나중에 슈티글러가 고의로 중상모략한 죄상이 밝혀지자, 프란츠는 치를 떨며 그를 처형했다. 중상모략에 대한 감정적 번뇌를 느꼈던 프란츠는, "여주인이 몇몇 숙련공들과 음탕한 관계를 했다"라는 악의적 비난을 한 강간 미수범 발렌틴 준더만에게 형벌을 훨씬 가혹하게 집행했으며, 이와 반대로 상습 절도범인 게오르크 뇌첼라가 "매춘부의 남동생인 9세 소년에게 고발당해 5명을 살해했다는 죄목으로 거의 9개월을 투옥되었다가… 결국은 무고로 밝혀"진 사건에 대해 뜻하지 않게 동정심을 내비쳤다.[67]

명예는 권력을 가진, 변덕스럽고 잔인한 자들에 의해 수여되거나 박탈될 수 있었다. 정직함과 그에 따른 평판은 궁극적으로 자기 결정의 행위다. 프란츠 슈미트는 동시대인들이 대부분 수긍했던 계층제의 숙명론을 거부하고, 삶의 더 명예로운 위치로 나아가기를 바라며 직접적인 행동의 길을 개척했다. 그런 과정을 통해 부지불식간에 개인의 정체성에 관한 근대적 개념을 받아들였다. 이는 배움이 짧은 독학자로서 보기 드문 인본주의적인 접근이었다. 인간의 본성과 자유의지에 대한 잇따른 그의 통찰은, 비록 분절적인 날것 그대로였으나 여러 면에서 당대 최고의 지성들과 중요한 지점을 공유했다. 하지만 이런 철학적인 통찰조차 프란츠의 단순하고 실용적인 목표에 비하면 차순위에 불과했다. 정직한 평판을 확립하는 것은 그 어떤 것과도 겨룰 수 없는 최우선 목표였다.

희생자를 위한 복수자

사회 제반 단계를 망라하는 상식은 좋은 명성의 필수 요소다. 교활하고 비양심적인 젊은이는 대중의 인식을 조작하고 원칙은 그대로 둔 채 예의범절의 외양만 흉내를 냄으로써 대중적 평판을 손쉽게 쌓을 수 있다. 인간의 잔인함과 기만을 자주 목격했던 프란츠가 형사 정의와 그 도덕적 모호성에 대해 무관심하고 심지어 회의적으로 된 것도 당연했다. 결국 악행을 저지른 자들이 모두 잡혀 형벌을 받지는 않으며, 피해자들이 자신이 겪은 불행에 대해 온전히 책임이 없지도 않는다는 것을 그는 잘 알고 있었다. 게다가 그가 의무를 충실히 수행할 때, 반드시 정의에 대한 열정과 일상적 업무 수행에 대한 투철한 신념이 요구되는 것은 아니다. 일찍부터 그는 자기 계발과 그를 위한 외적 순응에만 전력을 기울이기로 마음먹었을지도 모른다.

그런데 평생에 걸친 일기 기록을 보면, 프란츠가 사형 집행을 꺼리지 않았을 뿐더러 매우 열정적으로 임했다는 것을 알 수 있다. 그는 강도들과 방화범들이 저지른 잔혹한 범죄행위에 대해 진정으로 분노했으며, 사회질서 회복의 염원 역시 마지못하거나 계산된 것이 아니었다. 희생자들, 특히 전 재산을 빼앗긴 사람들에게 그는 자주, 그리고 설득력 있게 동정심을 표현했다. 감정을 억누르거나 부정하기보다는, 그는 유일한 구제 수단인 사법적 보복을 제공함으로써 범죄 피해자들에게 다가가는 쪽을 선택했다.

프란츠는 개인적으로 매우 전통적인 정의 관념을 가졌는데, 이는 자신이 응당 따라야 할 제국 형법과는 확연히 달랐다.[68] 16세기의 법률과 종교 개혁가들은 '고대 관습'과 '신의 명령'을 주창하면서 자신들이 각자 대표하는 사법부의 권위 체계 안에 신형법의 개념적 일관성을 포괄하려고 분투했다. 이런 추상적 모델에서 범죄의 주요 피해 당사자들은 더 이상 피해자와 친족 집단이 아니라, 사법 주권 또는 신 자체가 된다. 이에 반해 프란츠 슈미트의 시각에서는 모든 범죄는 본질적으로, 개인이든 집단이든, 사적인 배신행위였다. 범죄자가 침범한 성스러운 유대는 신 또는 국가에 대한 복종이니라 신뢰 그 자체이며, 침해의 정도가 클수록 더 악명 높은 범죄를 구성한다고 마이스터 프란츠는 생각했다.

반역죄의 정의는 전문 법학자들에 의해 상급자에 대한 배신뿐 아니라 신이 부여한 세속 권력을 반대하는 각종 저항 운동이 망라되었고, 이를 입법화하려는 다각적 연구가 전개되었다. 그러나 프란츠와 동시대인들 상당수는 정치적 반역죄를 추상 용어가 아니라 개인적 피해의 관점에서 고찰했다. 예를 들어, 뉘른베르크 제국 도시와 안스바흐 변경백 간의 냉전이 계속된 시기에, 양측은 정기적으로 순찰대원, 첩보원, 용병들을 고용해 정보를 수집하고 첩보 활동가들을 체포했다.69 그런데 프란츠의 일기에 등장하는 다양한 '반역죄' 목록을 보면 별다른 감정이 느껴지지 않았으며, 다만 반역자 한스 람스페르거에 대해서는 다음과 같이 기술했다.

그는 많은 뉘른베르크 시민과 사냥꾼들을 배신했는데, 그중 약 10명은 이렇다 할 유죄의 증거 없이 처형되었다. 또한 그는 뉘른베르크 도시를 배반하고 변경백에게로 전향하여 가장 방어가 취약한 뉘른베르크 성벽 위치를 누설하고 최선을 다해 적군 침투를 도왔다. 또한 바이어의 집에서 한스 야콥 할러 선생, 슈미터 선생, 마이스터 바이어만을 배신해서 그들을 감옥에 보냈다.

　마침내 람스페르거는 관대하게도 참수형을 받아 형장의 이슬이 되었으나, 사형집행인은 그의 사지를 조각내어 사형장 귀퉁이에 각각 매달고 그의 머리는 기둥 위에 꽂아 놓고 나서야 사뭇 만족한 듯 보였다.[70]

반역자 한스 람스페르거의 절단된 머리와 팔다리가 형장 위에 공개적으로 걸려 있는 장면을 묘사한 법원 서기의 스케치(1588년).

위조죄의 경우 카롤리나 형법전의 편찬자들에 의해 (산 채로 화형을 받게 되는) 반국가적 중범죄로 격상되었다. 뉘른베르크 사법부에 대한 모욕죄만큼이나 이 비폭력 범죄에 분노를 느끼기 어려웠던 프란츠는 보통의 절도죄를 대할 때처럼 무미건조한 태도로 기록을 작성했다. 뉘른베르크의 지도자들도 반역죄의 양형에 다소 상반된 태도를 보여 산 채로 화형을 명령하기보다 효수 후에 시체를 태우는 정도로 마무리할 때가 많았다.[71]

이와 대조적으로, 법률학자가 반역죄의 하나로 정의한 주종관계 위반은 마이스터 프란츠의 격한 감정적 반응을 불러일으켰는데, 그런 행위가 사회질서에 중대한 교란이라고 생각했기 때문만은 아니었다. 그는 귀족 여주인을 살해한 하녀가 "양팔을 인두 집게로 지진 뒤에, 참수형을 받아 몸뚱이는 단두대 아래의 구덩이에 던져지고 머리는 단두대 깃대 위에 걸렸다"라고 흡족한 듯 기록을 남겼다.[72] 한 노부인이 침대에서 두 차례나 칼에 찔려 사망한 사건을 접하고 나서 사형집행인이 진실로 분노한 이유는 살인자가 고용주의 신뢰를 사적으로 배신한 데서 비롯된다. 뉘른베르크의 치안 판사들은 주인으로부터 거액의 돈을 훔친 하인에게 더욱 혹독했으며, 프란츠 역시 사건에 관련된 사적인 배신의 정도에 따라 민감하게 반응했다. "주인의 금고에서 800플로린 상당의 탈러와 크로이처 동화 3개를 훔친" 마리아 코르둘라 후네린은 당시 "벌써 반년 넘게 섬겼던" 주인을 배신했다. 더 몰염치한 경우로는, "22년간 하인으로 일해온" 한스 메르켈(별명 숫사슴 요한)은 "한 곳에서 반년에서 2년 정도 일하고 떠나기를 반복하며 말과 의복, 구두, 모직물과 비상금들을 꾸준히 훔쳐 여러 명의 주인들을 차례로 배신했다."[73]

부친 살해는 가부장적 사회에서 국왕 살해에 버금가는 최고의 반역죄에 해당한다. 이 대목에서만큼은 프란츠가 다른 법률가들과 드디어 의견을 같이한다. 페터 쾨흘이 자신의 아버지를 수년간 구타하고 학대한 끝에 거리로 내쫓아 7군데나 상처를 입히고 죽게 방치한 죄로 체포되었을 때, 프란츠는 아예 믿겨지지 않는 사건이라고 한탄했다. 쾨흘이 간신히 수레바퀴형을 피하게 된 것은 그나마 마지막 구타에서 아버지가 구사일생으로 살아남았기 때문이었다. 존속살해범인 프란츠 조이볼트는 아버지를 독살하려던 끝에 마침내 수풀에서 기습살해했으므로 그런 감형은 기대할 수 없었다. 왜 그런 공격을 했는지 범인의 동기는 아예 기록조차 남아있지 않다. 폭력적이고 사악한 아버지가 학대를 일삼았다는 이유로 독살을 시도했던 여자에게도 프란츠는 어떤 연민도 드러내지 않았다.[74]

일반적으로 마이스터 프란츠는 친족에 대한 배신을 극악무도한 폭력 행위 이상으로 받아들였다. 여기서 정의에 관한 고대 관념이 다시 한번 연출된다. 프란츠는 울리히 게르슈테나커가 자신의 "친동생을 살해했을 뿐만 아니라 계획적으로 숲으로 유인해 살인한 다음 사고사로 위장했다"는 사실에 더 경악했다. 또한 유사한 사건으로 한스 뮐너라는 악당은 누이동생을 숲에서 공격해 살해한 데다가 충격적이고 끔찍하게도 "임신한 동생의 시체에 음란한 짓을 저질렀다." 사촌에게서 재물을 훔칠 정도로 천박한 사람들에게 파멸이 뒤따른다고 해서 어떤 의문이 들 수 있을까? 애인과 매춘부들에게 재산을 전부 탕진한 후에 돈을 빌려주지 않는다고 친척 집에 불놓겠다고 위협하는 젊은이들은 또 어떠한가?[75] 매우 몰염치했던 쿤츠 네너의 사건은 다음과 같이 기록되었다.

> 쿤츠 네너는 페른가우에 사는 친척에게서 60플로린 어치의 물건을 훔쳤다. 친척이 그 일을 호되게 나무라자, 네너는 되려 친척에게 집에 불을 지르겠다고 협박해서 50플로린을 추가로 더 뜯어냈다. 또한 자신을 동정해서 4년간 어린 딸을 키워준 한 친척에게는 8세 아이에게 품삯을 주지 않는다는 이유로 집에 불을 놓겠다고 위협했다. 또한 록스톡에 사는 친척이 그가 훔쳐간 소를 되찾아가자, 그는 다시 친척을 찾아가 15플로린을 주지 않으면 집을 태워버리겠다고 협박했다.[76]

라우렌츠 슈로프에 대한 범죄 기록에서는 그가 오랜 기간 성스러운 피의 유대를 뻔뻔스럽게 모독했다는 내용이 주를 이룬다. "리히테나우 출신으로 방앗간지기의 일꾼인" 라우렌츠 슈로프는 "사촌의 방앗간에서 22년 동안 일하면서 밀을 계속 훔쳐" 재판에 넘겨졌다. 그는 자신이 20여 년을 일했는데도 얻은 돈은 "본인 계산으로 고작(!) 400플로린에 불과했다"고 변호했다.[77] 그러나 사형집행인이 보내는 무언의 질책은 바로 "명예와 품격에 어떤 가격을 매겨야 하는가?"이다.

항상 희생자들에 대한 기록을 구체적으로 남김으로써, 마이스터 프란츠는 권위와 신용을 가진 자들에게 학대받는 낮은 지위의 사람들에게 공감을 드러냈다. 특히 아동 학대 범죄는 그에게 혐오와 분개를 끓어오르게 했다. 사건 기록을 간결하게 작성했던 경력 초반부에도, 한스 밀러(별명 주물공)의 폭행 사건에 관해서는 아주 상세히 기술하고 있는데, 그는 "13세 소녀가 소리치지 못하게 입에 모래를 채우고 강간했다." 이런 아동 위탁자가 저지른 범죄의 유사 사례로, 엔드레스 호이에르슈타인은 자신의 아버지가 운영하는 사립학교의 여아 5명을 강간했던 사건을 기술하면서 프란츠는 피해자의 나이(6세, 7세, 8세, 9세, 12세)를 일일이 열거한 뒤, "피해자 중 2명은 너무 심한 상처를 입어 더이상 물을 마실 수도 없고, 시 공식 산파의 간호에도 생명 부지가 어려울 정도"라고 덧붙였다. 프란츠는 자신의 분노가 클수록, 피해자의 나이를 더 구체적으로 썼다. 가령 한 농장 노동자는 "세 살 반의 어린아이를 성폭행하려 했는데 소녀의 엄마가 들어와 간신히 이를 막아냈다."[78] 사형집행인은 강도 게오르크 타세에게 인두형을 집행하는 장면을 아주 기쁜 마음으로 낱낱이 기록했는데, 그가 "여관에 침입해서 돈궤의 현금을 훔치면서 여관 관리자의 아들의 목과 성대를 긋고 죽였"기 때문이었다. 또한 후일 똑같은 고문을 가한 게오르크 뮐너(일명 말라깽이 조지)는 "공범과 함께 야밤에 농가에 침입해 농부의 목을 그은 다음 (화덕 안에 숨은) 농부의 아들을 잡아 허벅지를 찌른 바람에 8일 후에 숨을 거두게 했다."[79]

순진무구한 아동에 대한 야만적 폭력 이상으로 가해자와 피해자 간의 비정상적인 나이 차이는 프란츠를 괴롭힌 대목이었다. 그래서 가브리엘 헤롤트의 범죄를 소상히 기술하기에 앞서, 그가 뉘른베르크의 재단사이고 시민이자 프로그타워의 나이 지긋한 간수임을 분명히 밝혔다. 헤롤트는 "자신이 관할하는 여자 죄수 카트리나 라이슐린을 성폭행하고 음탕한 짓을 벌였다. 전해에는 13세의 소녀에게 여러 차례 강압적인 성추행을 시도했는데, 다행히 그녀가 완강히 반항하여 명예를 훼손하지는 못했다."[80] 대담한 위조범인 콘라트 크라프트가 아동 후견인에게서 돈을 횡령했다는 죄목으로 사형을 당한 사건이나, 목수 게오르크 에글로프가 자신에게 9플로린을 빚진 견습공을 목공실로 불러들여 살해한 죄목으로 처형된 사건도 전반적으로 적절한 처분이었다.[81]

어떤 형태의 아동 폭력도, 마이스터 프란츠는 절대 용서하지 않았다. 피와 살이 튀는 폭력은 그가 이해할 수도, 용서할 수도 없는 만행이었다. 오랜 직무기간에 영아살해죄로 처형된 여자는 20명에 달하였는데, 그때마다 프란츠는 자연의 법칙에 어긋나는 행위에 대해 매우 예민했다. 보통의 경우, 엄마는 "[아이의] 작은 목을 꺾어 죽이거나 작은 머리를 짓뭉개 죽였고, 한번은 [남자아이의] 왼쪽 가슴을 칼로 무자비하게 찔러 죽였다."[82] 프란츠가 악랄한 강도들을 묘사할 때처럼 순수함과 잔인함의 대조는 매우 일관되게 나타난다. 그는 도로테아 뮐린이 발버둥치는 아이의 입을 흙으로 틀어막고 직접 판 무덤에 산 채로 묻는 과정을 생생하게 재현한다. 또 다른 무정한 엄마들도 똑같이 잔인했다. 마르가레타 마란티는 밤에 페크니츠 강가의 헛간 근처에서 아기를 낳았고, "아기가 팔을 휘저으며 몸부림치자마자 강물에 던져 익사시켰다." 다른 엄마들도 상당히 가슴 아픈 방식으로 아이를 처리했는데, 예를 들어 헛간에 묻고, 트렁크에 넣어 잠그고, 쓰레기더미에 던져 넣고, (가장 충격적인 경우는) 산 채로 변소에 버렸다.[83] 고문이 함께 시행되는 심문 과정에서 그들 중 상당수는 감정적으로든 정신적으로든 매우 쇠약해진 상태였다. 특히 어린 아이를 살해한 안나 슈트뢰린과 안나 프레인은 정말 심각했다. 그는 의학적·법적 의사능력에 관해서는 아는 척하지 않았지만, 대신 슈트뢰린의 소름끼치는 잔학성에 몹시 분노하며 다음과 같이 기록했다. 그녀는 "6살짜리 아들을 도끼로 잔혹하게 살해했고, 4명의 자식들은 마지막 순간에 목숨을 살려줬다."[84]

노인과 병자에 대한 범죄 역시 마이스터 프란츠가 보기엔 사회적 신뢰를 크게 침해하는 행위였는데, 이는 어느 사회에서나 누구에게나 닥칠 수 있는 문제였다. 두 명의 술 취한 기능공이 80세의 노인을 공격하고 강간을 시도했던 사건, 노인들에 대한 다수의 폭행 사건 등을 접했을 때 그가 얼마나 경악했는지는 상상하기 어렵지 않다.[85] 프란츠는 뉘른베르크에서 6번이나 체포된 이력이 있는 한스 호프만이 마침내 사형당했을 때 놀라면서도 매우 기뻐했다. 호프만은 "나사렛 병원의 환자들로부터 옷을 훔치다가 잡혔는데… 나사렛 병원 앞에서 법원 서기가 판결문을 낭독했고, 그 후에 끌려나가 뉘른베르크 교수대에서 처형당했다." 그리고 그런 행렬은 "전에는 결코 들은 적도, 본 적도 없었다"고 사형집행인은 강조했다. 일주일 후인 1585년 10월 21일, 4명의 도둑이 최근에 사망한 사람의 집에 침입했다가 교수형을 받았는데, 이듬해에는 1건을 제외하고 모든 범죄자가 마찬가지로 사형에 처해졌다.[86] 절도에 간통죄를 범한 하인츠 토이를라는 이런 극단적 처형만은 피했지만, 마이스터 프란츠는 그가 다리가 없는 불구의 하녀와 간통하여 아이를 낳았다는 점에 지독한 혐오감을 숨기려 하지 않았다.[87]

친족의 배신행위에 관한 평소 소신을 고려할 때, 프란츠가 게오르크 프라이시겔이 "아내를 살해한 뒤, 그녀가 목을 매 자살한 것처럼 위장까지 한" 내막을 자세히 기록하지 않은 것은 의외다. 또 한스 도퍼(별명 실링)의 이야기는 더 짤막해서, "예전에 한 남자를 쇠꼬챙이로 찌른 뒤, 별다른 이유도 없이 임신한 아내를 살해"했다고만 기록했다. 마이스터 프란츠는 배우자 살해를 절대 용납하지 않았으나, (적어도 이 시기의 기록을 보면) 가정사의 숨은 뒷이야기를 파헤치는 데 아무 관심이 없어 이런 범죄를 기록할 때도 통상적인 절

217

아내와 두 명의 어린 자녀를 목 졸라 살해한 후 자신도 목을 매 자살한 아버지에 관한 기사가 실린 삽화 표지(오른쪽). 사형수의 시신은 샤프하우젠 거리를 끌려다니다가 형장의 수레바퀴 위에 전시되었다(왼쪽)(1561년).

도와 비슷하게 간략한 기록만 남겼다. 선정적인 범죄를 저질렀던 마르가레타 브레히틀린에 대해서도 다음과 같이 간단히 썼다. "그녀는 (고스텐호프의 목수인) 남편 한스 프레첼에게 달걀과 돼지비계와 곁들여 독충 가루가 든 죽을 주었는데, 한 번의 식사만으로 죽지는 않았다."88 얽히고설킨 부정과 탐욕의 드라마는 전적으로 대중 잡지나 극장의 몫이었고, 당연히 이런 매체들은 대성공을 거두었다.89

생명과 신체에 어떤 위협이 없으면, 희생된 배우자에 관한 마이스터 프란츠의 관심은 매우 미미했다. 오히려 간통이 심오한 인간 본성 면에서 개인적인 배신에 해당한다는 점에서 사형집행인이 분노의 대상이었다. 16세기에 간통죄는 매질과 추방으로 처벌받았다. 중혼은 (뉘른베르크에서는 간통과 일률적으로 처벌기준이 동일했으나) 『카롤리나』 등 당대 독일 형법전에는 사형으로 규정했다. 그러나 프란츠가 불륜에 관심이 없었다는 것은 분명하다. 예를 들어 도성 밖에서 매질을 당한 슈타인뷜의 페터 리틀러가 아내를 2명, 또는 (아마 이 사건에서는) 3명 두었는지, 아니면 4명의 아내를 두고 그중 2명을 임신시켰는지, 혹은 5명의 아내와 혼인식을 치르고 통정했는지 등은 미주알고주알 기록하지 않았다.90 인용된 구절에서 혼인 규정의 충격적 위반에 관해서는 고작 두어 줄로 기술했을 뿐이다. 프란츠는 사건 정황 외에는 그들의 이름조차 남길 필요성을 느끼지 못했다. 그가 부가 설명을 덧붙인 유일한 경우는 아이들이 연루되었을 때뿐이다.91

실제로 중혼은 사형수의 아주 긴 범죄 목록의 끝에 짧게 언급되었다. "그는 첫 번째 아내가 살아있는 동안 두 번째 아내를 맞이했다. 그리고 첫 번째 아내가 죽은 후에, 두 번째 아내가 살아있는데도 세 번째 아내를 두었다." 프란츠는 심지어 힐폴트슈타인 교수대에서 쇠사슬을 훔치고 중혼을 했던 농장 노동자의 이름을 아예 기억조차 못 했다.92

프란츠가 간통에 무관심하다는 사실이 아내 마리아와의 불화를 뜻하는 걸까? 아니면 그 자신의 불륜을 암시하는 증거일까? 그가

체면을 몹시 중시했음을 고려하면 후자의 시나리오는 가능성이 작
아 보인다. 특히 무심코 저지른 통정이 그가 오랫동안 쌓은 평판
을 하룻밤 사이에 무너뜨릴 수도 있었으니까 말이다. 마리아와의
결혼 생활이 행복했는지는 우리는 짐작할 수 없다. 프란츠는 일기
에서 자신의 가족생활을 거론하지 않았기 때문에, 다만 다른 사료
를 통해 마리아가 55세의 나이로 사망할 때까지 그가 22년 동안 함
께하면서 7명의 자녀를 키웠다는 사실만을 간접적으로 알 뿐이다.
자신의 결혼상이 어떤 모습이었든, 프란츠는 가정 내에서 일어나
는 일들은 (살인이 일어나지 않는 한 아무리 치명적인 폭력이라 해도) 철저
히 사생활 문제로 치부하는 당대 분위기에 동조했다. 오쟁이를 진
남편이 사통한 아내를 몇 번을 내쫓으려 하든, 또는 감옥에 가두려
하든, 프란츠는 공공질서를 어지럽혀 공권력의 개입이 필요하지
않는 한 부부 사이의 문제로 남겨뒀다.93

뉘른베르크 시민이 되기

경계심이 강한 뉘른베르크 지역 주민들 사이에서 좋은 평판을 얻
는 것은 마이스터 프란츠의 오랜 바람이었다. 이에 비하면, 재정적
안정을 이루는 데는 그렇게 오래 걸리지 않았다. 1579년 12월 첫
계약을 맺고 2년도 지나지 않아 프란츠는 (매형에게 관행이라고 들었

던) 새해 상여금을 요청했고, 상관들은 이를 흔쾌히 수락했다. 이
듬해 겨울 그가 0.5플로린의 주급 인상을 요청하자, 이번 제안은
거절당했고, 그 대신 새해 상여금과 6플로린 상당의 물품을 받았
다.[94] 4년 후 젊은 사형집행인은 한 차례 더 인상을 시도했지만, 그
때도 한 달 치 급여에 상응하는 12플로린의 상여금을 받는 걸로 마
무리되었다. 여기에 굴하지 않고 젊은 사형집행인은 끈질기게 봉
급 인상을 요구한 끝에 1584년 9월 25일 마침내 그가 원하던 목표
를 얻어냈다. 바로 더 높은 봉급을 받는 종신직위의 보장, 그리고
퇴임 후에 받게 될 상당한 연금이었다. 계약서 조항을 살펴보면,
프란츠는 다음과 같은 내용을 서약했다.

> 은혜로운 영주께 평생을 진정으로 순종하고 충성을 다할 것
> 이며, 내 힘이 닿는 대로 그분들의 필요에 따라 봉사하며, 그
> 들을 보호하며 … 명예로운 시의회의 허가 없이는 이 도시 밖
> 에 있는 자는 그 누구라도 섬기지 않겠습니다. 그 대가로 내가
> 정년이 되거나 다른 질병 또는 노환으로 인해 더는 임무를 수
> 행할 수 없을 때까지 … 관대한 영주님은 매주 3플로린의 주
> 급과 해마다 6플로린의 새해 상여금을 주기로 했습니다.[95]

상관들은 이 야심 찬 사형집행인이 "더는 봉급 인상을 요구하지
않겠다"라고 맹세하자 크게 안도했으며, 실제로도 그는 34년 동안

이 서약을 지켰다.

슈미트의 협상 능력은 제쳐두고라도, 고용주의 관대한 양보에 대해서 몇 가지 설명이 필요하다. 슈미트가 오기 수년 전부터 뉘른베르크는 기술이 뛰어나고 정직하고 신뢰할 수 있는 사형집행인을 찾는 데 애를 먹었다. 마이스터 프란츠는 불과 서른의 나이에 이 세 가지 자질을 모두 갖췄다. 더구나 밤베르크의 마이스터 하인리히가 날로 쇠약해지는 상황에서 이 탁월한 능력을 갖춘 아들이 그 후계자로 급부상할 가능성도 간과할 수 없었다.96 동시에 당시 뉘른베르크 법원의 평균 선고 건수를 보면, 사형은 연 12건, 형벌은 연 20건 이상에 달했기 때문에, 사법부는 프란츠를 놓치고 후임자를 찾는 과정에서 야기될 병목 현상과 사법상 난항을 두려워했다. (프란츠가 잘 알고 지냈던) 밤베르크의 고위 관리로부터 실제로 제안이 있었는지, 아니면 그저 프란츠가 넌지시 내비쳤을 뿐인지 알 수 없지만, 어쨌든 그는 바라던 결과를 얻었다.

인생사가 그렇듯 이런 훌륭한 직업적 성취에 잇따라 어려운 시절이 닥쳐왔다. 첫째, 처남인 프리드리히 베르너(별명 도공 프레디)를 고문하고 처형해야 하는 난처한 사건이 일어났다. 세상을 떠난 친부는 뉘른베르크 시민이며 계부 역시 존경받는 도공으로 알려져 있는데도, 베르너는 "어린 시절부터 못된 본성"을 타고났다고 프란츠는 기록했다. '그토록 사악한' 자가 언제 어떻게 프란츠의 과부 여동생과 혼인하게 됐는지는 기록에 없다. 하지만 이 불행한 결합

이야말로 역설적으로 사형집행인의 딸에게 맞는 배필을 찾기가 얼마나 어려웠는지를 보여준다. 수년 동안 '힘 세고 잘생긴' 용병 베르너는 "못된 동료들과 함께 약탈, 절도, 빈집털이, 가택침입을 일삼으며" 시골 마을들을 떠돌았다.[97] 더 중대한 범죄로, 그는 "피슈바흐 숲에서 한 소년을 살해"했던 사건을 포함해서 3건의 살인과 여러 살인 미수를 벌였다. 또한 정말 끔찍하게도 그는 "슈바바흐 숲에서 한 아낙네를 잔인하게 강탈한 후에 죽도록 내버려뒀다."[98]

마침내 체포당해 뉘른베르크 심문실에서 프란츠와 대면했을 때, 베르너는 "왜 감옥에 갇혔는지 전혀 모르겠다"라며 모든 혐의를 부인했다. 치안판사는 그가 정말 결백한 사람이라면, 왜 헤르스브루크에서 '외르크 슈미트'라는 가명을 사용했는지 물었다. 이런 혐의를 두고 마이스터 프란츠의 반응은 기록되어 있지 않지만, 그는 틀림없이 분노와 수치심을 느꼈을 것이다. 베르너가 완강히 부인하자, 프란츠는 평소와 달리 어떤 경고도 없이 범인을 형틀에 묶고 '작은 돌'로 심문을 시작했다. 언제 끝날지 모르는 고문 앞에 베르너는 결국 허세를 꺾고 수많은 범죄를 자백했다.

극악무도한 범죄를 행한 처남 탓에 어렵사리 쌓은 슈미트 가문의 명성이 무너질까 노심초사하면서 프란츠가 어떤 감정을 느꼈을지는 짐작하기 어렵지 않다. 둘 사이의 친족 관계를 확인해 준 사람이 여럿이었으나, 프란츠는 일기에 그런 사실은 일언반구도 하지 않았다. 그래도 아마 여동생을 향한 측은함에서, 그는 보기 드물게 혹독한 처형, 즉 "시뻘겋게 달군 인두 집게로 시청 앞에서 2회, 성 로렌스 교회 앞에서 2회, 성 마르타 교회에서 2회 등 총 6회나 인두형을 받는다면, 베르너는 수레바퀴형을 받게 될 형장에 당도하기 전에 죽을" 것이라고 상관을 만류했다. 그러자 치안판사는 "전율이 감돌 만큼 본보기를 보이라"는 단서를 달아 인두형을 6회에서 2회로 줄여줬다. 그러나 수레바퀴형을 참수형으로 바꿔 달라는 베르너의 계부와 누이의 청원은 완곡하게 기각되었다. 치안판사는 사형집행인에게 그의 처남을 여느 강도 살인자와 똑같이 취급하게 했고, 까마귀 바위로 가는 호송마차 안에서 인두형 2회를 실시한 후에 잔혹한 수레바퀴형을 집행할 것을 선고했다.

처형 당일, 마이스터 프란츠가 뜨거운 집게를 달구며 베르너를 결박할 준비를 마쳤다. 목사는 사형수에게 영혼이 거둬짐을 받아들이고 무죄인 사람에게 혐의가 돌아가지 않도록 추가로 참회할 여죄가 있는지 물었다. 한 연대기의 기록에 나타난 바로는, 베르너는 "처형장 바위에서 처남인 사형집행인과 사제와 이야기를 한참 나누었다." 또 다른 기록은 "처남인 마이스터 프란츠가 베르너에게 여죄를 고백한다면 최대한 빨리 죽음을 맞게 최선을 다할 것을 약속했다"라고 대화 일부를 옮겼다. 그 대신 사형수는 이미 처형당한 공범들의 이름을 읊은 뒤, 이미 다 털어놓았다고 선언했다. 그리고 손에 바퀴를 들고 서 있는 마이스터 프란츠를 향해 도축업자의 딸 볼프 클라인라인에게 자신을 잊지 말라고 전해달라는 마지막 유언을 남겼다. 베르너의 숨겨진 의도가 무엇이었든, 프란츠는 수레바퀴를 31회 빠르게 굴려 모여든 군중 앞에 이 악명 높은 살인자 강도와 자신이 아무 인연이 없다는 걸 확실히 보여줬다. 프란츠는 그 남자가 만든 구렁텅이에 함께 끌려 들어가기에는 너무나 열심히 일했고, 너무 멀리 왔기 때문이었다.[99]

1585년 2월 베르너가 처형된 후 몇 달 지나지 않아 프란츠는 몇 번이고 개인적인 고비를 넘겨야 했다. 봄에 그의 아버지 하인리히가 숨졌다. 아버지의 사망과 매장에 대한 정확한 기록은 남아 있지 않고, 다만 마이스터 하인리히의 마지막 공개처형 날이 2월 22일이

마이스터 프란츠가 자신의 처남인 강도 프리드리히 베르너를 처형하는 장면을 묘사한 연대기의 삽화(1616년)

며, 5월 1일 전에 쿨름바흐의 딸과 뉘른베르크의 아들에게 유산이
분배되었다는 사실만 알려졌다. 마이스터 하인리히의 오랜 조수인
한스 라인슈미트가 밤베르크의 사형집행인 자리를 이어받았다.100
5월이 가기 전에 하인리히의 미망인까지 사망해 프란츠가 밤베르
크로 돌아가 계모의 장례 뒷수습을 마무리했다.101

가문의 명예를 회복하려는 공동의 꿈을 실현하기 전에 아버지
가 먼저 세상을 떠났다는 것은 프란츠에게 어떤 의미였을까? 적어
도 하인리히는 장수해서 아들이 대도시 뉘른베르크에서 종신직을
맡고 3명의 손자가 태어나는 광경을 지켜볼 수 있었다. 이때 불행
이 잇달아 덮쳐 프란츠에겐 아버지와 계모의 죽음을 애도할 시간
도 허락되지 않았다. 그해 여름, 전염병이 또 한 차례 뉘른베르크
를 덮쳐 수 달간 5천여 명이 사망했다.102 비극적으로 프란츠의 4세
아들인 비투스와 3세 딸인 마르가레타가 당시 전염병에 희생되었
다. 근세 이전의 유럽에서 아동 사망은 오늘날보다 훨씬 흔한 풍경
이었지만, 그렇다고 부모들의 고통조차 덜한 것은 아니었다. 전염
병의 혼란 속에 비투스와 마르가레타의 사망 날짜는 정확하지 않
지만, 1585년의 어느 날, 프란츠가 뉘른베르크의 성벽 밖에 위치해
있으나 가장 비싼 공동묘지인 성 로쿠스 교회에 가족 장지(葬地)를
사들인 기록이 남아 있다.103 아마 가문의 명예를 되찾으려는 여정
은 채 완성되지 않았지만, 두 어린 자식을 둔 아버지로서 할 수 있
는 최대한 영예를 주고 싶었을 것이다. 이것이 우리가 밝힐 수 있

는 전모일 뿐이다.

한편으로, 도시의 사형집행인이 해야 할 일은 계속 늘어났다. 1585년 한해에만 슈미트는 11명을 처형하고 19명을 매질하고 수많은 심문을 수행했다. 마이스터 프란츠가 뉘른베르크에서 일한 첫 10년 동안 채찍질 191건, 교수형 71건, 참수형 48건, 수레바퀴형 11건, 손가락 절단 5건과 귀 절단 3건이 있었다. 가장 바빴던 1588년에는 사형 13건과 태형 27건, 가장 한가했던 1578년에는 사형 4건과 태형 13건이었으며, 평균적으로는 매년 13.4명에게 사형을, 20명에게 태형을 집행하였다. 처형은 대부분 뉘른베르크에서 집행했고, 그 외에도 (공식 허가를 받아) 일 년에 한두 번 지방 도시들, 특히 힐폴트슈타인과 헤르스브루크로 출장 가서 프리랜서로 심문과 처형을 집행했다.[104]

그의 가정에서 두 어린이의 이른 죽음에 대한 슬픔은 새로 태어나는 가족들을 맞는 분주함으로 차츰 바뀌었다. 1587년 1월 21일 프란츠와 마리아는 태어난 새 딸에게 로지나라는 기독교식 이름을 지어주었다. 곧 로지나와 전염병에서 살아남은 아들 요르크에 이어 1588년 6월 8일 마리아가 출생했고, 1591년 7월 16일 프란츠 슈테판이, 그리고 1596년 12월 13일 (훗날 프란첸한스로 알려진) 막내 요하네스가 태어났다.[105] 날로 후손이 번창하는 슈미트 가족이야말로 그 가문의 가장인 프란츠가 지역 공동체에서 날로 번창하고 명성을 크게 얻고 있다는 선언과 다를 바 없었다. 상당수의 장인 가족과 더 많은 수의 빈곤 가구는 기껏해야 평균 2~3명의 자녀만 부양할 수 있는 소득 수준이었다.106 노부모를 모시는 가구는 경제적 여유가 있어야 했는데, 설령 프란츠와 마리아의 부모 한 분이라도 살아계셨대도 슈미트 가족은 부양할 여력이 충분했다.

프란츠의 첫 20여 년 동안 사회적 성취가 최고조에 달했던 시기는 1593년 7월 14일로, 알브레히트 변경백의 손짓 한 번에 가문의 치욕이 싹텄던 날로부터 거의 40여 년이 지났을 때였다. 제국도시의 시민권은 상당량 부와 빛나는 명성을 모두 갖춰야 얻을 수 있는 소중한 특권이었다. 그러기에 16세기 뉘른베르크 주민 대다수는, 더군다나 불명예스러운 직종의 사람들은 차마 엄두낼 수도 없었다. 그런데 프란츠 슈미트는 취임 15년 축하가 끝나자마자 의회에 시민권 청원을 제출했다. 이를 거절하며 치안판사는 어떤 사형집행인도 시민권을 받은 적이 없다고 강조했으나, 프란츠는 그런 법적 지위는 현재가 아닌 미래를 위한 것이며, 특히 은퇴 후에 제2의 직업을 찾고 그의 자녀가 다른 직종에 종사할 때를 대비한 것이라고 대답했다. 결국 시의회는 "지금껏 그가 나무랄 데 없이 직책을 수행했던 상황을 고려"하여 사형집행인의 청원을 승인했고, 프란츠는 같은 해 뉘른베르크 시민권을 부여받은 108명 중 하나가 되었다. 그의 직업이 불명예스럽다는 사회적 인식이 여전했기에, 그날 선서한 13명의 시민과 다른 자리에서 그는 따로 선서해야 했다. 그러나 어느 때보다 자신감과 야심에 고취된 사형집행인은 조금

전 그의 후손을 위해 얻어낸 광범위한 법률적 보호 수준과 비교하면 그러한 조치는 사소한 것에 불과했다.107 그로부터 7년 후, 45세의 프란츠 슈미트는 제국에서 가장 위대한 도시의 완전무결한 시민으로 새로운 세기를 시작할 수 있었다. 이로써 그와 그의 아내, 4세부터 15세 사이의 다양한 연배의 아이들 다섯 명은 보수가 넉넉한 종신 고용직과 영구 임대 주택을 보장받게 되었다. 이는 망나니의 아들로서는 획기적인 업적이나, 마이스터 프란츠가 꿈꾼 궁극적인 목표에는 한참 미치지 못했다.

· 제4장 ·

현자

스토아 학파는 악덕이란 인류의 이익을 위해, 미덕에 가치를 부여하고
도움을 주기 위해 있다고 말했다. 마찬가지로 우리도 더 냉철하고 덜
조급하게 감히 말할 수 있으리라. 자연은 우리가 편안함과 고통의
부재에 대해 감사드릴 수 있도록 우리에게 고통과 시련을 주었다고.
—미셸 드 몽테뉴, 『경험에 관하여』(1580년)1

나의 오랜 고난이자 은혜의 날이 왔도다.
이를 소홀히 하고 경멸하는 자는 감히 알지 못하리라.
단단한 사람은 더욱 버리고
눈먼 사람은 더욱 눈멀게 되고,
많은 이들이 걸려 넘어지고 더 깊이 빠지리라.
하나 그런 자들 외에는 어느 누구도 나의 자비에서 예외가 아니리라.
—존 밀턴, 『실낙원』 3권, 198-202(1667년)

베테랑 마이스터 프란츠가 이발사 한스 하일란트를 악인으로 결론
내리기까지는 오랜 시간이 걸리지 않았다. 1597년 3월 15일 참수
되기 직전, 하일란트가 무자비한 살인을 저지른 혐의로 선고받는
과정을 사형집행인은 다음과 같이 생생하게 증언했다.

[하일란트]와 그의 공범인 킬리안 아이러는 프랑크푸르트의
어느 귀족의 하인으로 일했던 로텐펠스 출신의 청년과 함께

여행 중이었다. 자정에 에셴부르크 근처의 샘에서 잠시 목을 축이기 위해 멈췄을 때, 아이러는 청년에게 생강술을 달라고 부탁했다. 청년이 술을 건네주고 머리를 빗는 동안, 아이러는 음식에 몰래 뭔가를 타서 [청년에게] 건넸다. 청년이 탈진해 정신을 차리지 못하는 사이에 [아이러가] 그의 머리를 흉기로 내려치자, 그는 '아이고' 소리를 내며 땅바닥에 쓰러졌다. 하일란트는 아랑곳하지 않고 그의 목을 베고 200플로린을 강탈했다. 프랑크푸르트의 귀족 주인은 그 돈을 청년에게 맡기면서 하일란트와 아이러에게는 청년이 로텐펠스까지 돈을 안전하게 전달하도록 지켜달라는 당부까지 했었다. 두 사람은 각각 함부르크와 로텐펠스 출신으로 주인과 잘 알던 사이였다. 그들은 프랑크푸르트에서 떠나기 훨씬 전부터 살인을 같이 모의했고, 샘가에서 살인을 저지른 뒤에는 인근 포도밭에서 큰 돌을 가져와 죽은 청년의 허리띠에 묶고 샘 밑바닥에 빠뜨렸다. 또한 살인 무기인 피에 젖은 곤봉은 땅에 묻었다. 다음날 에셴부르크의 영주가 포도밭을 둘러보러 나왔을 때, [영주의] 개가 땅에 묻은 곤봉을 파헤쳐 발견했다. 또한 영주는 자신의 정원에서 누군가 돌덩이를 캐낸 걸 깨닫고 이를 추적하던 중에 수풀을 지나 샘가까지 이어진 흔적을 찾았다. 그렇게 희생자의 시신이 발견되었다. 두 살인자가 돈을 각자 나눠 가진 후, 이발사는 (자신이 발각되지 않으리라 믿고) 살해 현장을 떠나 뉘른베르크로 출발했다. 피살당한 청년의 아버지는 그를 쫓아 [뉘른베르크에] 와서 드디어 여기에서 그를 체포하고 자백을 받아냈다.[2]

이러한 설명은 마이스터 프란츠가 가장 혐오했던 파렴치한 범죄의 전형을 보여준다. 즉 금전을 목적으로 한 계획 살인, 청년과 그 주인이 보여준 신뢰에 대한 배신, 비겁한 암습, 시신 모욕 등이 모두 망라되어 있다. 이에 더하여 몇몇 문장의 화려한 묘사가 돋보이는데, 이는 슈미트가 젊은 날에 썼던 간결한 기록과 사뭇 대조적이다. 이제 중년의 나이에 접어든 사형집행인은 곧 이어질 폭력 행위에 대한 독자들의 충격을 고조할 의도로, 세 명의 여행자들이 야외 분수대에서 밤참을 먹기 위해 휴식하는 평온한 그림을 묘사하며 이야기를 무대 위에 올려놓는다. 그는 선과 악을 대비하기 위해 디테일을 신중하게 선택하며 그들 범죄행위에 담긴 배신을 온전히 전달하려 한다. 청년은 식량을 아낌없이 나누어 먹고, 상대방이 음식에 독을 타는 동안 순진하게 머리를 빗는다. 그리고 청년의 머리를 노린 불의의 일격, 청년의 외마디 비명, 뒤이어 날카로운 칼에 베이는 청년의 목덜미, 이 모든 묘사는 강렬한 폭력의 순간을 전달한다. 확실히 마이스터 프란츠는 문학적 천재는 아니었고, 그의 대화('아이고')는 더 다듬을 필요가 있지만, 인생 후반부에 이른 그는 범인들과 죄목들을 기록하는 과정에서 상상력을 동원하기 시작했다. 무엇보다 의미 있는 지점은 그가 일기 초반부에는 그저 나쁜 인성 탓으로 간주해 더는 탐색하지 않던 숱한 행동들에 대해 이 제는 이면에 숨겨진 동기를 탐구해서 글로 풀어나가기 시작했다는 점이다.

왜 사람들은 서로 잔인한 짓을 하고, 왜 신은 그런 짓을 허락하는 가? 인간의 고통과 죽음의 변덕스러움, 또는 인간 정의(正義)의 부적절성에 대한 궁금증을 풀기 위해 프란츠가 신학자가 되거나 신의 섭리에 대한 가르침에 정통할 필요는 없었다. 그는 정의의 집행자로서 악인들의 처벌, 그리고 어쩌면 그들의 구원에 다소 만족할 때도 있었겠지만, 오래 지나지 않아 희생자들, 그들의 가족 친지들이 느낄 위안은 짧고 불완전하며 완전히 이해하기도 어렵다는 걸 깨달았다. 이제 46세가 된 그는 벌써 거의 30년을 인간 상태의 어두운 면에 침잠해 지냈으며, 요행으로 체포된 용의자들을 폭력과 기만을 이용해 심문하고 처벌했다. 다른 법 집행관들처럼 프란츠 역시 잔인함과 고통에 계속 시달리는 직업을 오래 해내려면 어느 정도 무관심 또는 개인적 신앙을 통해 버텨야 했다. 그러나 그의 내면에 깃든 힘의 원천은, 가문의 명예를 회복하려는 불굴의 의지를 뛰어넘는, 자기 정체성에서 가장 미묘한 부분으로 남아 있다.

그의 영혼을 좀먹는 사형 집행 외에도, 프란츠 슈미트가 나이가 들수록 더 비관하고 더 냉소하게 된 까닭은 따로 있었다. 평생의 경제적 안정과 시민권을 얻었으나, 그와 그의 가족은 여전히 미묘하고 준엄한 방식으로 존경받는 부르주아 사회에서 배제되고 있었다. 더 비극적이게도, 세계의 공포가 직격탄을 날렸으나 새로운 세기는 아직 밝아오지 않았다. 1600년 2월 15일 뉘른베르크 역사상 가장 혹독했던 겨울의 어느 날, 전염병의 발발로 프란츠의 아들 요르크가 16세의 나이로 사망했다. 그로부터 5일 후 성 에기디엔 라틴학교의 동급생이 운구하는 행렬을 따라 슬픔에 잠긴 슈미트 가족은 성 로쿠스 교회 묘지에서 장례를 치렀다. 3주 후에는 20여 년을 함께해 온 프란츠의 아내 마리아가 55세로 세상을 떠났는데, 아마 그녀 역시 아들을 앗아간 전염병에 또 다른 희생자로 추측된다. 그리고 2,500명 이상의 뉘른베르크 주민들이 이로 인해 죽음을 맞이했다. 이번에는 "[슈미트의] 이웃 몇 명이 자발적인 호의를 베풀어" 마리아의 관을 묘지로 운구했고, 이런 행동이 불러올 불명예에 초연하게 마지막 명복을 빌어주었다. 뉘른베르크의 사형집행인이 오래 염원했던 이런 관대한 상호 수용의 표시가 연달아 닥친 개인적 충격과 고통을 덜어주었을 것이다. 1600년 3월 12일 아내와 어린 아들을 막 묘지에 묻고 온 프란츠 슈미트는 46세의 홀아비로 슬하에 4세에서 13세 사이의 자녀를 4명 두고 있었다.3

이런 상실이 주는 정서적 충격에 비틀대면서도 그는 아버지이자 남편으로서 겪은 슬픔에 관해 아무 기록도 남기지 않았다. 일기에 개인사는 전혀 기술되지 않았다. 아무튼 감정적·종교적 혼란이 어떠했든 간에, 마이스터 프란츠는 직무에 전념하여 6주 후에 도둑을 두 명 참수하는 등 일상 업무에 복귀했다. 당시에는 홀아비들은 대개 배우자가 죽으면 1년 이내에 재혼했으며, 특히 아직 돌봄이 필요한 어린 자녀들이 있으면 더욱 그러했다. 프란츠 슈미트는 슬픔 때문에 (혹은 단지 재혼할 상대방이 마땅하지 않아서든) 다시 재혼하지 않았다. 대신에 13세의 로지나와 12세의 마리아가 하녀의 도움을 받아 가사를 꾸려나가며 어린 동생들을 돌보았다. 가족의 빈 자리로 그들은 슬픔에 빠졌지만, 고립된 이 작은 사회는 어떻게든 굴러 갔다.

이처럼 가혹하고 억울한 세상에서 믿음과 구원은 어떤 의미일까? 이 모든 비극에서 신의 섭리와 개인의 선택은 각자 어떤 역할을 하는가? 개인적인 비극이 잇따랐던 시기에 프란츠의 일기에는 인간 행동의 방법과 이유를 찾으려는 물음표가 점점 더 커졌다. 얼핏 혼란에 빠진 세상 속에서 질서와 의미를 찾고자 하면서, 프란츠는 당대의 대중적인 범죄 문학에서 종종 발견되는 문학적 기법에 의존하기 시작했고, 실제로도 그런 기법에 능통했다.[4] 외견상 무작위로 보이는 사건들은 일관된 이야기로 재탄생되어 파토스와 결연한 의지를 불러일으켰다. 그의 기록에 나타난 악당들은 대부분 당대의 타블로이드 신문을 장식했던, 피에 굶주린 강도들과 살인자들이었다. 하지만 싸구려 기사와 대중 설교의 작가들과는 달리, 그는 범죄 동기를 일반화할 생각도, 교화의 대상으로 삼을 생각도 없었다. 마이스터 프란츠에게 죄악과 범죄는 엄연히 개인적인 것, 즉 개인 선택의 산물일 뿐, 범우주적인 외부의 힘과는 무관했다. 범죄

자와 희생자 모두를 개인적으로 만났던 입장이니까 프란츠가 추상
성보다 구체성을 더 중시한 것도 당연한 귀결이었다. 또한 가해자
와 피해자 모두 그에게 죄와 구원이라는 개인적 본질을 더 자극했
을 것이다. 그렇듯 올곧은 신앙을 통해 루터교의 구원이라는 가르
침을 받아들인 중년의 프란츠는 역설적으로 자신 앞에 서 있는 사
형수들을 판단하고 용서하는 마음을 품게 되었다. 궁극적으로 신
의 자비에 대한 믿음, 다시 말해 그가 처형한 많은 중죄인이 개종
끝에 찾은 위안이 과연 지난한 개인적 수난과 고독한 탐구의 여정
에서 사형집행인에게 어떤 위안을 줄 수 있었을까?

악의적 범죄

마이스터 프란츠의 일기가 길어지고 복잡해지면서, 범죄의 잔혹
성 판단은 두 가지 기준으로 정리된다. 첫째, 개인적·사회적 신뢰
의 침해 정도다. 둘째, 가해자가 드러낸 악의[*](malice)의 수준이다.
어떤 범죄가 사전에 계획되거나, 필요 이상으로 잔혹하고 무도하
다면, 사형집행인은 그 가해자가 자발적으로 문명화된 행위규범을
거부하고 사회 경계 밖으로 벗어났다는 뜻이다. 즉 법적 의미뿐 아

* 악의(malice)는 행위자가 특정 범죄를 일으키려는 특정 의도(Specific Intend)는 없으나, 어
   느 정도의 범의를 가지고 무도하게 사회적 위해를 가하는 것을 뜻한다.

니라 도덕적인 면에서도 무법자가 된다. 그런 면에서 노상강도와 같은 부류들은 프란츠 앞에 서게 된 사형수 중에서 극단적으로 반사회적 중범죄자이며, 설사 체포 후에 최악의 고문이나 처형을 받더라도 지당했다. 그런데 외관상 평범해 보이는 사람들이 알고 보면 악의적 범죄를 저지른 경우도 상당했으며, 프란츠는 오랜 경력에서 이런 유형의 사람들을 자주 맞닥뜨렸다. 전문 범죄자가 아닌데도, 그들은 신의 계율과 법률을 고의로 회피하는 데 전혀 죄의식을 품지 않았다. 악의적 범죄자들은 카인과 사탄처럼 '품격 있는' 사회의 규범과 안녕에서 의도적인 고립을 자처하는 자들로 정의되며, 이는 의도치 않게 사회로부터 배제되어 온 사형집행인으로서는 이해하기 힘든 선택이었다.

프란츠의 일기에서 악의적 범죄 중 가장 빈번히 등장하는 사례는 매복과 기습의 행위에서 전형적으로 드러나는, 냉철하게 계산된 신뢰의 위반이다. 다른 사람의 신분을 도용하고 무고한 사람들을 중상모략하는 사람들보다 훨씬 위험한 이들 매복 살인자는 가장 기본적인 신뢰를, 더 나아가 인간의 품위 자체를 거부한다. 그들의 사적인 관계나 폭력성의 정도와 무관하게, 악의와 속임수의 비난받을 만한 조합은 마이스터 프란츠의 뇌리를 강타했다. 젊은 사형집행인은 취임 첫해부터 강도 바르텔 무셀 사건에서 이런 전형적인 사기 유형을 맞닥뜨렸는데, 그는 "마구간 건초더미에서 함께 잠을 자던 남자의 목을 자르고 돈을 훔쳤다." 13년 후, 프란츠는 다시 한번 전율하게 되었다. 게오르크 토이를라는 "한 인형 제작자에게 신발에 뭐가 있는지 봐 달라고 주의를 돌린 뒤, 단도로 목을 찌르고 그 시신을 수풀 속에 감췄다." 비슷한 맥락에서 한스 크루그는 "동료 지몬에게 어떤 셔츠를 입고 있는지 보라고 속이고 나서 자신이 숨겨온 칼로 목을 찔렀다."₅ 완전한 배신행위는 종종 일상적인 무대 속에서 더욱 강조된다. 즉, 한 남자가 "평소처럼 일을 마치고 돌아오는 길목에서" 임신한 여동생을 공격한다. 또는 숲지기가 "나무 썰매를 모는 동안" 자신의 남동생을 살해한다. 한 여자가 "[의도적으로] 친구의 머리에서 이를 잡아주는 척하다가" 등 뒤에서 도끼로 내려친다.

아무 죄 없는 여행자가 두 명의 강도에게 매복 공격을 당하는 장면으로, 가해자의 환희와 피해자의 공포가 극명한 대조를 이룬다(1543년).

범죄에 대한 신문 기사에서처럼, 프란츠는 묘사적인 디테일을 삽입함으로써 이야기에 극적인 사실성을 더하는 동시에 살인자의 냉혹한 면모를 부각했다. 농부 린하르트 탈러(별명 침 뱉는 레니)는 빚을 돌려받으려는 심부름꾼이 찾아오자, 곧바로 그에게 돈을 건네주고 "거실 한 귀퉁이를 내주며 하룻밤 재워준다. 심부름꾼이 앉아서 이야기하는 동안, [탈러는] 벽에 세워둔 도끼를 집어 들고 그의 머리를 두 번 내리쳐서 숨통을 끊은 후 돈을 되찾았다." 더욱 소름이 끼치게도, 용병 슈테판 슈타이너는 침착하게 "[동료의] 왼쪽 가슴을 찔러 칼이 오른쪽까지 관통하게 했고, [그리고 나서] 그 후 [상대방이] 쓰러지기 전에 침착하게 자신의 칼에 묻은 피를 닦았다."[6] 매복에 대한 가장 상세한 기록은 다음과 같이 공격 자체의 폭력성과 가해자가 받은 궁극적인 처벌을 나란히 배치하여 설명했고, 그를 통해 사형집행인의 주춧대였던 잔혹성의 균형을 확고히 한다.

포펜로이트 출신의 군인이자 대장장이인 게오르크 프랑크는 페어 아날라에게 그녀가 약혼자인 마르틴 쉰헤를린을 만날 수 있도록 헝가리의 로이트 브루흐까지 호위해주겠다고 설득했다. 그리고 그는 [그녀를 해칠 음모를 공모한] 용병 크리스토프 프리슈와 함께 그녀를 숲으로 유인했다. 그런 다음 크리스토프는 등 뒤에서 말뚝을 휘둘러 그녀의 머리를 때려 넘어뜨렸다. [그는] 쓰러진 그녀를 두 번 더 내려쳤다. 프랑크도 그녀를 한두 번 때린 다음 칼로 목을 베었다. 그들은 그녀의 속옷만 빼고 옷을 모두 벗겨 숲에 버린 뒤, 두른헴바흐에서 5플로린을 받고 옷을 팔아넘겼다. ⋯ 이러한 죄목에 따라 선고받은 대로 처음 2회는 양팔에, 그다음 1회는 가슴에 수레바퀴형을 집행했다.7

이런저런 매복 사건에서 슈미트는 악행이 사전 계획되고, 분명한 범행 의사를 가지고 행해졌다는 점을 거듭 강조한다(당대 법률과 판결에서는 양자의 차이를 명확히 구분한다).8 오늘날 대부분 사회에서 그렇듯이, 법률 당국은 항상 악의적 살인을 단순한 과실치사보다 죄질이 더 나쁘다고 판단하고 가중 처벌했다. 강도 게오르크 타우허가 "새벽 3시에 [야간 침입해서] 술집 주인의 아들을 목을 베어" 살해했을 때, 당시 숙련공이었던 프란츠는 분명 경악했고, 특히 "그런 목적으로 갖고 다니던 칼로 고의로 살해"했기에 더욱 비난받아야 한다고 생각했다. 마찬가지로 안나 슈트뢸린이 "6살짜리 아들을 도끼로 죽였던 사건," 그리고 한스 도퍼가 "임신 중인 아내를 칼로 찔러 죽였던 사건" 등에서 슈미트는 각각의 충격적 사건에서 사전 계획에 따라 실행된 점을 특히 강조했다.9

마이스터 프란츠에게 이상적인 남자란 정직하고 경건하며 충실하고 공손하며 용감하다. 존속살해범인 프란츠 조이볼트와 같은 용의주도한 살인자들은 이러한 영웅의 완벽한 대척점에 놓여있다.

사전에 계획된 증오와 욕망에 끌려 친아버지를 죽인 것도 죄질이 아주 나빴지만, 조이볼트가 고른 방법은 매우 비열하고 비인간적이었다.

> [그는] 새 사냥터에서 바위 뒤에 보이지 않게 숨어 자신의 아버지(오스터노에 성(城)의 청지기)가 오기를 기다렸다. 아버지가 새를 잡으러 ([아이러니하게도] 매복 나무*의) 장대에 올랐을 때, 그는 아들이 쏜 네 발의 총탄을 맞고 이튿날 숨을 거뒀다. 처음에는 범인이 밝혀지지 않았으나, 그가 현장에서 도망치다 떨어뜨린 장갑이 전날 그레펜베르크의 재단사가 그에게 워줬던 바로 그 장갑임이 밝혀졌다. 이렇게 그의 범죄행위가 모두 천하에 드러났다.

조이볼트의 부자연스러운 배신행위는 치밀한 계획에도 불구하고 자신의 경박함, 근세 수사기법의 실마리, 이에 더해 어쩌면 신의 섭리 덕분에 탄로나기에 이르렀다. (지난해 [아버지를] 두 차례나 독살하려다 실패했던 사실을 포함해) 모든 범죄를 자백한 존속살해범은 수레에 실려 형장에 끌려 나왔고, 달궈진 인두 집게로 세 번 지져진 다음, 양 팔다리를 바퀴에 걸어 뼈를 부수는 수레바퀴형에 처해졌

---

* 매복(ambush)은 '관목에 숨다'(hide in the ambush tree)는 관용구에서 유래한 말이다.

241

다. 여기서 추가된 절차의 상세 기록을 보면 사형집행인의 정의 구현에의 의지를 다시 한번 재확인하게 된다.[10](96쪽의 그림 참조)

마이스터 프란츠가 평가한 바와 같이, 매복이 있었던 장소와 시간대에 따라 사회적 규범을 노골적으로 무시했다는 이유로 범죄의 오명이 커질 수 있다. 그의 일기는 급습에 따른 놀라움보다 특정 폭력과 연관해서 숲속의 공격을 더 비난하는 경향이 있는데, 아마 숲 자체를 치안이 위험한 지역으로 간주했기 때문으로 보인다. 반면 무장한 강도단의 가택 침입은 분명히 사형집행인의 내장을 뒤집어놓았는데, 이들 범죄에 대한 묘사에서 아동 학대에 대한 고통스러운 묘사에 버금가는 수준의 개인적인 슬픔을 표출하고 있다. 특히 심야의 주택침입은 놀란 집주인에 대한 폭행으로 이어질 수 있다는 점에서 단순 절도보다 심각한 범죄로 여겼다. "밤은 친구가 아니라"는 속담은 가로등 발명 전에 어둠 속의 치안이 취약했던 작금의 상황을 고스란히 보여준다. 해가 떨어진 시각 이후 통행금지 조치는 철저해서 거리에서 망토를 뺏는 등의 단순 절도만으로도 사형을 선고받기도 했다. 마이스터 프란츠는 잠든 피해자의 살해, 또는 폭행은 가해자의 비겁함과 뻔뻔함을 단적으로 드러내는 비열한 행위라고 간주했다.[11]

말싸움이 과열되면서 우발적인 치명타가 오가는 것과 달리, 악의적인 살인자들의 폭력은 과도해지는 경향이 있었다. 여기서도 프란츠는 그러한 폭행의 잔혹성을 전달하기 위해 몇 가지 세부 사항을 제시했다. 일용직 노동자이자 거지인 엘리자베트 로스네린은 "4파운드 9페니히(약 1플로린)를 얻으려고 [여자] 동료이자 게벨스도르프의 노동자를 콩밭에서 목을 조르고 단도로 찔렀다." 살인 미수로 유죄 판결을 받은 페터 쾨흘은 "거름을 푸던 삽으로 자신의 아버지를 심하게 내리쳤다."[12] 더 잔인한 사건으로는, 미헬 퀼러가 "일부러 베어 출신 마부의 머리에 돌을 맞췄다. … 마부가 말에서 떨어지면 돈을 뺏으려는 속셈이었는데, 돌이 빗나가 어깨를 맞은 그가 반격하려 하자 [퀼러는] 휴대용 칼로 그의 두부(頭部)를 32차례나 찔렀다."[13] 마이스터 프란츠는 범죄자들의 과도한 폭력을 간단히 묘사하기 위해 종종 부상의 심각성을 수치화했다. 엘리자베트 퓌핀은 "16주 동안 자신이 일했던 벨덴의 집행관 저택에 야밤에 침입했다. 그다음 보청기를 낀 통풍이 심한 노인 데첼의 방에 들어가 쇠막대기로 머리를 11차례나 때렸다." 이와 비슷하게 잔인한 배신행위로는, 구두장이 미헬 자이텔 사건이 있다. 그는 "작은할아버지인 소목장(小木匠)이 잠든 사이에 가택에 침입해서 공격했다. 뾰족한 돌로 머리에 38회에 걸친 외상을 입었고, 돈을 빼앗을 요량으로 제화용(製靴用) 칼로 목을 1회 찔렀다."[14]

　잔혹범죄를 선정적으로 이용했던 타블로이드판 신문처럼, 프란츠는 가해자의 파렴치한 행위뿐 아니라 피해자의 공포를 효과적으로 그리기 위해 케케묵은 극적 기법을 즐겨 사용한다. 하녀와 공모해서 노처녀 귀족인 우르줄라 폰 플로벤의 저택에 야간에 침입한

두 남녀가 저지른 난폭한 폭행 사건을 기술하면서, 프란츠는 부지 불식간에 피격당한 피해자의 관점에서 사건을 명료하게 재창조한 다. 괴한들은 "그녀의 침대로 다가가 베개 두 개로 그녀의 입을 틀 어막은 후 난폭하게 칼로 찔렀는데, 무려 30분이나 계속된 이 몸싸 움에도 [플로벤의] 발버둥이 멈추지 않자 세 번이나 질식시켜야 했 다."[15]

십 대 딸을 둘이나 둔 아버지로서 프란츠 슈미트는 잔혹한 강간 미수범들이 피해자를 짓밟았던 파국에 깊이 마음이 흔들렸다. 이 발사 숙련공인 한스 슈스터는 다음과 같은 만행을 저지른 것으로 기록되어 있다.

> [그는] 성주간에 마을 초입에서 뤼커스도르프 출신의 유부녀 에게 접근해서 강제로 접촉을 시도하려 했다. [그녀가] 저항하 자, [그는] 도끼로 그녀의 머리를 두 대 내려찍어 땅바닥에 쓰 러뜨렸다. 그리고 비명 지르지 못하게 그녀의 입에 흙과 모래 를 한가득 부어 넣었다. 다행히 누군가 도와주러 오지 않았다 면, 그는 그녀를 데려가 그의 뜻대로 [강간]했을 것이다.

같은 날 체포된 15살의 한스 바틀도 무자비하기는 마찬가지였다.

한스 바틀은 오스텐포스 뒤편 작은 숲에서 땔감을 모으던 4명

의 소녀에게 접근했다. 그중 가장 큰 11살 소녀를 때려 … 땅
에 쓰러뜨린 후, 그의 뜻대로 끌어내리려고 했다. 소녀가 비명
을 지르며 자신이 너무 어리다고 호소하자, 그는 이렇게 대꾸
했다. "성찬식을 받았으니, 넌 아주 건강한 음부를 가지고 있
어." 소녀가 있는 힘껏 비명을 지르자, 그는 그녀의 입을 막고
만약 비명을 멈추지 않는다면 칼로 찌르겠다고 협박한 뒤, 땅
에 눕혔다. 그렇게 두 명의 이발사는 [그다음에] 필요한 것을
취했고, 그 소녀에게 아무에게도, 심지어 악마에게도 어떤 일
도 말하지 않겠다고 맹세시켰다.16

카롤리나 형법은 강간을 사형으로 엄벌했지만, 신고 또는 처벌
건수가 극히 적었다. 17세기 동안 뉘른베르크에서 6명의 강간범이
처형된 것이 사실상 제국의 전체 사건 기록에 해당했다.17 대개 바
틀처럼 공격자가 젊다는 이유로 매질로 끝나고 방면되는 경우가
일반적이었다. 그러나 이러한 폭행의 잔인함, 저속함, 얄팍한 악의
는 마이스터 프란츠의 마음 깊은 곳에 보통 강도 살인자들이 불러
일으킬 법한 경멸을 느끼게 했다.

젊은 프란츠는 의도한 폭력과 의도하지 않은 폭력을 엄격히 구
분했다. 이 때문에 인생 후반부에 접어들어 연륜이 깊어진 그는 자
기 앞에 끌려온 불행한 자들의 얽히고설킨 동기를 저울질하고 분
석하는 데 전문가적 관심을 쏟았다. 계획 살인과 여느 공격, 특히

전문 강도들에 가장 흔한 동기는 물론 돈이었다. 그런데 물질적 기대이득이 종종 별것 없거나 때로는 눈에 띄지 않는 경우를 지적함으로써 프란츠는 범죄의 추악함을 더욱 강조한다. 재단사 미하엘 디트마이어는 "[농부인 지인과 길을 나섰다가 뒤에서 그의 머리를 한 대 쳐서 넘어뜨린 뒤, 두 대를 더 때렸다." 그때 죽은 사람에게서 뺏은 거라고는 기껏해야 3플로린과 3페니히뿐이었다. 아주 부지런한 강도 2명은 "전리품이 성에 찰 때까지," 마부들, 여자 빵 배달부, 그리고 행상인들을 차례로 공격했다. 어떤 범죄자는 1과 ¼플로린에 해당하는 5오트(orth)와 내용물을 알 수 없는 짐꾸러미를 뺏으려고 심부름꾼을 죽였고, 세공사 한스 라임은 방금 살해한 여자의 차가운 시신에서 푼돈밖에 찾지 못하자 크게 당황했다.[18]

비전문 범죄자들 사이에서는 개인적 원한의 역사가 사전 계획된 복수의 일반적인 동기가 되었다. 게오르크 프라운(일명 핀 조지)은 "농부와 불화를 겪자 조용히 숨어서 그를 기다렸다." 반면 푸줏간 주인 한스 쿰플러는 "마을 식량을 두고 야경꾼과 다툼을 벌이자, 야밤에 화해한다며 그의 집에 들어갔다가 결국은 그의 손에 들린 철퇴를 빼앗는 과정에서 그를 죽였다." 안드레아스 제이첸은 동료 이발사와 오랜 논쟁을 벌인 끝에 "동료의 기억에 남을 만한 대가를 치르게 하겠다고 위협했다. 그래서 그는 자신의 [피부를] 면도날로 상처 낸 뒤 양파에 섞어 완두콩 요리를 한 다음, 그 증기를 그들이 일하는 대중목욕탕으로 흘려 보냈다. 아마 동료에게만 앙갚음

할 의도였을 텐데, 대신 목욕탕에 있었던 70명 이상의 사람들이 다치고 프랑스적인 염증[즉, 매독]이 생겼고, 또한 [상당수는] 기절했다." 프란츠는 그들의 불화의 본질이나 유래에는 딱히 시적 상상력을 동원할 생각이 없었으나, 복수의 대가를 다음과 같이 기록했다. "앙심에 불타던 이발사 역시 상처를 입어 8주 동안 집에 누워 있는 신세가 되었다"고 말이다.[19]

고작 푼돈을 얻어낸 몇몇 살인처럼, 그런 복수행위 이면에 숨은 대우의 부당함도 대부분 사소한 것에 지나지 않았다. 마이스터 프란츠가 회상한 바로는, "마렐슈타인에 사는 농장주의 외양간과 가재도구를 불태운" 하녀 우르줄라 베헤린의 방화 이유는 매우 단순했다. "그저 노인들이 자신을 심하게 대했다는 원망밖에 없었다. 더구나 1582년에도 하젤호프의 주인과 의견이 맞지 않는다는 이유만으로 똑같은 짓을 벌였다." 안나 비쇼핀은 퀴첸 농장의 마구간을 불태웠는데, "그녀가 지갑을 다른 장소에 잘못 둔 탓에 자신이 훔친 것으로 오해받았기" 때문이었다. 한편 쿤츠 네너는 "누군가 비둘기를 빼앗았다"고 주장하며 불을 지르려 했다. 파국을 초래한 다른 범죄들 역시 그 발단은 사소했다. 횃불, 잃어버린 숟가락, 브로치를 둘러싼 말다툼이나 앙심 때문에 계획적인 폭행이 일어났다는 것을 기록하는 과정에서, 프란츠는 인간의 어리석음 또는 균형을 잃은 폭력을 비난하려던 것이 아닐까?[20]

금전, 복수, 그리고 아마 사랑이 쿤라트 츠비켈슈페르거와 바르

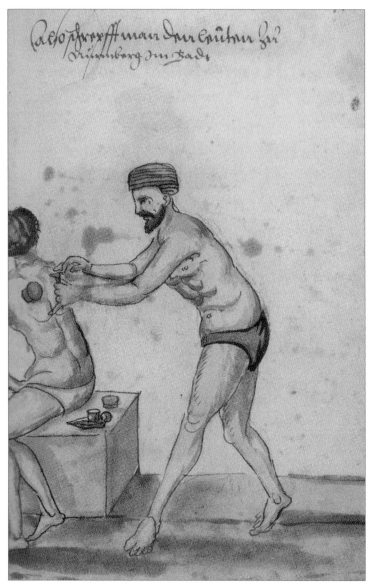

대중목욕탕은 여러 종류의 의학적 치료와 매춘부와의 만남 등 다양한 사회적 교류의 기회
를 제공했다(1570년경).

바라 바그네린이 남편의 살해를 다음과 같이 모의한 주요 동기가 되었을 것이다.

> [츠비켈슈페르거]의 독촉을 받아, 바그네린은 세 번이나 남편의 죽에 독충 가루를 넣었다. 그녀 스스로 세 숟가락이나 먹어가며 남편에게 먹였는데 끝내 그는 무사했다. 남편은 여섯 번 토했고, 그녀는 두 번 토했는데, 이는 (츠비켈슈페르거가 당부했던 바대로) 음식을 너무 많이 주면 단번에 죽을 것이고, 음식을 너무 적게 주면 금세 토해버리기 때문이다. 츠비켈슈페르거는 또한 목수의 아내인 그녀 외에 다른 여자와 관계 맺지 않겠다고 교회에서 맹세했고, 그녀 역시 똑같이 약조했다고 전해진다. 또한 츠비켈슈페르거는 나이 든 마술사를 찾아가 목수를 칼에 찔리거나, 넘어지거나, 익사하게 해달라며 2플로린을 건네주었다.[21]

공모자들의 애정이 얼마나 신실했든, 희생자는 이런 살인 모의에서 살아남아서 자신을 암살하려 했던 두 사람이 마이스터 프란츠에게 처형되는 광경을 지켜보았다. 사랑과 욕망은 게오르크 비글리스가 뉘른베르크 숲에서 봇짐장수에게 치명상을 입혔을 때도 중요한 역할을 했다. 그는 봇짐장수를 살해하고 "8굴덴을 훔친 데다가 라인부르크에 있는 피살자의 아내를 찾아가 혼인까지 했다."[22] 살인과 결혼이 교묘히 얽힌 사건에서 살인자가 죄의식을 덜려 했는지, 아니면 순전히 유혹에 이끌린 괴상한 사건인지 프란츠는 별다른 견해를 밝히지 않았다. 다만, 3건의 살인에 연루된 비글리스가 2명의 도둑이 교수되는 형장에서 나란히 수레바퀴형을 받았다는 사실만 기록되어 있다. 도적과 노상 강도단은 방종하며 (그 자체로 악한) 지나친 잔인성의 가장 극단적인 사례다.[23] 마이스터 프란츠가 처형한 사람들의 $\frac{1}{10}$도 채 되지 않지만, 그의 일기에는 이 살인자들에 대한 긴 설명이 붙어 있어 가장 생생하게 알 수 있다. 길을 따라 옮겨 다니면서 가택 침입하는 강도는 신중하게 계획된 악행보다 가학적 충동을 충족시키려는 핑계로 보인다. 즉 희생자들을 묶고 불과 끓는 기름으로 고문하고, 반복적으로 강간하고, 끔찍한 방법으로 죽인다. 자연법에 역행하는 온갖 위법행위를 접했던 프란츠조차 여전히 16명의 도적떼가 저지른 악행에 충격받았다. 그들은 "밤에 가택을 덮쳐 사람들을 묶고, 고문하고, 폭력을 가하며, 돈과 옷을 강탈했다."[24] 여기서 프란츠는 특히 두 명의 희생자들에게 특히 동정을 표시했는데, 그중 한 여성은 "둔기로 얻어맞고 칼에 찔려 17곳이나 상처를 입고 13주 후에 숨을 거뒀다. 또 다른 여성은 손이 잘린 채 사흘째 되는 날에 사망했다."[25] 프란츠의 설명에 따르면, 도난당한 재산은 그전에 있었던 야만적 폭력의 부산물에 지나지 않아 보인다. 이런 남자들은 게걸스럽게 제반 사회 규범을 더럽혔고, 서로 배짱을 더 과시하느라 애썼다. 프란츠 슈미트가 보기에 가장 용서할 수 없었던 사건은 한 임신부를 고문하고 그녀의 눈앞에서 태아를 끄집어내고 살해했던 일이었다. 이 대목에서 우리는 사형집행인은 그런 범죄자들에게 가한 잔인한 행위를 정당화할 필요가 있다는 점을 되새겨야 한다. 아무튼 프란츠가 의식적이든 무의식적이든 때때로 과장된 기록을 남겼을 수는 있지만, 사형집행인이 묘사한 폭력은 분명 실재했고, 무법자들의 궤적에 남은 순수한 공포 역시 실재했다.

잔학 행위는 희생자의 죽음에서 그치지 않았다. 프란츠의 설명에 따르면, 전문적 강도는 희생자의 시신을 훼손할 가능성이 컸다.

방앗간과 같이 고립된 장소에서 가택 침입자가 남긴 잔혹함과 무력한 희생자가 겪는 공포를 잘 드러낸 18세기의 프랑스 판화(1769년).

이는 직업상 똑같은 일을 해야 했던 사형집행인으로서는 놀라운 문제일 수도 있었지만, 사실상 프란츠와 동시대 사람들에게 기독교 매장 관습의 엄숙함을 보여주는 지표였다. 시체를 처형장에 그대로 매달아 두거나, 수레바퀴 위에 전시하거나, 또는 시체를 태우는 것은 사후세계를 믿고 죽은 자의 육체적 부활을 믿는 신자들에게 상당한 혼란을 안겨주었다. 숨진 자를 일부러 모욕하거나 방치하는 것도 사실 비난받아 마땅했다. 방앗간 주인의 시신 위에 걸터앉아 달걀 요리를 먹고 남편을 잃은 아내에게 시중을 강요하는 강도 클라우스 렝크하르트의 초기 이미지는 인간 가치를 이보다 더 송두리째 뒤흔들 수 없었으나, 그러한 살인자들의 모습은 인간의 기본 품위를 무시하는 전형이었다.26 프란츠는 강도가 희생자의 옷을 벗긴 후 시체를 길가에 버려두고 가거나, 인근 수풀 또는 강물에 던져두고 갈 때 진실로 환멸을 느꼈다. 린하르트 탈러(별명 침뱉는 레니)가 애초에 희생자의 시신을 "마구간 짚단 아래 숨겼다가 다음날 밤 아내의 도움을 받아 작은 나무 아래 옮겨 묻었을" 때, 슈미트가 느낀 감정이 안도인지 슬픔인지는 알 수 없다.27

마이스터 프란츠는 개인들이 제반 사회 규범을 배척했는지에 관한 궁극적인 증거를 서로가 각자를 대하는 태도에서 찾았다. 문자 그대로 '상대방'(相對方)이란 표현에 걸맞지 않게, 슈미트의 기록에 등장하는 무법자들은 자신이 정한 규범도 따르지 않았고, 충성심을 보이는 법도 없었고, 정기적으로 서로 배신을 일삼았다. 복수심이 동기일 때도 있어서, 예를 들어 강도 한스 파이어는 동료 아담 실러에게 "죽음의 저주를 건 적이 없다고 부인했는데도, 유배된 실러는 끝내 그를 배신하고 체포당하게 했다." 갈등은 주로 (특히 전리품을 나눌 때) 탐욕으로 인해 촉발되었다. 피슈바흐 출신의 한스 게오르크 슈바르츠만(일명 뚱보 용병)은 "전리품의 몫을 챙기려다 동료들과 다퉜고, 결국 동료들은 그를 흠씬 두들겨 패고 그를 거들던 매춘부를 죽였다." 미하엘 포글은 오랜 공범이었던 동료와 "약탈물을 두고 싸웠고, 그를 칼로 찌르려다 [동료의] 총을 잡고 발사하는 바람에 현장에서 즉사했다." 도둑들 사이에서 명예란 없다는 걸 보여주기 위해, 마이스터 프란츠는 이 사건에서 오랜 동료가 "숨진 포글의 옷을 벗기고 40플로린을 약탈했다"고 덧붙였다. 심지어 강도 크리스토프 호프만은 우발적으로 동료를 쏴 죽였는데, 끝내 동료의 옷을 벗기고 야트막한 개울에 동료의 시신을 유기했다.

강도들 간의 내분은 매우 폭력적인 양상이라서, 게오르크 바이스호이프텔은 동료의 손을 자르고 팔 한쪽을 난도질하다시피 한 다음 머리를 때려 살해했다. 악명이 높기로 유명한 게오르크 뮐너(일명 홀쭉이 조지)는 옛 동료 하나를 강탈하고 살해했고, 다음 날 인근 숲에서 매복해 있다가 그 동료의 아내를 "수건으로 목 졸라 죽인 뒤 그녀의 돈과 옷을 빼앗았다." 이에 질세라, 강도 한스 콜브(일명 껑다리 벽돌공)는 2년 전 뷔흐에서 "[자신의] 아내를 찔렀고, 프랑켄의 한 도로에서 동료를 찔렀다. … 비슷한 수법으로 들판에서 동

253

료 약혼자의 귀를 잘랐다."[28]

패륜적인 노상강도에 대한 프란츠의 분노를 부채질한 것은 바로 그 자신과 동료 집행관이 이런 범죄를 온전히 예방하거나 처벌하지 못했다는 좌절감에서 비롯되었다. 그러니까 그런 범법자를 체포하고 처형할 때 프란츠가 느꼈을 환희를 이해할 수 있다. 프란츠는 가능한 한 공범들의 이름을, 특히 그들이 이미 체포되고 처형되었다면, 전부 열거하려 했다. 강도 한스 함머(별명 안경잡이, 젊은 구두 수선공)에 관한 기록에는 극악무도했던 가택 침입 사건에 연루되어 프란츠의 손에 의해 형장의 이슬로 사라졌던 공범 이름들이 함께 나열되어 있어 그의 으쓱한 기분을 엿볼 수 있다. 물론 원통하게도 "더 많은 공범이 아직 체포되지는 않았다." 프란츠는 한스 게오르크 슈바르츠만과 매춘부 안나 핀츠리닌의 공범들(굴뚝 미하엘, 바이로이트의 학자, 스푼 카스파르, 대머리, 학자 파울루스, 못난이, 식스, 줄프 등등)을 줄줄이 읊으며 "그들 또한 죄악의 대가를 받았다"는 사실을 즐거운 마음으로 적었다. 강도 하인리히 하우스만과 게오르크 뮐너의 범죄와 처형 장면을 기록하면서 프란츠는 49명에 이르는 공범의 본명과 가명을 전부 공개했다. 공범 명단을 작성한 이유는, 그들 중 4명만 체포되었다는 점을 고려하더라도, 여전히 수수께끼다. 아마 장래에 공범들이 체포될 경우를 대비한, 동료 사형집행인들을 위한 지명수배범 명단인지도 모른다. 어쨌든 어떤 경우라도 그것은 매우 독특하고 특징적인 제스처로 해석된다.[29]

격정 범죄

프란츠 슈미트가 보기엔, 인간의 근본적 품위에 대한 악의적 위반과 단순히 인간의 허약함에 굴복한 것과는 큰 차이가 있었다. 따라서 일기에는 중대하지 않고 비폭력적인 범죄에 대해서는 많은 분량을 할애하지도, 분석하지도 않았다. 범인에게 피해받은 희생자가 없다면, 재산 손해나 성적 문란은 거의 다루지도 않았다. 비록 그런 범죄들이 그가 집행한 처벌 건수의 ¾이상을 차지했다고 해도 말이다.30 물론 그러한 경우에도 슈미트는 공동체의 복수자 역할을 계속 대리했으나, 강도들을 처형할 때 쓴 설명처럼 적나라한 만족감은 현저히 떨어진다. 달리 말하면, 대부분의 사형 집행과 형벌에서 그가 분노를 억누르는 것은 그리 어려운 일이 아니었다. 그런 면에서 프란츠는 사형집행인은 국가 폭력의 변함없는 냉정한 도구라는 형법적 이상에 한층 가까워졌다.

비악의적 범죄*에 대한 프란츠의 태도는 그런 범죄를 저지른 사람들에게 더 큰 연민을 보여줄 수 있게 했다. 그가 가장 관대하게 대한 범죄는 (정의상 사전 계획이나 악의가 없는) 격정 범죄로, 특히 순간의 격분이 솟구쳐 일회적 폭력을 행사한 경우였다. 격동하는 시

---

* 현대 형법체계에서도 비악의적 살인죄는 다음의 두 가지 유형을 포함한다. (1) 격정범죄와 같이 살인의 고의는 있지만 상대방의 감정적 도발로 자기 통제를 상실한 결과 살인을 저지르는 고살죄, (2) 살인에 대한 고의 없이 중과실 또는 현저한 주의태만에 의한 과실치사죄가 비악의적 범죄에 해당한다.

대에 살았던 남성 (프란츠 슈미트를 포함한) 대부분은 칼 또는 다른 무기를 항상 소지했다. 그러니 술에 만취했거나 남성의 명예에 관한 논쟁이 불붙으면, 의례적으로 주먹다짐뿐만 아니라 칼로 찌르거나 결투가 이어졌고, 몇몇은 치명적인 결과로 이어졌다. 『카롤리나 형법전』과 그 밖의 형사 규정은 정당방위와 "명예 살인"의 정의를 좁게 해석했지만, 근대 미국 황야의 서부와 마찬가지로 언어적으로나 신체적으로 피해받은 사람은 물러설 명분이 없었고 오히려 자력 구제가 필수 관행이었다.31 통상 심각하지 않은 부상을 겪은 피해자들은 오랜 관행인 사적 재정조정을 통해 보상받으려 했다.32 분노 섞인 말이 끝내 죽음으로 귀결되는 상황을 목격했던 프란츠는 정의 구현의 필요성을 인정하면서도 분노에 휩싸여 저지른 살인은 불운하나 이해할 만한 인생사로 받아들였다.

프란츠의 초기 일기에서는 "농부가 숲지기를 찔렀다"거나 "모피 상인이 튜턴 기사단 소속 병사를 찔렀다"는 등의 내용이 간략히 언급된다. 가끔은 특정한 모욕("배신자, 도둑, 불량배"), 범죄와 연관된 무기 종류("칼, 도끼, 망치, 화살촉")에 대해 상세한 내용이 실려 있다. 또한 다툼과 분쟁이 발생한 이유도 적혀 있는데, 예를 들어 "술 값을 누가 낼지, 1크로이처[0.02플로린]를 누가 가질 것인지, [친구가] 자기한테 배신자라고 욕해서" 등등의 매우 하찮고 사소한 이유였다.33 아마 그런 내용마저 없었다면 이 처형 일기는 너무 따분할 것이다.34 프란츠는 궁수 한스 하커의 사건에서 남자들이 명예를 지킬 태세를 갖춰야 하는 세상이니 그런 사고는 늘 있기 마련이라는 암시를 담았다. 경비 중이던 그는 자신에게 "욕설한 동료 궁수에게 무기를 내려놓게 하고 말다툼하던 중에, 홧김에 망치로 때려 동료를 죽였다."[35] 그래도 한스 하커는 태형으로 마무리되었지만, 매춘부와 격렬히 싸웠던 페터 플랑크의 사건에서는 가해자와 피해자 모두 비극적인 파국을 맞이했다. 마이스터 프란츠는 플랑크가 술을 많이 마시고 귀가하던 어느 저녁부터 이야기를 시작했다.

그가 슈피틀러 성문에서 돼지 도축 시장으로 걷고 있을 때, 어떤 매춘부가 준데르슈퓔 거리에서 자신의 앞으로 지나가는 걸 보고 서둘러 그녀를 쫓아갔다. 그의 설명에 따르면, 그녀가 먼저 집에 함께 가자고 수작을 걸었다가 거절당하자 그에게 주님을 걸고 맹세하라고 요구했다. 그가 기도를 위해 무릎을 꿇자, 그녀는 그의 모자를 빼앗고 모자를 숨긴 사람은 그가 아니냐며 조롱했다. 그들은 모자를 되찾으려 옥신각신하며 서로 몸싸움을 벌였다. 그가 그녀의 얼굴을 한 대 때리자, 매춘부는 숨겨둔 쌍칼을 뽑아 그를 찌르려 했다. 그는 모래를 한 움큼 주워 뿌렸으나, 그녀도 똑같이 대응하며 칼을 계속 휘둘렀다. 그 역시 칼을 뽑아 그녀의 눈을 찔러 상처를 입혔다. 그녀는 쓰러졌고 그는 칼날이 부러진 채 칼자루만 쥐고 있었다. 그는 무릎을 꿇고 그녀가 쥔 칼을 낚아채려다 칼날에 손이 베였고, 이에 화를 참

지 못하고 쓰러진 그녀의 왼쪽 가슴에 칼을 꽂았다.36

　주로 알코올, 명예 훼손, 신체 상해 등으로 비롯된 분노는 불꽃처럼 폭력을 연쇄적으로 촉발했다. 마치 사전에 계획된 배신이 얼음처럼 냉정한 것과는 대조적이다.

　열정, 특히 성욕에 굴복하는 것은 뉘른베르크의 사형집행인 눈에도 불가피하고 덜 심각해 보였다. 마이스터 프란츠가 집행한 384건의 태형 중 거의 ¼이 사음*(邪婬), 간통, 매춘을 범한 자들이었다는 정도만 아주 간략히 기록되어 있다. 태형을 받는 희생자들은 주로 직업적인 매춘부들로, 프란츠는 기회가 있을 때마다 이 음지에 사는 자들을 비난했다. 그러나 성직자 동료들과는 달리, 그는 이런 '음탕한'('절조가 없는') 행위를 다른 공개적 추문에 비해 가볍게 취급했다. 경건한 슈미트는 혼외 성관계의 죄악을 부인하지는 않았겠지만, 적어도 논란된 행위가 당사자 합의에 따른 것이라면 가벼운 혐오 이상의 감정을 느끼진 않은 듯하다. 오히려 그의 언어는 거칠고 현실적이며, 인용문도 매우 짤막하다. 그는 심지어 몇몇 초서†(Geoffrey Chaucer) 풍의 진부한 순간들을 낱낱이 전달한다.

---

*　사음(fornication)은 결혼하지 않은 남녀간 성교를 뜻하며, 어느 한 사람이라도 결혼한 사람과의 사통을 의미하는 간통과는 구분되어 사용된다.

†　제프리 초서(Geoffrey Chaucer, 1342년~1400년)는 중세 영국의 시인이다. 중세사회의 축약본으로 알려진 『캔터베리 이야기』는 영국 사회 각계각층의 인물을 그리고 있어 중세 사회의 축약본으로 알려져 있다.

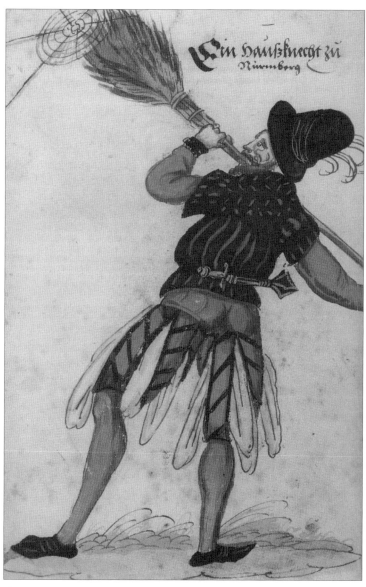

당대 사회는 무장이 보편화되어 있어서 거미줄을 청소하는 하인조차도 자기만의 단검을
품에 두고 일했다(1570년경).

하일브론너 호프의 선술집 주인의 딸이자 파흐의 제빵사인 사라는 하녀가 음탕한 짓을 하도록 부추겼다. 또한 사라는 대장장이에게 하녀와 잠자리를 한 뒤에 사통한 증거로 [하녀의] 작은 덤불에서 털을 뽑아 가져오라고 시켰다. 하녀가 울부짖자, [사라는] 하녀의 입에 엉덩이를 깔고 앉아 소리치지 못하게 한 다음에 차가운 물을 들이 부었다.₃₇

또한 형 집행취소에 관한 주제 토론 중에 나온 한 일화는『데카메론』의 바쿠스적 세계를 연상시킨다.

헤르스브루크 출신의 한 농부는 여관에서 다른 농부와 술을 마시던 중 오줌을 누겠다고 술자리에서 나온 후, [그 대신에] 술친구의 아내를 야밤에 찾아갔다. 마치 그녀의 남편이 집에 온 것처럼 침대에 누워 음탕한 짓을 한 다음 자리를 떠났는데, 사실 잠자리를 가진 아내도 그가 자기 남편이 아닌 걸 알아차렸다.₃₈

범죄자들과 태생이 비천한 간수들과 대부분 시간을 보냈으니 사형집행인의 유머가 저속했던 것은 놀랍지 않다. 이는 마이스터 프란츠의 경건한 신앙이 꼭 신중한 성격을 의미하는 것은 아니며, 또한 성직자 동료들이 내세우는 엄격한 성적 기준에 대해 다른 사회

구성원들, 심지어 신자들조차 완전히 수긍하지 않았다는 사실을 말해준다.

사적인 죄악을 넘어선 공적인 추문은 슈미트에게 매우 중범죄로 인식되었다. 그는 신분 위계에 민감한 데다 더구나 평판을 무엇보다 소중한 자산으로 여겼기 때문에, 가해자가 부적절한 처신으로 가문과 공동체에 수치를 안겨주는 사건에서 성범죄에 대한 반감과 분노를 가차없이 드러냈다. 게오르크 슈네크는 "뉴우드의 다이어바비라는 창녀와 간통했을 뿐만 아니라 결혼식을 올리고 혼인 생활을 했다." 도둑 페터 호프만도 "아내를 버리고 내연녀를 두었는데, 아내가 죽자 또 다른 내연녀와 라우프에서 결혼 공고까지 했으나, [결혼을] 허락받지 못하자 브리기타와 살았다."39

현대 독자들에겐 낯설겠지만, 이 시대의 혼인 서약은 목사나 사제 앞에서 선언할 필요가 없었다. 단순히 서로 약조를 주고받거나 증인을 몇 명 세우기만 해도 초야(初夜)를 치른 후에 공식 혼인으로 인정받았다. 예상하는 바대로, 여자를 침대로 유인하기 위해 거짓 혼인 서약을 하고, 또 쉽게 버리는 남자들로 인해 추문이 연달아 일어났다. 더구나 원치 않은 임신을 하게 된 젊은 여성은 끔찍한 선택밖에 답이 없었다. 즉 자기 자신과 가문의 수치를 각오하고 아이를 낳거나, 또는 여성의 생명을 위협하는 불법 낙태를 시도하거나, 그도 아니면 임신 사실을 숨기고 아이를 유기하는 수밖에 없었다. 가족에게서 이렇다 할 도움을 받을 수 없는 젊고 가난한 여성들은 주로 세 번째 방법을 선택했고, 그 결과 혼자 산고를 겪다가 절망에 빠져 영아살해의 죄를 짓게 되었다. 더구나 영아살해죄는 발각되면 곧 사형을 받는 중범죄에 해당했다.40

거짓된 혼인 맹세의 경우, 프란츠는 (적어도 영아살해죄를 범하지 않는 한) 젊은 여성과 가족의 명예 훼손에 대해 깊이 동정했다. 특히 주변 사람들에게 혼전 관계가 알려졌다면 더 말할 나위가 없었다. [슈미트 가문의 고향인] 포크틀란트 호프 출신의 서기 니클라우스 헤어초크가 하녀를 임신시키자 마이스터 프란츠는 경멸을 숨기려 하지 않았다. 그는 "[하녀에게] 결혼을 약속하고 결혼 공고*까지 냈으나, 하녀를 버리고 종적을 감췄다가 [여기] 베르에서 또 다른 하녀를 임신시키고 결혼했다." 또한 농장 일꾼인 게오르크 슈미트가 "농부의 딸에게 구애하고 결혼 약속을 내세워 잠자리를 20번이나 했으나, 전부 거짓말로 드러났"을 때, 프란츠는 그렇게 얼버무리는 태도에 대해 화를 참지 못했다.41 모든 범죄에서 그렇듯이, 속임수와 비겁함은 사형집행인의 분노를 일으켰고, 자작나무 매질로 그런 파렴치범들에게 응당한 처분을 내린 후 그는 상당히 흡족해 했던 여러 차례 기록이 남아있다.

성과 관련된 다른 문헌들은 그가 도덕성보다는 예의범절, 사적인 죄보다는 공개적인 망신에 더 관심을 두고 있다는 것을 보여준

---

* 중세 유럽에서는 결혼식을 하기 전에 교회에서 일요일에 결혼 예고를 3회 공고하고 마을 사람들에게 반대 여부를 묻는 전통이 있었다.

다. 예를 들어 단순히 불쾌해 보인다는 이유로 침실의 사생활을 단죄하는데, 재단사 바이트 하이만과 그의 신부 마르가레타 그로신이 "자신들이 벌이는 음탕한 짓을 하녀들에게 보여줬다"는 이유로 매질했을 때가 그렇다. 또한 각자의 딸을 매춘부로 내돌린 아멜라이 쉬친과 마르가레타 푸흐펠데린, 그리고 아내의 포주를 자처했던 히에로니무스 바일슈타인에게 그는 매우 혐오감을 느꼈다.42 더욱 지독했던 추문은 서기 한스 브루나우어의 사건이었다.

> 아내가 살아있는데도 그는 (엄연히 유부녀인) 바르바라 케트네린과 음탕한 행위를 했다. 그녀에게 결혼을 약속하고 3년 동안 내연관계를 지속했으며, 반년 동안 그녀와 시골을 돌아다니며 동거한 끝에 아이까지 낳았다. 비슷하게 바르바라의 여동생과도 두 번이나 음란한 행위를 했으며, 그녀의 계모와도 여러 차례 통정했다. 또한 반년 동안 소목장 토마의 아내와 잠자리를 가졌으며, 그 후에도 결혼 약속을 내세워 동거했다. 게다가 아직 아내가 버젓이 살아 있는데도 하녀와의 사이에 쌍둥이를 낳았다.43

세상에 쓴맛을 다 본 마이스터 프란츠조차 아폴로니아 그로신이 과자 제조업자인 엘리자베트 메흐틀린에게 결혼을 약속하고 음탕한 짓을 했을 때 아연실색했다. 그는 엘리자베트와 남자 이발사 엥

겔헤드와 한 침대에 누워 두 사람과 음사(淫事)를 벌였다.44

근친상간과 남색은 전통적으로 신에 거역한 죄로 인식되었기 때문에 기독교 교리에서 가장 심각한 성범죄로 화형에 해당하는 죄목이었다. 특히 근친상간은 혐오 대상을 넘어 만약 제대로 처벌되지 않으면 신의 분노를 일으켜 필경 공동체가 위험하다고 믿었다. 그러나 17세의 게르트라우트 슈미틴이 아버지와 남동생과 4년을 음란한 관계로 살았던 사건은 너무나 충격적이었기 때문에 프란츠 슈미트는 이례적으로 그녀를 이단자라고 비난했다. 하지만 이때도 그는 동정심의 발로에서 (아마 그녀를 일종의 희생자로 보았기에) 화형을 참수형으로 감경하는 데 이의를 제기하지 않았다. 반면 그녀의 아버지와 오빠는 8일 후 인근 랑겐첸에서 안스바흐의 사형집행인에게 산 채로 화형당했다.45 또한 프란츠는 슈미틴의 심문 과정에 참여해 내막을 소상히 알았으나 구태여 외설적인 세부 사항을 기록에 남기지 않았다.

이렇게 프란츠가 유례없는 반응을 보인 이유는 이 사건이 그가 겪은 유일한 근친상간 사례였기 때문이었다. 근세의 가정에서 침묵의 카르텔을 형성하던 근친상간 사건들이 공개되면 대중은 큰 충격을 휩싸일 수밖에 없었다. 가장 흔한 사례로는 계부와 의붓딸이 관계를 맺는 경우, 또는 한 사람이 친족관계에 있는 두 사람과 동시에 성관계를 갖는 경우(예를 들면, 한 여성과 남편과 시동생, 한 남성과 아내와 처제 또는 계모 등)가 사건화되었다.46 현대적인 감수성으로는 이해하기 힘들지만, 후자의 경우도 근친상간으로 정의되고 중대한 신성 모독으로 간주되어 보통 사형이 선고되었다. 다만 뉘른베르크에서는 대부분 참수형, 운 좋으면 태형으로 처벌 수위가 낮은 편이었다.

당시로는 흔히 근친상간을 범하고도 추방형으로 감형받았다면, 그건 남성들뿐이었다. 마이스터 프란츠는 (사실상 모든 성적 문제에서 일관되게 나타난) 이중잣대를 뚜렷이 인식했을 뿐 아니라 그 자신도 그런 관점을 공유했다. 때때로 그는 공모의 단계를 구분하여 이런 모순을 옹호하려 했다. 예를 들어 같은 하녀와 동침한 부자는 "각자의 행동을 알지 못했다"는 이유로 매질만 받았으나, 하녀는 처형당했다. 한편 "[두 번째 남편과 딸 사이에] 있었던 사건 전모를 알았던 데다가 주선하기까지 했던" 쿠니군다 퀴플린은 참형을 받은 후 시신이 불에 태워졌다. 그러나 그런 가혹한 판결은 사건 속의 추문을 내세워 정당화되는 효과가 있었다. 프란츠는 엘리자베트 메흐틀린이 "한스 슈나이더라는 [동명의] 형제와 (불경한 장소로 느껴지는) 정육점 가판 위에서 음사를 벌였다"는 점을 주의 깊게 기록했다. 또한 안나 파이엘슈타이닌(별명 갈보 애니)은 "콜드론 씨 부자와 음탕한 행위와 매춘을 저질렀는데, 두 남자 모두 유부남이었으며 그녀 역시 남편이 있었다. [하지만] 그녀의 남편은 오히려 아내에게 21명의 유부남과 청년을 소개하여 포주 노릇에 나섰다."[47]

근세 초기의 남색(Sodomy)은 동성애, 수간, '자연의 섭리에 어긋나는' 성적 행위(이단 등)를 망라하는 다양한 범죄를 뜻했다.48 프란츠는 1594년에 한스 베버에게 화형을 집행하면서 법정에서 동성애를 처음으로 대면했다.

> 과일 장수(일명 뚱뚱보 과일 장수)인 한스 베버는 … [크리스토프 마이어를 상대로] 3년 동안 남색 행위를 하다가, 톤 레인의 울타리 뒤에서 고리를 만드는 직공에게 현장을 발각당한 후 체포당했다. 과일 장수는 20년 동안 요리사 안드레아스라는 이름의 알렉산더, 군대에 있는 게오르크, 라우프의 제빵사 헤벌쭉이 크리스, 그리고 그 외에도 이름을 댈 수 없을 정도로 많은 제빵사 직공들과 남색을 벌였다. 과일 장수는 산 채로 화형을 받았고, 바로 그 옆에서 마이어의 시신이 함께 불태워졌다.49

그런데 2년 후에 체포된 무역업자 한스 볼프 마르티는 동성애 상대의 수가 훨씬 더 많고 애인의 아내 한 명을 칼로 찌른 혐의가 있었는데도, (왜 시혜가 베풀어졌는지는 기록이 없지만) 산 채로 화형당하는 처벌만은 모면했다.

암흑가의 강도들에 대한 공포는 팽배했으나, 동성애에 관해서는 프란츠는 속사정을 꿰뚫고 있었기에 불안해 하지 않았던 것 같다. 오히려 이 치유 불가능한 특성을 규명하려는 요구와 더불어, 호기심에서 비롯하여 그는 기소된 남색가들과 통정한 혐의자들을 일일이 기록하기에 이른다. 마르티의 사건에서 언급된 목록은 다음과 같이 무척 길다.

> [앞서 말한] 석공과 목수 외에도 남색 행위를 벌인 상대방은 끝이 없다. … 이비스에서 바지선 선원과의 통정을 시작으로 브라우닝겐과 프랑크푸르트의 선원들과 상대했으며, 그다음에는 시골 전역을 돌아다니며 미텐브뤼크의 농부, 비츠부르크의 수레꾼, 슈바인푸르트의 열쇠공, 빈츠하임의 농부, 팔차의 수레꾼, 뇌르틀링겐의 한 남성, 잘츠부르크의 추수꾼, 그리고 마지막으로 소도시 베어의 한스라는 이름의 경비대원 등등과 음탕한 짓을 벌였다.50

심지어 마르티가 상대방들의 이름을 밝히지 않았는데도 (그들을 감싸려고 했든, 혹은 단순히 이름들을 알지 못했든), 마이스터 프란츠는 당시 마녀사냥꾼들이 했던 방식대로 용의자가 공범자의 이름을 이실직고할 때까지 손가락 죄기 등의 고문을 하지 않았다. 그뿐 아니라 슈미트의 논조 역시 크게 비판적이지 않았고 경멸 섞인 말도 쓰지 않았다. 이는 "소 네 마리, 송아지 두 마리, 양 한 마리와 수간을 했던 이단자 게오르크 쇠르프"에게 혐오감을 공공연히 드러낸 것과 대비된다. 그 후에 쇠르프는 "벨른의 동물 성애자와 함께 참수형을 받고, 수간의 제물이었던 소와 함께 불태워졌다.”51 심지어 “남색을 시도하려 사람들을 기습한 죄목으로 기소된 농부의 사건에서 가해자가 만취했다는 이유”로 매질로 크게 감형되었다고 슈미트는 간략하게 적고 있다.52 물론 프란츠가 남색을 신중하게 처리했다는 점이 당시 뉘른베르크에서 동성애가 널리 퍼져 있다거나 공공연히 묵인되었다는 의미로 해석되어서는 안 된다. 그러나 그런 ‘망측한 짓’(abominations)*에 대한 엄격한 종교적 경고와 전반적인 파장은 슈미트의 일기에 나타나지 않는다.

프란츠가 근친상간과 남색을 신에 대한 범죄로 간주하더라도 그러한 행위가 곧 신의 심판으로 이어져 전염병, 기근 등의 재앙을 일으킨다는 세간의 미신을 신봉했다는 증거는 없다. 노골적인 신성모독은 또 다른 문제였다. 근세의 다른 남성들과 마찬가지로, 하나님 아버지(聖父)는 명예가 정면으로 도전받을 때 서슴없이 채찍을 휘두를 것이다. 매춘부의 실없는 농담이든, 말싸움 끝에 나온 궁수의 외침이든, 또는 “강력한 천둥 번개가 몰아칠 때 비통에 빠진 유리공이 내뱉은 저주”이든 신성 모독의 예외는 될 수 없다. “하늘에 계신 주를 (이런 표현을 적는 나 자신을 굽어살피시길,) 늙은 악당이라고 욕한 이 늙은 바보 유리공은 카드놀이 도박에서 돈을 잃고 나서 주

---

* 『레위기』 18장 22절에 “너는 여자와 교합하듯 남자와 교합하면 안 된다. 그것은 망측한 짓이다(It is an abomination.)”라는 구절에서 따온 표현이다. 이에 대해 유발 하라리(Yuval Noah Harari, 1976년~)는 동성애를 금지하는 『레위기』의 구절은 신의 명령이 아니라 고대 예루살렘에 살았던 몇몇 성직자와 학자들의 편견에 불과하다고 반박한다.

사위를 바꾸어달라고 하늘에 빌었다." 이 경건한 사형집행인은 개인적인 일기에서 성난 신을 달래기를 염원하면서 이 신성 모독을 저지른 유리공에게 베풀어진 "관대한 처분, 즉 프라이슈 다리 위로 끌어가 15분 정도 형틀에 묶은 후 혀끝을 잘라낸" 시혜에 대해 전전긍긍한 심경으로 적었다.[53]

한편 가톨릭 전통에서 신성모독적이고 불손한 행위로 간주하는 교회와 수도원의 성물 절도는 프로테스탄트인 마이스터 프란츠로서는 별로 심각한 문제가 아니었다. 예를 들어, "엔트만스베르크 교회에 침입해 트렁크 4개를 부수고 성배와 사제복을 훔친" 한스 크라우스(별명 열쇠공 존)는 단순히 교회 도둑으로 기록되었다. 더구나 그는 "야간에 가택 침입해 민간인을 기습했다"는 여죄가 추가로 폭로되었는데도 여느 도둑들과 마찬가지로 교수형을 받았다. 사형 집행자는 절도 건수가 훨씬 많았던 교회 도둑 한스 베위틀러(별명 말라깽이)와 한스 게오르크 슈바르츠만(별명 뚱뚱보 용병)에 대해서도 무관심한 어조로 일관했다. 일기 전체를 살펴보면, 그들이 교수형을 받은 이유는 상습적인 절도 행위 자체였지, 도난된 물건에 대해 특별한 경외심을 지녀서는 아니었다.[54]

상습 범죄

마이스터 프란츠가 겪은 범죄자들 대부분은 악의적 범죄나 격정 범죄와는 거리가 멀었다. 그의 경험상 상당수 상습범들, 특히 도둑의 경우는 탐욕, 곧 절도로 얻는 수익이 주요 동기가 아니었다. 폭력적인 강도나 일회성 범죄자와는 달리, 비폭력적인 도둑들은 사실 자신들이 행한 범죄에 관해 냉담함을 보이는 경향이 뚜렷했다. 따라서 프란츠 역시 이런 범죄들에 대해 무관심해서 재정적 피해액만 간략히 기록하는 데 그쳤다. 장물은 수백 굴덴의 현금부터 소소한 푼돈, 의류, 침대 매트리스, 반지, 가정용품, 무기, 닭, 심지어 벌집에 이르기까지 매우 다양한 종류였다. 소와 말 등 가축은 가장 이익이 쏠쏠한 절도 중 하나였고, 훔친 옷은 아주 흔한 거래 장물 중 하나였다. 이런 온갖 형태의 절도가 사형에 처해지는 것은 말할 것도 없고 거의 비슷한 형량을 받았다는 점은 현대인의 시선에서는 이해하기 쉽지 않다. 경건함으로 정평이 난 사형집행인이 어떻게 비폭력 범죄를 이토록 가혹하게 처벌하는 것을 묵인했을까? 그런 혹독한 형벌을 집행해야 하는 자신의 역할을 정당화했다는 것은 차치한다손 치더라도 말이다.

여기서 다시 한번, 범죄 피해자들에 대한 프란츠의 진심 어린 동정심을 살펴봐야 한다. 가난이 만연한 사회에서 경제적 어려움을 겪는 가정은 외투 몇 벌 또는 소액의 현금 도난만으로도 위기를 겪

게 되고 때로는 치명적인 손실을 받을 수 있다. 그래서 사형집행인
은 대략 교사의 연봉 수준인 50플로린 미만의 절도 항목까지 상세
히 기록하고 피해자에 미친 즉각적 피해를 상기시킴으로써 더 분
명하고 적나라한 경고를 한 셈이었다. 물론 마이스터 프란츠는 모
든 절도가 동등하지 않으며 피해액이 클수록 더 중한 범죄로 여겼
지만, 일기 곳곳에서 피해자의 고통을 두루 강조한 흔적이 뚜렷하
다. 수백 플로린에 달하는 큰 금액은 반올림을 적용해서 손해액을
강조했고, 소액은 때로 펜스 단위까지 표기하는 등 구체적으로 기
술했다(이는 아무리 소액이라도 가난한 피해자에게 귀중하다는 점을 암시한
다). 1609년에 프란츠는 한스 프라첸이 18주 전에 침대 담요 10장
을 훔쳤고, 밤베르크에 있는 한 오두막집에 침입해 26플로린 상당
의 옷을 훔쳤다고 상세히 기술한 반면, 그다음 구절에는 유명한 강
도가 약 300플로린 상당의 은 장신구를 훔쳤다고 간략히 적고 있
다. 또한 마리아 코르둘라 후네린이 어떻게 여인숙 청구서가 32플
로린이 될 때까지 지불을 미뤄뒀는지를 자세하게 기록했으나, 그
후 주인의 금고에서 800플로린 상당의 탈러화와 크로이처 동전 3
개를 훔친 사실은 스쳐 지나가듯 적고 있다.55

또 다른 일기에서 사형집행인은 복합절도 사건을 다루며 겉으
로는 고지식하게 나열한 듯 보이지만, 가해자의 나쁜 품성과 피해
자 숫자를 다음과 같이 강조하고 있다. 예를 들어 지몬 슈타르크는
"하인의 지갑에서 돈을 6차례 훔쳤고, 도박사에게서 1.5플로린을

훔쳤고 농부에게서 29플로린을 빼앗았다. 슈바이나우의 봇짐 장수에게서 2플로린을, 수레꾼에게서 2플로린을, 이탈리아인에게서 1플로린을 훔쳤다."[56] 현대인의 눈에는 더욱 괴상하게도, 범죄 피해자들에게 감정 이입된 프란츠는 다음의 사건을 이렇게 기록하고 있다. 제바스티안 퓌르제츨리히는 "여관에 투숙하는 동안 남몰래 마차꾼의 지갑에서 80플로린 6실링, 45플로린, 37플로린, 35플로린, 30플로린, 30플로린, 20플로린, 18플로린, 17플로린, 8플로린, 8플로린, 7플로린, 6플로린, 3플로린. 2플로린을 훔쳤다."[57] 슈미트는 절도 금액을 단순 집계하거나 날짜순으로 적는 대신, (매우 특이한 기술 방식이지만) 내림차순으로 꼼꼼하게 재구성함으로써 마차꾼들의 재정적 손실을 소상히 밝혀 범죄자 처벌의 도덕적 교훈을 전달하려 했다.

도둑과 그 밖의 비폭력적 범죄자들은 마이스터 프란츠의 도덕적 세계에서 논박의 여지 없이 처벌받아 마땅한데, 죄목 자체로는 매춘부와 포주의 죄처럼 악의는 아니나 나약한 한 개인이 선택한 삶의 단면을 드러낼 뿐이다. 이러한 그의 태도는 각종 범죄를 대하는 법학자와 성직자들의 더 전면적인 접근 방식과는 차이가 있었다. 사형집행인이 피해자들의 손실을 특이한 방식으로 기술했으나, 그의 생애 기간에 교수형을 받은 172명의 절도범에 대한 일차적 감정은 분노라기보다는 지칠 대로 지친 체념에 가까웠다. 사형의 순간으로 이끌린 그들 자신의 이기적인 선택, 그리고 절도로 빚어진 상황을 슈미트는 단 한 번도 용서하지 않았다. 직업상 개천에서 일하는 것과 다를 바 없었던 프란츠는 당연히 취조실에서 접하는 불운한 이야기들에 관대할 수 없었다. 그렇더라도 교수형을 받는 상습 좀도둑에 관한 설명에 녹아있는 그의 감정은 승리감이나 죄책감이 아니었다. 그저 머리를 가로젓게 하는 슬픔이었다. 우리는 현대의 관점에서 이렇게 질문한다. "어떤 사회가 꿀을 훔쳤다는 이유로 사람을 사형시킬 수 있을까?" 반면 프란츠는 이렇게 되묻는다. "왜 사람은 사형의 위험을 무릅쓰고 꿀을 계속 훔칠 수 있을까?"

두 질문에 대한 답변은 절도가 확실히 해당 범죄자에게 바뀔 수 없는 습관이 되었다는 점, 프란츠 슈미트의 상관들이 이제 격노하는 임계치에 도달했다는 점이다. 그러니까 중요한 쟁점은 도둑이 무엇을 훔쳤느냐가 아니라 몇 번이나 훔쳤느냐였다. 사실상 사형 선고를 받은 죄인들은 모두 상습범이었다. 많은 사람이 체포와 투옥, 추방을 몇 번이고 반복했다. 달리 말하면 마이스터 프란츠에게 교수형을 당한 죄수들은 대부분 한두 번 절도하던 초범에서 이제 "그런 행위가 습관화된" 전문 절도범으로 돌이킬 수 없이 변해버렸다.58 "고집불통"은 순종적 자세를 바라는 뉘른베르크의 치안 판사들이 가장 흔히 쓰던 표현이었으나, 강박신경증적 행동이라는 근대적 용어가 프란츠가 상습범들에게 내린 평가에 더 가까울 것이다. 부유한 농장주의 딸 막달레나 게켄호페린이 "망토, 속옷과 여러 의상을 쉴새 없이 빌려 입고 교회 영성체와 결혼식에서조차 옷을 훔쳤던" 행동은 외적 자극 탓이 아닌 내부적 문제라고 마이스터 프란츠는 분명히 지적했다. 또한 농부 하인츠 플뤼겔과 아내 마르가레타가 1,000플로린 상당의 재산을 소유하고도 종종 도둑질하느라 바빴던 사건을 예로 들면서, 프란츠는 분명 궁핍보다는 다른 내적 동기가 절도의 원인으로 작용한다고 판단했다.59

베테랑 사형집행인에 따르면 절도는 선택이나, 많은 이들에게 (현대 용어로는) 저항할 수 없는 중독이다. 종종 그런 습관은 유년기부터 습득된다. 뉘른베르크 시민의 자녀인 발타자르 프라이스의 경우를 보면, 그녀는 "지하 감옥에 11번 갇혔고, 강제노역장에도 수차례 복역했고, 프로그타워에서 반년, 그리고 탑의 철창 속에서 1년을 족쇄를 차고 있었는데도 끝내 도둑질을 그만두지 못했다. 잠시 수공업에 종사했으나 다시 도주해 도둑질했다." 마이스터 프란츠는 시청 궁수이자 옛 동료인 게오르크 괴츠와 린하르트 헤르틀을 여러 차례 매질하고 꾸짖었지만, 그들은 베네치아 갤리선에서 몇 년의 노역을 끝내고 돌아와서도 절도와 강도를 일삼다가 결국 교수대에서 숨을 거뒀다. 심지어 갱생을 원하는 범죄자들도 자기 의지와 무관하게 다시 범죄에 빠지는 경우가 허다했다. 40년 전 도둑질에서 손을 떼기로 맹세했던 늙은 도둑 지몬 그레첼트, 그리고 예부터 도둑 생활을 해왔던 안드레아스 슈타이버(별명 음유시인)는 "여기저기서 많은 물건을 훔치다가 5년간 도벽을 끊고 [경건함을 되찾고] 갱생하려 노력했다." 그러나 사형집행인이 쓸쓸히 회고한 바로는, 두 사람 모두 자신들의 과거에 발목이 잡혔다. 종국에는 그레첼트는 부도덕한 삶으로 돌아갔고 음유시인은 악명 높은 노상강도 한스 콜브의 자백에 따라 공범으로 교수형에 처해졌다.[60]

상습 절도가 곧 기술이 뛰어난 절도를 의미하는 아니었다. 잠시 등을 돌린 노점상의 가판, 빨랫줄에 방치된 옷, 주인이 결혼피로연에 가는 동안 비워진 집 등은 대부분 절도범에게 완전 범죄의 기회를 제공했다. 한스 메르켈(별명 사슴 존)은 22년간 농장 일꾼으로 일하면서 다음과 같은 범죄를 저질렀다.

> 그는 반년에서 2년 정도 한곳에서 머물렀다 떠날 때면 양말, 조끼, 장화, 모직 셔츠, 그리고 현금 등 손에 닿는 건 모조리 훔쳐 도주했다. 주인 대신에 아우크스부르크로 양을 몰고 가서 35플로린에 팔아넘긴 뒤 그 돈을 전부 챙겼다. 암부르크에서 똑같은 짓을 벌였고, 보헤미아에서도 수레에 맥주를 싣고 가다가 말을 버리고 21플로린의 돈을 챙겨 떠났다. 또한 양말과 조끼, 그리고 주머니 속에 있던 15플로린을 훔쳤다.[61]

더 간단한 기록에서 양배추 농부라고 불리는 한 심부름꾼은 "은식기와 200플로린 상당의 그로셴이 든 자루를 받아 노이슈타트로 운반하던 중에, 퍼스의 유대인들에게 은식기를 팔아넘긴 100플로린 전부를 모두 먹고 도박하는 데 썼다."[62]

강도는 가택 침입 과정에서 주인과 마주칠 가능성을 고려하면 상당한 위협이 되었다. 중년을 넘어선 사형집행인은 그런 가택 침입자들을 자주 접했는데, 그들 중에서 계획이 뛰어나고 실행에 능숙한 전설적 강도는 드물었다. 프란츠는 심지어 몇몇 아마추어 강도의 미숙한 실수를 즐길 때도 있었다. 가령 안나 페르크메닌은 "성 로렌츠 [교회의] 학교장 저택에 침입해서 물건을 훔치려다가 잡혀 투옥되었는데, 8일 전에는 한스 파이어의 지하실에 물건을 훔치러 들어갔다가 오도가도 못하고 갇힌 적이 있었다." 어느 날 밤 에르하르트 뢰스너는 "12곳의 상점들의 자물쇠를 부쉈지만, 정작 어느 한 곳도 문따는 데 성공하지 못했다." 반면에 자물쇠공인 린하르트 라이트너는 "직접 제작한 특수 열쇠로 2년 동안 42곳의 상점들을 털었으나 기대와 달리 이렇다 할 성과를 거두지 못했다."[63] 더 당혹스러운 것은 양치기 쿤츠 퓌트너의 사건이었다.

그는 사무실 금고에 있는 돈을 훔치러 두 번이나 마스터 퓌러의 집에 숨어들었는데, 문에 구멍을 7개나 뚫고도 끝내 열지 못했다. [그래서] 이번에 그는 다시 거실을 통해 집에 들어가려 했다. 주인이 소리를 듣고 소리치자 사람들이 수색한 끝에 [양치기의] 신발이 바닥에 얌전히 놓인 것을 발견했다. 소리를 내지 않으려고 신발을 벗고 거실에 숨어 있던 그는 결국 그 자리에서 발각되어 체포되었다.[64]

특수강도 린하르트 괴스바인은 많은 장비를 갖추고도 과일 시장에 있는 여관 주인 바스틀라의 집 지하실에서 침입했다가 붙잡혔다.[65]

가택 침입에서의 실수는 더 심각한 결과를 초래할 수 있었다. 프란츠의 기록에 따르면 로렌츠 쇼버가 훔친 건 당시 빵 12덩어리, 치즈 6조각, 셔츠와 조끼 1벌 등 변변찮은 물건들이었다.

그런데 그룬틀라인에 사는 가난한 여자의 집에 침입했을 때, 그는 자신을 붙잡고 도움을 외치던 여자를 3회나 칼로 찔렀다. 처음에는 그녀의 머리를, 두 번째는 왼쪽 가슴을, 그리고 세 번째는 목을 찔렀다. 다행히 쓰러진 그녀가 죽은 걸로 알고 방치한 덕분에, 그녀는 간신히 목숨을 구했다.[66]

특수 강도범 한스 슈렝커만이 유일하게 사형집행인에게 전문가로 인정받은 듯했으나 그 역시 조롱을 피할 수는 없었다.

프라이엔펠스 성에 기어오른 그는 처음에는 사다리를 이용해 헛간을 넘었고, 그다음에는 성의 지붕에 올라갔고, 또 다른 사다리로 발코니 창문까지 올라갔다. 그의 작은 칼로 금고를 열고 300플로린에 상당하는 보석을 훔쳤다. 그러고 나서 올라왔던 사다리를 타고 성밖으로 나간 뒤 보석을 언덕의 돌 아래 숨졌다. 사다리를 타고 다시 들어가서 책상을 부수고 40플로린이 든 주머니를 훔쳤다. 그렇지만 정작 누군가에게 쫓기고 있다는 불안감에 사로잡혀 바로 옆에 있는 500플로린의 현금자루는 챙기지 못했다.[67]

아마도 갈팡질팡하는 평범한 도둑들에 관해 쓰면서 여흥을 돋구기 위해 마이스터 프란츠는 기발하고 재능 있는 도둑의 이야기를 간간이 곁들였다. 어떤 철사 만드는 직공은 "1년 반에 걸쳐 본뜬 특수 열쇠로 일주일에 한두 번 철물상에 침입해서 약 21엘[약 52피트]의 철사, 14엘[약 35피트]의 강철, 4만 개의 못을 훔쳤다." 불굴의 의지를 가졌던 안나 레벨린은 "이웃집들을 40회 이상 침입해서 항상 2층 또는 3층에 있는 방에 들어가 물건을 한 보따리 훔쳐 나왔다."[68]

피카레스크 문학의 단골격인 소소한 사기꾼들은 뻔뻔한 행동거지로 인해 마이스터 프란츠의 호기심을 끌었다. 오랫동안 절도를 벌였던 크리스토프 슈미트(별명 통장이 크리스)는 "대중목욕탕 8곳에 낡은 옷을 걸치고 들어갔다가 남들의 옷을 입고 나오는" 수법을 썼다. 정기적으로 강도질하던 마르가레타 클라이닌은 "자신을 믿게 할 속셈으로 가방에 돈 대신 유리잔을 넣고 사람들을 속인 뒤"에 돈을 훔쳤다. 게오르크 프라운은 "여행길에 동행하던 청년의 가방에서 13탈러[약 11플로린]를 훔치고 대신 가방 속에 돌덩이를 넣어두"었으며, 이와 유사한 수법으로 한스 베클러도 "골트크로나흐의 여관방에서 자기 옆에 잠자던 재단사의 가방에서 200플로린을 훔치고, 대신 같은 무게의 모래를 담아두었다." 프란츠가 덧붙인 바로는, "때마침 베클러는 돈을 전부 카드 노름에 탕진한 뒤에 자신을 속인 지붕 수선공 '투덜이'와 '로지'를 당국에 고발했다." 그러자 두 사기꾼도 베클러의 절도를 고발했고, 그 결과 그들은 모두 성밖에서 매질을 당했다.69 프란츠는 한 도둑이 다른 도둑에게 연쇄적으로 돈을 빼앗기는, 피카레스크적인 요소를 분명 재미있어했고, 거듭 인용했다.70 자신을 믿는 사람들을 속이는 사기는 별로 어렵지 않고, 특별한 영리함을 요구하지도 않으며 단지 타인의 고통에 대해 아무 관심만 없으면 된다는 것을 프란츠는 깨달았다.

대규모의 사기 행각을 벌이는 사기꾼들은 마이스터 프란츠를 경악하게 했다. 그중에서도 위조범 가브리엘 볼프와 보물 사냥꾼 엘리자베트 아우롤틴은 대담한 기법으로 부유층들을 속여 그를 대경실색하게 했다. 비록 용의주도하게 폭력 사용은 피했으나, 이 사기꾼들은 일반 도둑들보다 훨씬 더 계산적(따라서 악의적)이었다. 또한 사기꾼들은 냉정하게 거짓말을 일삼았으므로 더욱더 그의 눈에 사악하게 비쳤다. 안나 도미리린은 종종 감호 병동에 입원했었지만, "행운점과 보물찾기로 사람들을 고의로 속인 죄로 유죄 판결을 받은 후 제 발로 걷지 못하자 두 명의 집행관에게 양팔을 붙잡혀 끌려 나가 선고받은 매질을 전부 받아야 했다." 60대의 노파인 마르가레타 슈라이네린은 막대한 재산을 상속받았다고 주장하면서 가짜 유산을 미끼로 음식과 음료, (상환을 약속하고) 돈을 꾸고 갚지 않는 등 마을 곳곳에서 유명 인사들을 속였다. 노령의 나이와 눈에 띄게 악화한 건강에도 불구하고, 그녀는 "사기의 대가로 인두로 양쪽 뺨을 지져졌다." 또한 수년간 위조와 횡령을 일삼은 법원 서기 쿤라트 크라프트는 마이스터 프란츠와 사법 당국으로부터 아무런 관용을 받지 못하고 사형을 받았다.[71]

자비와 구원

범죄의 동기와 본질이 무엇이든, 마이스터 프란츠가 표방한 정의(正義)의 체계에서는 범죄자들은 모두 희망을 품었다. 루터교 신자인 그는 세상은 극도로 사악한 곳이며 모든 남녀는 평생을 죄악에서 벗어나지 못한다는 사고를 받아들였다. 물론 어떤 이는 다른 이들보다 훨씬 중대한 허물이나 범죄에 빠져들기도 하지만, 기독교의 이런 본질적인 메시지는 신의 용서를 바라는 모든 이들에게 희소식이 되었다. 이는 현대적이고 세속적인 의미의 재활과 혼동해서는 안 되는데, 궁극적으로 16세기 루터교 신자들은 원죄의 타락이 신자들에게도 강력한 영향을 준다고 믿었기 때문이다. 슈미트와 그와 함께하는 치안판사와 성직자들은 기소된 범죄자들이 자신의 죄를 인정하고 신과 국가의 권위에 복종하기를 바랐다. 그리고 그에 대한 보답으로, 세속적이며 영적인* 재판관들은 사면의 약속과 그를 통한 구원을 제시했다.

따라서, 근세 시대의 정의 관념에서 자비는 처벌과 강력한 대응을 이룬다. 프란츠는 일기에서 자비를 93회나 쓰며 이러한 경외심을 표현했는데, 이는 하느님(16회), 정의(2회), 법률(없음)보다 훨씬 빈번한 횟수이다. 사실상 일기에 등장하는 '자비'란 용어는 형사 처벌의 경감을 뜻하지만, 이 경건한 사형집행인은 불쌍한 죄인들이 지상에서, 또한 천상에서 구원받도록 돕겠다고 결심했던 것만은 분명하다. 그리고 구원의 전제 조건은 바로 진정한 회개였다.

이와 같은 참회의 가시적인 증거는 마이스터 프란츠에게 큰 영향을 미쳤다. 그는 살인자 미하엘 포크트가 "이미 숲에서 나와 여기로 돌아왔다"는 사실, 그리고 아동 살해자 안나 프라인, 도둑 한스 헬메트, 살인자 마티아스 슈테르츠가 모두 자발적으로 당국에 자수했다는 사실을 기쁜 마음으로 기록했다(더구나 슈테르츠는 처형 직전에 가톨릭 신자에서 루터교 신자로 개종했다). 말년의 일기에서 프란츠는 이 영혼들이 모두 기독교인으로 세상을 떠났다고 거듭 강조했다.[72] 사형집행인과 형목은 회개하는 도둑 드레흐슬러(별명 산악인, 용병 존)가 "평생 배운 것보다 형목과 간수와 보낸 지난 3일 동안

---

* 교황 교서 <우남 상크탐>(Unam Sanctam, 1302년)에서는 교회가 갖는 권력을 두 개의 칼, 즉 영적인(Spritual) 칼과 세속적인(temporal) 칼로 표현했다. 군주가 가진 세속적인 칼은 사제에게 위임받은 것이라는 뜻으로, 세속적 권위에 대한 교황권의 우위를 주장한다.

더 많은 것을 깨달았다"며 감동했다. 게다가 드레흐슬러는 교수대 주변에 모여든 관중에게 다음과 같이 선언하며 매우 모범적인 자세로 세상과 이별했다. "여러분들, 나뭇잎과 풀, 그리고 내가 남기는 모든 것에 하나님의 축복이 깃들기를! 나를 위해 기도문을 읊어 주시오. 나는 천상에서 여러분들을 위해 기도하겠소."[73]

증오에 찬 죄수들, 특히 폭력적인 강도들은 기도를 원치 않는다고 완강히 거절해 성직자와 사형집행인의 냉소를 불러일으켰다.[74] 마기스터 하겐도른은 한 고집불통 도둑에게 퇴짜를 맞자, "그는 교수대에 설 때까지 난폭한 열병을 치유하지 못했고, 마이스터 프란츠가 그의 목에 치료제를 걸 때까지 제정신을 차리지 못했다"고 썼다.[75] 또한 형목 사제와 마이스터 프란츠는 사형수들이 종종 자기를 구속한 사람들의 영적인 염려를 악용해 피할 수 없는 형벌을 미루는 수법을 잘 알고 있었다. 25세의 보석 도둑 야콥 파베르를 여러 번 접견한 후, 마기스터 하게도른은 이 절박한 남자의 노골적인 불성실함과 지속적인 저항에 관해 다음과 같이 한탄했다.

내가 그에게 갔을 때, 그는 벌써 온갖 뻔한 속임수를 동원하려고 작정했다. 그는 명예로운 가족, 특히 늙고 쇠약한 모친의 간청을 들먹이며 왜 자신이 사형을 면제받고 살아가야 하는지 구구절절 변명을 늘어놓았다. 자기 몸을 영혼보다 더 소중히 생각한 그는 교훈과 평온함을 찾기는커녕 우리와 시의원을 괴롭혔다. 그는 성정이 온화했던 청년 시절에 교리문답을 배웠기에 기도문들을 비롯해 시편 6편과 23편을 익혔으나 과거의 방종한 태도를 좀처럼 바꾸려 하지 않았다. 우리가 그에게 달콤한 말을 하든, 쓰디쓴 말을 하든, 그는 자신의 생명을 계속 연장하는 것을 유일한 목표로 삼았다.[76]

마이스터 프란츠 역시 바뀐 상황을 수긍하지 못하고 마땅히 갖춰야 할 복종을 거부하는 악인들에게 관용을 베풀지 않았다.

악명 높은 게오르크 마이어(일명 꾀쟁이)는 자주 간질 증세를 호소했다. 고문을 받을 성싶으면, 그는 발작을 일으켜 병마에 시달리는 척했다. 이 핑계로 3일 전에 집행을 보류받은 그가 동료들에게 똑같은 요령을 가르쳐줬다. 이를 따라했던 사람들은 가벼운 처벌로 끝났으나, 크나우는 이를 제대로 해내지 못해 거짓 핑계가 발각되자 [진실을] 털어놓았다.[77]

이런 꾀병 환자들로 인해 슈미트는 사형수의 명백한 심신 미약 증세, 즉 혼란에 빠진 중얼거림, 처형 직전에 보이는 노골적인 광증을 접하고도 동정심을 느끼지 않았다.[78] 그뿐 아니라 죄수가 사면 또는 형 집행연기를 기대하고 사법 체계를 농단하는 행태에 무척 격분했다. 그런 사례의 하나로, 카테리나 뷔클린(별명 말더듬이, 외국인)은 "12주 전에 처형될 예정이었는데 임신을 이유로 형을 유예받았는데 거짓 임신으로 밝혀졌다." 또한 임신을 주장한 엘리자베트 퓌핀은 "무려 32주를 집행 연기를 받았으며, 위원회에 증인 선서한 여성이 18번이나 접견을 마친 뒤에야 마침내 교수형에 처해졌다."[79]

몇몇 사건에서는 신의 심판에 복종하는 자세를 보임으로써 세속적 사면(프란츠의 일기 속에 거듭 강조된 사법적 자비)이 베풀어지기도 했다. 도둑 한스 디츠는 그가 "올린 탄원과 기도에 합당한 보답을 받아, 또 고문당한 고통을 십분 고려하여 교수형에서 참수형으로 감경되었다."[80] 일반적으로는 뉘른베르크의 치안 판사들은 영적인 개종과 고통의 지속에 대해 거의 관심이 없더라도 공동체 내에서 자신들의 입지를 강화할 목적으로 사면권을 적절히 행사했다. 처형일 아침에 참사관들이 소집되어 처벌을 '규정대로' 속행할지 또는 '자비'를 베풀지를 논의할 때, 사형수의 외관상 정신 상태보다 사회적 지위가 판단 기준에 더 큰 비중을 차지했다.[81] 한스 코른마이어의 경우를 보면, "20세의 유독 잘생긴 이 젊은 도둑을 위해 … 그의 모친과 형제자매 5명(그중 2명은 동복형제였다), 신고한 주인과 나침반업계 조합원 전체의 대표가 그를 대신하여 탄원에 발 벗고 나선" 덕분에 처형방식이 밧줄 대신 칼로 바뀔 수 있었다.[82] 직장의 사회적 영향력이 큰 사례로는, 귀걸이 제작자 한스 마거와 금세공인 카스파르 렌커는 "둘 다 시민으로 살인 유죄 판결을 받고도 완

전히 사면받았다." 이런 자비가 베풀어진 데에는 많은 친구와 친인
척의 탄원서뿐 아니라 아우크스부르크의 금세공인 길드의 영향력
과 로렌에서 파견된 특사의 중재에 힘입은 바가 컸다.[83]

뉘른베르크의 사면 기록은 연줄이 좋거나 단순히 행운이 뒤따랐
기 때문에 신학자 필리프 멜란히톤*부터 바이에른 공작에 이르기
까지 도시를 스쳐간 다양한 유력인사의 청탁을 받을 수 있었던 죄
수들에 관한 내용이 빼곡이 기록되어 있다.[84] 심지어 시청 하급 직
원의 자녀들도 부모의 공직 신분을 통해 혜택받을 수 있었다. 남편
을 독살한 죄로 유죄 판결을 받은 마르가레타 브레히틀린 역시 슈
피틀러 문에서 일하는 세금 징수관의 딸이라는 점이 고려되어 결
국 자비롭게 칼로 처형되었다. 야간 경비대원의 아들과 집행관의
아들은 둘 다 특수절도죄를 짓고도 매질로 빠져나갔고, 심지어 젊
은 시절 강제노역 죄수였고 상습 도둑이었던 게오르크 크리스토프
(별명 자루)는 궁수인 아버지의 뒷배가 큰 도움이 되었다.[85]

당연히 인맥이 좋은 사람들에게 관대한 사법부의 경향은 가난한
사람들과 타지인들에게 불리했는데, 그들은 시민들과 지역 장인들
처럼 사회적 자본을 동원할 능력이 없었기 때문이다. 또한 이 때문
에 범죄자들 사이에 개종을 위장한다 한들 얻을 게 없다는 분위기

---

* 필리프 멜란히톤(Philipp Melanchthon, 1497년~1560년)은 독일의 인문주의자이자 종교개
혁자이다. 초기에 루터의 협력자로 일했으며, 훗날 필리피스무스 신학 일파를 이루며 루터
파 신학과 대립하게 된다.

가 조성되어 회개를 강조하는 사제들의 주장에 힘이 실리지 못했
다. 그러나 자신들이 예외 없는 관용을 베풀수록 사형집행이 더 원
만하고 성공적으로 치뤄질 수 있다는 점을 인식하면서, 결국 사법
부의 강경파들도 누그러지기 시작했다. 젊은 한스 코른마이어는
교수형이 참수형으로 감형된 데 대한 감사의 표시로 거듭 법정 앞
에 머리를 조아렸고, 니클라우스 킬리안은 재판관들의 감형 결정
에 감읍하며 시편 33편을 읊고 노래 부르며 종국에는 "기쁘게 죽었
다." 형목이 절도범 한스 디츠에게 참수형으로 감형되었다는 소식
을 전했을 때의 상황은 다음과 같이 전해진다.

그는 너무 기쁜 나머지 우리 두 사람의 손과 간수의 손에 입
맞추며 아주 열렬히 감사를 표시했다. 법정 앞에서 판결문을
읽는 내내, 그는 자비로운 판결에 감사한다고 흐느꼈다. 나가
는 길에 그는 거듭해서 노래를 불러서 심지어 사형집행인조차
측은히 여길 정도였다.[86]

한편 사면*이라는 궁극의 단어는 시의회의 특권을 훨씬 더 빈틈
없이 지켜주었다. 수녀와 성처녀가 죽음의 목전에서 사형수를 구
원하는 힘을 가졌던 종교개혁 이전의 시대는 이미 지났다. 임신

---

* 사면(clemency)은 형사 범죄자에 대해 형벌 집행의 사면(pardon), 감형(commutation), 또
는 벌금과 몰수의 면제까지 포괄하는 다양한 특전을 의미한다.

한 여성들은 독일의 다른 지역 판사들에게 영향력을 지녔지만, 뉘른베르크는 1553년에 한 중혼한 군인을 "임신한 조강지처와 16명의 여성들이 탄원서를 함께 제출해 사면하게 한" 것이 마지막 기록이었다.[87] 1609년 한스 프란츠의 두 딸이 "교수대에 매달린 사람의 딸들과는 혼인을 유지하거나 혼인하려 들지 않을 것"이라고 치안 판사에게 간청해서 자비를 이끌어낸 사건이 예외적인데, 그 결과는 완전한 사면은 아니고 참수형으로의 감형이었다.[88] 사형수와 결혼하기로 동의한 여성에 관한 민간 설화들이 많았는데, 슈바벤 지역에서 어떤 잘생긴 사형수 도둑이 신부가 될 애꾸눈 처녀를 보고 차라리 교수대를 선택했다는 민담도 전해진다. 하지만 16세기 중반부터 정부는 관행이라 해도 어느 누구한테도 사면권을 넘길 생각은 없었다. 여기에는 1525년 뉘른베르크 기록에 나타난 것처럼 혼인을 통해 여자 사형수의 목숨을 구했던 사형집행인의 경우도 당연히 예외는 아니었다.[89]

그렇다 하더라도 말년의 마이스터 프란츠가 형량 경감에 어느 정도 영향력이 있었을 것으로 추측된다. 확실히 이때쯤 이르면 그는 과거 공식적인 관대한 조치에 대한 경멸을 내비치는 데 주저하지 않았다. 젊은 시절, 프란츠는 어떤 도둑이 "12년 전에 쿨름바흐에서 교수형을 사면받았다"고 중립적인 어조로 기술했을 뿐이었다.[90] 세월이 흘러 비슷한 사연을 가진 사람들이 점점 더 자주 접하면서, 그는 잘못 베푼 자비에 대해 통렬히 비판하게 되었다. 1592

년 프란츠는 강도 슈토펠 베버가 "원래 참수되었어야 마땅했으나, 형장에 끌려가면서 계속 애원하여 생명을 건졌고 세관 처벌만으로 그쳤다"고 탄식하면서 최근 뉘른베르크의 부당했던 형 집행 연기에 대해 일장연설을 펼쳤다. 1606년에 일기에서는, 위트만 형제가 "이미 2년 6개월 전에 상습절도죄로 참수형을 선고받았었으나 (당시 내가 병중에 있었기에) 감경받게 되었다." 그는 가브리엘 볼프가 "사형집행 전에 오른손을 먼저 잘라야 한다는 선고를 받고도 면제받았다"는 점, 또한 그륀들라 출신의 농부가 "다른 농부 두 명을 도끼로 죽였는데도 청원을 통해 목숨을 건졌"던 사건에서도 진심으로 놀라워했다. 이런 특혜 조치는 희생자들을 기만할 뿐만 아니라, ("3년 전에 절도죄로 이미 교수형을 받아야 했는데 사면받은" 미헬 겜펄라인처럼) 전문 강도들의 범죄를 단죄하지 않음으로써 훗날 더 많은 무고한 희생자들의 고통을 야기하게 된다.[91]

말년의 마이스터 프란츠가 고려한 형량 감경 요소는 순수한 회개 외에 유일하게 바로 젊음이었다. 주로 절도로 기소된 범죄자들은 젊다는 공통점이 있었다. 16세기 후반 재물죄의 강력한 단속으로 인해, 마이스터 프란츠의 재임 기간은 정확히 근세 독일 역사에서 미성년자들이 살인, 근친상간, 남색 등 "신을 거스르는 범죄" 외의 죄로 처형된 시기와 정확히 일치한다. 비폭력적 강도와 일반 절도는 15세에서 17세 사이의 청소년들이 주로 연루되었으며, 일부 지역에서는 도둑 3명당 1명은 청소년이었다. 때로 조직적으로 절도를 벌여 거액의 현금을 탈취할 때도 있었으나, 대개 팔찌, 바지, 빵 덩어리 등 소소한 물품을 훔치는 경우가 태반이었다.[92]

『카롤리나 형법전』은 14세 미만 청소년에 대한 사형 집행을 명시적으로 금지했지만, 일부 "악에 물들어 성숙한" 범죄자에 대해 예외를 허용했기 때문에 치안 판사들은 사형수의 연령 제한에 상당한 재량권을 부여받았다.[93] 끔찍할 정도로 가혹한 청소년 처벌은 프란츠의 동시대 사람들에게 큰 충격이었고, 근세 유럽의 다른 지역처럼 뉘른베르크의 지도자들은 형벌의 감경 요소로 젊음을 계속 강조했다.[94]

1605년 17세의 도둑 미헬 브롬베커는 그의 주인과 "정육점 길드"가 탄원한 결과로 사형에서 2년의 강제노역형으로 감형받았는데, 이는 또 한 번 가난한 떠돌이 청년들은 기대하기 어려운 사회적 유대의 중요성을 보여주는 증거다.[95] 이와 비슷한 사례로, 젊은 학자이자 시민의 자제인 율리우스 트로스, 절도범인 베흐터 형제와 잔인한 강간으로 (사형을) 선고받은 두 청년도 사형을 매질로 감형받았다.[96] 한편, "절도로 훔친 [150플로린의] 돈을 전혀 쓰지 않았던" 소년 마부 로렌츠 슈톨만은 지역 후원자가 없었던 탓에 "참수형으로 바뀌긴 했으나" 사형대에 올라야 했다.[97]

이렇다 할 사회적 자본이 없는 미성년자들에 대한 사면은 여전히 규범으로만 존재했다. 실제로 18세의 한스 베하임은 "대도(大盜)"라는 이유로 프란츠의 전임자에게 교수형을 당했다. 그런데 슈미트가 뉘른베르크에 도착하기 1년 전인 1578년만 해도, 7세~16세 소년들이 가담한 소매치기들은 "교수형을 받기엔 너무 어리다"는 의견에 따라 매질과 추방, 강제노역 등으로 형량을 감경받았다. 범죄의 해악과 감형의 관대함을 청소년들에게 이해시키기 위해, 치안 판사들은 "11세 미만" 소년들에게 사면 전에 교수대 사다리에 올라가서 18세의 대장격 젊은이가 교수되는 장면을 직접 목격하도록 명령했다. 거의 20년이 흐른 후, 슈테판 케벨러가 "소년들에게 절도 대가로 주당 1탈러(0.85플로린)의 넉넉한 보수와 숙식 일체를 제공"하는 등 소년 소매치기단을 운영한 혐의로 교수형을 받았는데, 이때도 소년들은 방면되었다.[98]

사실상 뉘른베르크에서 절도죄로 처형된 청소년들은 모두 상습 범죄자들로, 그중 한 청소년 범죄자는 24번을 체포되었다가 풀려났다. 베네딕트 펠빙거(별명 악마의 악동)는 15번이나 강제 노역장과 감옥에 갇혔고, 11번이나 추방되었다가 다시 도망쳐왔다. 특히 활발히 활동한 소년 도둑단은 모두 수용소나 감옥에 최소 10번 이상 구금된 전력이 있었고, 때로는 공개 매질을 받았었다. 무엇보다 중요한 것은 결국 사형선고를 받은 소년 도둑들이 예전에 영구 추방이라는 극형을 두세 번 이상 받았다는 점이다. 그렇지만 청소년들은 뉘른베르크로 돌아와 절도를 계속했고, 끝내 최종 판결문에는 "그런 경고와 온건한 조치가 전혀 존중받지 않았다"라고 선언되어 있다. 어느 시점부터 치안 판사들은 "더는 개선을 기대할 수 없다"

라는 결론을 내렸고, 젊음을 이유로 한 사면은 그렇게 부지불식간에 종지부를 찍었다.[99]

결과적으로 오랜 재임 기간 동안 마이스터 프란츠는 13세 소년을 비롯해 18세 이하의 도둑 23명을 교수형에 처했다.[100] 뉘른베르크에서 첫 처형 당시 프란츠 자신도 24세가 채 되지 않았는데, 그 때 사형수는 1년 전에 사면되었던 젊은 소매치기단의 한 명으로 "매우 인물이 좋은 17세의 소년"이었다고 한 연대기 작가가 기록했다.[101] 이 건과 그 후에 뒤따른 많은 청소년의 교수형에 대해 프란츠는 어떻게 느꼈을까? 노골적인 감정 표현을 자제하면서도, 그는 초기의 불편했던 감정과 이후에 겪은 어려운 결정에서 인간 본성에 대해 이해가 상당히 깊어지면서 그런 난감한 상황에서도 확신을 가지려고 애썼다.

젊은 시절에 프란츠는 사형수들의 나이와 젊음에 대해 특별히 언급한 적은 없었다. 만약 뉘른베르크 연대기에 교수를 당한 어린 도둑들의 정확한 연령이 기록되지 않았다면, 우리는 그가 교수대에서 어떤 청소년들을 만났는지를 전혀 알지 못했을 것이다. 이러한 침묵은 1584년 2월 11일과 12일에 13세에서 18세 사이의 어린 도둑 7명이 교수형을 받았다는 그의 설명에서도 확실히 엿보인다. 이 소년 5명과 소녀 2명은 각각 강도죄로 여러 번 추방당한 이력이 있었고, 그중 한 소녀인 마리아 퀴르슈네린(별명 여순경 마리)은 1년 전에 마이스터 프란츠에게 귀가 잘리는 형벌을 받았었다. 어린 범

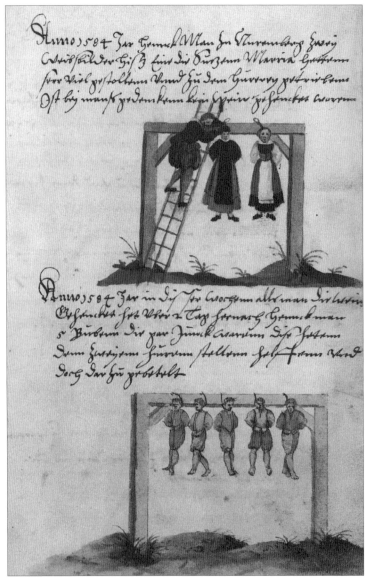

뉘른베르크의 연대기는 1584년에 있었던 소년 5명과 그 전날 이루어진 소녀 2명에 대한 보기
드문 교수형 장면을 자세히 기록했는데, 그들은 모두 지역 강도단 소속이었다(1616년).

죄자들의 충격적인 집단 처형은 엄청난 군중을 끌어모았고, 지역
연대기 작가들은 각별한 인상을 받고 그들의 나이뿐 아니라 여러
세부 사항을 자세히 기록했다. 연대기 기록과 대조적으로, 29세의
프란츠 슈미트는 도둑들이 "시민들 집에 침입해 상당한 액수를 훔
쳤다"고만 적었다. 이어서 그는 뉘른베르크에서 "여자 사형수의 교
수형은 처음이었다"는 심기 불편한 관전평을 유일하게 덧붙였다.
하지만 가장 중요한 사항인 소녀들의 나이에 대해서 프란츠의 일
기는 여전히 침묵하고 있다.[102]

10년 후, 마이스터 프란츠는 도둑 헨자 크로이츠마이어와 헨자
바우어가 "아마도 16세에 불과한 점이 고려되어 자비롭게 참수형
을 받았다"고 기꺼이 기록을 남겼다. 그 이후로 프란츠는 모든 청
소년의 나이를 기록했는데, 아마도 심각한 절도 행각 외에 별다른
정당성을 찾을 필요가 없다고 느낀 듯했다.[103] 또한 16세의 발타자
르 프라이스와 15세의 미헬 쾨니히 둘 다 "여러 번 갱생의 기회가
주어졌지만, 매번 도둑질을 포기하거나 [도둑질을] 멈출 수 없었
다"고 슈미트는 덧붙였다.[104] 1615년에 있었던 18세~19세 사이의
젊은 도둑 5명이 연루된 집단 교수형에 대해서도 그는 안타까움을
드러내지 않았다.

뚱뚱한 농부[일명 클라우스 로틀레는 사형당한 '악마의 젊은
이,' 농부 쿤츠, 그리고 여러 명의 공범과 함께 수시로 물건을

훔쳐 감방에 들락날락했다. [하지만] 늘 거짓말로 빠져나갔다. 브루너[별명 고물상]는 오로지 지갑만 모았다. 14일 전에 석방된 이후로 그는 약 50플로린을 훔쳤다. [지난달] 3명의 소매치기가 처형되었을 때, 그는 처형터에서도 지갑 2개를 훔쳤다. 이 무리에 속한 '말종'[일명 요한 바우에]도 자주 감옥과 강제 노역장에 드나들었다. '방직공'[일명 게오르크 크노리] 또한 수회에 걸쳐 감옥에 갔으나, 항상 독실한 신자처럼 가장하여 풀려났다. 그리하여 5명의 도둑들이 교수되었다.[105]

　청소년들을 고문하고 처형하는 어른 프란츠의 정당화 논리에 대해 우리는 어떻게 생각해야 할까? 그가 구구절절이 청소년범의 갱생 불가능성을 토로한 연유는 불안한 양심에서 비롯되어 처벌의 정당성을 설득하려는 시도로 봐야 할까? 아니면 일부 치안 판사들처럼 그 역시 청소년들의 범죄 재발에 좌절하고 법정의 관대한 처분이 수시로 무시된 데 격분해서 진심으로 교수형으로 엄벌해야 한다고 믿었을까? 그리고 이러한 태도는 그가 점점 어둡고 냉소적으로 인간 본성을 보게 되었다는 증거였을까?

　대부분 사람처럼 마이스터 프란츠는 직업 범죄자가 되는 아동의 발달과정에 본성과 양육 중 어느 쪽이 더 영향력이 큰지 확신하지 못한 듯 보인다. 사회적으로 존중받는 직업 훈련의 기회가 주어지지 않는 현실이 곧 청년이 범죄로 빠져든 이유를 충분히 설명한다고 그는 전혀 생각하지 않았다. 그런 현실은 프란츠와 그의 자녀에게는 엄연한 현실이었던 만큼, 전문 직업을 가질 기회를 낭비한 젊은이에게 동정심을 느낄 까닭도 없었다. 슈미트가 묘사한 바에 따르면, 식료품 잡화상이자 도둑인 라우렌츠 파이퍼는 "원래 재단 기술을 배우려고 했는데 제대로 해내지 못하자 도둑질에 빠져들었다." "페터 지글러에게 나침반 제조 기술을 배웠던" 강도 팡그라츠 파움가르트너 역시 마찬가지였다.106 사실 그가 교수대에서 만난 청소년 상당수는 다른 어른 남자와 마찬가지로 도제 훈련을 약간 받았다. 채용 기회가 실제 있었는가 하는 문제는 차치하고, 이들은 따돌림 받는 사형집행인이 결코 누리지 못했던 혜택 속에 시작했다.

"나쁜 동료"와의 교제는 범죄의 또 다른 촉매제였고, 때로는 범행 이전에도 종종 좋지 않은 평판, 더 나아가 범죄 혐의를 받았다. 프란츠는 하인 한스 도르슈가 "친구들과 어울리며 오랜 주인의 돈을 훔쳐 오도록 부추김을 받았다"는 주장에 대해 그럴듯한 변명이나 면죄부가 될 수는 없다고 판단했다.107 밤낮을 가리지 않고 술, 도박, 싸움을 일삼는 사내들과 지내는 것 역시 좋은 결말로 끝나기 어렵다. 정직한 삶을 살고자 하는 젊은이는 부정직한 이들과 교제를 피하고 충분한 직업 훈련을 거쳐야 한다(이는 오래전에 사형집행인 스스로 내린 선택이었다). 군대 복무는 확실히 타락에 빠져드는 지름길이 되었다. 헝가리에서 군대에 복무했던 토박이 한스 타움브와 페터 하우브마이어는 전문 강도들과 한 무리가 되었고, "여러 번의 체 포와 집행유예에도 불구하고 계속 매춘부의 포주 노릇을 했다. 어 떤 사람이 창녀들에게 관심을 나타내고 말을 걸면, 그들이 나타나 [여자들을] 끌어낸 뒤 [손님을] 협박해 돈과 옷을 전부 빼앗았다."[108]

현대에서 그렇듯, 프란츠와 동시대 사람들은 범죄행위의 뿌리를 부모에게서 찾았고, 자녀의 일탈을 때로는 잘못된 양육 탓으로, 때 로는 유전적인 범죄 성향 탓으로 돌렸다.[109] 프란츠는 항상 매질하 고 처형할 때 죄수의 친척이 과거에 처벌받은 이력이 있었는지를 기록했지만, 그렇다고 둘 사이의 연관성을 결론 내리는 것만큼은 자제했다.[110] 프란츠는 비행 청소년의 양친이 신앙심 깊고 법을 준 수하는 경우를 자주 만났으나 일부 부모의 잘못된 양육 태도를 비 판하는 데 치우친 듯 보였으나, 한편으로는 자기 결정을 주장해왔 기 때문에 성장한 자녀에게도 여전히 책임이 있다고 지적했다. "교 회를 털고 딸에게 도둑질을 가르쳤던" 한스 암몬(별명 외국인 재단 사), 그리고 "도둑질하는 두 아들을 돕고 장물을 절취했던" 코르둘 라 비트메닌에 대해 그는 확실히 혐오감을 드러냈다. 딸을 매춘시 키거나 자녀를 위조사건에 연루시키는 부모들은 당연히 비난받아 야 했다.[111] 그렇다고, 비록 피해받은 아이들이 겪은 불행한 배경을 측은히 여겼더라도 그들이 상대적으로 어리다는 이유만으로 자기 행동에 대한 책임에서 벗어날 수 없다고 생각했다. 매질 후에 결국 절도죄로 처형당한 바스틀라 하우크는 "아버지와 형이 [교수형을]

당하고 [또 다른] 형이 같은 죄로 마을 밖에서 매질 당하는 장면을 지켜봤지만, 자기 생활을 바꿀 의지가 없었다."[112] 사기꾼 엘리자베트 아우롤틴의 사건에서, 광기 어린 아버지가 자신의 아내를 강물에 빠뜨려 죽이고 아들을 목 졸라 살해하고 어린 딸 아우롤틴을 눈 덮인 숲에 버렸다는 사실조차 마이스터 프란츠에게는 별다른 고려 사항이 아니었다.[113] 과거의 어린 소녀에 대한 진심 어린 동정심이 슈미트의 앞에 서 있는 현재의 성인이 유죄라는 점을 바꾸지는 못했다.

다시 말해 슈미트가 개인의 책임을 강조하나, 나쁜 품성의 본래 기원을 잊지는 않았다. 강도 한스 륄의 경우, "몇 년 전만 해도 소년이었던 그는 다른 소년을 돌로 쳐 죽여서 강제노역에 보내졌다. [하지만] 그는 방면된 후에 또 다른 악행을 저질러 마을에서 다시 추방될 때까지 범죄자들과 어울려 다녔다."[114] 여러 도제 경험에도 불구하고 기소된 도둑 상당수는 어린 시절부터 계속 도둑질을 했고, 그중 가장 물의를 빚었던 강도 외르크 마이어는 "8년 전인 17세부터 도둑질을 시작했다."[115] 마이스터 프란츠의 시선에는 다른 젊은이들 역시 폭력적인 성향에다 술, 나쁜 친구, 방탕한 여성들에 유달리 나약해 보였다. 방탕아들은 인생 초기에 성격이 형성되며, 그런 예로 프란츠의 처남인 사형수 프리드리히 베르너 역시 "어릴 때부터 품성이 나빠 불량한 친구들과 몰려 다녔다."[116]

범죄자들에게 본성과 양육이 미치는 영향력이 어떠하든, 베테랑 사형집행인은 변함없이 자기결정 원칙을 고수했다. 자기 자신이 저주받은 출발점에서 멀리 달려와 자수성가를 이룬 사람이 어떻게 달리 생각하겠는가? 운명은 물려받은 것이 아니라 만들어가는 것이다. 악명 높은 뚜쟁이이자 가증스러운 배신자인 지몬 실러가 성난 군중의 돌팔매질을 피해서 물에 뛰어들어 방앗간 아래로 헤엄쳐갔는데, 1년 후 똑같은 장소에서 돌팔매질을 받고 죽은 것은 정말 아이러니한 사건이었다. 하지만 많은 사형수의 주장과 달리, 인간의 최후를 결정짓는 것은 별자리가 아니라 계속된 방종 때문이다. 프란츠는 근원적인 원죄와 신의 섭리에 대한 루터교적 믿음을 신봉했으나, 신의 은총을 수용 또는 거부할 것인지를 결정짓는 개인적 책임에서 누구도 자유로울 수 없다고 생각했다.

가장 최근에 프란츠가 겪은 개인적 비극은 그의 종교적인 믿음을 뒤흔들 수도, 굳건히 할 수도 있었다. 범죄 세계에 몰두해 온 수십 년의 세월도 마찬가지였다. 안타깝지만 우리는 독학한 사형집행인이 영감과 위안을 위해 성경 외에 어떤 종교적·철학적 텍스트에 의존했는지는 알지 못한다. 삶의 한 지점에서 그의 경건함을 엿볼 수 있는 가장 명백한 단서는 1605년 7월 25일에 쓰인 한 텍스트였다. 독일 도시의 마이스터징어* 학교는 작곡 능력에 따라 견습

---

* 　마이스터징어(Meistersinger)는 14세기부터 16세기까지 중세 독일의 작시와 작곡 길드의 회원을 뜻한다. 리하르트 바그너의 유명한 오페라 <뉘른베르크의 마이스터징어>는 16세기 후반의 뉘른베르크에서 각 길드의 명가수들이 펼치는 노래경연대회를 중심 소재로 삼고 있다.

공, 숙련공, 장인으로 각자의 등급이 매겨진 남성 구성원들이 모여 있다는 점에서 중세 음유시인 전통이 변형된 길드에 해당한다. 작곡가들은 리듬, 운율, 곡조에 관한 엄격한 규칙을 따라 작곡한 아카펠라 작품을 심사위원단 앞에서 공연해야 했다. 가장 유명한 마이스터징어인 한스 작스가 사망한 후 거의 30년에 이르기까지 뉘른베르크의 합창 길드는 매년 비회원들을 대상으로 공개 경연을 계속 열었다. 놀랍게도 사형집행인은 아주 오랜 기간에 걸쳐, 물론 약간의 도움을 받았겠지만, 직접 쓴 제출했다. 비록 그의 노래가 실제로 연주되지는 않았지만, 훗날 마이스터 프란츠의 최후 처형일과 같은 해인 1617년에 발간된 마이스터징어 작품집에 수록되어 있다.[117]

프란츠의 일기와 비교해서 이 작품의 언어적 유창함을 고려할 때, 역사학자들이 만장일치로 그의 작품으로 인정한 것은 아니다. 그러나 자세히 읽어보면 노래의 작곡자에 관해 논박하기 힘든 증거들이 보인다. 텍스트 자체에 "성 야곱 교회의 마이스터 프란츠 슈미트"라고 서명되어 있으며, 성 야곱 교회는 사형집행인의 거주지 근처에 있었다. 분명히 슈미트는 당시에 매우 흔한 성이었으나, 프란츠(아시시의 성인 프란체스코의 독일명)는 뉘른베르크 같은 개신교 도시에서 흔한 이름은 아니었다. 텍스트에 실린 가곡에는 이례적으로 '마기스터'(Magister)가 아닌 (유명한 프란츠의 존칭인) '마이스터'(Meister)로 서명되었다. 우리의 프란츠 슈미트가 정말로 가곡을 작곡했다는 최고의 증거는 바로 시인이 선택한 주제다. 이 곡은 에데사*의 왕 아브가르(King Abgar of Edessa)와 예수 사이에 주고받은 서신에 관한 내용인데, 이는 사형집행인과 의사의 관계를 특히 연상시킨다.

전설에 따르면, 예수와 동시대를 살았던 시리아 왕 아브가르 5세는 기적을 일으킨 갈리아의 예언자에 관한 소문을 듣고 그의 방문을 요청하는 편지를 썼다고 한다. 나병, 통풍 등 여러 질병의 고통에 시달렸던 아브가르는 예수의 신성에 대한 믿음을 고백했고, 만약 예수가 에데사로 와서 병든 통치자를 낫게 한다면 주님으로 섬기겠다고 제안했다. 이에 예수는 아브가르에게 편지를 보내 화답하기를, 직접 갈 수는 없으나 왕의 믿음을 받아들인 증표로 제자(다대오 도마 Thaddeus Thomas, 또는 현지어로 아다이Addai)를 보내겠다고 약속했다. 그래서 예수가 승천한 직후에 도마는 예수의 약속대로 에데사에 도착해 아브가르 왕을 기적적으로 치유했고, 왕은 그 자리에서 세례받았다. 고대에 널리 퍼진 이 이야기를 바탕으로 예수와 아브가르의 서신들은 4세기에 카이사레아의 교회사학자 에우세비우스†(Eusebius)에 의해 출판되었다. 시간이 흐르면서 "사람

---

* 에데사(Edessa)는 지금은 튀르키에 동남부의 우르파(Urfa)에 해당하는 도시다. 헬레니즘 시대에 건설된 메소포타미아의 고대도시이며, 서기 190년 전후로 초기 기독교의 중심지이기도 하다.

† 에우세비우스(260년~339년)는 그리스 역사가이자 교회사의 아버지로서 교회사, 팜필루스의 생애와 연대기, 순교사, 콘스탄티누스 황제의 전기 등을 저술했다.

의 손으로 만들어지지 않은" 천 위에 새겨진 예수의 이미지[†]는 전설의 일부로서 로마 제국의 동부 지역에서 숭배되었고, 그 후로 그곳 예배 의식에서 여전히 소중하게 받아들여진다. (대부분의 현대 학자들이 가짜라고 일축하는) 아브가르와 예수의 일화는 제국의 서쪽 지역에서는 큰 인기를 끌지 못했는데, 바로 이 점이 프란츠의 선택을 더욱 이례적으로 보이게 한다. 두 개의 편지에 나오는 문구를 서로 돌림노래처럼 부르는 이 가곡은 적어도 그가 에우세비우스의 교회사(323년경)에 어느 정도 익숙했다는 것을 암시한다. 중심 테마인 치유는 분명히 의사이자 사형집행인에게 호소력이 있었다. 특히 신체적, 정신적 의미로서 '병'이란 단어가 노래에 자주 등장한다. 장님과 절름발이, 통증에 괴로워하는 자 못지않게 "불결한" 영혼과 고통받는 왕을 치유하는 것은 "약초나 의학이 아닌 신앙이다." 경이로움과 권능이라는 말도 자주 반복돼 예수님의 치유가 주는 영적 본질을 새삼 상기시킨다. 프란츠가 이 곡을 쓰며 어떤 작품 양식 또는 신학의 도움을 받았는지 여부와 무관하게, 주제 자체가 주는 추동력은 전적으로 그만의 것이며, 그가 쓴 다른 글들과 완전히 일치한다. 인간의 잔인함과 고통에 노출된 그의 일생은, 만약 그런 것이 존재한다면, 오직 은혜와 믿음에 의해 구원받는다는 개신교

[†] 그리스 정교회는 예수가 아브가르 왕에게 증표로 천에 새겨 보내준 형상을 최초의 성화로 믿는다. 이를 만딜리온(천 위에 새겨진) 또는 아케이로포이에토스(손으로 만들어지지 않은 것)라고 부른다.

의 근본 원리를 확인한다. 타락한 자들에게 단죄를 피할 수 없듯, 신의 용서를 갈구하는 자들에게 관대함이 뒤따라야 한다. (비록 루터교 신자인 마이스터 프란츠가 주님의 용서를 전달하는 권한 있는 중재자로 자처하는 것을 원하지는 않았겠지만) 사형집행인이 일종의 사제로서 역할을 수행하면서 형사 처벌은 사법적 속죄를 넘어서 영적인 구원의 기회가 된다.118 다시 말해 단죄와 범죄로 점철된 인생처럼, 신의 용서에 무릎 꿇음은 개인의 선택 문제였다.

용서에 대한 많은 복음 가운데 경건한 사형집행인의 일기에 크나큰 반향을 일으킨 것은 다음 두 가지 이야기였다. 첫 번째는 돌아온 탕자에 관한 구절인데, 비도덕적으로 유산을 탕진하고 돌아온 아들을 끌어안은 인정 많은 아버지에 관한 비유이다(누가복음 15장 11-32절). 성경과 닮은꼴처럼, 도둑 게오르크 슈바이거는 몇몇 후회스러운 선택을 했다.

젊은 시절에 그는 최초로 피와 살을 주신 아버지의 돈 40플로린을 형제들과 작당해서 훔쳤다. 그다음에는 아버지가 빚을 갚으라고 준 돈을 훔쳐서 도박에 탕진했다. 마지막으로 아버지가 집 뒤편 마구간에 보물을 묻었다는 사실을 알게 된 그는 거기서 60플로린을 훔쳤다. 또한 합법적인 아내를 버린 뒤 결혼을 약속한 두 명의 창녀에게 빌붙어 생계를 유지했다.

대중 잡지에 실린 '돌아온 탕자' 우화의 삽화(1570년경). 왼쪽 그림에는 주인공이 여행을 떠나고, 가운데 그림에는 그가 흥청망청 삶을 즐기며, 오른쪽 그림에는 구유에서 돼지를 먹이며 쇠락해가고 있다.

하지만 그의 아버지는 자식의 잘못을 용서하는 대신 [아들을] 투옥하기를 원했다. 게다가 돈을 거의 회수하고 [아들이 감옥에 있는 동안] 2플로린을 비용으로 지불해야 했지만, 자신의 권리가 정당히 행사되어야 한다고 고집했다.[119] 분명히 프란츠는 슈바이거의 아버지에게 분노할 만한 정당한 이유가 있다고 믿었으며, 참수형이 범죄에 대한 합당한 대가라는 점에 의문을 제기하지 않았다. 그럼에도 아버지가 방탕한 아들에게 닫힌 마음을 열지 않는 모습은 매우

303

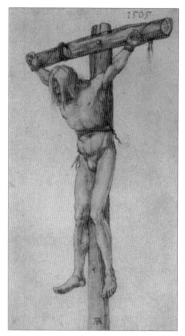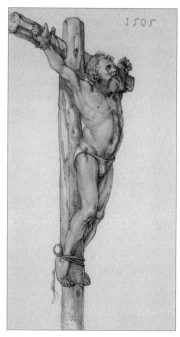

알브레히트 뒤러의 나쁜 도둑(왼쪽)과 좋은 도둑(오른쪽)에 관한 설득력 있는 그림(1505년)

부자연스럽고 기독교 정신에 어긋나 보였다. 이는 또 다른 질서의 훼손이었다.

두 번째 사례는 프란츠가 마이스터징어 경연에 자신의 곡을 출품하기 전해에 한 쌍의 도둑을 처형한 사건이다. 은연중에 두 범죄자의 회개와 믿음을 대조한 것은 복음주의 사형집행인에게 예수와 나란히 십자가에 매달린 선한 도둑과 악한 도둑에 대한 비유를 연상시켰다(누가복음 23장 29-43절). 선량한 도둑 디스마스가 자신의 옆에 매달린 그리스도에게 "왕이 되어 오실 때에 저를 꼭 기억하여 주

304

십시오"라고 부탁했던 것처럼, 양치기 쿤츠 퀴트너는 속죄의 필수
요소를 남김없이 보여주며 "기독교인으로서 숨을 거뒀다." 한편 교
수대 동료 한스 드렌츠(별명 복역자)는 십자가 위에서 예수를 거짓
예언자로 조롱하고 저주한 나쁜 도둑(전통적으로 게스타스로 알려져
있다)의 환생이라 볼 수 있다.

> [그는] 기도하거나 주님의 이름을 입에 올리지도 않았고, 어떤
> 자백도 하지 않았다. [하나님에 대해] 질문을 받을 때마다, 그
> 는 주에 대해 아무것도 알지 못하며 아무 말도 할 수 없고 어
> 떤 기도도 읊지 않겠다고 대답했다. 한 젊은 하녀가 그에게 서
> 츠를 준 적이 있었는데 그 후로 줄곧 그는 전혀 기도할 수 없
> 었다. 고해성사를 거부했기 때문에, 그는 발작을 일으키다가
> 교수대 아래로 굴러떨어져 죄악 속에 숨졌다. 그는 신앙심이
> 없는 사람이었다.120

이들은 각자의 선택을 했으며, 그 후의 운명은 이들의 설계대로
흘러갔다고 프란츠가 말하는 듯하다. 모든 사람은 죄를 짓는 운명
이다. 하지만 자비를 구하거나 베푸는 것은 선의 영역이다. 자신이
선택했던 불경한 직업(그리고 그 직업을 얻기 위해 느리지만 끈질긴 활동)
을 통해 4명의 아이를 키워야 했던 홀아버지로서 이런 생각이 얼마
간 안도와 위안을 주었을 것이다.

· 제5장 ·

치유사

거의 반세기를 사형집행인으로 복무하면서 마이스터 프란츠 슈미
트는 당혹스러울 정도의 인간의 악함과 잔인함에 직면했다. 하지
만 그 기간을 통틀어 마이스터 프란츠에게 원천적인 혐오감을 불
러일으킨 자들은 바로 부르크 출신의 소시오패스 노상강도 게오
르크 회른라인과 그에 필적하게 사악했던 심복인 밤베르크 출신의
요브스트 크나우였다. 그들의 무수한 범죄행각을 속속들이 고발
한 설명은 (밝혀진 죄상만 거론하더라도) 사형집행인의 일기에서 가장
길고 긴 항목을 차지한다. 회른라인과 크나우는 자주 어울리던 고

약한 동료 고스텐호프의 게오르크 마이어(별명 꾀쟁이)와 함께 수년 동안 프랑켄 일대의 뒷길과 숲을 배회하며 폭행, 강도질, 잔혹한 살인을 일삼았으며, 그 범행 대상도 봇짐장수, 떠돌이 직인, 농부, 여성과 청년 등 수많은 여행자들을 가리지 않았다. 마이스터 프란츠는 그들의 알려진 악행 사례를 12개 이상 항목으로 분류하고 그날 하루의 일기를 마감하려는 듯했다. 하지만 곧 그는 마음을 바꿔 (그가 분노가 치밀어올라 고개를 가로젓는 장면이 눈에 선연하다) 두 사람의 악행에 대한 더 참혹한 기록을 다음과 같이 이어나갔다. "그들은 뫼겔도르퍼 초원을 비롯해 어느 곳에서든 산책하러 나온 사람들을 공격했고 … 헤롤츠스베르크 거리에서 통행인 8명을 습격해서 남녀 한 쌍에게 심각한 부상을 입혔고 마부의 양손을 잘랐다."

그들의 오랜 만행 가운데 가장 충격적으로 보이는 사건을 슈미트는 하나하나 생중계하듯 설명함으로써 혐오감을 아주 적나라하게 드러낸다.

6주 전에 [회른라인]과 크나우는 동료들과 함께 어떤 창녀와 동거하고 있었다. 그녀가 [회른라인의] 집에서 사내아이를 낳자, 크나우는 아기에게 세례를 준 뒤, 아기의 작은 오른손을 잘랐다. 그런 뒤 대부 노릇을 한 '슈바르처'라고 불리는 동료가 아기를 공중에 던져 탁자 위에 떨어뜨리고 "내 어린 대자(代子)가 이만큼 커야 해!"라고 소리쳤다. 또 "악마가 어떻게 함정을 팠는지 보아라!"고 외치더니, 아기의 목을 베어 작은 정원에 묻었다. 8일 후, 이번에는 크나우의 상대 창녀가 사내아이를 낳았을 때, 크나우는 아기의 목을 비틀었고, 회른라인은 아기의 작은 오른손을 잘라 헛간에 묻었다.

슈미트가 아기의 작은 목, 작은 오른손이라는 표현을 통해 술 취한 남자들이 세례와 대부의 애정을 냉혹히 조롱하는 장면과 대조하면서 그 순간에 닥친 순수한 공포를 묘사했다. 이는 두 사람의 완전한 타락을 함축적으로 드러내는 사건으로, 프란츠는 1588년 1월 2일 그들이 '아래에서 위로' 고통스러운 수레바퀴형을 당하기 전에 각각 팔다리에 받았던 2회의 인두형을 회상하며 만족감을 숨기지 않았다. 9일 후 그는 그들의 공범인 '꾀쟁이'를 처형했고, 그다음 주에는 회른라인의 아내이자 공범인 마르가레타에게 익수형을 집행했다. 시의회는 당시 사실상 폐지되었던 익수형을 (사형집행인의 이의 제기 없이) 이 극악한 사건에 한정해 최후로 부활시켰다.[2]

그런데 이 남자들은 왜 현장에서 아기들의 손을 잘랐을까? 그것은 단순히 돌발적인 잔혹 행위가 아니었다. 마이스터 프란츠의 감독을 받아 행해진 강도 높은 스트라파도 심문에서 크나우는 갓 태어난 사내아이의 오른손이 행운을, 심지어 전문 도둑에게 가장 유용한, 남들 눈에 보이지 않는 능력을 가져다준다는 속설을 진술했다. 여행하는 동안 회른라인은 여러 아기의 손을 잘라냈고 가택 침입 때 이 '작은 손가락'을 양초 대신 사용해 "아무도 잠에서 깨지 않게 하는 데 성공했다"고 그는 증언했다(영국에서 '영광의 손'으로 알려진 미신이다).3 고문을 받던 회른라인 또한 이 주장을 뒷받침하는 내용을 실토했는데, 아기 손을 8일 동안 마구간에 묻었다가 그 후 땅에서 파내 운반했다고 한다. 그는 크나우에게 명령하고 그 대가로 자신의 몫인 잘린 손 중 하나를 건네준 것은 인정했으나, 그 밖의 다른 '마술 기술'은 모른다고 주장했다. 그러나 더 가혹한 심문이 이어지자, 회른라인은 한 노파가 일요일 미사에 세 번 연속 납조각과 화약이 든 자루를 가지고 참석하면 마법의 힘을 얻게 된다고 가르쳐 줬다고 인정했다. 또한 총알을 피하는 보호 마법의 하나로 그가 "백주 대낮에" 인근 마을의 교수대에서 밧줄 한 조각을 훔쳐내 다른 부적들과 함께 품에 넣고 다녔다고 고백했다. 또한 심문자들의 의심쩍은 추궁에 반박하며 회른라인은 마법의 힘을 시험하기 위해 동료들에게 서로 마주 보고 총을 쏘게 했는데, 둘 다 총알을 피해 5굴덴의 판돈이 자신의 몫이 되었다고 대꾸했다.4

마이스터 프란츠의 세계는 어디에나 마법의 주문과 저주가 횡행했다. 동시대 사람들은 마법의 힘이 지닌 (그 기원은 말할 것도 없고) 본질과 효능에 대해 열띤 논쟁을 벌였다. 하지만 정작 아무도 자연계의 본질적인 신비에 도전하지 않았으며, 자연스럽게 오컬트적인 지식을 동원해 일종의 마법의 힘을 휘두를 수 있었다. 18세기 이전의 마법에 대한 대중적 믿음은 어디로 튈지 모르고 종종 모순적이라서 마이스터 프란츠에게 또 다른 곤경을 안겨주었다. 물론 부업인 의료 분야에서 슈미트는 사형집행인과 사형 도구의 '치유력'이라는 고대 마법의 미신에 기대어 상당한 이익을 거뒀다. 하지만 유럽 마녀 열풍이 최고조에 달했던 시기였던 만큼, 마술과 약간이라도 연관된 의사는 늘 위험에 노출되었다. 강력한 현자와 주술사와 다를 바 없이 두려움과 존경을 동시에 받은 프란츠는 전문적 치료 기술까지 갖춰 사람들이 찾는 수요가 높았고 보수도 톡톡히 받았다. 하지만 다른 한편으로는 그는 무자비한 의료 시장에서 불만을 품은 환자들과 다양한 경쟁자들로부터 암흑 마법을 쓴다는 비난을 감수해야 했다.

물론 이 애매모호하고 공격에 취약한 입지는 뉘른베르크의 사형집행인에게 전혀 새로울 게 없었다. 정부가 경건하고 책임 있는 청부살인자를 필요로 했기 때문에 그가 높은 수익을 올릴 수 있었던 것처럼, 그의 처형 기술에 얽힌 치유의 분위기를 활용함으로써 존경받는 지위를 향한 탐험을 진전시키는 동시에 열광적인 '마녀 고발자'와 의료계 라이벌의 질시와 견제를 교묘하게 돌파했다. 하지만 훗날 프란츠가 밝혔듯이, 의학은 오랜 기간 사형집행인으로 복무해왔던 그에게 목적 달성의 수단이나 안정적인 수입원 이상의 의미가 있었다. 의료 기술은 그의 진정한 천직이었고, 그에게 강요된 불경스러운 직업과는 비할 데가 아니었다. 프란츠가 저술한 대로, "거의 모든 사람은 생활비를 벌 수 있는 분야에 대해 참을성 있는 경향이 있기 마련이며, 나 자신의 경우 자연의 섭리에 따라 치유의 열망이 자라났다."[5] 처형이라는 속죄 의식에서 그가 맡은 역할 이상으로, 평생에 걸친 치료 활동은 그에게 상당한 수준의 성취감, 목표 의식, 자긍심을 안겨주었다. 그렇게 자기 자신과 후손을 위해 이 직업적 정체성을 확립하려는 노력은 그의 인생 후반부인 마지막 30년을 장식하게 된다. 마이스터 프란츠가 공들여 쌓아올린 사형집행인으로서의 평판이 이 최종적인 자아 형성에 보탬이 될지, 방해될지는 더 지켜봐야 할 것이다.

생체

모든 전근대 사형집행인은 소정의 의학적 전문성이 있는 것으로 추정된다. 어떤 자는 동물들, 특히 소와 말을 치료하는 기술자로 알려져 그 직위에 공개 임명되었다. 뉘른베르크의 치안 판사는 프란츠의 악명 높은 방탕한 전임자 가운데 하나를 공개 해임했다가, 1년도 채 지나지 않아 "그의 의료행위가 환자의 부상과 상처를 회복시키는 데 크게 도움이 되나, 현재 사형집행인 외르크 웅거는 [그런 점에서] 전혀 쓸모없다"라는 이유로 재고용했다.[6] 프란츠 슈미트의 아버지 시절에는 의료 상담은 대부분 사형집행인의 부가 수입에 불과했다. 그런데 프란츠가 활동하는 무렵에는 벌써 의료 수익이 사형집행인의 연간 수입의 절반을 차지했다.7 1618년 공식적으로 은퇴한 이후부터 사망할 때까지, 프란츠는 번창하는 의료 사업에 거의 전적으로 수입을 의존했다.

　전근대 시기에 이용 가능한 다양한 의료 및 유사 의료 서비스는 일부 베일에 싸여 있으나 특별한 규제가 없는 경쟁시장을 형성했다. 학제적 훈련을 받은 의사들은 최고 수준의 공식 인증서를 보유했으나, 그 수가 적고 비용이 비싸 일반인은 접근하기 힘들었다. 길드를 통해 배출되는 이발사-외과의사(barber-surgeons)*, '외상 전문 의사', 약제사들은 다들 의사와 비슷한 대우를 받았으며, 뉘른베르크 같은 대도시에서조차 대학에서 교육받은 정식 의사보다 적어도 10배 넘게 숫자가 많았다.8 전형적으로, 이들은 의학대학의 수업보다 몇 년 더 길게 견습공과 숙련공으로 훈련받았다. 16세기 후반까지 사실상 모든 독일 국가는 약제사, 조산사뿐 아니라 의사와 이발사-외과 의사를 정식으로 고용해 이들 직업에 정당성과 신뢰를 부여했다.

　물론 이러한 직종을 제도적으로 승인한다고 해서, 대다수 사람들이 치료용 가루, 화합물, 연고, 약초 등을 파는 무허가 돌팔이 의사들(봇짐장수, 떠돌이 약장수, 주술사, 집시, 종교 치료사 등)을 찾는 것까

---

*　15~16세기의 유럽에서는 외과학(外科學)이라는 별도 의학 분야가 없었으며, 종기의 배농과 단순 열상만을 치료하는 외과의사들을 이발사들이 겸업하는 경우가 대부분이었다. 1540년 영국 의회가 이발사-외과의사 길드를 승인한 이후 200여 년이 흘러 1745년 외과의사 협회가 분리 독립할 때까지 외과학은 내과학에 가려져 있었다.

지 막지는 못했다. 17~18세기의 의사들은 일상적으로 접하는 '돌팔이'와 '허풍선이'의 치유력을 비웃었지만, 적어도 순회 치료사들 가운데 일부는 특정한 증상을 완화하는 치료법을 개발하기도 했다. 유황 연고는 때로 다친 피부를 소독해주었고, 어떤 약초 혼합물은 등의 통증을 진정시켰다. 분명히 순회 치료사들의 변변찮고 기괴한 주장은 대개 허풍이었다. 하지만 적어도 유랑하는 돌팔이들은 해학적인 노래, 여흥과 연극, 가끔은 (어떤 것에 물려도 면역이 생긴다는 강장제를 홍보할 목적으로) 뱀 다루는 쇼까지 동원해 상품들을 광고했다.

마이스터 프란츠의 치유에 관한 명성은 공식 후원과 카니발의 홍보가 부족했으나 그의 불길한 직업을 둘러싼 수많은 민담에서 반사이익을 얻었다. 마을마다 상주하는 '교활한 자'들처럼, 사형집행인들은 (암과 신부전, 치통과 불면증에 이르는) 다양한 질병에 대한 식이요법과 비밀 치료법을 알고 있다는 소문이 파다했다. 그리고 그런 정보는 그들의 젊은 조수들을 통해 구술로 전해졌다. 대학에서 배운 의학 지식체계를 공개적으로 거부해서 논란을 빚은 의사 파라켈수스(Paracelsus, 1493년~1541년)는 사형집행인들과 무속인에게 치료법과 의료 기술을 배웠다고 주장했다. 함부르크의 사형집행인 마이스터 발렌틴 마츠는 "어떤 정통한 의사들보다 약초와 공감[치유을 잘 안다"라고 정평이 높았다.⁹ 사형집행인의 치료법이 어떤 효과가 있었든, 프란츠와 동료들의 '사악한 카리스마'는 경쟁이 치열하고 수익성이 높은 의료 시장에서 귀중한 장점이 되었다. 사형 집행인의 아들은 협회를 통해 상당한 수익을 창출했고, 심지어 사형집행인 직위를 승계하지 않더라도 전망 좋은 의료 사업에 뛰어들 수 있었다. 사형집행인의 아내들과 미망인들도 의료 분야에 종사해서 때때로 환자들을 두고 산파와 경쟁을 벌였다.[10]

그런데 마이스터 프란츠가 치유의 기술을 얼마나 알고 있었고, 어디서 배웠을까? 우선 하이스터 하인리히가 자신의 의료 지식을 남김없이 아들에게 전수했을 것이다. 하지만 하인리히는 명예로운 재단사의 아들로 자랐기 때문에 사형집행인 시절에 배운 치료법만으로는 한계가 있었으리라. 일단 슈미트 가문이 그 분야에 발을 내디딘 후, 다른 지역의 사형집행인들은 지리적으로 멀리 떨어져 직접 경쟁할 필요가 없는 동료에게 영업 비밀의 일부를 함께 공유했을 것이다. 또한 하인리히와 프란츠가 집행인 시절에 만난 많은 범죄자와 부랑자들도 마법 주문 같은 풍부한 정보의 원천이나, 그런 치유 기술은 상당히 위험한 영역을 넘나들 수밖에 없어서 일정한 한계가 있었다.

문해력을 갖춘 사형집행인에게 있어 가장 귀중한 자료는 아마 16세기 초반부터 인쇄 시장에 넘쳐난 의학 팸플릿과 참고 서적들이다.[11] 불과 몇 세대만 지나도 대학 의사들은 프란츠 슈미트 시대에 의료계의 자가 진단 매뉴얼이 대중의 인기를 끈 데 대해 아연실색하게 된다. 더욱 충격적인 사실은 대중화를 선도한 자들은 상당수 의료계의 엘리트층이라는 점이다. 현대까지 초기 마녀 광풍의 반대파로 명성을 드높인 의사 요한 바이어(Johann Weyer, 1515년~88년)는 동시대의 의료계에 『의학개론: 알려지지 않고 치유되지 않은 질병의 분류』라는 책으로 알려져 있었다. 이 책은 발진티푸스, (1583년 당시는 거의 '알려지지 않은' 질병이었던) 매독, '심야 발작', 이질에 이르는 다양한 질병의 치료법이 기술되어 있다.[12] 바이어는 독자들이 전문적인 훈련을 거의 또는 전혀 받지 않았다는 가정하에 질병의 증상과 치료법을 전문 용어 사용을 자제하고 명확하고 구체적인 언어로 기술했으며, 약초, 약용 곤충, 두꺼비 등의 여러 삽화를 를 함께 게재했다. 또한 동시대의 유명 작가들이 그렇듯, 그는 머리말에서 고통과 질병은 아담과 이브가 신의 은총에서 타락한 결과임을 주장하고 본문 곳곳에 성경 구절을 발췌 인용했다.

1517년 초판 이후 여러 차례 재판이 발행된 한스 폰 게르스도르프의 『상처 치료에 관한 사례집』이야말로 마이스터 프란츠가 접했을 가능성이 큰 책이다.[13] 풍부한 군의관 경험을 바탕으로 저술한 224쪽 분량의 개론서는 매우 실용적인 의학 교육서로, 기질, 원소, 행성 등이 건강에 미치는 역할에 대한 논쟁을 시작으로 증상 진단, 치료방식 결정 등 단계별 가이드를 제시한다. 주로 외상에 초점을 두었지만, 게르스도르프는 몇몇 삽화를 주의 깊게 배치하며 인체 해부학의 개관을 해설했다. 바이어와 다른 대중 작가들처럼, 그도 독자들을 배려해서 외과용 메스, 머리뼈 천공기, 부러진 다리 교정기, 겸자, 증류기를 만드는 각종 설계도뿐 아니라 각종 약초 삽화를 수록했다. 결정적으로 이 책은 대학 교육을 받지 않은 일반 치료사를 위해 알파벳 순서로 증상, 신체 부위, 치료법을 색인화했으며, 독일어 번역과 함께 라틴어 의학용어 용례집을 부록으로 제공했다.

　마이스터 프란츠의 의학적 성공을 설명하면서, 환자 내담의 가치를 과소평가해선 안 된다.[14] 자신감을 북돋는 언변과 그 밖의 대인 관계 기술은 생명력이 긴 자산이었고, 특히 근세 초기 진찰에서는 문진이 신체검사보다 더 중요한 요소였다. 한 대중 지침서에 적힌 바로는, "환자의 이력이 잘 관리된다면 이미 진단은 절반 이상 성공했다."[15] 환자의 직업, 가족관계, 식단, 수면 습관 등은 공식 의사뿐 아니라, 의사나 이발사-외과의사의 자격증이 없고 떠돌이 약장수의 쇼맨십도 부족한 사형집행인과 민간요법 치료사에게 더욱 유용했을 것이다. 자신들이 겪는 질환을 잘 이해받는다고 믿는 단골 환자 목록을 각고의 노력으로 관리해야만 마이스터 프란츠의 성공이 담보될 수 있다. 유명한 "사형집행인의 손길"에 끌려 환자들이 문간을 넘어선다손 처도, 대체 가능한 치료법이 많은 현실에서 그들을 단골로 만들려면 성공적인 치유 사례가 뒷받침되어야 했다.

　사형집행인의 전통적인 의료 분야인 '외상 치료' 즉 부러진 뼈를 교정하고, 심각한 화상을 치료하고, 절단된 팔다리를 지혈하고, 상

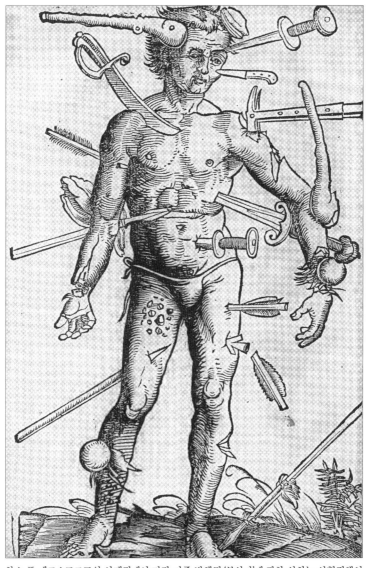

한스 폰 게르스도르프의 사례집에서 가장 자주 발행된 '부상자'에 관한 삽화는 사형집행인
과 이발사-외과의사들이 정기적으로 치료했던 다양한 부상 사례를 보여준다(1517년).

처 절개 부위와 총상을 봉합하는 치료 행위에는 아주 숙달된 기술이 요구되었다. 외과 의사와 사형집행인이 치료하는 상처의 ⅓이상이 단도, 검 또는 총으로 공격당한 결과였다.[16] 이 분야야말로 프란츠의 능력을 과시할 수 있었는데, 고문실에서 수년간 심문을 맡은 책임자로서 피고문자가 심하게 다치지 않도록 돌보고 공개처형에 앞서 부상을 치료하는 등 폭넓은 경험을 축적했기 때문이다. 프란츠가 죄수들을 치료하며 추가 비용을 받았는지는 확실치 않지만, 일부 사형집행인들은 자신들이 방금 전에 집행한 고문보다 사후 치료를 통해 서너 배 수익을 올렸다.[17]

슈미트의 진료기록부는 현재 남아 있지 않다. 하지만 그 자신이 추정한 바에 따르면, 거의 50년간 뉘른베르크와 그 일대에서만 해도 15,000명이 넘는 환자들을 치료했다고 알려졌다.[18] 아무리 일부 과장이나 중복 계산 가능성을 고려하더라도(프란츠는 결코 숫자에 능숙하지 않았다), 이는 매우 놀라운 수치다. 바꿔 말하면 마이스터 프란츠가 1년에 평균 300명 이상 환자들을 봤다는 뜻이며, 이는 그가 고문하고 처벌한 사람들의 거의 10배에 달하는 숫자다. 이처럼 의료 지식이 그가 집행했던 고문을 어느 정도 상쇄해줬을까? 매일의 의료 경험이 범죄 피해자들이 겪는 아픔에 대해 그가 품었던 동정심을 더욱 깊게 했을까? 틀림없이 성공적인 치유사로서의 명성은 통상 사형집행인에 향해 쏟아지던 냉소를 누그러뜨리는 데 큰 도움이 되었을 것이다. 하지만 그런 명성 자체만으로 프란츠와 그의 가족을 명예로운 지위로 올려놓지는 못했다.

이러한 맥락에서, 당대의 사람들이 사형집행인의 치유 능력을 선택적으로 해석하는 방식은, 특히 현대적인 감성에 비춰볼 때 불가사의하고 잔인할 정도로 변덕스럽다. 공개적으로 따돌림 받는 사형집행인과 식탁을 함께 쓰고 술을 마시고 집으로 초대하하기를 거절했던 바로 그 이웃들이 망나니의 집으로 진료받으러 찾아오는 데는 아무런 거리낌이 없었다니 말이다.[19] 그러한 사적인 만남은 어떤 면에서는 이중 잣대로 해석되지만, 치료 목적으로 마이스터 프란츠의 진찰을 받는 것을 비밀로 여기거나 수치심을 느끼지 않았다. 물론 그의 전문 치료 분야를 고려할 때, 환자 대다수는 군인들, 일꾼들, 농부들이었다. 하지만 존경받는 장인들, 정치인들과 일부 귀족들도 정기적으로 프란츠를 찾아와 진찰받았는데, 여기에는 세 명의 제국 사절, 밤베르크 대성당의 본당 신부, 튜튼 기사단원, 그리고 몇몇 귀족 시의원들과 그들의 가족들이 망라되었다.[20] 사회 각계각층이 망나니의 집을 꾸준히 찾았다는 사실은 사형집행인과 그의 가족이 겪었다는 절대적인 소외가 되려 과장임을 나타낸다. 또한 역설적으로 공개장소에서 사적 만남을 피했던 자들을 정기적으로 진찰하는 것은 아마도 슈미트의 독특한, 고성소(古聖所, limbo)와 같은 사회적 위치를 더욱 견디기 힘들게 했다.

외상 치료는 이발사-외과의사의 전문 분야로서 사형집행인과의 분쟁이 빈번했던 것도 당연한 결과였고, 그 갈등 해결을 위해 정

술에 취했으나 여전히 의식이 남은 환자에게 외과의사가 절단 수술을 하고 있다. 의료 시장에서 외과의사들과 이발사-외과의사들은 프란츠의 주요 경쟁자가 되었다(1550년경).

부 개입이 불가피했다. 이 분야에서도 프란츠가 광범위하게 축적한 사적이고 전문적인 명성이 의료 경쟁자들과 시의회의 분노를 효과적으로 차단하는 요인이 되었다. 단 한 번도 그는 해당 분야에서 상관들에게 검열받지 않았다. 일례로 1601년 상관들은 한 남자 환자를 지역 의사들이 아닌 마이스터 프란츠에게 소개를 해줬는데, 그 남자는 동네 이발사가 7살짜리 아들의 오른쪽 무릎을 제대로 치료하지 못했다고 불평을 달고 살았다.[21] 그런데 8년 후 이발사 한스 두에벨리우스는, 마이스터 프란츠가 과거 여관 주인의 부상을 치료했던 전력을 들어 만약 동일인을 한 번 더 치료하려고 든다면 이발사 길드가 그를 불명예로 제재해야 한다고 항의했다. 시의회는 두에벨리우스에게 오염의 공포 없이 치료할 권리가 있다고 인정했으나, 그렇다고 사형집행인의 의료행위 자체를 징계할 생각은 없었다.[22] 뉘른베르크의 이발사-외과의사들이 프란츠를 전문가 동료로 포용했을 가능성은 매우 낮다. 하지만 적어도 프란츠의 치료 기술, 그리고 치안 판사와 맺은 확고한 인맥에 공개적으로 도전하지는 않았다.

프란츠의 의학적 성공의 이면에 도사린 또 다른 잠재적인 위협은 동시대에 학제적 훈련을 받은 의사들의 시장 진출이 활발했다는 점이다. 오랫동안 명성과 수입 면에서 상위권을 차지했던 전문의들은 그 숫자가 미미했는데, 16세기 후반부터 그들은 의료 시장을 새롭게 주도하기 시작했다. 우선, 그들은 독일 도시들에서 연대하여 콜레기움 메디쿰(Collegium Medicum)*과 같은 준정부 기관을 세웠는데, 그 일례가 1592년 요아힘 카메라리우스가 주도하여 설립한 뉘른베르크의사협회다. 이와 동시에 의사들은 (조합이 인증한 이발사, 약제사, 조산사 등 다양한 직종을 망라한) "실용 치료사들"의 광범위하고 때로는 "무지한" 치료법을 더욱 엄격하게 규제하고 감독해야 한다고 당국을 설득했다. 이러한 움직임은 면허가 있는 뉘른베르크의 치료사들에게 규제를 강화할 근거가 되었고, 아마추어 치과의사("tooth breaker"), 연금술사, 점술가, 유대인, 흑마술사, 무면허 의사들에 대한 벌금 또는 심각한 경우 추방을 뜻한다.[23]

다행히 프란츠 슈미트와 후임자들은 의사협회로부터 의료행위의 감독을 받지 않았지만, "얼마간 지식을 보유한" 외상 치료 분야로 진찰과목이 제한되었다.[24] 마이스터 프란츠의 경우 그의 후임 사형집행인을 비롯한 제국 전역의 동료들 사이에 흔히 있었던 의사들과의 공개적인 갈등을 성공적으로 봉합할 수 있었다.[25] 이러한 배경에는 프란츠가 주로 검시 업무를 맡으면서 자신보다 전문성과 기술 완성도가 높은 이발사-외과의사들이 아니라 귀족층 의사들과 주로 정규적인 협업이 있었기 때문으로 해석된다. 아마도 공직 사회에서 슈미트가 받은 존경은 한때 그의 아들 가운데 한 명

---

* 콜레기움 메디쿰(Collegium Medicum)은 뉘른베르크 제국도시에서 의료행위를 규제하고 개혁을 주도하기 위해 시 위원회의 위임 하에 설립된 책임운영기관을 뜻한다. 주로 의과대학을 이수한 의사들의 전문적이고 사회적 권위를 확립하는 데 초점을 맞췄다.

은 그런 고귀한 (아직은 얻기 어려운) 전문직업을 맡게 되리라는 백일몽을 꾸게 했을지도 모른다. 그리고 그런 사회적 도약이 가능해질 날은 그가 상상했던 것보다 훨씬 가까이에 있었다.

사체들

마이스터 프란츠는 산 자들, 즉 죄수들, 교도관들, 환자들과 다양한 관계를 형성했으나, 동시에 죽은 자들, 더 구체적으로는 사형수의 시신들과 상당한 시간을 보내야 했다. 그가 사형한 자들의 시신 가운데 일부는 평범한 고인들과 비슷한 대우를 받아 성스러운 땅에 매장되었다.26 하지만 대다수 시신은 불행한 운명을 맞이했다. 가장 불행한 운명에 노출된 사례로, 수레바퀴에 매달린 도둑들과 살인자들의 시체는 종국에는 교수대 아래 구덩이로 떨어졌다. 다른 시체들은 해부나 그 외의 용도로 사형집행인에게 넘겨졌다. 일반적으로 처형된 범죄자의 시신이 불필요하게 폐기되는 것은 허용되지 않았으며, 적어도 법원이 보인 자비의 증거, 소름 돋는 경고, 또는 의학적 피실험체로 사용되었다.

일반적으로 전근대 유럽의 대학 의사들과 민간 치료사들은 죽은 자의 몸이 엄청난 치유력이 있다고 믿었다. 그렇기에 현대적인 감수성에 비춰보면 매우 기괴하고 혼란스러운 관행이 마이스터 프란

츠의 시대에는 널리 퍼져 있었다. 즉, 환자와 부상자를 치료할 목적
으로 신체 부위를 섭취하거나 접촉하는 사례들이 흔했다. 인간 유
해의 치유력에 대한 온갖 종류의 미신은 대(大) 플리니우스(서기 23
년~79년) 시대로 거슬러 올라가며 18세기까지도 계속 번창한다.[27]
이 전통은 분명히 마술과 유사한 데도, 당시의 의학 전문가들은 자
연 철학과 인체 해부학에 뿌리내린 전통적 관행이라고 주장했다.
화학자로도 알려진 파라켈수스의 추종자들은 인체의 피부, 혈액,
뼈가 특정 미네랄과 식물과 같은 치유력을 가지고 있으며, 병든 환
자에게 영적인 치유력을 옮겨준다고 주장했다. 고전에 통달한 갈
레노스파 의사들은 그러한 '마법적인' 설명을 비웃고, 그보다는 신
체에 4종류의 체액(혈액, 점액, 흑담즙, 황담즙)의 내적 균형을 맞춰주
면 병자를 치유할 수 있다고 반박했다. 공식적인 훈련을 받았든 그
렇지 않든 간에, 그 어떤 치료사도 최근에 죽은 인간의 몸이 훌륭한
치료제가 된다는 고전의 지혜에 사실상 이의를 제기하지 않았다.

"가장 고귀한 기질"에 해당하는 혈액을 마시는 것은 무엇보다 강
력한 치료법으로 여겨졌다. 개중에는 혈전을 용해하고, 아픈 비장
을 낫게 하고, 기침과 발작을 줄여주고, 월경 장애, 때로는 변비를
치료하는 목적이 포함되었다.[28] 당대 의료계는 혈액이 간에서 계속
생성해서 이론적으로는 무제한 공급될 수 있다고 믿었다. 따라서
체액 균형을 회복시키기 위해 정맥 절개술을 통해 환자의 피를 뽑
는 방혈을 자주 활용했다. 게다가 나이와 정력이 체액의 효능을 결

정한다고 믿었으니 생명력이 채 사라지지 않은, 젊은 사형수들의 피를 특별히 귀중하게 여겼다. 간질 환자들은 따뜻하고 신선한 불쌍한 죄인의 피를 마시려고 사형대 앞에 줄을 늘어섰다. 오늘날에는 상상하기 힘든 섬뜩한 장면이긴 하나, 프란츠 슈미트와 동시대 사람들로서는 이색적인 광경은 아니었다.

17세기 중반 이전에는 마이스터 프란츠와 동료 집행인들은 대중적인 치유 요법에 사용되는 인체 부위에 대해 사실상 독점권을 행사했다. 그들 가운데 많은 이들이 약재상과 열성적인 고객층에게 이런 상품을 공급하는 부업을 영위했다. 사형수와 관련된 뉘른베르크의 공식 약품 목록에는 두상의 두개골, (뼈를 빻은 가루인) '인간의 알갱이', '살에서 도려낸' 지방, 인간의 알갱이에서 얻은 소금, 그리고 (뼈를 달인 물약인) '인간 뼈의 정령' 등이 올라와 있었다. 임신부들과 관절이 붓고 경련에 시달리는 자들은 사형수의 살점을 특별하게 보관 처리한 인피(人皮)를 몸에 붙였다. 일반적으로 인간의 살점을 보존하는 방식인 미라의 치유력은 특히 예수회 신부 베르나르도 체시(1599년~1630년)에 의해 창시된 계시적 신비주의의 주된 화두였다. 프란츠가 인체 부위의 거래로 얼마나 추가 이익을 얻었는지, 그리고 현대인의 눈에 거슬리나 수익성이 탁월한 이 관행에 얼마만큼 관여했는지 우리는 알 수 없다.29

필연적으로, 당대의 일부 치료사들은 인체 부위를 공공연히 쓰는 마법 약을 고안해 판매했다. 어떤 사형집행인은 마술에 걸린 말을 치료하겠다며 특정한 약초, 쇠기름, 식초, 불에 태운 인육을 섞어 가루를 만들고, 여기에 해 질 녘 강둑에서 지팡이 토막과 섞었다.[30] 학제적으로 훈련된 개신교 의사들은 성유물의 힘을 강조하는 가톨릭 신앙이 허위임을 밝히기를 열망했고, 인체 부위가 초자연적인 힘을 가진다는 속설도 소리 높여 반박했다. 따라서 프로테스탄트 의사들은 처형당한 도둑의 손이 도박의 판돈을 따게 해주고 소의 부산물이 마법 방어 효과가 있다는 속설을 미신으로 간주했다. 비슷한 맥락에서 바이에른 공국의 가톨릭 교구는 "사람들이 사형수에게서 물건을 강탈하고, 교수대 현장에서 특정 기예에 사용할 목적으로 … 쇠사슬과 밧줄을 훔치는" 광경에 경악하면서, "자연적인 용도 외 신비한 효력이 깃든 주술적 용도로 사형터의 물건들을 쓰지 못하게 금지"했다.[31] 즉 두 종파의 교회 지도자들은 마법 같은 악명을 이용해 돈을 벌려는 일부 사형집행인의 작태에 대해 엄중히 경고했다. 예를 들어 1611년 바이에른 공국의 파사우에서 일했던 프란츠의 경쟁자는 총알을 피할 수 있다고 주장하며 마법 주문이 적힌 작은 부적 '파사우 카드'를 만들어 팔아 상당한 이익을 거뒀다.

해부학적 연구를 위한 활용은 오늘날에도 익숙한 사체 처리 방식이다.[32] 레오나르도 다 빈치와 미켈란젤로 같은 예술가들은 1482년 교황 식스투스 4세의 칙령에 따라 사형수들의 시신 인도를 요청했으나, 정작 의학계의 해부학적 연구가 본격 시작된 것은 안드레아스 베살리우스가 저서 『인체 구조에 관하여』(1543년)에 획기적인 삽화를 실은 때부터였다. 28세 의사는 이 책에서 인체의 골격, 신경, 근육, 내장 구조에 대한 자세한 주석과 정교한 삽화를 달아 의료계를 깜짝 놀라게 했다. 거의 동시적으로 유럽의 의과대학들은 베살리우스와 다른 선각자들의 관찰 기록에 근거해 그들이 (2세기 그리스 의사 갈레노스로 거슬러 올라가는) 과거 지식체계가 맞지 않

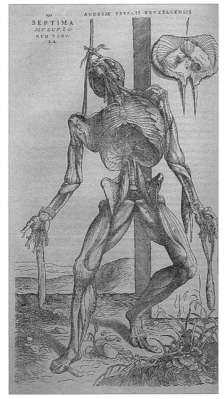

1543년 안드레아스 베살리우스의 『인체의 구조에 대하여』(De Humani Corpori Fabrica)에 실린 200여 개에 달하는 정교한 삽화 가운데 하나인 인체 근육 체계도. 저명한 전문가조차 최근에 교수형을 당한 범죄자를 피사체로 사용하였다는 점이 이채롭다.

거나 완전히 잘못된 것임을 깨닫고 인체 해부학 연구에 강의를 할 애하기 시작했다. 그로부터 1세기 후, 뉘른베르크 근처의 알트도 르프를 포함한 11곳의 독일 대학들은 그들만의 해부학적 강의실을 선보였고, 의학적 해부 실습이 보편화되었다.[33]

자연히 사형수의 시체에 대한 수요는 마이스터 프란츠의 생애에 꾸준히 증가했고, 17세기 초반 무렵에는 시체 거래 관행이 거의 열 풍에 달했다. 마이스터 프란츠가 사망한 직후, 뮌헨 시민들과 시의 원들은 사형집행인 마르틴 라이히남("시체"라는 뜻으로 정말 이름이 적 절한)이 참수된 아동 살해범의 시신을 기독교 매장을 원하는 부모 에게 넘겨주기 전에 심장을 비롯한 다양한 인체 부위를 시장에 팔 아넘겨 마법 가루를 만들게 한 사실을 알고 매우 분개했다.[34] 알트 도르프 대학의 의대생들은 사형수의 시체를 가져가기 전에 항상 프란츠 또는 그 후임자들에게 허가받았지만, 다른 도시에서는 비 양심적인 학생들이 종종 묘지와 처형장을 무단 약탈하는 일도 종 종 벌어졌다. 가장 악명 높은 시체 약탈자는 의심할 여지 없이 베 르너 롤핀크 교수(1599년~1673년)였는데, 그는 교수대 약탈을 하도 자주 해서 예나대학 의대생들이 "롤핀크 하기"라는 신조어를 만들 어 그의 이름을 기릴 정도였다.[35]

마이스터 프란츠의 신체 해부에 대한 깊은 관심은 사형집행인들 에게 흔치는 않아서 그의 의학적 야심이 매우 컸다는 증거로 볼 수 있다. 1548년부터 뉘른베르크 시의회가 "가난한 사형수의 신체 절단"은 몇몇 의사만 할 수 있도록 엄격히 제한했고, 그 후로 해부는 "소수 사람만 참석하는 가운데" 이뤄졌다. 프란츠 슈미트가 뉘른베르크에 오기 3년 전, 폴커 코이터 의사가 두 명의 도둑을 해부한 후 사형집행인에게 부탁해 의약품 용도로 지방 부위를 받아갔다.[36] 이러한 노동과 인체 활용의 전통적인 분업은 1578년 7월 치안 판사가 새로 부임한 사형집행인의 요청을 받아들여 "참수된 시체 중 의료용으로 쓸만한 부위를 잘라갈 것"을 승인했을 때 가시화된다.[37] 그렇지만 24세의 프란츠가 참수당한 강도 하인츠 고르슨(별명 게으름뱅이 행크)의 시신을 어떻게 처리했는지는 확실치 않다. 다만 그의 일기에 "내가 나중에 [시체를] 해부했다"고만 적혀있을 뿐이다.[38] 슈미트가 일기에서 일인칭 대명사를 거의 사용하지 않았던 습관을 참작하면, 젊은 처형자가 이 중요한 성취를 기념하기를 원했던 것만은 분명해 보인다. 명시적으로 남긴 (1581년, 1584년, 1590년) 3차례의 사건 기록 끝에 그는 '절개한' 또는 '잘라낸'이란 문구를 써서 그런 자신의 의도를 명확히 남겼다. 프란츠는 자신이 행한 인체 절개를 묘사하는 데 더 진지한 해부학적 용어를 사용한 것으로 추정되며, 이는 1594년 지역 주치의 페슬러 박사에게 전신 부검을 위해 도둑 미하엘 크뉘텔의 시체를 건네줄 때 쓴 단어와 거의 같았다. 달리 말하면, 그의 관심사는 단순히 신체 부위를 잘라내 활용하는 데 그치지 않고 의사들과 동등하게 인체 해부학 자체를 탐구하려는 데 있었다.[39]

뉘른베르크의 시청 소속 의사인 폴커 코이터(1534년~1576년)의 초상화(1569년). 후계자였던 소(小) 요아힘 카메라리우스(1534년~98년)처럼 코이터 역시 해부학에 열광해서 한때 무덤 도굴로 도시 밖으로 추방되기도 했다.

　물론 신선한 시체를 안정적으로 공급받는 데다가 베살리우스의 선행 연구와 자신의 치료 경력이 일조했지만, 아마추어 해부학자로서 어쩔 수 없는 한계가 있었다. 인체 해부학에 대한 프란츠의 호기심은 시대적 한계를 벗어날 수 없었다. 즉 몇몇 특정인이 설령

기이함과 변칙에 매료되었다 하더라도 자신이 관찰된 내용에서 자연철학자와 신학자의 몫인 이론 체계로 조직화하는 데 관심도 없고 가능성을 알기 힘든 시대였다. 인생 후반기까지는 희생자의 신체에 대한 질서정연한 관심, 그에 따른 체계적인 관찰은 그의 일기에 거의 나타나지 않았다. 예를 들어, 프란츠는 초기에 두 형제와 한 명의 공범이 "힘센 젊은 도둑"이라고 기록했으나 "처형된 강도가 외팔이"라는 점은 가볍게 넘겼다.[40] 또한 이발사인 발타자르 세를이 "가슴과 등에 혹이 있는 난쟁이"였고, 거지인 엘리자베트 로스네린은 "목이 기형이었다"고 기록했다.[41] 그런데 세월이 흘러, 프란츠의 일기에 열렬한 아마추어의 정확성이 더해지면서, 참수된 도둑 게오르크 프라운(별명 핀 조지)은 "목 길이가 두 뼘, 너비가 손 두 폭[약 19/8인치]"이며, 라우렌츠 데머(별명 껑다리 농부)는 "키가 3엘스보다 두 손가락이 모자라며, 매질을 받은 지몬 슈타르크는 92개의 마맛자국을 가지고 있다"는 사실까지 적혀 있다. 이 모든 사실은 그가 꼼꼼하게 사후 검시를 했으니까 확인 가능한 사항이었다.[42] 마이스터 프란츠가 과학적인 분별력을 잃은 것은 단 한 번, 도둑 게오르크 프라운의 목이 잘렸을 때였다. "그의 머리가 [뭔가를 보여주고 싶은 것마냥] 돌바닥 위에 몇 번이나 굴렀고, 그 후에 참수된 머리의 혀가 움직이고 입이 30분 동안 벌린 채로 있어서 마치 뭔가 말하고 싶어 하는 듯했다. 전에 이런 광경을 본 적이 없던 나는 깜짝 놀랄 수밖에 없었다."[43] 근세의 다른 연대기 작가들처럼,

크게 경악한 사형집행인은 구구절절한 설명을 늘어놓는 대신 그저 놀라움을 기록했을 뿐이다.

흑마법

치유술과 암흑계의 불법 관행에 정통한 사형집행인들은 암흑 마술 주제에서 직업적 권위를 가질 수 있었다. 민간 설화에서 사형집행인은 (최근 처형된 젊은이의 피에 흠뻑 젖은) 마법의 칼을 휘둘러 뱀파이어와 늑대인간을 상대로 승리를 거두고 죽은 자의 영혼을 소환하며 집 귀신을 쫓아낸다. 당시 전형적인 민담 가운데 하나는 악령의 집에서 예수회 엑소시스트와 사형집행인이 벌이는 대결을 묘사하는데, 결국 후자가 떠도는 영혼을 자루에 가두고 숲에 풀어줌으로써 최종 승리자가 된다. 이런 유형의 극적인 공연은 1583년 뉘른베르크의 연대기에 잠깐 등장하는데, 여기서 프란츠는 루터교 사제가 공식 인가받아 행하는 퇴마의식을 관찰하는 구경꾼에 불과했다.44

1550년대부터 1650년대 사이, 유럽 전역에서 마녀사냥의 열풍이 휩쓰는 분위기에서 마술과 관련된 것은 (아무리 의학적이라 해도) 어떤 내용이든 상당히 위험했다. 많은 사람은 사형집행인 자체를 '비밀 마법사' 또는 '마녀의 스승'으로 여겼고, 특히 17세기 초 마녀 광풍이 절정에 달하면서 일체의 마법 관행은 악마와 연관되었다는 의혹을 받았다. 뮌헨의 사형집행인은 (예수회 신도가 법원에 고발한 증거로) 불법 마술을 했다는 혐의로 1612년 감옥에 투옥되어 끝내 석방되지 못했고, 사후에 의혹이 풀렸을 뿐이다. 하물며 슈미트의 후임자는 '마법적인 사업'에 관여했다는 이유로 질책받았고, 만약 의회가 '악령'과 접신했다고 인정했다면 아마 추방, 또는 '더 가혹한' 처벌이 뒤따랐을 것이다. 운이 더 나쁜 예도 있었는데, 뉘른베르크에서 있었던 유일한 마녀 화형 사건의 주인공은 한 악명 높은 사형집행인 조수의 미망인으로 악마와 성관계 계약을 한 혐의로 유죄판결을 받고 산 채로 불태워졌다.45

더 전형적으로는 마이스터 프란츠 시대의 전문 처형자들은 자칭 마녀 추적자들과 필수적인 동맹 관계였다. 숀가우의 요한 게오르크 아브리엘과 비베라흐의 크리스토프 히에르트는 이른바 마녀의 표식을 찾는 전문가라고 주장하며 1590년대 바이에른 공국과 슈바벤 북부의 마녀사냥을 주도했다. 그 외의 사형집행인들도 고문을 통해 마녀 혐의자의 자백을 받아내고 공포를 확산시키는 중추적 역할을 맡았다. 사실 남부 독일은 마법을 이유로 삼은 처형 건수가 유럽의 여느 지역보다 크게 높아서 전체 약 6만 명 중 40% 정도에 달했다. 또한 가장 악명 높은 마녀 열풍의 진원지였던 프랑켄 지역은 1626년부터 1631년까지 밤베르크와 뷔르츠부르크에서만 2천 명 이상을 처형했다.46

이런 흐름 속에서 프란츠와 뉘른베르크는 광기의 한 가운데 있는 인내의 오아시스라고 부를 만했다. 16세기 후반까지 뉘른베르크는 마법 처형을 단 한 번 집행했고, 그것도 프란츠 슈미트가 오기 60여 년 전 사건으로 사랑의 묘약 때문에 우발적으로 일어난 중독 사고에 불과했다.[47] 하지만 1590년 7월 페크니츠 강변의 도시도 그 일대를 휩쓴 집단 히스테리에 취약해졌다. 이때만큼은 다른 지역의 지도자들과 대조적으로 시의회가 신속하게 대응해서 추방된 뉘른베르크 출신이자 아이히슈태트의 사형집행인 조수였던 프리드리히 슈티글러를 체포했다. 그간 "여러 시민의 아내들이 마녀라는 징후를 알아챘다며 마녀 고발을 주도"했던 슈티글러는 … "그녀들이 뭇사람들에게 마법 주문을 걸었다"고 의혹을 제기했다.[48]

아이히슈타트의 사형집행인과 함께 일하며 상당한 전문가라고 자부했던 슈티글러는 그가 사는 "맞은편 거리에서 5명의 늙은 여성과 6명의 '견습생 소녀'가 마녀임을 확신한다"고 주장했다. 마이스터 프란츠는 이 마녀 사냥꾼에게 스트라파도를 비롯한 심문을 진행했고, 이에 그는 처음에 마녀 색출을 도와달라는 주민들의 부탁에도 불구하고 "이 도시에 소속된 사형집행인"이 그런 문제를 처리하기 때문에 거절했다고 항변했다. 하지만 이 발언이 프란츠 슈미트가 마녀들에게 관대했다고 죄를 덮어씌울 속셈이었다면, 그의 충실한 고용주들에게 역효과를 일으켰음이 틀림없다. 왜냐하면 고용주들 역시 마법에 관한 일체의 의혹에 대해 프란츠처럼 회의적인 입장이었기 때문이다.

슈티글러는 심문에 굴하지 않았으나 결국에는 끈질긴 주민들의 부탁을 받아 자신의 마법 대항 기술을 공유한 정황을 털어놓았다. 예를 들어 그는 축복받은 소금, 빵, 그리고 밀랍이 든 작은 주머니를 하나당 1오트(¼플로린)에 팔았다. 아벤스베르크의 사형집행인에게서 제조법을 배워 만든 그 주머니는 마녀들로부터 보호받는 동시에 (익히 알려진) 바늘에 찔린 고통도 통하지 않는다는 악마의 자국을 찾게 도와준다.49

그러나 재판관들은 슈티글러의 "순전히 뻔뻔하고 터무니없이 조작한 고발"을 전혀 신뢰하지 않았고, 오히려 슈티글러와 그의 세 아내가 마술에 정통했다는 점에 더욱 주목했다. 무엇보다 지역사회의 정신적 공황을 차단하려는 사법부의 결단은 '신을 믿지 않는' 슈티글러에게 사형 선고를 내렸고, 그러한 선고 사유로 "다양한 미신, 무신론적인 주문, 음모, 그 밖의 금지된 마술과 요술들. 그리고 온갖 유형의 불안감, 근거 없는 의혹과 반목이 시민들에게 번질 가능성"을 들었다.50 1590년 7월 28일, 슈티글러는 마이스터 프란츠에 의해 참수형에 처해졌다.51

마녀 편집증을 심각하게 받아들인 뉘른베르크 정부의 과감한 조치에 사형집행인은 전폭적인 지지를 보냈다. 흑마법과 망나니를 결부하는 대중의 상상이 유쾌하지 않던 프란츠는 그런 질 나쁜 전문가가 처벌받는 모습에 매우 고무되었다. 슈티글러가 [기소된 여성을] 고의로 비방한 사건은 특히 경멸받을 만했다. 무엇보다도

바덴에서 기소된 마녀 세 명이 산 채로 불타고 있다. 유럽 전역을 넘나든 마녀 광풍은 프란츠 슈미트의 생애와 거의 정확히 일치했다(1574년).

뉘른베르크의 사형집행인은 마녀사냥, 그에 반드시 뒤따르는 무질서와 무법천지에 대해 경계와 두려움을 품었으며 이 점에서 그의 상관들과 인식을 같이했다. 숙련공 시절에 여행하면서 목격했던, 프랑켄 지방의 대규모 재판과 화형식을 그는 경악과 혐오에 가까운 감정으로 지켜보았다. 프란츠는 이미 밤베르크의 경험을 통해 슈티글러와 같은 마녀 고발자의 수법, 숙련된 고문으로 유도되는 자백이 얼마나 위험한지 잘 알았다. 그런 허위 공판에 전문 집행인이 중추적 역할을 한다는 사실만으로도 그는 불편함, 어쩌면 수치를 느꼈을 것이다.

그 후 20여 년을 뉘른베르크의 치안 판사들은 이웃 영토까지 바싹 다가온 마녀 광풍에 격렬히 저항했다. 슈티글러 처형 후 18개월이 흐르기도 전, 이웃한 안스바흐 변경백에서 뉘른베르크 관할구역의 여성 두 명을 고문 끝에 받아낸 자백을 토대로 마녀 용의자로 체포했다. 뉘른베르크의 법학자들은 면밀한 조사 끝에 고문의 정당성이 부족하다고 보고 무혐의 방면을 권고했다. 어쨌든 두 여성이 나이가 들어 신체적 고문을 견딜 수 없다는 마이스터 프란츠의 후속 평가를 받고 시의회는 둘 다 석방을 명령했다. 이듬해 퓌르트에서 마녀 용의자가 자살한 사실이 은폐되었을 때, 관할 변경백의 관리들은 시신을 발굴해 불태웠을 뿐더러 그녀 가족의 전 재산을 몰수하라고 요구했다. 또다시 공포 확산을 피하고자 뉘른베르크 법학자들은 용의자의 혐의와 죽음의 본질을 명확히 규명될 수 없으므로 추가 기소가 있을 때까지 슬픔에 빠진 남편과 자녀들을 지원해야 한다고 반대했다. 그 후 몇 년에 걸쳐 뉘른베르크 의회는 알트도르프의 남성 3명을 '마법 책과 카드'만을 압수한 후 석방했고, 역시 마법 치료약을 사용한 혐의로 각각 기소된 노파 두 명을 즉시 방면했다. 반면 슈티글러의 잘못된 소문과 마법 혐의를 퍼뜨리는 실수를 반복했던 한스 뢰스너에 대해서는 위증죄로 유죄 판결을 내렸다. 불운했던 전임자와 비교하면 천만다행으로 그는 화형을 모면하고 (귀향하면 곧바로 사형을 집행한다는 단서를 붙여) 영구 추방으로 끝났다.[52]

마이스터 프란츠와 상관들은 마법의 효능을 근본적으로 부정하지는 않았지만, 주로 그것이 저주(maleficia)의 행위와 결부되었는지에 초점을 맞췄다. 슈미트는 그의 마지막 사형수인 게오르크 카를 람브레히트가 "마법 주문을 외웠으나 저주를 건 것은 아니라는 이유로 공식 판결문에 열거된 죄목에 제외되었다"는 점을 담담히 기술했다.[53] 쿤라트 츠비켈슈페르거는 "유부녀 바르바라 바그네린과 음란행위를 벌인 후, 늙은 마법사에게 2플로린을 주고 [바그네린의 남편에게] 칼에 찔리거나, 굴러떨어지거나, 익사하게 저주해 달라고 청탁"한 정황이 확인되었다. 그런데 결정적인 기소 배경은 츠비켈슈페르거가 "내연녀에게 남편을 독살하게 거듭하여 설득했고 이에 더해 내연녀의 모친과 세 명의 자매와 불륜 관계를 맺었다는 증거가 개연성 있게 뒷받침되었기" 때문이다.[54] 프란츠가 '마법적인' 저주를 언급할 때는 대부분 저주에 뒤이은 폭력의 동기와 유형을 파헤치기 위해서였다. 젊은 사기꾼이 "배신한 옛 동료를 공개 마술을 건 후 느닷없는 죽음을 맞게 만든" 사건, 또는 마을 불량배가 이웃들을 위협한 후 "집에 방화하고 피해자의 손을 잘라 자신의 품에 숨겼"던 사건 등이 그러한 예다.₅₅ 마치 여러 세기가 흘러 역사 인류학자들이 내린 결론을 예상이라도 하듯, 프란츠는 그러한 저주와 위협이 종종 나약한 자들의 공허한 허세에 지나지 않는다는 것을 인식했다. 체포된 도둑 안나 페르크메닌이 "쇠스랑을 타고 빗자루를 탄 늙은 마녀 옆으로 날아가겠다고 위협했으나 아무 일도 일어나지 않았다"고 슈미트는 냉소적으로 덧붙였다.₅₆ 무슨 일이 일어날 가능성을 철저히 배제하지 않았다는 점에서 그의 회의적 시각은 우리의 회의론과 일견 다르나, 분명히 그는 마녀 히스테리에 대해 현대인과 마찬가지로 냉담한 자세를 견지했다.

프란츠 슈미트의 견해는, 독서를 통해서든 풍문으로 들었든, 동시대 의사인 요한 바이어(Johann Weyer)의 『악마의 환상에 대하여』(1567년 첫 독일어판 발행)와 상당히 비슷한 면이 있다. 마녀 열풍의 가장 유명한 반대자였던 (결과적으로 많은 비난을 받았던) 바이어*는 마법의 효과를 부정하지 않았으나, 자칭 마녀 대다수가 자기기만 또는 노골적인 사기행위라고 주장했다. 나머지는 상습적인 독극물 중독자들인데, 그것만으로도 충분히 사형죄에 해당했다. 동시대의 미셸 드 몽테뉴처럼, 마이스터 프란츠와 바이어 모두 감정이 인간의 상상력에 발휘하는 힘을 예리하게 인식했고 이는 피해자와 용의자인 가해자에게 모두 공통된다고 보았다.

---

*   요한 바이어는 마녀란 실재하지 않는 존재이며, 다만 우울증을 앓는 환자로 보았다. 따라서 마녀를 재판에 회부하는 대신 치료해야 한다는 근대적 접근에 가까운 주장을 펼쳤다.

분명히 마이스터 프란츠는 끌려온 몇몇 사형수들이 자기 힘으로 벗어날 수 없는 사악함에 얽혀 고통받는 심리를 꿰뚫어 보았다. 도둑 게오르크 프뤼크너는 지하 감옥에 수감된 동안 "크라인베르크의 야경대원에게 치명적인 상처를 막아줄 부적을 받았다고 털어놓았다. 그러나 그 대가로 다시는 하느님에게 기도하지 않겠다고 맹세하고, 실제로 자신을 악마에게 내맡겼다. 그는 감옥에서 탈출을 시도했고 마치 악령이 괴롭히는 듯한 이상행동을 보였다." 사형집행인은 … "악마적인 힘을 부인하지 않지만 사실상 프뤼크너는 망상에 시달린다"는 확신을 간략하고 신중하게 기록했다. (성 제발두스의 목사관에서 불과 두 블록 떨어진 곳에서 프뤼크너가 지른 헛고함 탓에 밤마다 잠을 깨야 했던) 형목 마기스터 밀러 또한 이 고통받는 영혼을 사탄의 제자로 생각하지는 않았다. 그리고 프뤼크너가 최후에는 기독교도답게 행동했다고 인정했다.57 다시 말해, 비록 마녀집회나 악마와의 혼음(混淫)이 그저 환상에 불과할지언정, 나약한 인간이 악마의 유혹에 희생자가 될 수 있다고 슈미트는 믿었다. 수감 중에 심적 혼란을 겪은 도둑 린하르트 슈바르츠는 처음에는 칼로, 나중에는 찢어진 셔츠로 목을 매어 자살을 시도했는데, "아무것도 보이지 않는 허공에서 어떤 목소리가 들려와 그에게 항복하면 도움을 주겠노라고 약속했다"고 주장했다. 이에 마이스터 프란츠가 예리하게 분석하기를, 당시 슈바르츠가 "진정으로 참회했다면, 그 목소리는 다시 들려와 [또 다른] 일이 있었을 수도 있었다."58 그러나 사형집행인은 그 목소리의 실재성, 근원에 관한 질문에는 말을 아꼈다.

프란츠 슈미트가 고문실에서 겪은 오랜 경험이 젊은 시절 흑마법에 대해 느꼈던 두려움의 싹을 잘랐다. 흑마법의 효능성을 입증할 만한 사례가 없는데도 얼마나 많은 범죄자들이 수많은 미신을 끈질기게 믿었는지 그는 잘 알고 있었다. 절단된 신체 부위, 교수대의 물건, 또는 부적을 통해 악운을 통과하고 보호를 받고자 하는 범죄자들의 시도는 그야말로 한심한 속임수의 상투적인 증거로 그의 일기에 기록되어 있다. 평판 나쁜 동료와 압수된 범죄 도구 못지 않게, 마법 팔찌 또한 불법 행위와 고의성의 물증으로 취급되었다. 도벽을 버리지 못한 꿀 도둑 페터 호프만은 체포된 당시 자기가 소지했던 두개골과 뼛조각이 사악한 목적이 아니라 간질 환자의 치료 수단이었다고 거듭 주장했다(또한 소원해진 여자 친구를 순간이동 마법으로 소환하려 했다는 혐의를 부인했다. 단지 그녀의 마음을 되돌리려고 속옷을 훔쳐 사랑의 마법을 부리려 했으나, 그마저 실패했다고 주장했다). 특이하게 프란츠는 그러한 '주문과 마법'을 들먹여 호프만의 인격에 먹칠하는 대신, 그가 저지른 상습 절도와 간통만을 기록에 남겼다.59 심지어 악명 높은 게오르크 카를 람브레히트가 심문 과정에서 호되게 추궁받자 "자기 자신이 진정한 마법사이고 악마의 마술사이며, … 사탄의 요술에 중독되어 있다"라는 자백을 했는데도, 최종적으로는 총탄을 방어할 용도로 마법 주술이 적힌 종이와 부적을 구입한 것으로 마무리지었다. 더 나아가, 그는 개의 두

개골에 "마법 방어 능력" 실험을 한 후(총을 여러 발 맞은 개는 현장에서 즉사했다), 다음과 같이 결론내렸다. "이 방랑자들의 행동과 허풍은 모두 허위로 꾸미고 상상된 것이었다. [이로써] 그는 그들과 더 거래하기를 원하지 않게 되었다." 바로 이 결론이 그의 사형집행인이 훨씬 일찍부터 내린 판단이었다.₆₀

아주 간단히 말하면, 마이스터 프란츠 슈미트가 집행인 시절에 만난 이른바 마법 전문가들은 사기꾼으로 분류했다. 그가 성밖에서 매질한 쿤츠 호프만은 자신을 "행성을 읽는 자[즉 점성가]와 손금을 읽는 자"라고 자랑했다. 집시 4명과 함께 점술가이며 보물 사냥꾼으로 행세했던 안나 도미리린은, "어느 날 미하엘라 슈미딘 부인을 속여 약 60플로린과 금반지 5개를 손에 넣었다." 다른 방랑자들처럼, 도둑이자 도박사인 한스 멜러는 때때로 마법의 물건들을 거래하며 부수입을 올렸다. 그가 저지른 여러 협잡 행각 가운데, 노란 순무에 동물 기름을 묻혀 머리카락을 붙인 뒤 치료용 맨드레이크라고 속여 판 혐의로 유죄를 선고받았다.₆₁ 포주인 우르줄라 그리민(별명 블루)은 자신이 마술사라서 "어떤 남자가 아이 아버지가 될지 알 수 있다"고 주장하며, "고객에게 원치 않는 임신을 피하려면 하녀에게 재빨리 넣었다 빼야 한다고 알려줬다." 그러고 싶지 않다면 그리민이 다음과 같은 주문을 욀 동안 "그는 정부와 함께 기다려야 했다. '내 어린 양갈비와 아기가 무엇을 하는지 봅시다.' 바로 그 순간 그녀가 남자들 앞에 모습을 드러내고 '여봐라, 음

부여, 그 남자를 삼켜라'라고 말했다." 그리민의 고객들이 쉽게 속아 넘어간 데 대해 프란츠는 꽤 흥미로워했다. 아마 그녀보다 사람을 잘 속인 사기꾼은 젊은 양치기 바이어일 것이다. "그는 2년 동안 어떤 집에서 유령인 척 사람들의 머리, 머리카락, 발을 잡아당기는 장난을 치면서 농부의 딸과 남몰래 정을 통했다."[62]

슈미트가 사형집행인 시절에 만났던 가장 뻔뻔한 (그리고 성공적인) 사기꾼은 스스로 도굴꾼이라 부른 빌제크의 외다리 재봉사 엘리자베트 아우롤틴이 확실했다. "황금 일요일의 아이"라고 자처하며, 그녀는 자신이 숨겨진 보물을 찾고, 이를 지키는 용, 뱀, 개들을 물리칠 수 있는 능력이 있다고 각계각층 사람들을 속여 4,000플로린이 넘는 돈을 모았다.[63] 프란츠가 내린 평가에 따르면, 그녀의 성공 비결은 (쓰잘머리 없는) "악마 소환 주문과 의식"이 아니라, 절대 믿기지 않는 이야기를 믿게끔 하는 확실한 재능에서 비롯했다. 바닷속에 가라앉은 성과 보물상자의 이야기를 들은 후, 처음에는 회의적이었던 세 명의 남자들은 이내 "그녀가 주문을 외면 보물이 바다 위로 떠오를 것"을 믿고 하얀 독사를 찾아 온종일 땅을 팠다. 또 다른 사람들은 마법 지팡이를 든 그녀와 함께 여러 날 시골을 떠돌았고, 거듭되는 실패에도 변함없이 그녀의 특별한 서비스에 대해 아낌없이 돈을 지급하려 했다.

마이스터 프란츠는 재능 있는 사기꾼의 대담성, 탐욕에 젖은 피해자들의 잘 속는 어리석음에 놀라움을 금치 못했다. 그는 가장 성

공을 거둔 아우롤틴의 사기 행각에 관해 다음과 같이 이례적으로
낱낱이 기록했다.

그녀가 속임수를 쓴 방법은 이러했다. 사기를 칠 때, 그녀는
어떤 집에 들어가 마치 경련이 난 것처럼 쓰러진 후, 자기 다
리에 있는 지혜의 정맥을 내보이며, 이 정맥을 통해 그녀가 미
래의 사건을 예언하고 숨겨진 보물들을 발견할 수 있다고 주
장했다. 그리고 그 보물들을 찾을 때까지 그 지혜의 정맥이 그
녀를 그 집에서 떠나게 두지 않는다고 말했다. 또한 보물이 숨
긴 땅이 그녀 앞에 갈라져 마치 불을 들여다보듯 금은보화를
볼 수 있다고 주장했다. 누군가 의혹을 제기하면, 그녀는 집에
서 밤을 지새우며 보물의 정령과 대화를 나누게 해 달라고 요
청했다. 밤에 혼자 남자, 그녀는 (속삭이고, 질문과 대답을 주고받
으며) 누군가와 대화하는 척 행동했고, 가련한 영혼이 보물을
파낼 때까지 천국에 들어가지 못하고 집을 떠도는 것처럼 꾸
몄다. 그러면 사람들은 그녀의 끔찍한 주문과 뻔뻔한 신념에
설득당해 땅을 파도록 허락했다. 그러는 동안 그녀는 석탄이
가득 찬 항아리를 구덩이에 몰래 넣은 다음 자신이 파낸 것처
럼 거짓말했다. 그런 뒤에 그녀는 사람들에게 3주일 동안 항
아리를 그대로 묻어두고 기다리면 금으로 변할 것이라고 주장
했다. [그러나] 석탄은 그저 석탄이었을 뿐이다.

예상한 대로, 슈미트는 엘리자베트 아우롤틴이 기존의 사회 위계에 아무런 두려움 없이 반항하는 모습에 큰 충격을 받았다. 많은 부유층 인사들이 이에 속아 넘어갔고, 심지어 어떤 귀족은 아우롤틴과 그녀의 어린 딸을 집에 머물게 했고, 또 다른 귀족 두 명은 그녀 딸의 세례에 후원자를 맡기까지 했다. 또한 뻔뻔스럽게도 그녀는 뉘른베르크의 귀족 관료 가운데 한 명을 사업설명회에 초대한 후에, "마이스터 엔드레스 임호프를 위해 정원에서 황금 분수가 솟아나게 하고 황금의 우상처럼 보물을 발굴했다"고 주장했다. 마이스터 프란츠는 초능력에 관한 그녀의 주장을 단 한 번도 진지하게 받아들이지 않았으나, 이야기의 마술사로서 그녀가 지닌 뛰어난 기량만큼은 경이로움을 느꼈다.

사형집행인의 유산

50대 후반까지는 마이스터 프란츠의 노쇠함은 거의 드러나지 않았다. 출장 횟수가 현격히 줄었고 그나마 1611년 이후에는 아예 없다시피 했지만, 대부분의 동료 사형집행인들이 신체적으로 힘든 일을 젊은 동료에게 넘겨주는 나이를 훌쩍 넘겨서도 그는 거의 모든 매질과 형벌을 직접 집행했다.[64] 노쇠의 첫 번째 흔적은 1611년 2월 사상 최악의 사형식 때 드러났다. 근친상간과 간통죄를 범한 엘리자베트 메흐틀린을 참수하면서 그는 무려 3번이나 칼을 휘둘렀다. 이 57세의 베테랑이 보여준 "매우 수치스럽고 악랄한" 솜씨에 관중은 충격받았다.65 이처럼 공공연히 드러난 좌절에 대해 사형집행인이 인정한 기록은 일기 목록 맨 끝에 남긴 "망쳤다"라는 단어 하나뿐이었다. 다음 해, 원성이 자자했던 포주와 정부 끄나풀이 성문 밖에서 매질을 당하다가 프란츠의 손아귀에서 빠져나가자 성난 군중의 돌팔매질에 맞아 사망했고, 그 후에 시의회는 공식 조사를 거쳐 베테랑 처형자에게 이례적인 질책을 내렸다.66 여기에 실패한 사형 집행이 두 차례 더 뒤따랐는데, 하나는 그해 말인 1613년 12월 17일, 다른 하나는 1614년 2월 8일로 두 건 모두 프란츠의 일기에는 기록되지 않았다. 그러나 노인이 된 사형집행인의 은퇴를 노골적으로 요구하는 목소리는 없었고, 프란츠는 34개월 동안 18명의 사형수를 계속 처형했다.

사형장에서의 마지막 해는 두 번의 성공적인 참수형과 몇몇 매질과 함께 특별할 것 없이 시작했다. 5월 31일 밤 어떤 (아마도 여러 명의) 난동꾼이 뉘른베르크 교수대를 쓰러뜨렸다.67 슈미트는 일기에 그 사건을 따로 언급하지 않고, 그저 술에 취해 저지른 난동으로 가정하고 아무런 중요성도 부여하지 않으려 했다. 하지만 그로부터 한 달도 채 지나지 않아, 1617년 7월 29일 소도둑 린하르트 케르첸데르퍼(별명 소몰이 레니)의 사형장에서 더욱 당황스러운 사건이 발생했다. 한 연대기 작가에 따르면 사형집행인이 교수대에 처음 오르려 했을 때, "흙먼지 이는 돌풍"이 불어와 교수대의 사다리가 몹시 흔들거려 다시 세우고 단단히 묶어야 했다. 그때 마이스터 프란츠와 완전히 얼빠진 사형수는 "너무 강력하게 불어와서 군중을 여기저기 흩어지게 만든" 강력한 바람에 가로막혀 거의 앞으로 나아갈 수 없었다. 그런데 기도를 거부하던 사형수가 마침내 줄에 매달려 있던 순간, "바람이 잠잠해지고 공기가 완전히 고요해졌다." 바로 그때 "아무도 눈치채지 못한 사이" 별안간 나타난 토끼 한 마리가 개에게 쫓겨 교수대 아래와 군중 사이를 마구 뛰어다녔다. 그러자 그 광경을 목격한 관중은 악마가 불쌍한 죄인의 영혼을 쫓고 있다고 생각했다. 심적 동요에도 진중함을 잃지 않은 마이스터 프란츠는 "그 토끼가 어떤 것이었고 사형수가 어떤 종말을 맞았는지는 신만이 아신다"고 얼버무렸다.[68]

불길한 징조와 노령에도 굴하지 않으려는 듯, 마이스터 프란츠는 마지막 처형이 다가오기 전에 5개월 동안 도둑 3명을 교수형에 처했고 2명에게 매질했다. 1617년 11월 13일, 위조범 게오르크 카를 람브레히트의 화형식은, 당시 뉘른베르크에서 보기 드문 사건이었고 40년 이상 복무한 프란츠 슈미트로서도 이런 가혹한 처형방식은 두 번째였다. 폭력 사태로 번질까 초조해진 뉘른베르크 시의회는 사형집행인에게 조속한 처형을 위해 사형수의 목에 화약 자루를 두르거나 또는 "군중들이 눈치채지 않게" 먼저 목을 조르라고 요구했다. 이에 대해 마이스터 프란츠는 화약 자루가 잘못 터지면 인근 사람들까지 위험할 수 있으니까 교살이 더 낫겠다고 대답했다. 어느 때처럼 그의 전문성을 존중한 시의원들은 "관중이 눈치채지 못하는" 방식으로 교살해야 한다는 점만 강조했다.69 자비보다는 효율성이 그들의 결정을 이끌었다. 무엇보다 산 채로 화형당한다는 사형수의 공포를 관중에게 생생히 보여줄 필요가 있었다.

람브레히트의 처형은 슈미트가 가장 무난하게 집행해야 했다. 형목에 따르면, 지난 5주간 불쌍한 죄인은 끊임없이 울고 기도하며 "인간보다 신과 더 많이 대화했다."70 처형 5일 전, 감방에서 완전한 고해성사와 영성체를 받은 람브레히트는 "음식과 술로 자기 몸을 오염하고 더럽히는 것"을 거부했다. 마지막 사형 행렬도 모범적이었다. 불쌍한 죄인은 번갈아 큰 소리로 기도하고 지나가는 사람들에게 용서를 구했다. 마이스터 프란츠에게 가장 중요한 것은 주기도문과 다른 기도를 암송하기 전에 사형수가 무릎을 꿇고 최후의 고백과 용서를 빌었다는 점이다.

결국 프란츠는 치안 판사에게 했던 자신의 주장을 뒤엎고 화약자루와 비밀 교살의 조치를 결심했다. 아마도 군중 몰래 교살하는 것이 실패할지 모른다고 염려했었기 때문일 텐데, 그렇다 해도 두 조치가 전부 허사가 되어 이 책의 서두에 이미 기술한, 고통스럽고 극적인 실패로 이어질 것이라고 예상하지 못했을 것이다. 형식에 충실했던 슈미트는 이 망쳐버린 사형에 상관들과 조수 클라우스 콜러를 조금도 연루시키지 않았다. 다만 약간의 교묘한 수정을 거쳐, 그는 그 처형이 실제로는 성공적인 화형식이었다고 기록하며, 어떤 불상사도 없었다며 강력히 부인했다. 또한 그는 그 처형을 (이후의 필사본들과는 대조적으로) 자신이 집행한 마지막 처형이라고 밝히지 않았고, 3주 후와 (정말 최후로) 1618년 1월 8일에 사적으로 매질을 대행하기도 했다.

45년간의 경력에 대한 마지막 마침표는 분명히 용두사미로 끝났다. 1618년 7월 13일, 성구 보관인으로 오래 일한 린하르트 파우마이스터는 시의회에 존경하는 마이스터 프란츠가 다음 주에 예정된 2건의 사형을 맡기에는 너무 노쇠하다고 보고했다. 파우마이스터가 병명을 특정하지 않았지만, 슈미트 자신은 9일 전부터 병세가 있었다고 조심스럽게 주석을 달았다. "건강이 회복될 때까지" 그를 대체할 유능한 사람을 추천해 달라는 요청을 받았을 때, 프란츠는 마땅히 추천할 만한 자를 알고 있지 않으니 "나의 주군"이 이웃한 안스바흐와 레겐스부르크에 문의해보는 게 어떻겠냐며 답변을 흐렸다. 만약 베테랑 사형집행인이 은퇴를 계속 지연시킬 속내라면, 그 희망은 금세 무너졌다. 임박한 아동 살인범의 사형을 원만히 집행하기를 바라던 그의 상관들은 일주일 후 인근 마을인 암베르크의 집행인 베른하르트 슐레겔이 일방적으로 보낸 지원서를 받자 매우 신속하게 대응했다. 슐레겔의 면허증을 대충 살펴본 후, 그들은 그에게 2.5플로린의 주급과 무상 숙박을 제공하기로 약속했다. 사형집행인 후보자는 뉘른베르크의 의원들에게 아주 분명한 요구

사항을 즉시 전달했다. 즉 마이스터 프란츠와 같은 급여(주당 3플로린)와 1년치 땔감, 그리고 망나니의 집을 곧장 넘겨달라는 요구였다. 레겐스부르크에서 여전히 회신이 오지 않자, 시의회는 슐레겔의 조건에 동의하고 마이스터 프란츠에게 처음 전갈을 넣은 지 2주 안에 그를 종신직으로 취임시켰다. 1주일 후, 새 사형집행인은 뉘른베르크의 까마귀 바위에서 사형수 2명을 참수했다.[71]

거의 반세기에 걸친 프란츠의 일기는 전형적으로 간결하게 끝을 맺었다. "[1618년] 7월 4일 나는 병이 들었고, [8월 10일] 성 로렌스 축일에 40년 동안 지켜오고 맡아온 공직 생활을 접음으로써 나의 오랜 봉사를 마무리지었다."

프란츠의 은퇴는 비교적 수월했으나, 앞으로 수년 동안 계속될 늙은 사형집행인과 후임자 사이의 권력투쟁 서막이 시작되었다. 마이스터 프란츠의 40년간의 모범적인 봉사에 대해 상관들은 겉으론 감상이 묻어나지 않는 무관심으로 대했고, 후임자에 점점 호의적인 반응을 보이면서 과연 둘의 경쟁 구도에서 프란츠에게 존경심을 보여줬는지는 모호하다. 그러나 슐레겔이 도착하고 뉘른베르크의 치안 판사들이 그의 요구 목록에서 한 가지 조건을 걸었을 때, 프란츠에 대한 존중은 명확해졌다. 즉 슐레겔은 마이스터 프란츠가 적당한 거주지를 찾도록 현재의 집을 비워줄 때까지 충분히 기다려줘야 한다는 것이다. 이 합리적이고 그 누구도 불리할 게 없는 이 타협안은 두 집행인과 가족 사이에 평생 불화의 씨앗을 뿌렸고, 이는 두 사람 모두 죽고 나서야 끝나게 된다.

뉘른베르크에 새로 취임한 슐레겔은 첫 사형이 끝난 지 이틀 만에 불평을 제기했다. 아직(!) 구(舊) 병동의 임시 숙소가 준비되지 않아 여관에 숙박하는 데 따른 불편함과 비용이 초래된다는 것이다. 시의회는 즉시 1개월 치 급여에 상당하는 12플로린의 추가수당으로 화답했고, "마이스터 프란츠에게 망나니의 집을 언제 떠날 계획인지를 세심하게 문의했다." 주택 임차 연장의 첫 번째 구실로 슈미트는 집을 살 경제적 여유는 있으나 직업상 약점 때문에 집을 구하기가 쉽지 않다고 대답했다. 상관은 존경받는 베테랑을 압박하기를 꺼렸기 때문에 대신 새 사형집행인에게 아파트 3층 구역의 개조를 서두르라고 명령했다. 이로써 슐레겔과 그의 아내는 20명의 독신 남성 세입자들과 심지어는 간혹 노역자들과 한 건물을 사용해야 했다. 확실히 이에 분노했을 슐레겔를 달래기 위해 시의회는 이사 비용으로 12플로린을 추가 지급했고, "남은 일을 마무리하기 위해" 몇 달 동안 휴가를 몇 차례 더 낼 수 있게 양보했다.72

해가 갈수록 전임자에 대해 감사의 마음과 더불어 후임자에 대한 불만이 꾸준히 커졌고, 급기야 시의회는 베른하르트 슐레겔이 프란츠 슈미트와 전혀 판이한 인물임을 인정해야 했다. 급여 문제만 놓고 보더라도, 슐레겔은 절대 호락호락하지 않았다. 마이스터 프란츠가 임금 인상을 (1584년을 마지막으로) 40년간 단 두 번 요구했는데, 마이스터 베른하르트는 정기적으로, 심하면 1년에 몇 차례나 박봉에 대한 불평을 늘어놓았다. 의회는 그에게 25플로린의 상여금을 일시에 줬던 때도 있었으나, 대체로 훨씬 더 불쾌한 말로 그의 요구를 단호히 거부했다.

당연히 거절된 60플로린의 대출 요구는 새 사형집행인이 그저 탐욕스러움을 넘어서, 도박, 음주, 그 외 '경박한 생활'로 인해 갚기 어려운 빚에 쪼들렸다는 사실을 알게 해준다. 이는 존경받는 전임자의 절제된 생활 방식과 극명히 비교되었다. 뉘른베르크에 도착한 지 1년이 채 되지 않아, 슐레겔은 시의회에 소환되었다. 무술학교의 술집 난투극에 그가 휘말렸기 때문인데, 이는 사형집행인과 한 식탁에 앉아 있던 슐레겔의 술친구에게 다른 동료 기능공들이 시비를 걸면서 시작되었다. 시 행정국은 전통적인 오염 개념을 무시하고 기능공의 훌륭한 태도를 칭찬해줬으나, 동시에 슐레겔한테 "더욱 절제하고, 선술집에서 시민들의 술자리에 어울리지 말라"고 지시했다.[73]

겸손한 생활, 경건함, 그리고 금주로 존경을 받았던 우상(偶像)의 후계자가 되는 것은 누구에게나 쉽지 않겠지만, 욕심 많고 적대적이며 자기 분수에 넘치게 생활하는 타지인에게는 더욱 더 힘든 과제였다.[74] 마이스터 베른하르트가 뉘른베르크에 도착한 날부터 마이스터 프란츠의 망령은 꾸준히 그를 따라다녔고, 특히 기술적 전문성 측면에서 전임자와 노골적으로 비교되면서 대중의 신뢰가 종종 흔들렸다. 공개적 사교 활동으로 질책받은 지 몇 주 후, 슐레겔은 시의회로부터 처형장의 질서를 제대로 지키라고 "호된 훈계를 받아야 했다." 1년도 안 돼, 그는 교수형을 오래 지체해 큰 곤욕을 치렀는데, 당시 그가 넘어뜨린 사다리가 교수대에 걸리는 바람에 불쌍한 사형수는 고통 속에서 천천히 목이 졸려 몇 분간 예수의 이름을 부르짖고 나서야 숨이 끊겼다. 격분한 군중들이 던진 얼어붙은 진흙 덩어리에 실컷 두들겨 맞은 후에야, 이 무능력한 사형집행인은 간신히 베테랑 조수의 도움으로 구조되었다.[75]

심각한 우려가 예상되었지만, 1621년에 지칠 대로 지친 시의원들은 마침내 프란츠가 15년의 복무 끝에야 얻은 시민권을 슐레겔에게 부여했다. 이는 3년 전 뉘른베르크에 도착했던 때부터 마이스터 베른하르트가 집요하게 요청했던 특권이다.[76] 그런데 실망스럽게도 교수대 위에서 새 사형집행인의 성취는 그다지 개선되지 않았다. 슐레겔이 또 한 차례 실패한 처형을 조수에게 책임 전가한 후, 의회는 그를 비난하며 더 나은 실적을 보이지 않고 "무절제한 생활 방식을 탈피"하지 않는다면 즉시 해고하겠다고 위협했다. 하지만 고용주들이 후임자를 찾는 수고를 꺼린다는 것을 잘 알고 있었던 마이스터 베른하르트는 시의회의 주기적인 경고를 마지못해 수용하면서도 꿋꿋이 버텼다. 이런 사례로 처형 직전에 "[사안을] 진지하게 받아들이고 망치지 않도록 해야 한다"는 경고문을 받는 굴욕도 아랑곳하지 않았다.[77]

위대한 프란츠 슈미트와 혹독한 비교를 통해 가차 없이 모욕당한 슐레겔은 망나니의 집을 떠나기를 계속 거부하는 전임자에게 매우 분노했다. 이런 점에서 새 처형자가 느낀 불만은 정당했으며, 특히 현명하고 인맥이 두터운 경쟁자에게 계속 조종받는다고 느낀 좌절감도 어느 정도 공감된다. 아마 슐레겔이 워낙 많은 불만 사항들을 자주 제기했던 때문인지, 슈미트 가족이 약속을 어기고 망나니의 집에 계속 거주한다는 그의 푸념은 거의 7년간 무시당했다. 어쩌면 치안 판사들은 슈미트 노인의 자연사로 이 문제가 쉬이 풀리기를 원했으리라.

1625년 여름, 전쟁의 참화, 난민의 유입, 전염병의 창궐 등으로 주택 위기가 심각해지면서, 마침내 시의원들은 여전히 혈기 왕성한 71세의 마이스터 프란츠에게 모종의 조치를 취하기로 했다. 응급 병동의 공간 확보가 절실히 필요해진 시의회는 슐레겔 부부를 옛 병동 건물에서 망나니의 집으로 옮기기로 하고, 슈미트 가족에게 퇴거를 위한 제반 이사 비용을 부담하겠다고 제안했다. 이에 프란츠 본인은 망나니의 집을 평생 약속받았다며 이의를 제기했는데, 이는 7년 전 이사하겠다고 수락했던 것과 달라 신빙성이 떨어지는 주장이었다. 그렇지만 이 전략은 효과가 상당해서 시의원들은 슐레겔에게 이사할 집을 스스로 찾으라고 지시했다. 후일 한 형사국 직원이 공식 기록에 그러한 약속을 한 흔적이 없다고 보고했을 때, 슈미트는 유연하게 주장을 바꿨다. 이제 그는 두 블록 떨어진 오베레 뵈르트슈트라세에 적합한 새집을 찾았다며, 연간 75플로린의 주택 융자를 감당하기 위해 의회의 재정 지원이 필요하다고 주장했다. 지난 60년간 유명한 금세공인의 소유였던, 사실상 건물 두 채가 연결된 이 복합주택은 3,000플로린까지 가격이 치솟은 데다가 12.5% 이상의 선금을 내야 했다. 해결에 급급했던 시의회는 추가 비용에 눈 하나 깜빡이지 않고, 전임 집행인의 투자금 수익이 연간 12플로린에 불과하다는 사실을 확인한 뒤 곧바로 연간 60플로린의 연금을 평생 지원하는 데 동의했다. 1626년 5월 1일 발푸르기스의 밤*이 끝나자마자, 드디어 프란츠 슈미트는 근 50년을 살았던 집을 떠났고 베른하르트 슐레겔이 기뻐하며 이사왔다.[78]

이 승리에서 고무된 슐레겔은 존경받는 마이스터 프란츠에 대한 적개심을 의료 시장의 경쟁 쪽으로 돌렸다. 그때까지 신임 집행인은 대부분 지역사회의 이발사-외과의사들과 갈등이 잦았는데, 그들은 일찍부터 고객들을 단골로 삼기 위한 슐레겔의 공격적 상술에 대해 불평해왔다.[79] 시의회는 그에게 마법과 정신질환 상담에 대해 엄중히 경고하고, 그의 의료 업무가 '외상 치료'에 국한된다고 상기시켰다.[80] 이 대목에서, 슐레겔은 전임자가 지녔던 외교적 기술이 부족하다는 점이 분명해졌고, 그 결과 그의 직업적 평판이 크게 훼손되었다. 심지어 그가 내린 병의 진단이 마이스터 프란츠에게 뒤집히는 수모를 당한 것만도 수차례 있었다.[81] 망나니의 집을

---

* 발푸르기스의 밤(Walpurgisnacht)은 독일, 스웨덴 등지에서 4월 30일 밤부터 5월 1일 낮까지 보내는 봄의 축제를 일컫는다.

손에 넣은 지 1년 만에, 슐레겔은 전 사형집행인이 너무 많은 고객을 데려갔다며 시의회에게 슈미트에 대한 공식적인 제재와 더불어 불경한 가축 시장과 멀리 떨어진 곳에 새 환자 출입구를 만들어달라고 요구했다. 시의회는 두 건의 요청을 전부 거부하고, "프란츠 슈미트가 수년간 도와줬던 만큼, 슐레겔도 이를 용인해야 한다"고 덧붙였다.[82] 잇따른 거절에 화가 난 사형집행인은 더 이상 존경받는 전임자에게 공식적인 불만을 제기하지 않기로 하고, 대신 노인의 임박한 죽음을 기다리기로 했다.

아버지의 유산

슐레겔이 겪은 가장 큰 모욕은 마이스터 프란츠와 그의 자녀들로서는 궁극적인 승리의 순간이다. 1624년 봄 여전히 망나니의 집에 있었을 때, 마이스터 프란츠 슈미트는 황제 페르디난트 2세(재위 1618년~37년)에게 가문의 명예를 돌려달라는 공식 청원서를 썼다. 황실에 대한 직접적인 호소가 전례 없던 것은 아니었지만, 프란츠는 그동안 자신이 추구해 온 여정의 완결을 위해 왜 이 특정한 순간을 선택했을까? 아마도 은퇴한 사형집행인은 새집을 사는 데 보증이 필요했다거나 또는 그의 아들들이 명예로운 직종에 종사하기 위한 도움이 절실했기 때문이 아닐까. 심지어 마이스터 프란츠가 성인 자녀들과 함께 막 이사 온 열한 살짜리 손녀의 미래를 염려해 서였을 수도있다. 더 흥미로운 질문은 왜 그가 은퇴 후 6년이나 기다렸다가 청원서를 썼을까 하는 점이다. 가문의 명예 회복의 중요성을 볼 때, 슈미트가 한동안 청원서의 초안을 작성해서 보내려고 했지만, 귀족 후원자들의 미온적인 태도와 지역정치 문제 등 그가 통제할 수 없는 힘에 의해 좌초되었을 가능성이 있다.

청원을 미룬 이유가 무엇이든, 15쪽을 넘지 않는 이 주목할 만한 문서는 한 노인의 삶의 회상뿐 아니라, 그의 삶을 성공으로 이끈 인간관계와 설득의 힘에 대한 최종적이며 인상적인 해설을 제공한다. 프란츠의 청원서는 황제와 신민을 대신해 그가 이룬 많은 업적을 나열하면서, 그의 가족이 겪은 불행에 동정심을 호소하는 개인적인 청원을 번갈아 가며 능수능란하게 펼친, 수사학적 기술의 모범이다. 아브가르 왕의 치유에 관해 그가 작곡한 노랫말처럼, 청원은 전문 공증인의 도움을 받아 작성된 게 틀림없다. 하지만 그 논리와 감정은 순전히 마이스터 프란츠 자신의 것이었다. 먼저 의례적인 경의를 표한 후, 그는 다음과 같은 내용을 필두로 청원서를 시작한다. 즉 "세속 권력은 경건하고 법을 준수하는 자들을 모든 폭력과 두려움으로부터 보호하고 방종한 자와 악한 자를 적절한 형벌로 심판하도록 하나님에게 책임을 부여받았으며, 이로써 평화, 평온, 단결이 보존될 수 있다"는 것이다. 마이스터 프란츠는 카롤리나 형법전과 제국의 훈령에 더하여 구약성서에 등장하는 이스라엘인의 투석에 의한 관례적 처형을 인용하면서 사형집행인의 신성한 기원을 정립하려 했다. 하지만 처형 업무의 정당성과 불가피성에도 불구하고, 사형집행인이라는 직업은 "감히 제가 거론할 수밖에 없는" 불행한 사고로 인해 자신의 천직이 되었다고 밝혔다.

그다음에 뒤따르는 문장은 황제의 동정을 호소하기 위해, 이제껏 쓴 글 가운데 가장 내성적이고 개인적인 내용이 담겼다. 마침내 대중의 이목에서 벗어난 그는 오래전 알브레히트 변경백이 하인리히 슈미트에게 호프의 시장 광장에서 사형을 집행하도록 무자비하게 강요한 때부터 그의 가족을 괴롭혀온 깊은 수치심을 놀랍도록 솔직하게 털어놓았다. "저 자신도 벗어나고 싶을 정도로" 매우 부당했던 가족의 치욕이 자신을 사형집행인의 자리로 내몰았으며, 이는 훗날 의학을 향한 소명과는 차원이 달랐다고 덧붙였다. 어느덧 마이스터 프란츠는 자신의 복권 요구가 받아들여져야 하는 최후 진술을 다음과 같이 펼쳤다. "의학이야말로 제가 46년을 고된 직업과 함께 실천해온 천직으로, 전능하고 영원한 하나님의 가호 아래 뉘른베르크와 이웃 도시에서 15,000명이 넘는 주민들을 치료해왔습니다." 더 나아가 "저의 아버지가 저희 부자에게 강요된, 그 힘들고 경원시되는 직업을 가르쳤을 때와 똑같은 심정으로" 프란츠 또한 "좋은 훈육을 원하는 참된 부성애에서 출발하여" 자녀들에게 치료에 관한 직업 훈련을 가르쳤다고 썼다. 게다가, 그는 항상 의학적 학식을 명예롭고 유용하게 활용하여 50명이 넘는 지체 높은 제국의회 의원들, 귀족층 및 상류층을 치료해 왔다고 강조하고, 서신 말미에는 고객 명단을 첨부했는데, 그중 ⅓ 이상은 여성이었다.

이 시점에서 오롯이 마이스터 프란츠는 황제와 뉘른베르크 의회를 대표하여 사형집행인으로 봉사한 40년의 세월을 다음과 같이 회상한다. "제 목숨에 대한 위협은 전혀 개의치 않고, 저는 이 직무에 성실히 수행해 왔습니다. 재임기간 동안 저와 제가 집행한 처형에 어떤 불만도 제기된 바 없었으며, 오로지 나이와 쇠약함을 이유로 6년 전 명예롭게 물러났습니다." 탄원서에 첨부된 뉘른베르크 의회의 추천서는 슈미트가 "은퇴 이후의 평온한 삶과 행동, 그리고 번창하는 의료행위…와 제국법의 집행으로 세상에 널리 인정받고 있다"는 점을 보증했다. 뉘른베르크 시민으로 보낸 31년, 그리고 사법 집행과 의학 분야에 근무해온 일평생을 고려하여, 슈미트 가문의 이름을 복권하여 평생 짊어진 오명을 벗고 아들들에게 모든 명예로운 직업의 기회를 열어 달라고 겸허하게 요청하며 서신을 마무리한다.

1624년 6월 9일 이후 어느 날, 프란츠는 빈 제국 황실에 봉인된 청원서를 보내기 위해 집배원에게 돈을 냈는데, 아마도 시의회의 정기적인 외교 행낭을 통해 전달됐을 것이다. 불과 3개월 만에 화려한 서체로 장식된 답장이 밀랍으로 봉해져 심부름꾼을 통해 망나니의 집으로 배달되어 왔다. 청원서 원본은 남아 있지 않으나, 이에 대한 공식 답변서는 뉘른베르크의 시립 문서보관소에 보존되어 있다(이는 슈미트가 9월 10일 즉시 법원에 답변서를 제출했기 때문이다).[83] 아마도 페르디난트 황제 본인이 전직 사형집행인의 탄원서를 직접 보지는 않았을 테고, 최소한 황제 휘하의 몇 단계 아래에 있는 관료들이 황제의 서명을 비롯한 청원서 수리를 처리했을 것이다. 어쨌든 그 짧은 문서는 프란츠의 요청을 반복해서 요약한 후, 그가 평생 듣고 싶었던 말로 끝을 맺었다.

> 존경받는 뉘른베르크의 시장과 시의회가 우리에게 보낸 탄원서에서 정중히 설명한 대로, 프란츠 슈미트와 후계자들이 정직성을 의심받거나 다른 장벽을 마주하지 않도록, 그에게 상속된 불명예를 제국의 권능과 관용에 따라 폐지하고 해제한다. 이로써 존경받는 시민의 하나로 그의 명예로운 지위를 선언하고 회복하노라.[84]

결국 그 결정의 이면에는 고위 인사의 영향력이 사형집행인의 진심 어린 청원과 오랜 공직 생활보다 더 지배적이었다는 점은 그리 중요하지 않다. 마이스터 프란츠는 신분에 집착하는 사회의 구조를 누구보다 잘 알았고, 자신의 아버지가 겪은 불명예는 아들들의 명예로 바꿔놓겠다는 목표를 달성했기 때문이다. 그가 그들에게 물려줄 유산은 처형자의 검이 아니라 의사의 메스가 되었다. 2년 후 승리한 72세의 프란츠 슈미트가 오베레 뵈르트슈트라세의

큰 저택으로 생존한 자손 5명과 두어 명의 하인들을 데리고 이사
했다. 장녀 로지나는 당시 서른아홉 살의 과부로, 슬하에 짝을 지
어줘야 할 13세의 딸이 있다. 15년 전에 로지나가 프랑크푸르트의
저명한 인쇄업자 볼프 야콥 피켈과 결혼할 수 있었던 이유는 사형
집행인 아버지가 챙겨준 두둑한 지참금과 재정적 유증 덕분이었
다. 조용한 결혼식을 올린 지 2년 후, 그들 부부는 마이스터 프란
츠에게 첫 손자인 엘리자베트를 선사해서 명예로운 후손들로 가계
를 잇는 그의 꿈을 이뤄준 듯했다.[85] 그러나 마스터 직위와 재정 후
원에도 불구하고, 프랑크푸르트 출신의 사위 피켈은 새로운 터전
에 정착하는 데 실패를 거듭했고, 일련의 직업적인 좌절을 겪었다.
손자가 태어난 직후 장인어른이 대출해준 20플로린은 믿었던 사
업 투자자들이 전부 탕진하고 횡령했다. 더구나 매우 수치스럽게
도 볼프와 로지나 둘 다 사기죄로 투옥되었다. 결국 사형집행인이
직접 개입하고 나서야 이 문제가 해결되었고, 젊은 부부는 5일간
의 수감 생활 끝에 석방되었다.[86] 4년 후 여전히 피켈은 재정적으
로 어려움을 겪었으며, 그 원인은 지역 인쇄업자들이 사형집행인
의 딸과 결혼했다는 이유로 거래를 거부했기 때문이라고 시의회에
민원을 제기했다. 양측의 의견을 들은 치안 판사들은, 피켈이 "존
경할 만한 [정직한 사람]인지"에 관해 법률가들과 상의했고, 프랑
크푸르트의 인쇄업자들 사이에서 평판이 우호적인 것을 확인하고
난 뒤에 뉘른베르크 인쇄업자들에게 그를 수습직으로 받아들이라

고 명령했다.[87] 물론 중재안은 그 후로도 무시될 때도 있었으나, 피켈은 더 이상 공식적인 불만을 제기하지 않았다. 1624년 무렵 그는 사망 또는 도주했다. 같은 해, 로지나 자신은 간통 혐의로 또다시 감옥에 수감되었다. 잠시 구류된 후, 그녀는 예전처럼 당황한 아버지의 개입으로 석방되었다.[88] 얼마 지나지 않아, 그녀와 그녀의 딸은 슈미트 가문에 다시 합류했다.

마이스터 프란츠의 살아남은 두 아들인 프란츠 슈테판(35세)과 프란첸한스(31세)도 명예가 복권된 가정에서 아버지와 누이들과 함께 살았다. 그들의 직업은 불분명하다. 비록 사형집행인이 돈을 잘 벌고 뉘른베르크나 다른 도시의 집행인 직위를 손쉽게 확보할 수 있었으나, 프란츠가 일찍이 아들들에게 불명예스러운 직업을 승계하지 않기로 결정했다는 것을 확인할 수 있다. 후대의 자료에서 프란츠 슈테판은 "재산이 없는 정직한 젊은 숙련공"이라고 기록되어 있는데, 그의 기술과 직업은 명시되어 있지 않다. 숙련공 시절에 업적을 남겼으니까, 프란츠 슈테판이 신체적 또는 정신적 장애로 인해 어려움을 겪었을 가능성은 거의 없다. 어쩌면 단순히 가족 배경 때문에 수입이 높은 직업을 찾지 못했을 수도 있다.[89]

1548년 제국 포고문이 사형집행인의 공식적인 명예 회복, 그리고 그의 아들들에게 명예로운 기술직을 추구할 권리를 특별히 명시했으나, 가문의 막내인 프란첸한스는 뉘른베르크 장인들로부터 지속적인 차별을 겪으며 고통받았다. 대신, 그는 아버지를 따라 치

유사의 직업에 종사하려 했다. 1세대가 흐른 뒤에 독일의 사형집
행인 자녀 몇몇은 실제 의대에 입학했고, 18세기에는 더 많은 아들
이 의사와 외과의사로 성공했다.₉₀ 그러나 이때만 해도 이런 명예
로운 선택은 프란츠 슈미트의 아들들에게는 요원했기 때문에, 프
란첸한스는 존경받는 아버지의 전문 지식과 고객을 기반으로 주
로 골절과 외상 환자를 치료했고 동물들의 질병과 부상을 돌봤다.
1626년 프란츠의 딸 마리아는 언니가 결혼하여 집을 떠난 이후로
15년이 넘도록 슈미트 가족을 돌보았다. 로지나가 딸과 함께 돌아
온 것은 아마도 마리아의 주도적인 역할을 흔들었을 것이다. 이미
유부녀이자 어머니로서 언니는 자신의 가정을 꾸려나간 경험이 있
었다. 이 때문에 프란츠가 인접한 주택을 두 채 나란히 사들였을
수도 있다.

 오베레 뵈르트슈트라세의 저택에 정착하며, 마이스터 프란츠 슈
미트는 매우 큰 성취감을 느꼈다. 수년간의 노력과 희생, 적지 않
은 정치적인 책략 끝에 마침내 그는 가족에게 흠잡을 데 없이 명예
로운 이름, 새로운 지위의 과실, 안락한 큰 저택을 제공할 수 있었
다. 그러나 2년도 채 지나지 않아 가족에게 일어난 불행한 비극은
지략이 풍부한 프란츠조차 막을 수 없었다. 슈미트의 손녀 엘리자
베트는 16번째 생일인 1628년 1월 10일 미상의 원인으로 말미암아
사망했다. 그녀의 삼촌 외르크가 30여 년 전에 죽었을 때와 정확
히 같은 나이였다. 이 죽음이 가정 전체를 얼마나 황폐화시켰을지

는 충분히 상상할 수 있다. 가장 젊은 아이의 생명이 맥없이 스러진 다음날 아침, 늙은 프란츠 슈미트와 네 명의 성인 자녀들은 장례 행렬을 이끌고 가족 묘지로 향했다. 엘리자베트의 작은 관은 두 명의 성구 관리인들이 운구했고, 그뿐 아니라 숫자는 정확하지 않지만 많은 애도객이 뒤따랐다.[91]

마이스터 프란츠의 말년은 그의 당당한 복권과 필적하는 최종적인 성취로 빛났다. 1632년 2월 6일, 44세의 마리아는 한스 암몬과 슈미트의 집에서 결혼식을 올렸다. 신랑 암몬은 비록 평범한 출신에도 불구하고 페터 레버부어스트라는 예명으로 기억에 남는 배우였고, 벌써 도시의 많은 예술가와 조판공들 사이에서 남부럽지 않은 명성을 쌓았다. 그런 남자와 프란츠의 딸이 결혼했다는 사실만으로도 전직 사형집행인에게 가능하리라고 생각했던 것보다 훨씬 큰 사회적 성취를 이뤘다고 볼 수 있다. 마침내 그의 가족이 명예로운 사회에 받아들여졌다는 공개적인 상징으로서, 그 결혼식은 프란츠의 일평생 노력이 보상받는 순간이고 슈미트 가문이 4대에 걸쳐 견뎌야 했던 수치의 결정적인 역전승을 뜻했다.

하지만 이 승리조차 비극으로 끝났다. 그런 심대한 의미에도 불구하고 결혼식은 조촐히 거행되었는데, 대규모 교회 의식을 생략한 이유는 신부의 불명예를 의식했다기보다는 신랑의 허약한 건강 상태 때문이었다. 아마도 그 예술가는 자신에게 남은 시간이 그리 많지 않다는 것을 직감하자 자신이 아끼는 평생 친구이며 조언자인 주치의에게 유산을 물려주는 데 전념했다. 결국 왕년의 배우와 은퇴한 사형집행인은 모두 만만치 않은 장애물을 극복하고 결국 각자가 추구한 바를 성공한 외부인이었다. 암몬이 내린 결정이 어떤 동기 때문이었든, 그는 오베레 뵈르트슈트라세의 집을 떠나지 못하고 19일 후에 운명을 달리했다.92 마리아는 유명한 예술가의 이름과 재산과 함께 남겨졌고, 늙은 아버지는 어떠한 자손도, 손자도 얻지 못했다.

다음 달, 스웨덴의 왕 구스타브 2세 아돌프와 그의 연대가 프로테스탄트 교도들의 환호를 받으며 뉘른베르크의 거리를 행진했다. 1618년 이래 대부분의 독일 영지들은 훗날 30년 전쟁으로 알려진 소용돌이에 휩쓸려 들어갔다. 종교적 열정, 왕조의 야망, 그리고 폭력의 순환이 뒤섞여 독기를 뿜으며 일련의 무장 충돌을 빚어냈다. 1630년 스웨덴의 개입은 초기 제국의 가톨릭에 유리한 국면이 역전되고, 약 12년에 달하는 전쟁의 고통이 종말에 임박했다는 것을 예고했다. 하지만 영광에 빛나는 구스타브 2세 아돌프의 뉘른베르크 입성은 도시 역사상 가장 파괴적인 5년의 시작과 전쟁의 확전을 뜻했다. 앞으로 몇 달간 도시 성벽 밖에 주둔하게 될 2만 명의 스웨덴 군대는 시 금고에 터무니없는 액수의 "기부금"을 요구했다. 치안 판사들의 관점에서 더 최악의 상황은 그해가 채 지나기 전에 구스타브 2세 아돌프가 뤼첸 전투에서 사망하면서 전개되었다. 이로써 프로테스탄트 진영에서 가장 독보적인 지도자가 사라져 전쟁은 교착상태에 빠졌고, 중부 유럽은 또 다른 16년의 유혈 충돌에 접어들었다. 이와 함께 뉘른베르크는 세 번의 전염병 유행 중 첫 번째로 닥친 파고로 15,000명 이상의 주민들과 난민들이 사망했다. 41세의 프란츠 슈테판 슈미트 역시 이때 희생되어 1633년 1월 11일에 사망했다.[93] 결혼한 적이 없었던 그는 죽을 때까지 가족의 집에서 살았고, 어떤 후손도 남기지 않았다.

뉘른베르크 시민들과 마찬가지로, 프란츠와 그의 세 명의 성인 자녀들(로지나, 마리아, 그리고 프란첸한스)은 마지막으로 1633년 여름에 집단 묘지와 격리소에서 잠시 벗어났으나, 이듬해 겨울 또다시 기승을 부린 전염병과 치명적인 감염 질환의 공격을 받았다. 1634년은 뉘른베르크 역사상 가장 치명적인 죽음의 해였다. 적어도 2만 명의 성인과 어린이가 극도로 과밀한 도시에 번져나간 치명적인 질병으로 인해 사망했다. 어쩌면 뉘른베르크에서, 아니 제국 전체를 통틀어서 가장 많은 사람의 생명을 자기 손으로 거두었을 마이스터 프란츠 슈미트는 마침내 1634년 6월 13일 금요일, 80세의 나이로 자신을 에워싼 죽음의 사신을 피하지 못하고 운명했다.[94]

그의 장례식은 조용한 시대라면 상당히 의미 있는 지역 행사였을지도 모르지만, 고통이 만연했던 그 끔찍한 해에는 거의 주목받지 못하고 지나갔다. 존경받는 사형집행인의 매장 절차에 대해서는 거의 아무것도 알려지지 않았으며, 다만 시의회가 만장일치로 "제국의회가 명예로운 출생을 복권했음"을 고려하여, 마이스터 프

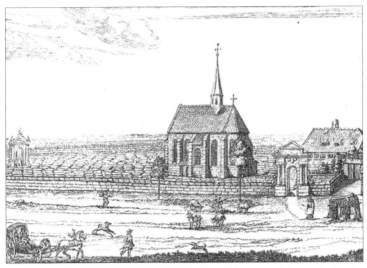

도시 성벽 바로 남쪽에 위치한 성 로쿠스 공동묘지를 향하는 장례 행렬. 예배당 앞마당의 왼쪽에 약 50피트 떨어진 공동 묘지에 프란츠의 무덤이 있다(1700년경).

란츠가 "존경할 만한" 인물로 공인받았음을 선언했다는 사실만 알려졌다. 사망한 다음 날, 반세기 전부터 사 두었던 성 로쿠스 공동 무덤의 가족 묘지에 그는 오래전 세상을 떠난 마리아와 네 명의 죽은 아이들 옆에 나란히 묻혔다. 무엇보다도 모든 공식 기록에서 그를 "존경받는 프란츠 슈미트, 오베레 뵈르트슈트라세의 의사"로 지칭했고, 이 지위에 도달하기 전까지 45년간 종사해 온 악명 높은 직업을 일절 언급하지 않았다.95 겉보기에 불가능해 보였던 꿈이 그의 일평생에 걸친 원동력이 되었고, 사후에 이르러서 비로소 현실이 되었다. 그리고 그 꿈은 오늘날까지 자취가 남은 그의 묘비석에 모든 후손이 볼 수 있도록 아로새겨져 있다.

에필로그

흔들리지 않는 자신만의 방식으로 그 얼마나 평화로운가,
얼마나 행동과 일에 만족하는가,
독일의 중심에 자리잡은 거짓말,
나의 사랑하는 뉘른베르크!
—리하르트 바그너, 『뉘른베르크의 마이스터징어』 3막 1장(1868년)

만약 사회가 [사형의 억제력에 대해] 말해진 것을 정말로 믿는다면,
그 참수된 머리들을 전시하려 들 것이다.
—알베르 카뮈, 『단두대에 대한 성찰』(1957년)1

1634년 프란츠 슈미트가 사망한 해는 뉘른베르크에서 특히 격동적
인 10년의 밑바닥을 치는 해였다. 슈미트의 삶의 중반기에 번영의
절정에 도달했던 뉘른베르크는 그 후 점진적인 쇠퇴기에 들어서다
가 급격히 쇠락했다. 네덜란드와 프랑스와의 고품질 제조업 경쟁
이 가속화되었고, 세계 무역량의 증가는 도시의 상인과 은행가들
에게 더 큰 도전을 제시했다. 그러나 결과적으로 인플레이션과 실
업률이 증가하며 곤경에 빠졌고, 30년 전쟁의 파괴적인 영향으로
도시 규모가 급속히 위축되었다. 1648년 베스트팔렌 조약 체결 당
시까지 15년간 5만 명이 넘는 뉘른베르크의 주민들이 전염병이나
기아로 사망했고, 시 정부는 750만 플로린의 부채를 떠안았으며,
번성하던 도시는 쇠퇴기에 접어들어 18세기 무렵에는 일개 지방도
시 지위로 전락했다. "30년 전쟁에서 승리한 사람은 아무도 없다"

라고 맥 워커[*]는 기술했지만, 논쟁의 여지 없이 뉘른베르크야말로 가장 큰 패배자 가운데 하나였다. 이는 과거 2세기 동안 누린 도시의 영광에 대한 비극적인 결말이었다.₂

프란츠의 개인적인 유산도 똑같은 쇠락의 길을 겪었다. 그가 죽은 지 1년도 채 되지 않아, 47세의 로지나가 사망했는데, 아마도 늙은 프란츠와 같은 전염병 때문인 것으로 보인다. 결국 마리아와 프란첸한스가 고인이 된 사형집행인의 유일한 자녀로 남았다. 프란첸한스는 아버지로부터 물려받은 의료 상담업을 통해 가족의 생계를 계속 영위했다. 그러나 마이스터 프란츠가 사망한 지 몇 달 만에 그의 후계자이자 오랜 숙적인 베른하르트 슐레겔은 인기 있던 전임자에 대한 복수를 재개했다. 그는 슈미트의 아들이 "치료할 사람을 다 데려가서 내가 작은 빵 조각을 얻을 기회를 박탈했다"며 시의회에 불만을 제기했다. 마이스터 베른하르트에 따르면, 제국의회가 프란츠에 대해 내건 복권은 그의 자손들에게도 적용되는 것은 아니므로, 의회가 그의 경쟁자를 징계하지 않을 작정이라면 "특히 어렵고 힘든 시기를 견딜 수 있도록 잃어버린 수입을 어느 정도 보상해야 한다"고 주장했다. 시의회는 수석 법학자와 함께 마이스터 프란츠의 복권서 사본을 신속히 검토한 후, 슐레겔의 청원을 거부하는 대신 소액의 상여금을 지급했다. 1년 후, 인정머리 없는 마이스터

---

[*]　맥 워커(Mack Walker, 1929년~2021년)는 미국 존스 홉킨스 대학에서 독일 지성사를 주로 연구한 역사학자로 Covid-19으로 91세의 나이로 사망했다.

베른하르트는 또다시 슈미트 가문의 유일하게 생존자 때문에 자신에게 "환자가 전혀 없다"고 한탄했으며, 이를 계기로 시청의 공식적 개입 또는 적절한 급여 인상을 요구했다. 이번에도 퇴짜맞은 슐레겔은 고용주들에게 레겐스부르크와 린츠 두 곳에서 종신직 사형집행인을 찾고 있다고 강조하며 자신이 남는 조건으로 52플로린의 연봉 인상(35% 인상)을 내걸었다. 이에 분노한 시의회는 "슈미트의 치료 행위를 금지할 수 없다"는 점을 강조하고, 형사국에 다른 사형집행인을 찾거나 슐레겔과 합의를 마무리하라고 종용했다. 마땅한 후임자를 찾지 못한 형사국 관리는 "더 나은 시기가 될 때까지" 일시적으로 주급 인상안에 동의했다. 비록 항상 자금난에 쪼들리던 마이스터 베른하르트의 요구안보다 훨씬 적었지만 말이다. 그로부터 3년 후인 1639년 5월, "외국인 사형집행인" 발렌틴 도이저가 뉘른베르크 환자를 치료하는 허가를 받았고, 그 해가 가기 전에 병든 베른하르트 슐레겔의 임시 대행으로 일하다가 곧 이어 종신으로 대신하여 뉘른베르크의 사형집행인으로 부임했다. 1640년 8월 29일, 베른하르트 슐레겔은 성 로쿠스 공동묘지에서 그토록 자신이 비난하던 전임자의 안식처와 그리 멀지 않은 장소에 묻혔다.3

마침내 끈질긴 적대자로부터 자유로워진 프란첸한스와 마리아는 오베레 뵈르트슈트라세의 저택에서 조용히 여생을 보냈고, 사망할 때까지 공식 기록에 등장하지 않았다. 1664년에 마리아는 75세의 나이로 숨졌다. 그 후로 19년을 프란첸한스는 가족의 집에서 혼자 기거하다가, 86세의 나이에 비로소 훨씬 전에 작고한 부모형제의 대열에 합류했다.₄ 마리아는 재혼하지 않았고, 프란첸한스는 평생 독신으로 지냈다. 마지막 아들 프란첸한스가 사망했을 때, 프란츠의 유일한 손자는 이미 반세기 전에 세상을 떠난 후였고 다른 후손은 없었다. 사형집행인은 후손들이 대를 이어 존경받으며 사회적으로 자유로운 삶을 살기를 꿈꾸어 왔다. 이를 위해 평생을 사회적 위치를 향해 투쟁해 왔으나, 이렇듯 그 꿈은 온전히 이뤄지지는 않았다.

마이스터 프란츠의 죽음은 공교롭게도 유럽의 사형집행인 황금기의 종말과 일치한다. 공개처형은 슈미트의 경력 후반기부터 이미 두드러지게 줄어들었고, 30년 전쟁의 여파로 그 속도가 더욱 빨라졌다. 뉘른베르크를 포함한 모든 도시에서 사형 선고는 점점 흔치 않았고 곧잘 감형되었다. 상습적인 비폭력 범죄자를 교화하기 위해 훈련소와 강제 노역장이 늘어났고, 이와 동시에 절도죄에 대한 사형 집행 건수는 전체 사형 건수의 ⅓에서 ⅒로 크게 줄었다. 1700년까지 독일 전역에서 사형 집행의 전체 건수는 한 세기 전과 비교해 ⅕ 수준이며, 만약 17세기에 마법 범죄가 거의 사라진 점을 고려하면 그 감소세는 더욱 가파르다. 체벌, 특히 매질과 절단형이 획기적으로 감소했고, 화형, 익수형, 수레바퀴형 등 잔인무도했던 전통적 형벌은 더욱 예외가 될 수 없었다. 뉘른베르크에서 수레바퀴형은 마이스터 프란츠의 시대에 30회 정도 집행되었는데, 17

371

세기에는 단 6회, 18세기에는 단 1회만 실시되었고, 그조차도 먼저 참수한 후에 수레바퀴로 옮겨졌다. 교수형과 참수형이 법원이 선고할 수 있는 처형 방법으로 자리잡았고, 둘 다 각각 드롭 도어와 단두대의 발명을 통해 더욱 인도적인 방식으로 바뀌었다.[5]

이렇듯 주목할 만한 사회적 변화는 왜 일어났을까? 현대 역사학자들은 광범위한 이론들을 펼쳤다. 어떤 학자들은 중세 후기에 시작된 심오한 '문명화 과정'의 하나이며, 일반적으로 유럽인들 사이에 광범위하게 공감 능력이 성숙했기 때문이라고 주장한다. 다른 학자들은 유럽의 신흥 국가들이 비폭력 범죄자의 처벌 방식을 사형에서 투옥 또는 해외 식민지로의 이주로 대체하여 단순히 통제 방향을 전환한 데 지나지 않다고 주장한다. 이러한 이론의 주창자들에게는 안타깝게도, 인간 고통에 관한 대중의 사고방식 변화를 뒷받침할 만한 뚜렷한 증거가 없다. 또한 18세기 이후까지도 지배적이지 않던 구빈원과 처형 방법의 발전이 (특히 1670년까지만 해도 교화소가 없었던 뉘른베르크에서) 100년 이상 앞서서 그런 중요한 변화가 일어난 이유를 설명하기 힘들다.[6] 공개처형이 급감한 원인을 규명하려면, 우리는 반대로 애초에 공개처형이 왜 그렇듯 인기가 있었는지부터 먼저 살펴야 한다.

뉘른베르크 의회와 유럽의 다른 세속 권력은 17세기 동안 범죄에 그리 관대하지 않았고 오히려 그 반대였다. 하지만 마침내 그들은 야만적인 의식을 신중하게 설계하기보다는 공개적인 사면에 의

존해도 된다고 여길 만큼 자신들의 법적 권위에 대해 안전함을 느꼈다. 마이스터 프란츠와 동료 집행인들의 노력으로 말미암아, 한 세기 전만 해도 설득력 있게 통용되지 않았던 국가와 판사의 권위가 이제는 잘 확립된 현실이 되었다. 술에 취하지 않은 전문 사형 집행인들이 더이상 예외가 아니라 표준이 되었고, 교수대 위의 공개적인 속죄는 그렇게 빈번하게 재현되지 않아도 사회 전반에 확고히 뿌리내렸다. 물론 범죄는 계속 번성했고 전쟁은 어느 때보다 많은 희생자를 죽음으로 내몰았지만, 형사 사법 분야에서 정부의 통제 능력은 엄연한 현실이 되었다.[7]

마이스터 프란츠의 시대 이후 공개처형의 급격한 감소는 전문 동업자들에게 복합적인 의미로 축복이 되었다. 물론 단기적으로는 사형의 수요와 급여 둘 다 감소했다. 하지만 장기적으로는 합법성을 띤 국가 사법 집행인에게 강요된 사회적 장벽들이 점진적으로 해체되기 시작했다. 18세기 초반 사형집행인의 아들은 종종 의대와 다른 직업군에게 기꺼이 받아들여졌다. 활동적인 사형집행인은 마침내 제약 없이 의료행위를 할 수 있었고, 프로이센의 프리드리히 1세(1713년 사망)는 학계의 강력한 반대를 누르고 베를린의 사형 집행인 마르틴 코블렌츠를 궁정 주치의로 임명했다. 후대에 마리아 테레지아 황후(1780년 사망)는 사형집행인의 새로운 사회적 지위를 인정하여 1731년에 모든 사형집행인과 그들의 자녀를 명예 회복하는 내용의 제국 법령을 공포했다.

그러나 사형집행인에 대한 사회적 편견은 19세기까지도 여전했다. 그 이유는 수공업 길드 때문이었다. 16세기에 그랬던 것처럼, 그들은 길드의 결속력을 강화하기 위해 역사적으로 자신들보다 하위층에 해당하는 자들의 사회적 이동성을 엄격히 제한하려 했다. 그 결과 사형집행인 가문들은 여전히 비슷한 가문과 배타적인 통혼을 해야 했다. 사실 17세기 중반부터 19세기 초반까지 뉘른베르크의 사형집행인 직위는 단 두 가문만이 세습해왔다. 프란츠 슈미트의 생애를 좌지우지했던 음흉한 낙인은 그 후에야 진정으로 흐릿해졌고 언젠가는 완전히 사라질 것이다.8

따라서 1801년 지역 법학자가 출판한 마이스터 프란츠의 일기는 공개처형자들이 사법의 무대에서 사라지고 대중의 상상력에서 훨씬 두각을 나타내는 바로 그 순간에 우리를 찾아왔다. 시의회 의원인 요한 마르틴 프리드리히 폰 엔터는 뉘른베르크의 "구시대적이고 가혹한" 사법 체계를 가장 열정적이고 쾌도난마 식으로 개혁하려던 인물이었다. 그의 선언문『뉘른베르크의 형사 법원과 그 행정 체계에 대한 고찰과 권고』(1801년)는 황금률("당신이 심판받기를 원하는 방식대로, 다른 사람들을 심판해야 한다.")을 계몽 정신에 따라 해석하여 개혁을 제안했다. 엔터는 시청 기록보관소에서 마이스터 프란츠의 "오래전에 잊혀진 일기"를 우연히 발견했을 때, 이 원고가 출판을 앞둔 자신의 선언문에 회심의 일격이 되리라고 직관했다. 이 작품을 출판하면서 엔터는 "[슈미트의 책]을 무명의 어둠으로부터 구출하려고" 노력했고, 그 과정에서 "불행한 죄수들이 우리의 시골 뜨기 프란츠의 손에 의해 잔인하게 [벌을] 받았다"고 강조했다. 무엇보다 그의 주요 목표는 옛 통치제도의 잔혹성이었을 뿐이지, "자기 감정과 본능이 아니라 칼을 손에 쥐어준 사람들의 명령에 따라 행동한, 관록 있고 명예로운 프란츠"는 고려 대상이 아니었다. 일기 때문에 도시의 인상이 나빠질까 봐 우려했던 검열 당국을 설득한 끝에, 이 열정적인 편집자는 최종 수정된 원고를 출판했다. 다만, 정작 그는 37세의 나이에 갑작스레 사망하는 바람에 그 후 자신이 제안했던 사법개혁의 실현과 마이스터 프란츠 일기의 성공적 출판을 결코 보지 못했다.9

이 새로운 출판물에 대해 가장 목소리를 높인 숭배자들은 (지나고 보면 그럴 만했지만) 엔터가 상상했던 것처럼 법학자나 개혁가들이 아니라 문학가들이었다. 낭만주의 작가들은 통속극에 나올 만한 "중세 망나니"를 반겼으며, 이는 기계로 작동하는 기요틴과 트랩 도어가 설치된 교수형의 시대에 시대착오적인 여흥으로 떠올랐다. 시인 루트비히 아힘 폰 아르님*은 1810년 민속학자인 그림 형제(야콥과 빌헬름)에게 보낸 편지에서 "500명을 처형한 뉘른베르크의 망나니가 쓴 유명한 연대기"에 관해 열정적인 관심을 쏟았다.10

---

* 루트비히 아힘 폰 아르님(Ludwig Achim von Arnim, 1781년~1831년)은 하이델베르크의 후기 낭만파를 대표하는 시인이자 소설가로 브렌타노, 야콥 그림과 협력하여 민요를 수집하여 <은둔자의 신문>을 간행했다.

기괴한 민속 우화를 수집하는 학자들의 높은 관심을 불러일으키며, 슈미트의 일기 인쇄본은 독일 지식인들의 살롱과 문학 동호회에서 빠르게 퍼져나갔다. 심지어 "마이스터 프란츠"는 클레멘스 브렌타노의 인기 있는 연극『건장한 카스페를과 미녀 안네를 이야기』(1817년)에서 아픈 개를 치료하고 여자 주인공을 영아 살해죄로 참수하는 역할로 등장한다. 이에 더해 당대의 가장 유명한 독일 작가인 요한 볼프강 폰 괴테도 오랫동안 외면당한 망나니의 모습을 작품 속에 투영했고, 지질학적 관점이 일치했던 에거의 사형집행인 카를 후스와 오랜 친분을 맺었다.[11]

19세기에 활기를 되찾은 뉘른베르크만큼 중세 망나니의 낭만적인 모습이 열광적으로 받아들여진 곳은 없었다. 2세기 이상을 세간의 관심에서 벗어났던 오래된 제국 도시는 1806년에 상대적으로 진보적인 바이에른 공국에 합병되었다. 7세기에 걸친 뉘른베르크의 독립은 수많은 고통 끝에 종지부를 찍었으나, 한편으로 극적인 경제 부흥을 일으키고 동시에 앙시앵 레짐의 야비한 모순을 타파함으로써 엔터가 오랫동안 꿈꿔온 형사 사법 개혁에 박차를 가했다. 그렇듯 새롭게 진보하는 도시가 마이스터 프란츠의 일기를 열렬히 포용한 것은 어떤 면에서는 아이러니하다. 바이에른 합병 전에 행정 담당관들은 법정 고문과 공개처형을 폐지하고 1805년 마지막 사형을 집행한 알바누스 프리드리히 도이블러의 퇴임을 축하했다. 4년 후, 시 소유 훈련소와 구빈원이 폐쇄되고 그곳에 공공 콘

서트, 강의, 무도회를 위한 장소인 시민회관이 세워졌다. 같은 해 마침내 처녀의 문 앞에 세워진 교수대가 무너졌고 주변 지역 일대가 공원으로 바뀌었다. 과거 섬뜩했던 지하 감옥의 교도관 숙소도 '청개구리'라는 이름의 인기 있는 술집으로 변했다. 16세기 사형집행인과 그의 완전히 잊혀지지 않은 일기가 어떤 과정을 통해 새로운 뉘른베르크에서 수용되었을까? 19세기 중반까지 뉘른베르크는 제조업의 동력이며 인기 있는 관광지로 국제적 유명세를 떨쳤다. 요한 콘라트 그뤼벨과 요한 하인리히 비첼 같은 지역 민속 시인들의 꾸준한 노력 덕분에, 알브레히트 뒤러*와 한스 작스†의 고향은 가장 이상화된 독일 전통문화의 강력한 상징으로 부상했다. 이에 따라 행정당국은 페크니츠 강변의 도시를 민족주의의 문화 유산으로 탈바꿈하기 위해 바삐 서둘렀다. 1830년대와 1840년대에 걸쳐, 그들은 알브레히트 뒤러의 옛 집을 박물관으로 개조하는 등 많은 역사적인 건물들을 구입해서 복원했다.12

1857년 뉘른베르크는 게르만 국립 박물관을 유치하여 오늘날 게르만 문화와 역사의 웅장함을 보여주는 예술품과 유물들을 소장 전시하고 있다. 1870년 독일이 통일될 무렵, 성벽과 성문을 비롯한 옛 모습을 완전히 복원한 뉘른베르크는 독일의 자랑스러운 과거를

---

* 알브레히트 뒤러(Albrecht Dürer, 1471년~1528년)는 르네상스 시기 독일을 대표하는 화가로 그의 화풍을 모방하여 독일의 낭만주의 미술이 싹텄다.

† 한스 작스(Hans Sachs, 1576년~1576년)는 뉘른베르크의 구두 장인을 겸업하며 마이스터징어이자 극작가로 활동했다.

구현함에 있어 제2제국(1871년~1918년)의 도시들 가운데 명실상부한 최고의 위치로 부상했다.

물론 자랑스러운 과거에는 암울한 이면도 있어서, 뉘른베르크 문화유산 산업은 새로운 관광지 개발로 수익을 올리는 데 집중했다. 골동품 전문가 게오르크 프리드리히 고이더는 오랜 역사의 개구리탑 감옥에 '고문실'을 새로 설치했는데, 중세 사형집행인의 이미지에 대한 대중의 관심을 최대한 이용할 수 있었다. 고이더의 수집품 가운데 '철의 처녀*'가 가장 널리 알려져 있는데, 이것은 비밀 법정에서 고대 고문과 처형 방법의 하나로 사용되었다는 주장이 퍼졌다. 물론 '철의 처녀'와 '비밀 법정'은 둘 다 옛 문헌을 잘못 해석한 데서 비롯된 완전한 조작이나, 그런 전시회는 계몽주의 이전의 '정의'와 그 사악한 집행자들에 대한 고딕식 상상을 대중화하는 효과적인 장치가 되었다. 또 다른 19세기 창작품의 하나인 두건을 쓴 사형집행인과 '중세의 잔혹 행위'에 관한 로맨스는 관광객과 소설가 모두 거부할 수 없는 매력으로 다가왔다. 『드라큘라』(1897년)의 작가 브램 스토커†는 뉘른베르크를 두 차례나 방문했고 심지어 '철의 처녀'를 단편 소재의 하나로 담았다. 고문 수집품들은 관광객이 찾기 쉬운 이른바 '제국 성(城)의 오각탑'으로 옮겨졌고, 나중에

---

* 철의 처녀(iron maiden)는 여성의 형태를 본뜬 관이며, 관 안쪽에 쇠못이 촘촘히 박혀 있는 고문 기구가 달려 있다. 그러나 실제 사용되었다는 문헌 기록은 어디에도 남아있지 않다.

† 브램 스토커(Bram Stoker, 1847년~1012년)는 빅토리아 시대 아일랜드의 소설가로 주로 『드라큘라』, 『일곱 별의 보석』 등 공포 소설로 유명하다.

영국과 북미로 순회 전시되면서 사형집행인을 주제로 한 대중 문학 작품들과 1913년 슈미트 일기의 새 판본이 출판되는 계기로 작용했다.[13] 결국 철의 처녀는 손가락 조임 나사, 족쇄, 망나니의 칼 등 다양한 고문 도구들과 함께 경매에 부쳐졌다.

그때까지 고딕풍의 사형집행인은 현대 문화에서 강력한 스테레오타입이 되었고, 최근 학계 연구가 그런 고정관념의 중력에서 완전히 벗어난 지는 기껏해야 지난 수십 년에 불과하다. 그렇지만 가장 인상적인 작품들조차도 거의 2세기 전에 낭만주의자들이 창조해 낸 불굴의 아이콘과는 감히 비교할 수 없다.[14] 해적, 마녀, 그 밖의 역사적인 추방자들과 마찬가지로, 사형집행인은 끊임없이 소환되어 로맨스와 판타지 작가들의 각본, 만화가들의 풍자, 그리고 대중문화가들의 상업물 형태로 줄곧 등장했다.[15] 19세기 뉘른베르크의 관광 사업가는 현대 기업에 비하면 오히려 소박하고 빈약하다. 유럽 전역의 도시들이 지하 감옥 등을 배경으로 '역사적 범죄 투어'를 효과적으로 홍보하고 있으며, 최고의 독일사 재현 도시인 로텐부르크 오브 데어 타우버†는 중세 범죄 박물관의 유명세에 힘입은 바가 크다. 이러한 명소들은 (비록 체계적인 전수조사를 한 것은 아니지만) 체계적인 역사적 해설부터 해될 것 없는 여흥, 수익을 올리기 위한 역사 파괴까지 전 영역에 걸쳐 있다. 그들 가운데 최악은 이

---

† 로텐부르크 오브 데어 타우버(Rothenburg ob der Tauber)는 '타우버강을 굽어보는 고지대의 붉은 성'이라는 뜻으로 독일 남부의 낭만 가도에 위치한 도시를 가리킨다.

미 현대 문화에 넘치고 넘치는 "고통과 죽음의 포르노그래피"를 이용하는 것이다.[16]

전근대 사형 집행자를 덜 자극적이고 더 학술적으로 대우하더라도 그 거리두기 효과는 분명하다. 뉘른베르크에 있는 마이스터 프란츠의 거주지는 최근 형사법원에 관한 박물관으로 탈바꿈되었고, 시청 회관 지하에 있는 무서운 감옥은 축축한 감방과 고문실을 갖춰 여행자들이 매일 방문하는 관광명소가 되었다. 이곳들에서 제

복면을 쓴 사형집행인과 조수들, 철의 처녀, 비밀 재판 등 모든 요소가 포함된 중세 형사 재판에 대한 전형적인 낭만주의적 상상도(1860년경)

공되는 자료들은 매우 훌륭하며, 안내원은 항상 정보가 풍부한 이야기꾼으로 잘 절제되어 섬뜩한 허위 사실과 유령 이야기를 옮기지는 않는다. 그러나 역사적 정확성에 대한 세심한 관심조차도 관광에 따르는 관음주의적 성격을 완전히 탈피할 수는 없다. 과거의 모든 승리와 비극을 단순한 오락으로 치환하거나 또는 '우리 자신의 현생'에서의 일탈로 축소되기 마련이다. 망나니의 집 앞에서 웃으며 사진을 찍는 관광객들로서는, 프란츠의 감정적이고 지적인 인생은 나중에 덧붙인 밋밋한 사족이 아니며 그저 오도된 결론(non sequitur)에 지나지 않는다.

여전히 마이스터 프란츠 슈미트는 동시대 사람들보다 훨씬 더 현대적인 우월감과 혐오의 희생자로 남아있다. 야만적이고 무지한 시대의 상징인 그는 우리에게 현대 세계의 집단적인 사회 진보란 관념을 수긍하게끔 한다. 현대 사회 심리학자인 스티븐 핑커가 쓴 『우리 본성의 선한 천사들』과 같은 자칭 학술적이고 '과학적'인 작품은 그들 자신의 현대적이고 세속적인 의제에 전념하면서 이와 동시에 앙시앵 레짐의 잔인함에 대한 고딕 판타지를 불멸의 신화로 만든다.17 마이스터 프란츠와 그의 동료들을 우리와 상관없는 거리에 놓고, 그들을 동화의 세계에서 안전한 인물로, 우리를 건드릴 수 없는 공포의 가해자로 취급한다. 이러한 과정에서 우리가 그들로부터 물려받은 세계에서보다 더 커진 우리의 두려움과 꿈을 드러낸다. 마치 어른들이 아이들이 노는 광경을 지켜보는 것과 같은 보호자적 흥미를 가지고, 우리는 현대 대중문화의 두건 캐리커처를 보며 우리 자신이 우월한 합리성과 교양이 있다고 굳게 확신한다.

하지만 이런 감정적이고 지적인 거리두기가 정당화될 수 있을까? 적어도 과거의 개인과 사회에 대한 진정한 이해라는 측면에서, 이런 태도는 분명 교육적이지 않다. 문명화 과정에 대한 모더니즘적인 서술, 또는 점진적인 양심 형성에 대한 후대 이론과는 대조적으로, 나는 프란츠 슈미트의 시대인들이 21세기의 개인보다 잔인한 경향성에 더 많이 혹은 더 적게 노출되었다고 결론 내릴 수 없다. 마찬가지로 우리가 두려움, 증오, 연민에 대해 그들보다 더하다거나 덜하다는 증거도 찾을 수 없다. 그토록 지적에서 범죄의 희생자들과 동일시했던 프란츠 슈미트가 인종 학살, 원자탄 투하, 전면전 등 상상하기 힘든 현대의 만행을 알게 된다면, 그리고 자신의 사회를 잔인하고 무정하다고 여기는 현대의 시선을 접하게 된다면 진실로 놀랄 것이다. 프란츠 시대의 형사 재판이 가혹했다는 점을 인정하더라도, 그는 수년, 수십 년, 때로는 평생을 고립시키는 현대의 재판과 감옥 관념에 몸서리칠 것이다. 미셸 푸코*는 전근대 처형의식을 인간의 고통을 음미하는 카니발리즘의 한 유형으로 통찰했다. 하지만

---

* 미셸 푸코(Michel Foucault, 1926년~1984년)는 전근대에는 신체와 정신이 분리되지 않으므로, 신체형을 통해 신체에 고통을 줌으로써 정신을 교화하려는 목적을 수행한다고 보았다. 반면, 근대에 들어서 신체와 정신이 분리되면서 '신성한 신체'는 사라지고 계량화할 수 있고 객관화할 수 있는 '지식의 신체'만 남는다. 이에 따라 신체형을 통해 국가권력을 강화하는 것보다 신체를 훼손하지 않고 규칙과 지침을 통해 신체를 통제하는 경제 사회적으로 효율적인 교화 방식을 찾게 된다.

실제로는 실패한 처형과 그로 인한 사형수의 고통을 접한 군중들이 집단 폭동을 일으켰던 사건들을 보면, 군중 반응의 일부 질적인 변화와 단절에 주목해야 한다. 오늘날 근세 시대의 수레바퀴형과 사법 고문과 같은 혐오스러운 폭력을 정당화하기 어렵지만, 그렇다고 해서 대중의 사디즘, 혹은 타인의 고통에 대한 만연한 무관심이 이면에 작동했던 것은 아니라는 점을 분명히 인식해야 한다.

우리의 세계와 슈미트의 세계를 분리하는 것은 범죄나 고통에 대한 감정적 반응 때문이 아니다. 이는 특정 단계의 역사적 발전 국면에서 비롯될 뿐이며 단지 하나는 실용적이고 또 하나는 개념적일 뿐이다. 여태까지 고찰한 대로 중세 및 근세 사법 메커니즘은 우리의 기준으로 볼 때 통탄할 정도로 비효율적이었다. 근대 과학 수사와 기술, 감옥과 같은 추방을 대신할 근대적인 대안이 없었기 때문에, 프란츠 슈미트 시대의 사법 당국은 사악하고 상습적인 중범죄에 대해 사형, 고문, 자기부죄(自己負罪)의 강요 등에 의존할 수밖에 없었다. 또한 권위에 대한 대중의 두려움과 재판관의 우려가 운 나쁘게 체포된 소수 가해자에게 공개적인 처벌을 집행할 것을 요구했다. 그러한 '개척 시대 스타일'의 사법정의는 종종 그 결과로 군중의 린치보다는 나을지 모르지만 종국에는 강제력과 그 밖의 절차적 편법을 선호하게 된다.

오늘날 대부분의 선진 사회와 16세기 뉘른베르크와의 가장 근본적인 차이는 양도할 수 없는 인권 개념이다. 공공 영역에서 상대적으로 늦게 발전된 이 개념은 여전히 논쟁거리이지만, 비록 정의 구현을 위한 것일지라도 국가의 강요와 폭력을 제한할 수 있는 이론적이고 법적인 근거를 제공한다. 과거와 현재의 권위주의 정권은 외재적으로 부과되는 제한을 인정하지 않고 있으며, 개인의 인권을 국가의 주권보다 우선시하거나 동등시하는 것도 받아들이지 않는다. 마이스터 프란츠는 체포된 용의자들에게 정당한 절차의 권리를 부여하는 것에 동의했더라도, 그 권리가 자백에 따른 증거능력 제한, 중범죄자의 신체 보호 등을 망라한다는 사고방식은 이해하기 어려울 것이다. 뉘른베르크의 치안 판사들과 사형집행인들은 절제, 일관성, 심지어 종교적인 구원을 위해 노력했으며, 이는 전방위적인 복수의 압력에 대응한 움직임이었다. 하지만 국가 폭력의 (완화 또는 표준화를 넘어선) 폐지는 그들에게 너무 지적인 비약일 것이다. 이와 대조적으로, 우리는 뒤로 후퇴하는 것을 바라지도 않고 상상할 수도 없다. 사법 집행의 절차적 향상과 기술 혁신은 전근대 정의와 현근대의 정의와의 격차를, 우리가 인정하고 싶은 것보다, 더 안정적이고 근본적인 것으로 만든다. 물론 수레바퀴형과 화형은 가까운 미래에 다시 나타나지 않을 테고, 그것이 우리의 바람이기도 하다. 실제로, 그리고 직관적으로도 강력 범죄가 곳곳에서 급증하고 있는 상황에서, 강압적인 수사 수단과 더 가혹한 처벌로 흉악범죄에 대응해야 한다는 대중의 요구는 여전히 높다. 우리 시대의 몇몇 정부는 16세기 뉘른베르크의 사법적 제약조차 없는 상황에서 여전히 체계적인 고문을 사용하고 있으며, (미국 정부를 포함하여) 많은 정부들은 범죄 심문 과정에서 물리적 강제력의 허용 범위에 대한 경계를 의도적으로 모호하게 만든다. 사형은 여전히 58개국에서 시행되고 있으며, 대부분 (2011년 총 사형 집행 건수가 수천 명에 달하는) 중국과 이란에 집중되어 있으나 미국과 일본 같은 자칭 자유민주주의 국가도 예외는 아니다.18 폭력적인 공격에 대한 공포, 부적절한 법 집행에서 비롯된 좌절은 (그 자체로는 정당한 반응이나) 인류 역사상 지속될 뿐더러 압도적인 열광으로 확대되는 일로에 있다. 그와 대조적으로 기본적 인권에 대한 추상적인 법적 개념들은 비교적 최근에 등장한 새로운 개념이며 어려운 시기에 일회성 사치로 취급될 정도로 상대적으로 취약하다. 그래서 더 오래되고 더 깊게 뿌리내린 원초적 충동이 앞설 수 있다.

우리는 마이스터 프란츠의 시대 이후 국가 폭력에 대한 제한이 강화된 점에 고무되어야 할까? 아니면 그 성취의 빈약함에 실망해야 할까? 이 주제에서 우리가 기대했던 자기 칭찬과 안도감은 프란츠 슈미트의 일기에서 쉽게 얻을 수 없다. 사실 그의 삶은 우리 시대에 어떠한 진솔한 도덕성을 제공하지 않는다. 대신에 우리는 한 사람의 기쁨과 실망을 그가 살아온 세계의 맥락에서 나누어 가진다. 동시대 사람들의 판단에 따라 마이스터 프란츠는 뉘른베르크 시민들에게 질서와 정의에 대한 감각을 제공하는 책임을 다했다. 프란츠 자신의 설명에 따르면, 그는 극복할 수 없는 듯 보이는 역경에 맞서 아버지, 아이들, 그리고 자신과의 약속을 지켰다. 그리고 이런 밑바탕에는 그의 종교적 믿음과 천직으로 생각한 치유사로서의 성공이 버팀목이 되었다. 물론 우리는 프란츠의 개인적인 경험에 대해 아는 바가 적으니 그가 진정으로 행복한 삶의 균형에 이르렀는지 예단할 수 없다. 하지만 그것이 특별한 목적을 가진 삶이었다고 단언할 수 있다. 아마도 잔인하고 변덕스러운 세상에서 한 남자가 운명을 거슬러 가고, 보편적 적대감을 극복하고, 개인적 비극의 연속 속에서 인내하는 모습을 지켜보는 것만으로도 우리는 희망을 찾을 수 있다. 마이스터 프란츠는 분명히 그렇게 생각했다. 그리고 그 기억할 가치가 있는 그의 신념에 찬 행동에 대해 우리 역시 동의한다.

글쓴이의 주석

약어

Angstmann: Else Angstmann의 *Der Henker in der Volksmeinung: Seine Namen und sein Vorkommen in der mündlichen Volksüberlieferung* (Bonn: Fritz Klopp, 1928).

ASB: Amts und Standbücher; 뉘른베르크 국립기록보관소, Bestand 52b.

CCC: *Die Peinliche Gerichtsordnung Kaiser Karl V(카를5세 황제의 카롤리나 제국형법전),* J. Kohler와 Willy Scheel가 편집한 *Die Carolina und ihre Vorgängerinnen. Text, Erläuterung, Geschichte*(Halle an der Saale: Verlag Buchhandlung des Waisenhauses, 1900)을 참조했다.

FSJ: 프란츠 슈미트의 일기, 뉘른베르크 시립기록보관소, Amb 652.2°.

G&T: Johann Glenzdorf와 Fritz Treichel의 *Henker, Schinder, und arme Sünder,* 2 vols (Bad Münder am Deister: Wilhelm Rost, 1970).

GNM: 뉘른베르크 국립독일박물관

JHJ: 형목 요하네스 하겐도른의 일기(1563-1624). 뉘른베르크 국립독일박물관, 3857 Hs.

Hampe: Theodor Hampe의 *Die Nürnberger Malefizbücher als Quellen der reichsstädtischen Sittengeschichte vom 14. bis zum 18. Jahrhundert* (Bamberg: C. C. Buchner, 1927).

Keller: Albrecht Keller의 *Der Scharfrichter in der deutschen Kulturgeschichte* (Bonn: K. Schroeder, 1921).

Knapp, *Kriminalrecht:* Hermann Knapp의 *Das alte Nürnberger Kriminalrecht* (Berlin: J. Guttentag, 1896).

Knapp, *Loch:* Hermann Knapp의 *Das Lochgefängnis, Tortur, und Richtung in Alt-Nürnberg* (Nuremberg: Heerdengen-Barbeck, 1907).

LKAN: Landeskirchlichesarchiv Nürnberg(뉘른베르크 교회사기록보관소).

MVGN: *Mitteilungen des Vereins für die Geschichte der Stadt Nürnbergs.*(뉘른베르크 도시역사협회)

Nowosadtko: Jutta Nowosadtko의 *Scharfrichter und Abdecker: Der Alltag zweier "unehrlicher Berufe" in der Früen Neuzeit* (Paderborn: Ferdinand Schöningh, 1994).

Restitution: Haus-, Hof-, Staatsarchiv Wien(빈 국립기록보관소). *Restitutionen*. Fasz.
    6/S, Franz Schmidt, 1624.

RV: *Ratsverlaß* (뉘른베르크시 위원회 판결문). 뉘른베르크 국립기록보관소, Rep. 60a.

StaatsAB: Staatsarchiv Bamberg(밤베르크 국립기록보관소).

StaatsAN: Staatsarchiv Nürnberg(뉘른베르크 국립기록보관소).

StadtAB: Stadtarchiv Bamberg(밤베르크 시립기록보관소).

StadtAN: Stadtarchiv Nürnberg(뉘른베르크 시립기록보관소).

Stuart: Kathy Stuart의 *Defiled Trades and Social Outcasts: Honor and Ritual
    Pollution in Early Modern Germany* (Cambridge, UK, and New York: Cambridge
    University Press, 1999).

Wilbertz: Gisela Wilbertz의 *Scharfrichter und Abdecker im Hochstift Osnabrück:
    Untersuchungen zur Sozialgeschichte zweier "unehrlichen" Berufe im nordwesten
    Raum vom 16. bis zum 19. Jahrhundert* (Osnabrück: Wenner, 1979).

머리말

1. Heinrich Sochaczewsky, *Der Scharfrichter von Berlin* (Berlin: A. Weichert, 1889),
    297.
2. *JHJ* 1617년 11월 13일, Theodor Hampe, "Die lezte Amstverrichtung des Nünberger
    Scharfrichters Franz Schmidt," in *MVGN* 26 (1926): 321ff.
3. 20세기 역사학자들은 근세 사형집행인을 소시오패스적 인물부터 범죄 희생자들에게
    냉담한 인물까지 다양한 스펙트럼으로 접근하고 있다. Nowosadtko의 352행을 볼 것.
4. *Meister Frantzen Nachrichter alhier in Nürnberg, all sein Richten am Leben, so
    wohl seine Leibs Straffen, so Er verRicht, alleß hierin Ordentlich beschrieben,
    aus seinem selbst eigenen Buch abschrieben worden*, ed. J.M.F. von Endter
    (Nuremberg: J.L.S. Lechner, 1801), reprinted with a commentary by Jürgen
    C. Jacobs and Heinz Rölleke (Dortmund: Harenberg, 1980). *Maister Franntzn
    Schmidts Nachrichters inn Nürmberg all sein Richten*, ed. Albrecht Keller (Leipzig:
    Heims, 1913), reprinted with an introduction by Wolfgang Leiser (Neustadt an
    der Aisch, P.C.W. Schmidt, 1979). 후자의 영문판은 다음을 참조함. *A Hangman's
    Diary, Being the Journal of Master Franz Schmidt, Public Executioner of
    Nuremberg, 1573-1617*, trans. C. V. Calvert and A. W. Gruner (New York: D.
    Appleton, 1928), reprinted (Montclair, NJ: Patterson Smith, 1973).
5. 1575년부터 1603년 안스바흐 사형집행인들의 일기에서 발췌하였다(StaatsAN Rep
    132, Nr. 57); in Reutlingen from 1563-68 (*Württembergische Vierteljahrshefte
    für Landesgeschichte*, 1 [1878], 85-86); Andreas Tinel of Ohlau, c. 1600 (Keller,

257행에서 인용); Jacob Steinmayer in Haigerloch, 1764-81 (*Württembergische Vierteljahrshefte für Landesgeschichte*, 4 [1881]: 159ff.); Franz Joseph Wohlmuth in Salzburg (*Das Salzburger Scharfrichtertagebuch*, ed. Peter Putzer [Vienna: Österreichischer Kunst- und Kulturverlag, 1985]); Johann Christian Zippel in Stade (Gisela Wilbertz, "Das Notizbuch des Scharfrichters Johann Christian Zippel in Stade [1766-1782]," in *Stader Jahrbuch*, n. s. 65 [1975]: 59-78). 근세 사형집행인 목록에 대한 개관은 Keller의 248-60행을 참조하였다. 또한 최대 독일 남성 3명당 1명은 어느 정도 문자해독력이 있었다는 내용은 다음의 문헌에서 확인할 것. Hans Jörg Künast, "Getruckt zu Augspurg": *Buchdruck und Buchhandel in Augsburg zwischen 1468 und 1555* (Tübingen: Max Niemeyer, 1997), 11-13; R. A. Houston, *Literacy in Early Modern Europe: Culture and Education, 1500-1800* (Harlow, UK: Pearson Education, 2002), 125ff.

6. 파리의 사형집행인 상송 가문에 관한 연대기들은 다음의 문헌들을 볼 것. collected by Henri Sanson as *Sept générations d'exéuteurs, 1688-1847*, 6 vols. (Paris: Décembre-Alonnier, 1862-63); translated and published in an abbreviated English version (London: Chatto and Windus, 1876). 영국의 사형집행인에 관한 사료를 살펴보려면 다음 문헌을 참조할 것. John Evelyn, *Diary of John Evelyn* (London: Bickers and Bush, 1879); Stewart P. Evans, *Executioner: The Chronicles of James Berry, Victorian Hangman* (Stroud, UK: Sutton, 2004).

7. 슈미트의 뉘른베르크의 임기 개시, 일기의 시작과 끝과 관련된 연도는 다음을 참조함. 1573 (2x); 1576 (3x); 1577 (2x); 1578년 3월 6일, 1578년 4월 10일, 1578년 7월 21일, 1579년 3월 19일, 1580년 1월 26일, 1583년 2월 20일, 1584년 10월 16일, 1586년 8월 4일, 1588년 7월 4일, 1591년 4월 19일, 1598년 3월 11일, 1602년 9월 14일, 1603년 6월 7일, 1606년 3월 4일, 1606년 12월 23일.

8. 프리드리히 베르너는 1585년 2월 11일에 처형되었다. 프란츠가 예외적으로 기록에 남긴 것은 "(도주하는 살인자를 도왔다는 이유로) 나의 친척 한스 스피스가 조수에게 매질당한 후 성 밖으로 내쫓겼다"는 기록이 유일하다. *FSJ* 1603년 6월 7일.

9. 켈러는 "그는 사고의 흐름을 논리정연하게 풀어나가는 데 결코 성공하지는 못했다"라고 결론내렸다(252행을 볼 것).

10. 엔터의 1801년 판본은 뉘른베르크 시립 기록보관소의 18세기의 초고본에 따른다 (StaatsAN Rep 25: S II. L 25, no. 12). 알브레히트 켈러의 1913년 판본은 17세기 GNM Bibliothek 2° HS Merkel 32에서 주로 발췌하였다. *FSJ*(곧 매체에 실릴)의 번역은 1634년 Stadtchronik of Hans Rigel in the StadtBN, 652 2°에 의거하고 있다. 다른 판본과 일부 인용구는 명백히 17세기 후반과 18세기에 출판되었다. 그중 최소 두 개의 판본이 밤베르크 국립도서관(SH MSC Hist. 70 and MSC Hist. 83)에 소장되어 있고, 나머지 두 개 판본은 각각 다음을 볼 것. GNM (Bibliothek 4° HS 187 514; Archiv, Rst Nürnberg, Gerichtswesen Nr. V1/3).

11. 이러한 동기에 대해서는 Keller(*Maister Franntzn Schmidts Nachrichters*,

Introduction, x-xi)와 Nowosadtko ("'Und nun alter, ehrlicher Franz': Die Transformation des Scharfrichtermotivs am Beispiel einer Nurnberger Malefizchronik," *Internationales Archiv für Sozialgeschichte der deutschen Literatur* 31, no. 1 [2006]: 223-45)의 저작들에서 공통적으로 기술되어 있다. 다만 이들 문헌 모두 프란츠의 인생에 대한 함의를 온전히 다루지는 못했다.

12. LKAN이 소장한 혼인, 출생, 사망기록부를 참조하여 슈미트의 출생과 가족의 삶을 재구성함. 그의 직업적 활동에 관한 기록은 뉘른베르크 국립기록보관소에 보관된 심문 절차와 형사 법정 기록을 일차적으로 참고하였다. <*Ratsverläße*>로 알려진 뉘른베르크 시위원회 판결문은 프란츠의 직업적, 개인적인 삶을 보여주기 위해 자주 활용된 출처이다. 또한 이 자료에 의거해 사형집행인 직위를 은퇴한 이후 (일기에서는 간단히 취급된) 의료 상담가로서 활동한 업적을 밝힐 수 있었다. 마지막으로 전기적인 정보는 다음과 같은 학자들, 특히 알브레히트 켈러(Albrecht Keller), 볼프강 라이저(Wolfgang Leiser), 위르겐 야콥스(Jürgen C. Jacobs), 그리고 일제 슈만(Ilse Schumann) 등의 선행 연구에 도움받은 바가 크다.

13. Julius R. Ruff의 *Violence in Early Modern Europe, 1500-1800* (Cambridge, UK: Cambridge University Press, 2001)에 실린 개괄적 설명을 살펴볼 것.

제1부 견습공

1. *Collected Works of Erasmus,* vol. 25, *Literary and Educational Writings,* ed. J. K. Sowards (Toronto: University of Toronto Press, 1985), 305.

2. *Essays,* trans. J. M. Cohen (Harmondsworth, UK, and Baltimore: Penguin, 1958), 116.

3. 근세 이전에 동물이 겪는 고통에 얼마나 무관심했는지에 관해서는 Robert Darnton의 *The Great Cat Massacre and Other Episodes in French Cultural History* (New York:Vintage, 1985)을 볼 것.

4. 프란츠 슈미트는 자신의 아버지에게 받은 훈련에 대해서는 1573년 숙련공 시절의 첫 처형을 제외하고는 일기에 기록을 전혀 남기지 않았으므로 사형집행인 가문의 아들들이 받는 평상시 훈련에 대해서는 Wilbertz의 120-31행을 참고하여 재구성하였다.

5. 이 대목은·Arthur E. Imhof의 *Lost Worlds: How Our European Ancestors Coped with Everyday Life and Why Life Is So Hard Today,* trans. Thomas Robisheaux (Charlottesville: University of Virginia Press, 1996), 68-105행을 보라.

6. 최근의 인터뷰는 C. Pfister의 "Population of Late Medieval Germany," in *Germany: A New Social and Economic History,* vol. 1, *1450-1630,* ed. Bob Scribner, 213ff.을 볼 것.

7. Imhof, *Lost Worlds,* 72.

8. Imhof, *Lost Worlds*, 87-88. 또한 John D. Post, *The Last Great Subsistence Crisis in the Western World* (Baltimore: Johns Hopkins University Press, 1977)을 볼 것. 소빙하기에 관한 기록은 Wolfgang Behringer의 *Kulturgeschichte des Klimas: Von der Eiszeit bis zur globalen Erwärmung* (Munich: C. H. Beck, 2007), 특히120-95을 보라.

9. Thomas A. Brady, Jr., *German Histories in the Age of Reformations* (Cambridge, UK: Cambridge University Press, 2009), 96-97.

10. Brady, *German Histories*, 97. 또한 Knapp, *Kriminalrecht*, 155-60.

11. 나의 해석은 Hillay Zmora의 *The Feud in Early Modern Germany* (Cambridge, UK: Cambridge University Press, 2011)에 나타난 논증의 영향을 받았음. 또한 그의 저작인 *State and Nobility in Early Modern Franconia, 1440-1567* (Cambridge, UK: Cambridge University Press, 1997)을 볼 것.

12. 1522년 8월 12일 칙령은 다음 문헌에서 인용함 Monika Spicker-Beck, *Räuber, Mordbrenner, umschweifendes Gesind: Zur Kriminalität im 16. Jahrhundert* (Freiburg im Breisgau: Rombach, 1995), 25.

13. Hans Jakob Christoffel von Grimmelshausen, *An Unabridged Translation of Simplicius Simplicissimus*, trans. Monte Adair (Lanham, MD: University Press of America, 1986), 9-10.

14. *FSJ* 1596년 2월 14일. 또한 Spicker-Beck의 *Räuber*, 68행에 실린 16세기 표본 조사에 따르면 강도 3명중 1명 이상이 란츠크네히트 출신으로 밝혀졌다.

15. Bob Scribner의 "The Mordbrenner Panic in Sixteenth Century Germany," in *The German Underworld: Deviants and Outcasts in German History*, ed. Richard J. Evans (London and New York: Routledge, 1988), 29-56; Gerhard Fritz의 *Eine Rotte von allerhandt rauberischem Gesindt: Öffentliche Sicherheit in Südwestdeutschland vom Ende des Dreissigjährigen Krieges bis zum Ende des Alten Reiches* (Ostfildern J. Thorbecke, 2004), 469-500; 그리고 Spicker-Beck의 *Räuber*, 그 중에서도 특히 25행 이하를 보라.

16. Imhof, *Lost Worlds*, 4.

17. Angstmann, 85.

18. 그 밖의 불경한 직업군은 다음의 직종을 포함한다. 즉 이발사, 거지, 거리청소부, 염색공, 궁정 하인, 궁수, 양치기, 파종꾼, 변소 청소부, 방앗간 일꾼, 야경꾼, 배우, 굴뚝 청소부, 통행료 징수인 등이다. Nowosadtko, 12-13과 24-28.

19. "Der Hurenson der Hencker," in 1276 Augsburg Stadtrecht, Keller, 108. 이러한 주장은 사형집행인에 가장 흔한 성(姓)이 직업과 보유 기술에서 유래되었다는 사실을 고려할 때 신빙성이 의심된다. 예를 들어 슈미트(제련공), 슈나이더(재단사), 슈라이너(목사) 등이 그러하다. 몇몇 망나니는 범죄 용의자로 기소된 이력이 있으나 이는 일반적이라기보다는 아주 예외적인 상황으로 보인다. Angstmann(74-113)은 민담 연구와 더불어 특히 20세기 초반의 인류학적 연구에 영향을 받아 이러한 주장을

펼쳤다. 일부 역사학자들은 (사료적 증거는 없으나) 칼 융 학파의 남근적 마법 담론에 기초해서 중세의 사형집행인이 희생 제례를 주관했던 독일 이교도 사제의 후손들이며, 그들에게 가해지는 비방은 기독교 개종 운동의 일환이라는 주장을 펼쳤다. Karl von Amira, *Die germanischen Todesstrafen* (Munich: Verlag der Bayerischen Akademie der Wissenschaften, 1922); 이에 관한 또 다른 논증은 다음의 문헌을 볼 것. Nowosadtko, 21-36, 그리고 G&T, 14, 38-39.

20. 근세 독일의 가장 유명한 사형집행인 가문은 브란트, 되링, 파너, 푹스, 게브하르트, 구트슐라그, 헬리겔, 헤닝스, 카우프만, 콘라트, 쿤, 라트만, 슈반하르트, 슈바르츠 등이다. G&T, 46; also Stuart, 69.

21. 아버지의 치욕에 관한 프란츠의 설명은 다음의 문헌에서 발견된다. *Restitution*, 201r-v, 또한 Christian Meyer가 편집한 *Enoch Widmans Chronik der Stadt Hof*, ed. (Hof: Lion, 1893), 430행에서도 적혀 있다. (여기에 하인리히 슈미트의 이름을 직접 언급하지는 않으나, 변경백이 두 명의 하인과 한 명의 총포 제작자를 교수형에 처하라고 지시했다고 명시되어있다. 호프 시의 함락에 관해서는 다음의 문헌을 볼 것. Friedrich Ebert, *Kleine Geschichte der Stadt Hof* (Hof: Hoermann, 1961), 34ff.; E. Dietlein, *Chronik der Stadt Hof*, vol.1: *Allgemeine Stadtgeschichte bis zum Jahre 1603* (Hof: Hoermann, 1937), 329-94; Kurt Stierstorfer, *Die Belagerung Hofs, 1553* (Hof: Nordoberfränkischen Vereins für Natur, Geschichts-, und Landeskunde, 2003).

22. 호프 시의 세례 기록자료는 많지 않다. 이에 따라 나는 형목 사제 요하네스 하겐도른의 일기에 적힌 날짜를 기준으로 삼았다. 하겐도른은 1618년 8월 초 마이스터 프란츠의 은퇴를 앞두고 그가 65번째 생일을 이미 맞이한 바 있었다고 적고 있다. 1624년 사형집행인 복권 칙령에는 그가 아버지의 치욕이 있었던 당시에 이미 출생했었다고 기록하고 있으므로 프란츠 슈미트의 출생일은 대략 1553년 11월에서 1554년 7월 사이로 추정할 수 있다.

23. Ebert, *Kleine Geschichte der Stadt Hof*, 25-27.

24. *Widmans Chronik*, 180, 188.

25. Dietlein, *Chronik*, 434-35.

26. Ilse Schumann, "Der Bamberger Nachrichter Heinrich Schmidt: Eine Ergäzung zu seinem berühmten Sohn Franz," in *Genealogie* 3 (2001): 596-608.

27. Johannes Looshorn, *Die Geschichte des Bisthums Bamberg*, vol 5: *1556-1622* (Bamberg: Handels-Dr., 1903), 106, 148, 217.

28. StaatsAB A231/a, Nr. 1797, 1-Nr. 1809, 1 (Ämterrechnungen, 1573-1584).

29. StadtAB Rep B5, Nr. 80 (1572/73).

30. Stuart, 54-63; G&T, 23; Keller, 120; Wilbertz, 323-24.

31. 호프 시는 거의 루터교도가 대다수였던 반면, 1570년 밤베르크는 인구의 14퍼센트만이 프로테스탄트 교도였다. Karin Dengler-Schrieber, *Kleine Bamberger Stadtgeschichte* (Regensburg: Friedrich Puslet, 2006), 78.

32. Wilbertz, 319-21.

33. Werner Danckert, *Unehrliche Leute. Die verfemten Berufe*, 2nd ed. (Bern: Francke, 1979), 39ff. 길드의 도덕주의에 대해서는 Mack Walker의 *German Home Towns: Community, State, and General Estate, 1648-1871* (Ithaca, NY: Cornell University Press, 1971), 90-107을 볼 것.

34. 베를린의 사형집행인은 빨간 챙을 두른 회색 모자로 유명하며, 일부 14세기 사형 집행인들은 귀를 덮는 모자를 착용했지만 얼굴까지 가리지는 않았다. 1543년 프랑크푸르트 암 마인에서는 사형집행인은 "빨간색, 흰색, 초록색 줄무늬가 있는 소매 없는 조끼"를 입어야 했고, 이를 따르지 않는 경우 20플로린의 벌금이 부과되었다. Keller, 79ff., 121-2; G&T, 26-8; Nowosadtko, 239-48.

35. Wilbertz, 333; Nowosadtko, 266; Stuart, 3.

36. 카롤링거 왕조의 통치자들은 사형집행인을 로마식 명칭인 carnifices(도살자), apparitores(사법 보좌관), 또는 아주 단순하게 독일어로 하수인이나 법원관리 등으로 불렀다. 13세기경에는 하급관리(Büttel), 또는 직무의 성스러운 속성을 강조하기 위해 '신성한 사절' 또는 '신의 시종'이라고 불렀다. 다음 매체에는 사형집행인 종신 직에 대해 전혀 언급이 없다. *Sachenspiegel* or *Schwabenspiegel* (1275), G&T, 14. 또한 Keller, 79-91행을 볼 것.

37. *Bambergensis Constitutio Criminalis*, published as *Johann von Schwarzenberg: Bambergische halßgericht und rechtliche Ordnung, Nachdruck der Ausgabe Mainz 1510* (Nuremberg: Verlag Medien & Kultur, 1979), 258b.

38. Stuart, 23-26; Nowosadtko, 50-51, 62; G&T, 9, 15; Keller, 46-47.

39. Stuart, 29ff.

40. *Bambergensis; CCC.*

41. *CCC*, preamble.

42. '후관사(Nachrichter)'라는 용어는 뉘른베르크에서 13세기부터 사용되었으나, 다른 지역에서는 16세기까지 거의 사용되지 않았다가 17세기 초반부터 북부 지역에 확산된 표현이다(다음 기사를 참조. articles 86, 96, and 97 of the *CCC*). 이와 대조적으로 '예리한 재판관(Scharfrichter)'이라는 용어는 16세기 초반에 독일 전역에서 자주 사용되었다. 사형집행인 용어의 지역에 따른 독일식 표현의 변용에 대해서는 다음 문헌을 참조함. Angstmann, 4-75, 특히 28-31, 36-43, and 45-50; also Keller, 106ff.; and Jacob and Wilhelm Grimm, *Deutsches Wörterbuch* (Leipzig: S. Hirzel, 1877), 4, pt. 2: 990-93; 7: 103-4; and 8: 2196-97.

43. *CCC*, art. 258b.

44. Gerd Schwerhoff, *Köln im Kreuzverhör: Kriminalität, Herrschaft, und Gesellschaft in einer frühneuzeitlichen Stadt* (Bonn: Bouvier, 1991), 155; Schumann, "Heinrich Schmidt Nachrichter," 605; Angstmann, 105.

45. 이 시기 처형방식에 따르면, 이러한 사형이 전체 사형 건수의 ¾를 차지했으며, 전체 193건 중 85건은 절도, 62건은 강도 사건으로 나타난다. Schwerhoff, *Köln im*

Kreuzverhör, 154.

46. *FSJ* 1589년 4월 5일.

47. 해외 식민지로의 죄수 이송은 18세기에는 영국, 19세기에는 프랑스가 주로 채택한 해결책이었다. André Zysberg, "Galley and Hard Labor Convicts in France (1550-1850): From the Galleys to Hard Labor Camps: Essay on a Long Lasting Penal Institution," in *The Emergence of Carceral Institutions: Prisons, Galleys, and Lunatic Asylums, 1550-1900*, ed. Pieter Spierenburg (Rotterdam: Erasmus Universiteit, 1984), esp. 78-85; 또한 Knapp, *Kriminalrecht*, 79-81을 참조함.

48. 뉘른베르크의 훈련소와 강제 노역소의 기원에 관해서는 Joel F. Harrington의 "Escape from the Great Confinement: The Genealogy of a German Workhouse," in *Journal of Modern History* 71 (1999): 308-45을 볼 것.

49. *FSJ* 1593년 12월 15일, 1594년 9월 5일, 1595년 3월 29일, 1601년 5월 19일, 1595년 5월 28일, 1603년 11월 22일, 1599년 8월 17일, 1605년 5월 2일, 1614년 1월 25일(2x); 1614년 7월 19일; 1615년 1월 11일, 1615년 1월 12일. 또한 Harrington의 "Escape from the Great Confinement," 330-2을 볼 것.

50. "Ob Kriegsleute auch in seligem Stande sein könen" (1526), in *D. Martin Luthers Werke: Kritische Gesamtausgabe* (Weimar: Herman Böhlau, 1883ff.; reprint, 1964-68), 19:624-26; "Kirchenpostille zum Evangelium am 4. Sonntag nach Trinitatis," ibid., 6:36-2; "Von weltlicher Obrigkeit, wie weit man ihr Gehorsam schuldig sei," ibid., 11:265.

51. *Praxis rerum criminalium, durch den Herrn J. Damhouder, in hoch Teutsche Sprach verwandelt durch M. Beuther von Carlstat* (Frankfurt am Main, 1565), 264ff. Jacob Döpler, *Theatrum poenarum, suppliciorum, et executionum criminalium: oder, Schau-platz derer leibes und lebens-straffen* (Sondershausen, 1693), 1:540.

52. G&T, 23.

53. 1560년 9월 2일 바이루트에서, G&T, 5398.

54. *RV* 1313: 14v (1570년 3월 4일).

55. Nowosadtko, 196; Wilbertz, 117-20.

56. Keller, 114-15.

57. Keller, 245-46. 로트벨슈(Rotwelsch)는 유랑 승려와 히브리, 이디시, 집시족 학생들이 사용하는 라틴계열 은어들과 혼합되었다. 영국의 런던 사투리(Cockney)처럼 대부분 단어에서 유의미한 의미 변화가 나타났다(은유적 표현이 바뀌거나 접두·접미어의 변형, 모음 도치, 자음 도치, 음절 변화 등과 같은 형식적 변화를 포함한다). Robert Jüte, *Poverty and Deviance in Early Modern Europe* (Cambridge, UK: Cambridge University Press, 1995), 182-83; and see also his *Abbild und soziale Wirklichkeit des Bettler- und Gaunertums zu Beginn der Neuzeit: Sozial-, mentalitäts-, und sprachgeschichtliche Studien zum* Liber vagatorum*(1510)*

(Cologne and Vienna: Böhlau, 1988), 특히 26-106; also Siegmund A. Wolf, *Wörterbuch des Rotwelschen: Deutsche Gaunersprache* (Mannheim: Bibliographisches Institut, 1956); Ludwig Günther, *Die deutsche Gaunersprache und verwandte Geheim und Berufssprachen* (Wiesbaden: Sändig, 1956).

58. 이에 관한 흥미로운 개관은 다음 문헌을 볼 것.Angstmann, 특히 2-73.

59. Jacob Grimm et al., *Weisthümer* (Göttingen: Dieterich, 1840), 1:818-19; Eduard Osenbrüggen, *Studien zur deutschen und schweizerischen Rechtsgeschichte* (Schaffhausen: Fr. Hurter, 1868), 392-403; Keller, 243.

60. Keller, 247-48; G&T, 68-70.

61. *FSJ* 1573; 1577년 8월 13일, 1579년 3월 19일.

62. Wilbertz, 123.

63. 1772 *Meisterbrief* of Johann Michael Edelhäuser, G&T, 99에 의거하고 있음. 1676년의 마이스터 자격증에 관해 더 풍부한 내용을 확인하려면 Keller, 239와 Nowosadtko, 196-97을 볼 것.

64. *Restitution*, 201v-202r.

제2부 숙련공

1. *Essays*, 63.

2. 홀펠트에서 1573년 2회, 1575년 1회, 포르히하임에서1577년 4회, 1578년 1회, 밤베르크에서 1574년 1회, 1577년 2회이다.

3. Harrington, *The Unwanted Child: The Fate of Foundlings, Orphans, and Juvenile Criminals in Early Modern Germany* (Chicago and London: University of Chicago Press, 2009), 78-79. Katherine A. Lynch (*Individuals, Families, and Communities in Europe, 1200-1800: The Urban Foundations of Western Society* [Cambridge, UK: Cambridge University Press, 2003], 38) 상기 문헌에서는 독일 도시 인구의 3~8퍼센트는 이민자가 차지하고 있다고 본다.

4. Angstmann, 특히 2-73.

5. 이러한 상징들에 관한 사례는 Spicker-Beck의 *Räuber*, 100ff. 을 볼 것. 또한 Florike Egmond의 *Underworlds: Organized Crime in the Netherlands, 1650-1800* (Cambridge, UK: Polity Press, 1993), Carsten Küther의 *Menschen auf der Strasse: Vagierende Unterschichten in Bayern, Franken, und Schwaben in der zweiten Hälfte des 18. Jahrhunderts* (Göttingen: Vandenhoeck and Ruprecht, 1983), 특히 60-73을 볼 것.

6. 근세 살인사건의 ⅔ 이상은 상당수 선술집에서 발생하는 자상(刺傷)에서 비롯되었다. Julius R. Ruff, *Violence in Early Modern Europe, 1500-1800* (Cambridge, UK:

Cambridge University Press, 2001), 123. 마이스터 프란츠 시대의 음주 문화에 대해서는 다음의 문헌을 참조함. B. Ann Tlusty, *Bacchus and Civic Order: The Culture of Drink in Early Modern Germany* (Charlottesville and London: University Press of Virginia, 2001); B. Ann Tlusty and Beat Kümin, eds., *Public Drinking in the Early Modern World: Voices from the Tavern, 1500-1800*, vols. 1 and 2, *The Holy Roman Empire* (London: Pickering and Chatto, 2011); Marc Forster, "Taverns and Inns in the German Countryside: Male Honor and Public Space," in *Politics and Reformations: Communities, Polities, Nations, and Empires: Essays in Honor of Thomas A. Brady, Jr.*, ed. Christopher Ocker et al. (Leiden: Brill, 2007), 230-50.

7. 마이스터 프란츠가 "포도주도, 맥주도 마시지 않았다"는 것은 ASB 210: 248v.에서 확인할 수 있다.

8. *FSJ* 1617년 11월 18일, 1612년 12월 3일, 1597년 3월 15일, 1598년 11월 14일.

9. 뉘른베르크의 1549년 한 자료는 아동살해 용의자가 일반 가정의 화장실에서 발견된 신생아의 시신과 대면하는 장면을 다음과 같이 기술한다. "그 집의 가장이 '아, 불쌍한 아가야, 여기 있는 우리 중 하나가 [너의 살해에] 유죄라면, 우리에게 알려다오'라고 통탄했다. 그러자 아이의 왼쪽 팔이 올라갔고, 용의자인 하녀는 즉시 새파랗게 질렸다." ASB 226a: 32v; *FSJ* May 3 1597; StaatsAN 52a, 447: 1155; Ulinka Rublack finds references to the *Bahrprobe* in some seventeenth-century criminal records (*The Crimes of Women in Early Modern Germany* [Oxford, UK: Clarendon Press, 1999], 58) and Robert Zagolla claims that the practice continued in some locations even later (*Folter und Hexenprozess: Die strafrechtliche Spruchpraxis der Juristenfakultät Rostock im 17. Jahrhundert* [Bielefeld: Verlag für Regionalgeschichte, 2007], 220).

10. 16세기 뉘른베르크에서 행해진 두 건(각각 1576년과 1599년)의 상여[棺輿] 시험에 관해서는 다음 문헌을 볼 것. *FSJ* 1592년 7월 6일, 1616년 1월 16일, 또한 *JHJ* 1616년 1월 16일, Johann Christian Siebenkees, ed. (*Materialien zur nürnbergischen Geschichte* [Nuremberg, 1792], 2:593-98).

11. E.g., *RV* 1419: 26v. Knapp, *Loch*, 25ff.; Zagolla, *Folter und Hexenprozess*, 327-28.

12. Christian Ulrich Grupen, *Observationes Juris Criminalis* (1754), Keller, 200에서 인용됨.

13. 16세기 후반 쾰른의 형사 용의자의 1~2퍼센트만이 고문을 받았으며, 그들 대다수는 전문적 강도나 절도범이었다. Schwerhoff, *Köln im Kreuzverhör*, 109-15; also Stuart, 141-42.

14. G&T, 86-88; Zagolla, *Folter und Hexenprozess*, 399-400.

15. 영아살해 사건에서 고문을 시행하는 데 필요한 조건에 대해서는 다음을 참조함. *CCC*, art. 131, para. 36; 또한 Rublack, *Crimes of Women*, 54; Wilbertz, 80; Nowosadtko, 164.

16. *FSJ* 1599년 5월 10일, Knapp, *Loch*, 37.

17. *FSJ* 1599년 12월 4일, 1605년 12월 23일. 또한 *RV* 2551: 23r-v (1663년 10월 10일) 을 볼 것.
18. *JHJ* 88v-89r (Feb 8 1614). 헬레나 뉘슬러린의 심문(*RV* 1309: 16v [1569년 11월 12일])과 바바라 슈벤데린(*RV* 1142: 31v; 1143: 8r [1557년 5월 8일])의 심문에서는 후속 고문을 위해서 8일을 기다리도록 지시받았다. 이와 유사하게 마르가레타 포글 린은 처형이 집행되기 전에 상처를 회복하도록 2주를 기다리도록 허락받았다(*RV* 2249: 24v [1641년 2월 19일])
19. StadtAN F1-2/VII (1586).
20. ASB 215: 18.
21. 치안판사는 크로이츠마이어를 수백 개의 비밀 저주를 실행했다는 죄목으로 유죄 판 결을 내렸다. ASB 212: 121r-22v, 125v-126r; *FSJ* 1594년 9월 5일.
22. 외르크 마이어의 사건에 관한 자세한 분석은 Harrington의 *Unwanted Child*, 177- 227을 볼 것.
23. ASB 215: 332r.
24. 슈미트가 연간 참여한 고문의 횟수는 추측하기 쉽지 않다. 다만 동시대(1575년 ~1600년) 안스바흐의 사형집행인들을 기준으로 살펴보면, 주당 1건의 고문이 실시 된 것으로 추정된다. Angstmann, 105.
25. *FSJ* 1602년 4월 21일.
26. 예를 들면 *FSJ* 1581년 5월 25일, 1582년 2월 20일, 1586년 8월 4일(2x)과 1598년 7 월 11일을 볼 것.
27. *FSJ* 1592년 7월 6일. Zagolla의 *Folter und Hexenprozess*, 34ff.을 보면 고문의 진 실성에 대해 동시대 법률가들 사이에 광범위한 문제의식이 형성되어 있었던 것으로 보인다.
28. Knapp, *Loch*, 33에 인용된 1588년과 1591년 기록을 볼 것. 이러한 측면에서 사 형집행인들의 태도에 관해서는 Zagolla의 *Folter und Hexenprozess*, 367-73과 Joel F. Harrington의 "Tortured Truths: The Self-Expositions of a Career Juvenile Criminal in Early Modern Nuremberg," in *German History* 23, no. 2 (2005): 143-71에서 자세히 기술되어 있다.
29. Schwerhoff의 *Köln im Kreuzverhör*, 114-17에는 1549년부터 1675년 사이의 쾰른 에서 행해진 114건의 고문과 관련해 표본 조사한 내용이 실려 있다. 예를 들어 쾰른 과 로스토크 지역에서는 강도 용의자는 10명 중 6명, 살인 용의자는 10명 중 1명이 고문을 받았다. Zagolla, *Folter und Hexenprozess*, 48, 61-63.
30. Jacob Grimm, "Von der Poesie im Recht," 1815년 초반본에 의거하고 있다.
31. Knapp, *Kriminalrecht*, 60.
32. *FSJ* 1578년 8월 13일, 1578년 10월 9일, 1579년 11월 9일, 1581년 2월 7일, 1581년 5월 6일, 1585년 4월 22일, 1586년 6월 25일, 1593년 8월 23일, 1595년 9월 25일, 1597년 10월 24일, 1609년 2월 23일, 1612년 11월 25일, 1614년 1월 30일. 이 시대 의 방랑자에 대한 낙인 찍는 행위는 Jütte의 *Poverty and Deviance*, 164ff.을 볼 것.

또한 귀 자르기는 1583년 1월 29일, 1583년 9월 4일, 1600년 1월 22일, 1601년 8월 4일, 그리고 1600년 12월 9일, 혀 자르기는 1591년 4월 19일의 기록을 보라. 젊은 숙련공은 경력 초기에 집행한 신체적 형벌의 횟수나 종류에 대해 기록하지 않았다. 그러나 프란츠는 낙인찍기 2회를 직접 집행했고, 그 외에 부친이 최소한 귀 자르기 6회, 손가락 죄기 2회를 처벌하는 과정을 목격하거나 보조했다. 1576년에 그는 한스 페이헬에 대한 사형을 집행하면서 "2년 전에 그의 귀를 자르고 버드나무 채찍으로 매질했다"고 기록했다. 1572년부터 1585년까지 하인리히 슈미트(1578년 이전에는 때로는 프란츠 슈미트가 수행했다)가 장형(杖刑) 85회, 귀 자르기 32회, 손가락 죄기 3회, 낙인찍기 2회를 시행했다. 자세한 내용은 Schumann의 "Heinrich Schmidt Nachrichter," 605를 볼 것.

33. StaatsAB A231/a, Nr. 1797, 1-Nr. 1803,1.

34. Jason P. Coy, *Strangers and Misfits: Banishment, Social Control, and Authority in Early Modern Germany* (Leiden: Brill, 2008), 2-3; Schwerhoff, *Köln im Kreuzverhör*, 148-53. 추방형이 광범위하게 퍼져 있었으며 특히 16세기 후반 독일 지역에서 정점에 달했다. 1578년 이전에 기록되지 않은 장형을 포함해 다른 태형의 집행에 관해서는 다음 문헌을 참조함. *FSJ* 1580년 2월 29일, 1603년 6월 7일과 1586년 8월 4일.

35. *FSJ* 1597년 10월 24일.

36. *FSJ* 1583년 1월 10일

37. 1573년 슈미트의 전임자가 집행한 장형은 다음날 죄수의 사망으로 이어졌다. Knapp, *Kriminalrecht*, 63.

38. Stuart, 143.

39. Keller, 100.

40. Siebenkees, *Materialien*, 1:543ff; Keller, 189-96; Knapp, *Kriminalrecht*, 52-53. 이러한 전통은 18세기까지 일부 독일 지방에서 지속되었다.

41. Keller, 7.

42. Siebenkees, *Materialien*, 2:599-600. Keller, 160행에서 1513년의 사례를 볼 것. 또한 G&T, 55-56; Richard van Dülmen, *Theatre of Horror: Crime and Punishment in Early Modern Germany*, trans. Elisabeth Neu (Cambridge, UK: Polity Press, 1990), 88-89; and *CCC*, arts. 124, 130, and 133.을 볼 것.

43. Keller, 185; Knapp, *Kriminalrecht*, 58.

44. *FSJ* 1578년 3월 6일. 아폴로니아 푀글린의 시련에 관해서는 Harrington의 *Unwanted Child*, 21-71에 상세히 기록되어 있다.

45. *FSJ* 1580년 1월 26일. 법률가들의 견해는 Knapp에서 *Kriminalrecht*, 58에 따름

46. *FSJ* 1582년 7월 17일, 1582년 8월 11일, 1598년 7월 11일, 1611년 3월 5일, 1595년 7월 19일, 1581년 8월 10일, 1581년 10월 26일, 1587년 6월 8일, 1593년 10월 11일.

47. *FSJ* 1588년 1월 18일.

48. *FSJ* 1573년, 1576년, 1579년 8월 6일, 1580년 1월 26일, 1580년 3월 3일, 1580년

8월 16일, 1582년 7월 27일, 1582년 8월 11일, 1582년 8월 14일, 1586년 11월 9일,1588년 1월 2일, 1588년 5월 28일, 1590년 5월 5일, 1590년 7월 7일, 1591년 5월 25일, 1593년 6월 30일, 1597년 3월 15일, 1602년 10월 26일, 1604년 8월 13일, 1615년 12월 7일.

49. *RV* 1551: 5v (1588년 1월 2일).

50. *FSJ* 1582년 7월 27일, 1586년 11월 9일, 1595년 1월 2일, 1597년 2월 10일, 1597년 3월 15일, 1615년 12월 7일.

51. *FSJ* 1595년 3월 29일. 프란츠 슈미트가 그의 일기에서 인두형의 횟수를 직접 언급한 것은 다음과 같다. 1585년 2월 11일 2회, 1580년 9월 16일과 1589년 10월 23일 3회, 1612년 3월 5일 4회. 반역죄에 대한 능지처참형은 근세 초기에 좀처럼 찾아보기 힘든 희귀한 처형방식이었으나, 푸코(M. Foucault)의 저술을 통해 악명을 드높이면서 사회 역사적 맥락에서 오히려 자주 인용되었다.

52. *FSJ* 1599년 5월 10일, *JHJ* 1612년 8월 4일.

53. *FSJ* 1584년 2월 11일, 1584년 2월 12일, 1585년 10월 21일, 1615년 12월 19일. 또한 173-79쪽을 볼 것. 여성에 대한 교수형은 거의 집행되지 않았다. 여자 죄수가 최초로 교수된 기록은 지역별로 다음과 같다. 1619년 함부르크, 1662년 아헨, 1750년 브레슬라우의 순이다. Keller, 171; G&T, 55.

54. Keller, 170에서 인용함. 또한 *CCC*, arts. 159 and 162; Wilbertz, 86-87.

55. *FSJ* 1590년 9월 23일, 1593년 7월 10일, 또한 Knapp, *Kriminalrecht*, 136.

56. *FSJ*: 밤베르크의 하인리히 슈미트의 재직 당시인 1572년 후반에서 1585년 초반까지 검으로 처형된 참수형은 187건, 밧줄로 처형된 교수형은 172건을 기록한다. 106건 중 105건이 교수(67건), 참수(38건) 등이다. Schumann, "Heinrich Schmidt Nachrichter," 605.

57. 전반적으로 프란츠 슈미트의 사형 47.5퍼센트(394건 중 187건)가 참수에 해당한다.

58. *FSJ* 1573년과 1576년 6월 5일. 슈미트 자신이 망나니(Henker)가 아니라 후관사(*Nachrichter*)로 인용한 대목은 다음 문헌에서 찾을 수 있다. *Restitution*, 201v-202v.

59. Knapp, *Kriminalrecht*, 52-53; Wilbertz, 87-88.

60. *FSJ* 1579년 3월 19일, 1580년 8월 16일, 1582년 7월 17일, 1582년 8월 11일, 1584년 7월 7일.

61. Keller, 157, 160-65.

62. Dülmen, *Theatre of Horror*, 특히 5-42.

63. *JHJ* 1612년 3월 5일, Hampe, 73.

64. 교수대에서 맞는 존엄한 죽음에 대한 중요성은 다음의 문헌을 참조함. *JHJ* 97r-v (1615년 3월 7일); *FSJ* 1615년 3월 7일, Stuart, 175ff.

65. Hampe, 73.

66. Hampe, 69, 75.

67. Hampe, 19; also Richard J. Evans, *Rituals of Retribution: Capital Punishment*

in Germany, 1600-1987 (Oxford, UK, and New York: Oxford University Press, 1996), 69-70.

68. *FSJ* 1598년 2월 9일.

69. ASB 226a: 58v; 1590년 9월 23일.

70. *FSJ* 1585년 2월 18일, 1580년 9월 16일, 또한 1615년 12월 19일을 볼 것. "Wenn mein Stüdlein vorhanden ist" (1562) and "Was mein Gott will" (1554), Jügen C. Jacobs and Heinz Röleke, commentary to 1801 version of Schmidt journal, 230.

71. *JHJ* 1611년 3월 5일.

72. *FSJ* 1597년 3월 11일, *JHJ* 1597년 3월 11일, 1600년 12월 18일, 1616년 3월 18일.

73. *FSJ* 1595년 11월 6일, 1581년 1월 10일, 1576년, 1616년 7월 1일, *JHJ* 1616년 7월 1일.

74. *FSJ* 1609년 3월 9일, 1600년 12월 23일, 1613년 7월 8일.

75. *FSJ* 1598년 7월 11일.

76. *FSJ* 1613년 1월 28일, *JHJ* 1613년 1월 28일, ASB 226: 56r-57v.

77. *FSJ* 1580년 8월 16일.

78. *JHJ* 1611년 2월 28일, *FSJ* 1611년 2월 28일.

79. 1506년, 1509년, 1540년과 1587년 7월 20일. *FSJ* 1596년 2월 12일, 1600년 9월 2일, 1602년 1월 19일, 1611년 2월 28일. 목이 잘못 잘린 처형(putzen)에 관해 추가적인 인용문은 밤베르크의 초고에 두 번 등장한다(1612년 12월 17일과 1614년 2월 8일). 이는 연대기 기술을 살펴보면 슈미트가 세 번째 사람으로 기록되어 있는 것을 고려하면 후일 판본에서 수정 삽입된 것으로 보인다. Hampe, 31; also G&T, 73-74.

80. Angstmann, 109-10; Wilbertz, 127-28; Dülmen, *Theatre of Horror*, 231-40; Keller, 230.

81. StaatsAN 52b, 226a: 176; Hampe, 79; *RV* 2250:13r-v, 15r-v (1641년 3월 16일), 29r-v (1641년 3월 30일), 59r (1641년 4월 1일); StadtAN FI-14/IV: 2106-7.

82. *Restitution*, 202v. 또 다른 시각에서 보면, 슈미트는 "나는 위험을 감수하고 처형한다."라고 기록하고 있다(*FSJ* 1591년 1월 12일). 지몬 쉴러와 그의 아내에 대한 돌팔매질은 1612년 6월 7일에 발생했다.

83. G&T, 68; Angstmann, 109.

84. *RV* 1222: 5r (1563년 4월 14일); *RV* 1224: 5r (1563년 6월 28일); *RV* 1230: 29v (1563년 12월 9일), 38r (1563년 12월 16일); *RV* 1250: 31v (1565년 6월 19일); *RV* 1263: 20r (1566년 6월 4일).

85. *RV* 1264: 17v (1566년 6월 28일); *RV* 1268: 8v (1566년 10월 10일); *RV* 1274: 2r (1567년 4월 14일); *RV* 1275: 14r (1567년 4월 14일); *RV* 1280: 24r (1567년 9월 10일); *RV* 1280: 25v (1567년 9월 12일). 린하르트와 쿠니군다 리페르트의 일곱 명의 아이들은 다음과 같다. 마이클(1568년 10월 25일 세례), 로렌츠(1569년 11월 8일), 욥스트(1570년 12월 27일), 콘라드(1572년 7월 17일), 바르바라(1573년 7월 10

일), 마르가레타(1575년 2월 13일), 막달레나(1577년 12월 6일)의 순이다. LKAN Taufungen St. Sebaldus.

86. *RV* 1310: 24r-v (1569년 12월 3일), 29r-v (1569년 12월 7일); *RV* 1402: 22r (1576 년 10월 24일); *RV* 1404: 1r (1576년 12월 6일), 39v (1576년 12월 28일).

87. *RV* 1405: 24v (1577년 1월 14일).

88. ASB 222: 75v (1577년 10월 23일).

89. *RV* 1421: 14v (1578년 3월 21일); *RV* 1422: 24v (1578년 4월 5일), 58r-v (1578년 4월 25일), 68r (1578년 4월 29일).

90. *RV* 1423: 33v (1578년 5월 16일).

제3장 장인

1. *Essays*, 76.

2. Baltasar Gracián, *The Art of Worldly Wisdom: A Pocket Oracle*, trans. Christopher Maurer (New York: Doubleday, 1991), 73.

3. *FSJ* 1593년 10월 11일.

4. StaatsAB A245/I, Nr. 146, 124-125r. 사기 행각의 다른 추문에 관해서는 다음을 참조함. *FSJ* 1598년 2월 9일, 1605년 12월 3일, 1614년 7월 12일, 또한 Knapp, *Kriminalrecht*, 247ff을 참조함.

5. Stuart Carroll, *Blood and Violence in Early Modern France* (Oxford, UK: Oxford University Press, 2006), 49.

6. *Brevis Germaniae Descriptio*, 74; Klaus Leder, *Kirche und Jugend in Nürnberg und seinem Landgebiet: 1400-1800* (Neustadt an der Aisch: Degener, 1973), 1. 저자의 뉘른베르크 도시 외관에 대한 간단한 기술은 주로 제럴드 스트라우스(Gerald Strauss)의 『16세기의 뉘른베르크』에 등장하는 시적이며 설득력 있는 묘사에 기댄 바가 크다. 이 작품은 근세 초기 뉘른베르크의 일상 풍경에 대해 영어로 남겨진 유일하며 최상의 작품이다. *Nuremberg in the Sixteenth Century* (New York: John Wiley, 1966), 9-35. 또한, 다음의 문헌과 자료에서도 많은 도움을 받았다. Emil Reicke, *Geschichte der Reichsstadt Nürnberg* (Nuremberg: Joh. Phil. Rawschen, 1896; reprint, Neustadt an der Aisch: P. C. W. Schmidt, 1983); Werner Schultheiß, *Kleine Geschichte Nürnbergs*, 3rd ed. (Nuremberg: Lorenz Spindler, 1997); *Nürnberg: Eine europäische Stadt in Mittelalter und Neuzeit*, ed. Helmut Neuhaus (Nuremberg: Selbstverlag des Vereins für Geschichte der Stadt Nürnberg, 2000); *Stadtlexikon Nürnberg*, ed. Michael Diefenbacher and Rudolf Endres (Nuremberg: W. Tümmels Verlag, 2000).

7. Reicke, *Geschichte der Reichsstadt Nürnberg*, 998.

8. Andrea Bendlage, *Henkers Hertzbruder. Das Strafverfolgungspersonal der Reichsstadt Nürnberg im 15. und 16. Jahrhundert* (Constance: UVK, 2003), 28-31.

9. William Smith, "A Description of the Cittie of Nuremberg" (1590), *MVGN* 48 (1958), 222. 도시에 고용된 정보원에 관한 더 많은 정보는 다음의 문헌을 참조함. Bendlage, *Henkers Hertzbruder*, 127-37.

10. 밤베르크에서 보낸 13년 동안, 하인리히 슈미트의 연간 수입(주급이 아닌 처형 건수에 따라 지급됨)은 평균 50플로린이며, 1574년과 1575년에는 87플로린의 최고 수입을 올렸고, 그 이듬해에는 29플로린으로 최저 수입을 기록했다. StaatsAB A231/1, Nr. 1797/1. 프란츠의 고용 계약서에 관해 상세한 사항은 *RV* 1422: 68r (1578년 4월 29일)과 Knapp의 *Loch*, 61-62.을 참고함. 브레겐의 사형집행인들은 연간 52플로린의 기본급에 사형 건수에 따라 1~2플로린의 추가 수당을 받았다. 뮌헨의 사형집행인은 1697년까지 평균 83플로린을 받았다. 반면 오스나브루크의 경우 사형 건당 2탈러(1.7플로린)에 불과했다. Nowosadtko, 65-67; Wilbertz, 101.

11. *RV* 1119: 9v, 11v, 12r, 17r-v, 18r, 20r (1554년 11월 13-15일); Knapp, *Loch*, 56-57.

12. StaatsAN 62, 54-79; LKAN Beerdigungen St. Lorenz, 57v: "요르크 페크 팔렌핀더는 에네트바덴에서 1560년 9월 16일 사망했다." 요르크와 마가레타 페크 사이에 태어난 9명의 아이 중 최소 2명은 유년기에 사망했고, 다른 아이들도 비슷했을 것이다. LKAN Taufungen, St. Sebaldus: 93v (막달레나, 1544년 7월 24일), 95r (마리아, 1545년 9월 20일), 96r (요르크, 1546년 5월 26일), 97r (게트루드, 1547년 3월 14일), 99r (세바스천; 1549년 8월 10일), 104v (게오르기우스, 1551년 12월 1일), 105v (바바라, 1552년 10월 6일), 107v (막달레나, 1554년 8월 30일), 110v (필리피우스, 1555년 11월 29일).

13. LKAN Trauungen, St. Sebaldus 1579, 70; *RV* 1430: 34r (1579년 12월 7일).

14. *Stadtlexikon Nürnberg*, 437.

15. Ernst Mummenhoff, "Die öfentliche Gesundheits- und Krankenpflege im alten Nünberg: Das Spital zum Heilige Geist," in *Festschrift zur Eröffnung des Neuen Krankenhauses der Stadt Nürnberg* (Nuremberg, 1898), 6-8; Stuart, 103.

16. G&T, 92. 16세기 후반에는 뉘른베르크의 사형집행인 조수(Lion)는 기본급으로 연간 52플로린을 받았다. Bendlage, *Henkers Hertzbruder*, 36-37, 89.

17. *RV* 1576: 6v, 10v (1589년 11월 11일과 18일); StaatsAN 62, 82-145.

18. *FSJ* 1597년 8월 16일.

19. Knapp, *Loch*, 67.

20. Schwerhoff, *Köln im Kreuzverhör*, 103.

21. Knapp, *Kriminalrecht*, 64-81. 독일 역사에서 광인에 대한 투옥에 관해서는 H. C. Erik Midelfort의 *A History of Madness in Sixteenth-Century Germany* (Stanford, CA: Stanford University Press, 1999), 특히 322-84를 볼 것.

22. 예를 들어, 1588년 크리스토프 그라이스되르퍼가 11주와 3일 동안 감옥에 투옥된

비용은 13플로린에 이르며, 석방될 때 전액 완납해야 했다. StaatsAN 54a, II: 340.

23. 1557년 10월 26일 임명된 욀러(Öhler)는 주급 2플로린으로 거의 프란츠 슈미트와 비슷한 대우를 받았다. *RV* 1148: 24v-25r (1557년 10월 26일). 뉘른베르크 교도관 의 직무에 관해서는 Bendlage의 *Henkers Hertzbruder*, 37-42을 볼 것.

24. StaatsAN 52a, 447: 1002 (1578년 6월 23일); Knapp, *Loch*, 145-47.

25. Knapp, *Loch*, 20-21.

26. Knapp, *Loch*, 20. *FSJ* 1593년 7월 3일, 1603년 11월 22일, 1604년 9월 15일. 감옥 에서 일어난 자살 사건에 관해서는 1580년, 1604년, 1611년, 1615년에 기록이 있으 며 프란츠 슈미트가 적은 자살 미수 사건은 다음 문헌을 참조함. StadtAN F1, 47: 8314, 876r; *FSJ* 1598년 7월 11일, 1599년 5월 10일. 1604년 살인죄로 수감된 죄수 가 가축 절도범을 감옥에서 찔러 사망하게 한 기록은 다음의 문헌을 참조함(ASB 226: 17r-v).

27. StaatsAN 52a, 447: 1009-10; ASB 226: 23v; *RV* 1775: 13r-v (1605년 3월). 교수 대의 건설 과정에 대해 묘사한 그림과 문헌은 다음을 볼 것. *CCC*, art. 215. Keller, 209ff.; Knapp, *Loch*, 69-70; Dülmen, *Theatre of Horror*, 70-73.

28. *FSJ* 1588년 9월 3일, 1588년 11월 5일, 1586년 12월 22일.

29. *FSJ* 1591년 6월 15일. Jacobs, commentary to 1801 Schmidt journal, 212.

30. William Ian Miller, *Humiliation: And Other Essays on Honor, Social Discomfort, and Violence* (Ithaca, NY: Cornell University Press, 1993), 16.

31. *FSJ* 1594년 12월 16일, 1593년 6월 21일.

32. *FSJ* 1596년 11월 10일, 1583년 1월 12일.

33. *FSJ* 1580년 8월 16일.

34. *FSJ* 1582년 1월 4일, 1585년 7월 24일, 1597년 10월 5일.

35. *FSJ* 1593년 7월 10일, 예를 들어 1605년 12월 23일의 기록을 볼 것.

36. *FSJ* 1593년 10월 11일, 1598년 2월 9일, 1614년 7월 12일.

37. *FSJ* 1584년 5월 12일.

38. Knapp, *Kriminalrecht*, 100. 더 풍부한 설명을 확인하려면 Wilhelm Fürst의 "Der Prozessgegen Nikolaus von Gülchen, Ratskonsulenten und Advokaten zu Nürnberg, 1605," *MVGN* 20 (1913): 139ff.을 볼 것.

39. *FSJ* 1605년 12월 23일.

40. *FSJ* 1578년 4월 10일, 1578년 8월 12일, 1576년.

41. *FSJ* 1578년 4월 15일, 1576년, 1586년 12월 22일, 1587년 6월 1일, 1585년 2월 18 일, 1582년 5월 29일. 또한 1582년 11월 17일, 1583년 9월 12일.

42. *FSJ* 1578년 3월 6일, 1580년 1월 26일, 1581년 8월 10일, 1582년 7월 17일, 1587년 6월 8일, 1587년 7월 20일, 1612년 3월 5일.

43. ASB 210: 74vff., 112 r; ASB 210: 106r-v. Norbert Schindler, "The World of Nicknames: On the Logic of Popular Nomenclature," in *Rebellion, Community, and Custom in Early Modern Germany*, trans. Pamela E. Selwyn (Cambridge,

UK: Cambridge University Press, 2002), 57-62; F. Bock, "Nünberger Spitzname von 1200 bis 1800," *MVGN* 45 (1954): 1-147, 그리고 Bock, "Nünberger Spitzname von 1200 bis 1800—achlese," *MVGN* 49 (1959): 1-33. 동시대 영국에서 비슷하게 나타나는 별명들에 관해서는 다음의 문헌을 참조함. Paul Griffiths, *Lost Londons: Change, Crime, and Control in the Capital City, 1550-1660* (Cambridge, UK: Cambridge University Press, 2008), 179-92.

44. *JHJ* 39v.

45. *FSJ* 1614년 7월 19일, 1616년 6월 22일, 1580년 9월 16일, 1612년 8월 4일, 1594년 8월 23일, 1589년 11월 21일, 1587년 8월 16일, 1596년 4월 30일, 1584년 7월 4일과 7일.

46. 슈미트는 구전으로 전해지는 것보다 더 자주 프랑켄 외의 지역에서 집행된 처형에 관해서도 꼼꼼히 기록한다. 예를 들어 유죄 판결을 받은 노이엔슈타트 출신의 절도범 한스 베버에 관해서 "10년 전에 매질해서 노이엔키르헨 성 밖으로 내쫓았던 자"라고 언급했다. (*FSJ* 1586년 8월 4일). 또한 1583년 1월 29일, 1585년 2월 9일, 1588년 6월 20일, 1588년 11월 6일, 1594년 1월 15일, 1604년 3월 6일.

47. *FSJ* 1582년 5월 29일, 1582년 11월 17일, 1583년 9월 12일, 1583년 12월 4일, 1581년 1월 9일, 1583년 7월 23일. 절도죄로 성 밖으로 매질 당해 내쫓긴 게오르크 마이어에 관한 내용은 1586년 8월 11일에 기록되어 있다. 그리고 1589년 11월 18일, 1597년 3월 3일, 1597년 8월 16일, 1605년 5월 2일, 1609년 2월 10일, 1611년 12월 15일을 볼 것. 피고용인에 관한 훈련 장면에 관한 묘사는 Bendlage의 *Henkers Hertzbruder*, 165-201, 226-33. 을 볼 것.

48. *FSJ* 1597년 3월 3일, 1597년 8월 16일, 1591년 5월 25일.

49. *FSJ* 1596년 2월 10일, 1590년 3월 24일.

50. Griffiths, *Lost Londons*, 138; 96ff. 나쁜 평판을 지닌 남자에 대한 동시대 기록을 참조함.

51. *FSJ* 1611년 5월 21일, 1585년 11월 24일.

52. *FSJ* 1580년 5월 24일, 1581년 4월 15일, 1582년 12월 20일, 1584년 11월 19일, 1584년 8월 14일, 1585년 3월 16일, 1586년 11월 17일, 1586년 11월 21일, 1593년 7월 14일, 1593년 7월 26일, 1593년 10월 9일, 1597년 11월 10일, 1601년 12월 14일, 1604년 3월 3일, 1605년 2월 12일, 1615년 11월 11일, 1615년 12월 8일. 또한 신체적 형벌에 관한 기록은 다음의 기록을 볼 것. 1590년 9월 8일, 1588년 1월 18일, 1600년 12월 9일, 1601년 4월 21일, 1586년 1월 27일.

53. *FSJ* 1578년 10월 9일, 1579년 10월 15일과 10월 31일, 1580년 10월 20일, 1581년 1월 9일, 1월 31일, 2월 7일, 1581년 2월 21일, 1581년 5월 6일, 9월 26일, 그리고 11월 25일, 1582년 12월 20일, 1583년 1월 10일과 1월 11일, 7월 15일, 8월 29일, 9월 4일, 11월 26일.

54. *FSJ* 1580년 10월 20일, 1583년 1월 10일, 1581년 1월 31일, 1589년 4월 2일, 1588년 1월 2일, 1588년 1월 18일. 또한 1590년 5월 5일, 1594년 6월 11일, 1595년 1월

3일, 1596년 6월 8일.

55. 여성 범죄자와 처형에 대한 일반적인 형사 분류는 다음의 문헌을 참조함. Rublack, *Crimes of Women*; Otto Ulbricht, ed., *Von Huren und Rabenmüttern: Weibliche Kriminalität in der frühen Neuzeit* (Vienna, Cologne, and Weimar: Böhlau, 1995); Joel F. Harrington, *Reordering Marriage and Society in Reformation Germany* (Cambridge, UK, and New York: Cambridge University Press, 1995), 228-40; Schwerhoff, *Köln im Kreuzverhör*, 178-79.

56. *FSJ* 1581년 2월 9일, 1587년 3월 27일, 1599년 1월 29일.

57. *FSJ* 1584년 7월 7일.

58. *FSJ* 1610년 11월 6일, 1588년 7월 19일. 또한 Laura Gowing의 *Domestic Dangers: Women, Words, and Sex in Early Modern London* (Oxford, UK: Oxford University Press, 1996)을 볼 것.

59. *FSJ* 1593년 7월 3일, 1599년 12월 4일, 1603년 5월 7일, 1609년 3월 9일.

60. *FSJ* 1587년 7월 20일, 1604년 9월 15일.

61. 호프 지역의 유대인과 그들 가족에 대한 빈번한 가택 침입에 대한 기록은 다음의 문헌을 참조함. Dietlein, *Chronik der Stadt Hof*, 267-68; *FSJ* 1590년 9월 23일, 1598년 8월 3일, 1602년 10월 26일.

62. *FSJ* 1590년 9월 23일, 1592년 8월 25일, 1592년 7월 10일, 1593년 7월 10일.

63. 근세 시대의 신원 확인 문제에 대해서는 Natalie Zemon Davis의 *The Return of Martin Guerre* (Cambridge, MA: Harvard University Press, 1983), 그리고 Valentin Groebner의 *Who Are You? Identification, Deception, and Surveillance in Early Modern Europe*, trans. Mark Kyburz and John Peck (Cambridge, MA: Zone, 2007)에서 잘 묘사되어 있다.

64. *FSJ* 1613년 12월 2일, 1593년 7월 3일, 1614년 7월 12일.

65. *FSJ* 1610년 1월 23일.

66. *FSJ* 1593년 2월 23일, 1596년 5월 3일, 1594년 7월 27일, 1590년 9월 8일.

67. *FSJ* 1579년 8월 12일, 1590년 7월 28일, 1601년 4월 21일, 1598년 4월 18일, 1581년 2월 9일, 1600년 2월 12일.

68. *FSJ* 1588년 1월 29일.

69. *FSJ* 1588년 7월 4일, 1588년 7월 30일, 1594년 12월 16일, 1588년 7월 4일, 1597년 2월 10일.

70. *FSJ* 1588년 3월 28일.

71. *FSJ* 1596년 2월 12일, 1598년 7월 11일, 1617년 11월 18일, 1617년 11월 13일.

72. *FSJ* 1616년 1월 16일, 1582년 7월 17일.

73. *FSJ* 1595년 1월 23일, 1606년 3월 4일, 1615년 5월 23일, 1617년 6월 25일, 1610년 1월 23일, 1598년 11월 14일.

74. *FSJ* 1584년 10월 16일, 1589년 10월 23일, 1614년 5월 8일, 1584년 10월 27일.

75. *FSJ* 1580년 3월 3일, 1580년 11월 17일, 1593년 7월 3일, 1598년 3월 30일, 1603년

1월 18일, 1611년 11월 20일, 1615년 11월 2일. 또한 1600년 4월 29일을 볼 것,

76. *FSJ* 1603년 5월 27일.

77. *FSJ* 1606년 7월 2일.

78. *FSJ* 1578년 7월 23일, 1612년 6월 23일. 또한 1579년 5월 2일, 1582년 4월 2일, 1599년 6월 4일.

79. *FSJ* 1579년 4월 28일, 1593년 6월 21일, 1615년 2월 28일.

80. *FSJ* 1589년 11월 18일. 또한 1582년 4월 10일, 1578년 11월 1일, 1598년 9월 2일을 볼 것.

81. *FSJ* 1614년 7월 12일, 1611년 1월 22일.

82. *FSJ* 1578년 3월 6일, 1579년 7월 13일, 1580년 1월 26일, 1580년 2월 29일, 1582년 8월 14일, 1590년 5월 5일, 1590년 7월 7일, 1597년 3월 15일, 1600년 5월 20일, 1601년 4월 21일, 1607년 8월 4일, 1616년 3월 5일.

83. *FSJ* 1580년 1월 26일, 1590년 5월 5일, 1590년 7월 7일, 1606년 6월 26일, 1614년 2월 8일.

84. *FSJ* 1606년 5월 17일, 1607년 8월 4일, 1580년 12월 6일, 1584년 11월 17일.

85. *FSJ* 1585년 6월 11일, 1593년 6월 21일, 1601년 12월 23일, 1604년 9월 15일, 1605년 7월 9일, 1611년 11월 20일, 1612년 3월 5일, 1613년 11월 19일.

86. *FSJ* 1585년 10월 15일, 1585년 10월 21일, 1586년 4월 14일, 1587년 4월 25일, 1589년 7월 15일.

87. *FSJ* 1585년 11월 11일.

88. *FSJ* 1581년 6월 1일, 1582년 7월 27일, 1587년 10월 3일.

89. 근세 독일에서 배우자 살해의 전형적인 스테레오타입은 대개 냉정하고 계산적인 아내와 폭력적이고 정열적인 남편이 대비된다. Silke Göttsch,"'Vielmahls aber häte sie gewüscht einen anderen Mann zu haben,' Gattenmord im 18. Jahrhundert," in Ulbricht, *Von Huren und Rabenmüttern*, 313-34.

90. 2명의 아내에 관한 기록은 *FSJ* 1580년 2월 15일, 1583년 4월 27일, 1583년 7월 9일, 1584년 3월 26일, 1584년 10월 29일, 1586년 6월 6일을 볼 것. 1590년 7월 14일 1580년 12월 1일과 1585년 4월 3일에는 3명의 아내에 관한 기록이 있고, 1585년 4월 3일과 1588년 5월 29일에는 4명의 아내로 기록되어 있다. 5명의 아내에 관한 기록은 1595년 11월 5일을 참조하면 된다.

91. *FSJ* 1590년 7월 28일, 1582년 2월 20일, 1582년 10월 16일, 1583년 4월 27일, 1583년 7월 9일, 1585년 3월 16일, 1586년 9월 20일, 1587년 10월 4일, 1592년 7월 10일, 1605년 7월 23일, 1609년 12월 6일.

92. *FSJ* 1590년 7월 28일, 1582년 2월 20일, 1582년 10월 16일, 1583년 4월 27일, 1583년 7월 9일, 1585년 3월 16일, 1586년 9월 20일, 1587년 10월 4일, 1592년 7월 10일, 1605년 7월 23일, 1609년 12월 6일.

93. *FSJ* 1611년 2월 28일, 1612년 6월 7일.

94. *RV* 1431: 37v (1579년 12월 29일); *RV* 1456: 46r (1580년 11월 8일); *RV* 1458: 25v

(1580년 12월 28일).

95. StaatsAN 44a, Rst Nbg Losungamt, 35 neue Laden, Nr. 1979; StaatsAN 60c, Nr. 1, 181r; *RV* 1507: 9v-10r (1584년 8월 19일); *RV* 1508: 32r (1584년 9월 25일).

96. 1582년 부활절 이후에 프란츠는 밤베르크에 있는 노쇠한 아버지를 병문안하기 위해 단기 휴가를 신청해서 받아들여진다. *RV* 1475: 23v (1582년 4월 10일).

97. ASB 210: 154; *RV* 1523: 8r-v, 23r, 25r, 31r (1585년 2월 1, 8, 9, 10일). StaatsAN 52a, 447: 1076.

98. *FSJ* 1585년 2월 11일과 1584년 7월 23일.

99. StaatsAB A245/I, Nr. 146, 106v-107v; StaatsAN 52a, 447: 1076-77. 또 다른 문단에서 슈미트는 범죄를 저지른 장본인을 친족으로 확인했으며 장형을 그의 조수에게 위임했다고 기록되어 있다. *FSJ* 1603년 6월 7일.

100. StaatsAB A231/1, Nr. 1809, 1.

101. StadtsAB B7, Nr. 84 (1585년 5월 1일); StadtsAB B4, Nr. 35, 102r-v (1586년); *RV* 1517: 21v-22r (1585년 5월 25일).

102. StadtAN F1-2/VII: 682.

103. St. Rochus Planquadrat H5, #654; Ilse Schumann, "Neues zum Nünberger Nachrichter Franz Schmidt," in *Genealogie* 25, nos. 9-10 (2001년 9월-10월): 686.

104. 힐폴트슈타인 (*FSJ* 1580년 7월 20일, 1584년 8월 20일, 1589년 3월 6일, 1593년 9월 19일, 1594년 2월 28일); 라우프 (*FSJ* 1590년 8월 4일, 1596년 6월 8일, 1599년 6월 4일), 잘츠부르크 (*FSJ* 1593년 2월 23일, 1597년 3월 11일); 헤르스브루크 (*FSJ* 1595년 7월 19일, 1595년 12월 18일, 1596년 2월 10일, 1598년 9월 2일); 리히테나우 (*FSJ* 1598년 4월 18일), *RV* 1706: 38r (1600년 1월 12일).

105. LKAN St. Sebaldus, 49v, 50v, 70v.

106. 이 시기에 지역사회 연구는 동일 지역에서 3자녀 이상 가구는 빈곤층 가구의 ⅙인 데 반해, 중·상류층 가구의 ¾에 해당하여 상대적으로 특권을 누렸음을 알 수 있다. 한편으로는 근세 초기 782명의 사형집행인 가구를 대상으로 한 표본 조사에서, 평균적으로 3명의 소년과 3명의 소녀가 있었던 것으로 나타났다. Jürgen Schlumbohm, *Lebensläufe, Familien, Höfe: Die Bauern und Heuerleute des osnabrückischen Kirchspiels Belm in proto-industrieller Zeit, 1650-1850* (Göttingen: Vandenhoeck and Ruprecht, 1994), 201, 297; G&T, 45-50.

107. *RV* 1621: 3v, 10v (1593년 7월 14일); ASB 308 (Bürgerbuch 1534-1631): 128v.

제4부 현인

1. *Essays*, 398.
2. *FSJ* 1597년 3월 15일.
3. *RV* 2122: 23r-v (1631년 5월 19일). StaatsAN Rep 65 (Mikrofilm S 0735). 1600년 겨울의 유행병에 관해서는 StaatsAN 52b, 226a: 1256-57를 참조하라.
4. 전체적인 개관에 관해서는 Joy Wiltenburg의 훌륭한 *Crime and Culture in Early Modern Germany* (Charlottesville: University of Virginia Press, 2012)을 보라.
5. *FSJ* 1573년; 1586년 11월 9일, 1580년 11월 17일, 1580년 3월 3일, 1580년 9월 16일, 1579년 12월 14일.
6. *FSJ* 1604년 10월 11일, 1598년 4월 18일.
7. *FSJ* 1595년 3월 29일.
8. Knapp, *Kriminalrecht*, 179-80.
9. *FSJ* 1579년 4월 28일, 1580년 12월 6일, 1582년 7월 27일.
10. *FSJ* 1589년 10월 23일, 또한 1584년 10월 16일, 1602년 3월 13일, 1604년 10월 11일의 기록을 볼 것.
11. *FSJ* 1579년 4월 28일, 1612년 3월 5일, 1616년 1월 16일, 1586년 1월 27일, 1590년 9월 23일, 1591 5월 18일, 1612년 12월 17일. 또한 1581년 5월 25일, 1582년 2월 20일, 1586년 8월 4일, 1587년 12월 22일, 1587년 1월 5일, 1587년 5월 30일, 1592년 4월 11일, 1593년 7월 21일. 야간의 치안이 얼마나 취약했는지는 Craig Koslofsky의 *Evening's Empire: A History of the Night in Early Modern Europe* (Cambridge, UK: Cambridge University Press, 2011)을 보라.
12. *FSJ* 1587년 8월 29일, 1584년 10월 16일.
13. *FSJ* 1593년 6월 30일.
14. *FSJ* 1604년 9월 18일, 1604년 8월 13일. 또한 1588년 1월 2일, 1593년 7월 10일, 1615년 2월 28일의 기록을 볼 것.
15. *FSJ* 1616년 1월 16일.
16. *FSJ* 1599년 6월 4일.
17. 16세기의 폭력적인 강도 사건에 관해서는 Dülmen의 *Theatre of Horror*, appendix, table 5를 보라. 1602년 4월 13일, 1587년 8월 22일. 또한 1612년 11월 19일, 1612년 6월 2일, 1615년 12월 7일의 3건의 사례에서 보면, 미성년자에 대한 성폭행범에 대해 사형 선고되었다.
19. *FSJ* 1596년 7월 4일, 1583년 11월 28일, 1599년 11월 13일.
20. *FSJ* 1582년 7월 17일, 1582년 8월 11일, 1603년 5월 27일, 1598년 5월 8일, 1611년 5월 17일, 1608년 10월 11일.
21. *FSJ* 1604년 10월 13일.
22. *FSJ* 1580년 7월 15일.

23. *FSJ* 1578년. 1580년 7월 15일, 1581년 5월 25일, 1582년 2월 20일, 1584년 3월 14
    일, 1586년 8월 4일, 1588년 1월 2일, 1588년 7월 4일, 1593년 6월 21일, 1596년 2
    월 10일, 1596년 7월 22일, 1598년 7월 11일, 1601년 1월 20일, 1601년 4월 21일.
24. *FSJ* 1581년 5월 25일.
25. *FSJ* 1593년 7월 21일. 1573년에 발생한 3건의 기록을 참조할 것. 1580년 7월 15일,
    1581년 5월 25일, 1582년 2월 20일, 1586년 8월 4일, 1587년 12월 8일, 1596년 2월
    10일, 1596년 7월 22일, 1601년 4월 21일.
26. *FSJ* 1574년.
27. *FSJ* 1603년 10월 11일, 사형수의 시체 훼손에 관한 또 다른 사례들은 1574년의 기
    록을 참조하라. 1591년 5월 25일, 1599년 8월 28일, 1580년 7월 15일, 1588년 1월
    2일, 1602년 3월 13일, 1596년 12월 2일, 1597년 3월 15일, 1612년 3월 5일.
28. *FSJ* 1605년 5월 2일, 1600년 7월 29일, 1601년 11월 12일, 1596년 12월 2일, 1591
    년 2월 18일, 1593년 6월 21일, 1598년 7월 11일. 또한 1573년, 1574년, 1585년 2월
    11일, 1585년 5월 4일, 1605년 5월 2일의 기록을 볼 것.
29. *FSJ* 1597년 3월 3일, 1600년 7월 29일, 1596년 2월 10일, 1611년 1월 17일, 1582년
    2월 20일, 1582년 7월 27일.
30. *FSJ*: 사형 394건 중 300건, 태형 384건 중 301건이다.
31. 근대 미국 서부의 규정에 관해서는 특히 Richard Maxwell Brown의 "Violence," in
    The Oxford History of the American West, ed. Clyde A. Milner II et al. (Oxford,
    UK: Oxford University Press, 1994), 393-95를 보라. 이 인용에 대해서는 대학교
    동료인 단 우스너에게 도움을 받았다.
32. Knapp, *Kriminalrecht*, 170-77, 191-95.
33. *FSJ* 1602년 10월 26일, 1609년 3월 17일, 1585년 5월 4일, 또한 1586년 4월 28일을
    볼 것.
34. *FSJ* 1577년, 1578년 4월 10일, 1579년 10월 6일, 1583년 11월 28일, 1586년 4월 28
    일, 1591년 2월 18일, 1587년 6월 1일, 1588년 10월 13일, 1600년 8월 11일, 1606년
    8월 11일. Knapp, *Kriminalrecht*, 31-37. 또한 Schwerhoff의 *Köln im Kreuzverhör*,
    265-322를 보라.
35. *FSJ* 1588년 10월 13일.
36. *FSJ* 1599년 8월 7일.
37. *FSJ* 1587년 4월 20일.
38. *FSJ* 1592년 4월 11일.
39. *FSJ* 1587년 9월 20일, 1604년 3월 6일.
40. Harrington, *Unwanted Child*, 30-34.
41. *FSJ* 1597년 10월 5일, 1609년 7월 8일, 1609년 7월 1일.
42. *FSJ* 1583년 1월 9일, 1583년 7월 18일, 1586년 9월 1일, 1584년 7월 4일, 1585년 6
    월 16일.
43. *FSJ* 1614년 6월 28일.

44. *FSJ* 1611년 2월 22일.

45. *FSJ* 1587년 7월 20일.

46. Ulinka Rublack "'Viehisch, frech vnd onverschäpt': Inzest in Süwestdeutschland, ca. 1530-1700," in Ulbricht, *Von Huren und Rabenmüttern*, 171-213; 또한 David Warren Sabean, Simon Teuscher, Jon Mathieu가 편집한 *Kinship in Europe: Approaches to the Long-Term Development (1300-1900)* (New York: Berghahn, 2007)을 볼 것.

47. *FSJ* 1605년 7월 23일, 1599년 1월 29일, 1611년 3월 5일, 1611년 2월 28일, 1584년 7월 7일. 또한 1587년 3월 27일, 1588년 4월 23일, 1589년 4월 2일, 1594년 6월 26일, 1609년 6월 17일.

48. 이 주제에 관한 가장 훌륭한 저작은 Helmut Puff의 *Sodomy in Reformation Germany and Switzerland, 1400-1600* (London and Chicago: University of Chicago Press, 2003)이다.

49. *FSJ* 1594년 8월 13일.

50. *FSJ* 1596년 3월 11일.

51. *FSJ* 1596년 3월 11일, 1581년 4월 10일.

52. *FSJ* 1596년 7월 3일. 이러한 측면에서 놀랍도록 관용적인 분위기에 관한 실증적 연구는 Maria R. Boes의 "On Trial for Sodomy in Early Modern Germany," in *Sodomy in Early Modern Europe*, ed. Tom Betteridge (Manchester, UK: Manchester University Press, 2002), 27-45를 보라.

53. *FSJ* 1591년 4월 19일. 또한 1584년 7월 15일, 1587년 10월 13일, 1583년 5월 17일, 1585년 7월 15일. 신성 모독에 대한 신의 분노를 두려워하는 당대 사람들의 모습에 관해서는 Knapp의 *Kriminalrecht*, 277-79에 잘 나타나 있다.

54. *FSJ* 1587년 1월 5일, 1590년 6월 25일, 1600년 7월 29일, 또한 1600년 8월 12일, 1602년 1월 19일, 1601년 4월 21일.

55. *FSJ* 1609년 2월 10일, 1609년 3월 9일, 1610년 1월 23일, 1602년 1월 19일.

56. *FSJ* 1605년 10월 1일.

57. *FSJ* 1586년 1월 27일. 또한 1586년 8월 4일, 1588년 1월 2일, 1589년 3월 4일, 1590년 9월 23일.

58. Knapp, *Kriminalrecht*, 119-22. 집도한 치안판사가 "품위를 지킨" 행위로 구체화한 기록은 233행과 그 다음을 볼 것.

59. *FSJ* 1611년 12월 29일, 1588년 7월 19일.

60. *FSJ* 1615년 1월 12일, 1583년 9월 12일, 1584년 7월 23일, 1598년 8월 3일, 1609년 8월 26일.

61. *FSJ* 1598년 11월 14일.

62. *FSJ* 1617년 11월 18일.

63. *FSJ* 1588년 12월 13일, 1597년 11월 18일, 1601년 10월 13일.

64. *FSJ* 1604년 9월 15일,

65. *FSJ* 1600년 4월 29일. 또한 1616년 7월 1일.
66. *FSJ* 1597년 10월 25일. 또한 1587년 6월 1일.
67. *FSJ* 1609년 3월 9일.
68. *FSJ* 1617년 11월 18일, 1600년 9월 2일. 또한 1594년 7월 23일, 1613년 7월 13일.
69. *FSJ* 1587년 10월 17일, 1611년 9월 7일, 1602년 9월 14일, 1595년 9월 16일.
70. *FSJ* 1612년 10월 1일, 1613년 7월 8일.
71. *FSJ* 1593년 10월 11일, 1598년 2월 9일, 1606년 3월 20일, 1609년 2월 23일, 1614년 7월 12일.
72. *FSJ* 1585년 5월 4일, 1584년 11월 17일, 1588년 10월 5일, 1603년 5월 7일. "존엄한 죽음"에 관해서는 1581년 1월 10일, 1595년 11월 6일, 1600년 12월 23일, 1605년 9월 15일, 1605년 9월 18일, 1613년 7월 8일의 기록을 볼 것.
73. *JHJ*, Hampe, 71; *FSJ* 1614년 7월 19일. 또한 1611년 5월 17일.
74. *JHJ* 39v.
75. *JHJ*, quoted in Hampe, 19.
76. *JHJ*, quoted in Hampe, 17-18.
77. *FSJ* 1588년 1월 11일.
78. *FSJ* 1613년 1월 28일, 1613년 7월 8일.
79. *FSJ* 1582년 2월 20일, 1604년 9월 18일. 또한 1582년 8월 11일, 1593년 10월 9일.
80. *JHJ* 1614년 3월 10일.
81. Dülmen, *Theatre of Horror*, 28-32; Schwerhoff, *Köln im Kreuzverhör*, 166ff.
82. StaatsAN 226a, 40v, 77r.; *JHJ* 153r; *FSJ* 1610년 3월 15일.
83. Hampe, 14-16.
84. Ibid., 83.
85. *FSJ* 1588년 10월 3일. 또한 1614년 7월 12일, 1588년 6월 15일, 1597년 5월 23일, 1593년 12월 18일.
86. *JHJ* 1614년 3월 10일, Hampe, 16에서 인용함.
87. Hampe., 83에서 인용함.
88. *FSJ* 1609년 2월 10일.
89. Keller, 144-45, 148.
90. *FSJ* 1581년 1월 10일, 1585년 10월 16일.
91. *FSJ* 1592년 4월 11일, 1606년 3월 4일, 1593년 10월 11일, 1606년 8월 11일, 1612년 3월 5일. 또한 1609년 3월 17일, 1611년 9월 5일.
92. Harrington, *Unwanted Child*, 195-214를 보라.
93. *CCC*, art. 179 and art. 14.
94. Harrington, *Unwanted Child*, 221-25.
95. StadtAN F1-14/IV: 1634.
96. *FSJ* 1594년 5월 16일, 1593년 7월 22일, 1600년 6월 4일, 1582년 11월 29일.
97. *FSJ* 1612년 10월 1일.

98. Hampe, 84. 5명의 소년은 공개 태형과 추방에 앞서 그들의 리더였던 18세 소년 하인리히 린트의 사형을 지켜보도록 법원의 명령을 받았다. 같은 해 13명의 미성년 집단 가운데 12세를 넘는 소년들은 아무도 없었기 때문에 역시 태형을 받고 추방당했다. StadtAN F1-2/VII: 529; Knapp, *Kriminalrecht*, 9.

99. *FSJ* 1614년 1월 25일. StaatsAB A245/I Nr. 146, 82v; ASB 210: 86v.

100. *FSJ* 1578년 10월 7일, 1579년 3월 18일, 1580년 4월 28일, 1580년 8월 2일, 1580년 10월 4일, 1584년 2월 11일, 1584년 2월 12일, 1587년 7월 20일, 1587년 5월 15일, 1594년 9월 5일, 1597년 5월 3일, 1604년 6월 16일, 1615년 1월 12일, 1615년 12월 19일. 또한 ASB 226a: 49r-52v.

101. ASB 226a: 48r; *FSJ* 1614년 1월 25일.

102. *FSJ* 1584년 2월 11일, 1584년 2월 12일.

103. *FSJ* 1594년 9월 5일, 1597년 5월 3일, 1604년 6월 16일, 1615년 2월 28일, 1615년 12월 14일.

104. *FSJ* 1615년 1월 12일, 1615년 12월 14일.

105. *FSJ* 1615년 12월 19일, ASB 218: 72vff.

106. *FSJ* 1588년 1월 29일, 1592년 1월 13일. 또한 1584년 2월 11일, 1584년 2월 12일, 1593년 6월 5일, 1615년 1월 12일, 615년 12월 14일, 1615년 12월 19일.

107. *FSJ* 1615년 10월 25일.

108. *FSJ* 1601년 5월 19일.

109. Joel F. Harrington, "Bad Parents, the State, and the Early Modern Civilizing Process," in *German History* 16, no. 1 (1998): 16-28.

110. *FSJ* 1582년 1월 8일, 1574년, 1578년 4월 15일, 1606년 3월 6일, 1590년 4월 2일, 1584년 1월 14일.

111. *FSJ* Dec 12 1598년 12월 12일, 1606년 3월 6일, 1583년 7월 18일, 1586년 9월 1일, 1612년 6월 7일, *RV* 1800: 48v-49r (1607년 3월 14일).

112. *FSJ* 1584년 1월 14일. 또한 1582년 1월 8일.

113. ASB 213: 214v.

114. *FSJ* 1605년 5월 2일.

115. *FSJ* 1604년 6월 16일.

116. ASB 210: 154r. *FSJ* 1585년 2월 11일.

117. Dieter Merzbacher, "Der Nünberger Scharfrichter Frantz Schmidt—utor eines Meisterliedes?," in *MVGN* 73 (1986): 63-75.

118. Stuart, 179-80.

119. *FSJ* 1590년 4월 2일.

120. *FSJ* 1604년 9월 15일. 15세기와 16세기 예술에 나타난 '좋은 도둑과 나쁜 도둑'에 관한 주제는 Mitchell Merback의 *The Thief, the Cross, and the Wheel: Pain and the Spectacle of Punishment in Medieval and Renaissance Europe* (Chicago: University of Chicago Press, 1999), 218-65를 보라.

제5장 치유사

1. *Essays*, 174.

2. *FSJ* 1588년 1월 2일, 1588년 1월 11일, 1588년 1월 18일.

3. Geoffrey Abbott, *Lords of the Scaffold: A History of the Executioner* (London: Eric Dobby, 1991), 104ff.

4. ASB 210: 289r-v, 292v-293v.

5. *Restitution*, 201v.

6. *RV* 1119: 13r (1555년 7월 22일); G&T, 104-6.

7. Nowosadtko, 163. 1533년 아우크스부르크의 퇴임한 사형집행인은 의료 상담사만으로는 생계를 영위하기 어려워 옛 직업에 복귀하게 해달라고 청원했다. Stuart, 154.

8. Robert Jütte, *Ärzte, Heiler, und Patienten: Medizinischer Alltag in der frühen Neuzeit* (Munich: Artemis & Winkler, 1991), 18-19.

9. Angstmann, 92; Keller, 226. Paracelsus, *Von dem Fleisch und Mumia*, Stuart, 160 에서 인용함.

10. Matthew Ramsey, *Professional and Popular Medicine in France, 1770-1830: The Social World of Medical Practice* (Cambridge, UK: Cambridge University Press, 1988), 27; Nowosadtko, 165.

11. 사형집행인 가문에서 일반적인 의학 지식이 축적되는 현상에 관해서는 Michael Hackenberg의 "Books in Artisan Homes of Sixteenth-Century Germany," *Journal of Library History* 21 (1986): 72-91행을 보라.

12. *Artzney Buch: Von etlichen biß anher unbekandten unnd unbeschriebenen Kranckheiten/deren Verzeichnuß im folgenden Blat zu finden* (Frankfurt am Main, 1583).

13. 저자가 참고한 판본은 다음과 같다. *Feldtbuch der Wundartzney, newlich getruckt und gebessert* (Strasbourg, 1528).

14. 가장 대중적인 자료는 1532년의 *Spiegel der Artzney* of Lorenz Fries이며, 사실상 문진 과정을 구조화된 질문을 통해 체계화하여 제시했다. Claudia Stein의 *Negotiating the French Pox in Early Modern Germany* (Farnham, UK: Ashgate, 2009), 48-49.

15. Jütte, *Ärzte*, 108. 또한 David Gentilcore의 *Medical Charlatanism in Early Modern Italy* (Oxford, UK: Oxford University Press, 2006)을 볼 것.

16. 16세기 후반 쾰른에서 전체 외상사건 2,179건 가운데 외과의사에게 치료받은 비율은 36.6퍼센트에 해당한다. Jütte, *Ärzte*, table 6; G&T, 111.

17. Nowosadtko, 163-66.

18. *Restitution*, 202r.

19. 발렌틴 도이저는 1641년 "어떤 지역이든 가정을 방문하여 외과의사와 이발사로 겸

업 활동을 수행할 수 있도록 어떠한 방해도 받지 않는다"는 내용의 제국 특권을 부여받을 수 있었다. G&T, 41.

20. *Restitution*, 203r-v.
21. *RV* 1726: 58r-v (1601년 7월 7일).
22. *RV* 1835: 25r (1609년 10월 14일).
23. Mummenhoff, "Die öfentliche Gesundheits," 15; L. W. B. Brockliss and Colin Jones, *The Medical World of Early Modern France* (Oxford, UK: Clarendon Press, 1997), 13-14.
24. 1661년 뉘른베르크 위원회는 아우크스부르크 내과의사들로부터 사형집행인의 진료행위가 너무 광범위하다는 항의를 받았을 때, 사형집행인에게 그런 활동을 할 자격이 있다고 밝혔다. Stuart, 163을 볼 것.
25. G&T, 41. 다른 지역에서 일어난 갈등 상황에 관해서는 Wilbertz, 70ff.; Stuart, 164-72; G&T, 109행 이하를 보라.
26. 뉘른베르크에서는 보통 성 베드로 교회의 공동묘지에 매장되었다. Knapp, *Loch*, 77.
27. Karl H. Dannenfeldt, "Egyptian Mumia: The Sixteenth Century Experience and Debate," in *Sixteenth Century Journal* 16, no. 2 (1985): 163-80.
28. Stuart, 158-59; 180행. 스튜어트는 사형장에서 흘린 피와 인체 부위를 나누는 행위를 기독교의 성찬식과 비교하였다.
29. Markwart Herzog, "Scharfrichterliches Medizin. Zu den Beziehungen zwischen Henker und Arzt, Schafott und Medizin," in *Medizinhistorisches Journal* 29 (1994), 330-31; Stuart, 155-60; Nowosadtko, 169-70.
30. Nowosadtko, 179.
31. Stuart, 162; Angstmann, 93.
32. 예술을 위한 인체 절개와 해부학의 차이점에 관해서는 Andrea Carlino의 *Books of the Body: Anatomical Ritual and Renaissance Learning*, trans. John Tedeschi and Anne C. Tedeschi (Chicago: University of Chicago Press, 2009)을 보라.
33. Roy Porter, *Blood and Guts: A Short History of Medicine* (London: Allen Lane, 2002), 53-58.
34. Nowosadtko, 168-69.
35. G&T, 67.
36. Hampe, 79-81.
37. Knapp, *Kriminalrecht*, 64행에 인용됨.
38. *FSJ* 1578년 7월 21일, *RV* 1425: 48r (1578년 7월 17일).
39. *FSJ* 1581년 6월 1일, 1584년 10월 16일, 1590년 12월 8일, 1593년 12월 18일, 페슐러는 1641년에도 처형된 죄수의 해부에 관여했다. Knapp, *Kriminalrecht*, 100.
40. *FSJ* 1578년 6월 26일, 1587년 8월 22일.
41. *FSJ* 1601년 1월 20일, 1587년 8월 29일.
42. *FSJ* 1596년 6월 4일, 1615년 3월 21일, 1605년 10월 1일.

43. *FSJ* 1602년 9월 14일.

44. Angstmann, 99-101; StaatsAN 42a, 447: 1063 (1583년 8월 7일).

45. Döpler, *Theatrum poenarum*, 1:596; Nowosadtko; 183-89; *RV* 2176: 56r (1635년 7월 15일); Hartmut H. Kunstmann, *Zauberwahn und Hexenprozess in der Reichsstadt Nürnberg* (Nuremberg: Nürnberg Stadtarchiv, 1970), 94-97.

46. Nowosadtko, 98-117; Zagolla, *Folter und Hexenprozess*, 368; Wolfgang Behringer, *Witchcraft Persecutions in Bavaria: Popular Magic, Religious Zealotry, and Reason of State in Early Modern Europe*, trans. by J. C. Grayson and David Lederer (Cambridge, UK, and New York: Cambridge University Press, 1997), 401, table 13. 프랑켄 외의 지역에서 일어난 마녀 광풍 현상에 관해서는 Susanne Kleinöder-Strobel의 *Die Verfolgung von Zauberei und Hexerei in den fränkischen Markgraftümern im 16. Jahrhundert* (Tübingen: J.C.B. Mohr Siebeck, 2002)를 보라.

47. Kunstmann, *Zauberwahn*, 39-44.

48. *FSJ* 1590년 7월 28일.

49. ASB 211: 111r-114r; 또한 Kunstmann, *Zauberwahn*, 69-78을 볼 것.

50. ASB 211: 111r.

51. *FSJ* 1590년 7월 28일.

52. Kunstmann, *Zauberwahn*, 78-86. 이 세기 후반에는 뉘른베르크도 마녀사냥 분위기에 편승하여 3명의 남자와 2명의 여자를 마술을 부렸다는 이유로 처형했다(다만, 프랑켄 전체 지역에서 4,500건 처형이 있었던 것과는 확실히 비교된다).

53. *FSJ* 1617년 11월 13일, ASB 217: 326r-v.

54. *FSJ* 1604년 10월 13일.

55. *FSJ* 1605년 5월 2일, 1600년 12월 23일.

56. *FSJ* 1588년 12월 13일.

57. *FSJ* 1613년 7월 8일, *JHJ* 1613년 7월 8일.

58. *FSJ* 1599년 5월 10일.

59. *FSJ* 1604년 3월 6일, ASB 215, Hampe, 59-60에서 인용함.

60. ASB 218: 324r-342r.

61. *FSJ* 1604년 3월 7일, 1599년 8월 17일, 1606년 3월 20일, 1585년 2월 18일.

62. *FSJ* 1595년 9월 25일, 1586년 11월 26일.

63. *FSJ* 1598년 2월 9일. 이 주제에 관해서는 Johannes Dillinger의 매혹적인 저술 *Magical Treasure Hunting in Europe and North America: A History* (New York: Palgrave Macmillan, 2011)을 보라.

64. 1601년과 1606년 사이에, 슈미트는 사형 집행을 위해 적어도 일 년에 한 번, 때로는 두 번 이상 출장을 떠났는데, 주로 힐폴트슈타인, 알트도르프, 라우프, 잘츠부르크, 리히테나우, 그래펜베르크 등 인근 도시가 출장 대상지였다. (*FSJ* 1601년 6월 20일, 1601년 7월 8일, 1602년 3월 3일, 1603년 5월 7일, 1603년 5월 27일, 1604년 6

월 16일, 1604년 8월 13일, 1605년 5월 6일, 1606년 5월 17일). 그는 1609년(2월 10
일과 3월 17일) 헤롤츠베르크와 헤르스부르크에 갔고, 1611년 1월 17일 에세나우
에 한 번 방문했다. 마이스터 프란츠는 그다음 해부터 7년간 평균적으로 연 2회 태
형을 집행했다.

65. ASB 226: 43r-v; *FSJ* 1611년 2월 28일.

66. StaatsAN 52a, 447: 1413-14; *RV* 1871: 7v, 22v-23v, 25v, 31v-32r.

67. StaatsAN 52a, 447: 1493.

68. Siebenkees, *Materialen,* 4:552; *FSJ* 1617년 7월 29일.

69. *RV* 1943: 12v, 18r-v, 24v (1617년 11월 10, 12, 13일).

70. *JHJ* 1617년 11월 13일.

71. *RV* 1943: 37v, 58r, 80r, 85r-v (1618년 7월 13, 17, 24, 27일); 1953: 10 v, 41r, 47r
(1618년 8월 1, 10, 12일).

72. *RV* 1953: 55v-56r, 72v, 80r (1618년 8월 14, 20, 22일); 1954: 33v, 74r (1618년 9
월 7일과 21일); 1957년, 42r (1618년 12월 4일).

73. *RV* 1963: 4 v, 27r-v, 39r (1619년 4월 29일, 5월 8일과 13일).

74. *RV* 2005: 104r-v (1622년 7월 17일); 2018: 45v (1623년 6월 23일); 2037: 17r
(1624년 11월 16일); 2038: 32r (1624년 12월 12일); 2068: 117r (1627년 4월 17일);
2189: 30r-v (1636년 7월 22일); 2194: 25r-v (1636년 12월 7일); 2214: 36r (1638
년 5월 31일).

75. Keller, 174.

76. *RV* 1969: 29v (1619년 10월 22일); 1977: 54v (1620년 6월 7일); 1991: 35v (1621
년 6월 8일).

77. *RV* 2052: 92v (1626년 2월 21일).

78. *RV* 2044: 29v-30r, 64r-v (1625년 6월 23일과 7월 4일); 2045: 13r-v, 41r-v, 71v
(1625년 7월 18일과 26일, 8월 3일); 2047: 16r (1625년 9월 13일); 2048: 1v (1625
년 10월 6일); StadtAN B 14/1 138, 108v-110r: 373플로린(27¼크로이넨)의 할부
선금; 주택 청소비용을 뺀 나머지 비용이다(1625년 9월 22일), StadtAN B1/II, no.
74 (c. 1626).

79. *RV* 1959: 37v-38r (1619년 1월 23일); *RV* 1968: 9r (1619년 9월 18일).

80. *RV* 2040: 29v-30r (1625년 2월 10일).

81. *RV* 2002: 2r (1622년 4월 4일); *RV* 2046: 7r-v (1625년 8월 13일).

82. *RV* 2071: 25v (1627년 6월 26일); StaatsAN B1/III, Nr. VIa/88.

83. StaatsAN 54a II: Nr. 728.

84. *Restitution,* 209r-211r.; *RV* 2039: 34v (1625년 1월 17일).

85. LKAN St. Lorenz Taufungen 910 (1612년 1월 4일); Schumann, "Franz Schmidt,"
678-9.

86. *RV* 1877: 15r, 21r, 31v-32r (1612년 12월 2, 4, 7일).

87. *RV* 1929: 64r (1616년 11월 13일); 1931: 49v-49r (1616년 12월 30일); 1933: 8v-9r

(1617년 2월 8일).

88. *RV* 2025: 25v, 37r (1624년 1월 8일과 14일). 그녀는 처음에 로지나 슈미딘으로 기록되었다가 훗날 로지나 뵈클린으로 기록되었다. 그녀의 남편에 관해서는 문헌이 남아 있지 않다.

89. StaatsAN Rep 65, Nr. 34: 42r, 56r.

90. 1680년과 1770년 동안에 잉골슈타트 대학에 최소 9건의 기록이 있다. G&T, 17-20, 111-12; Nowosadtko, 321ff.

91. *RV* 2122: 23r-v (1631년 5월 19일).

92. *RV* 2131: 74v (1632년 2월 3일); LKAN Lorenz 512. *Nürnberger Kunstlerlexikon*, ed. Manfred H. Grieb (Munich: Saur, 2007), 1:24; StaatsAN 65, 20 (1632년 2월 24일).

93. LKAN Lorenz 109; StaatsAN Rep 65, Nr. 34: 56.

94. LKAN Lorenz L80, 129; *RV* 2162: 49v (1634년 6월 13일).

95. StaatsAN 65, 32: 244.

에필로그

1. In *Resistance, Rebellion, and Death*, trans. Justin O'Brien (New York: Vintage Books, 1974), 180.

2. Walker, *German Home Towns*, 12.

3. StaatsAN 54a II: Nr. 728; also *RV* 2189: 30r-v (1636년 7월 22일); 2194: 25r-v (1636년 12월 7일); 2225: 97r (1639년 5월 10일); 2232: 10v-11v (1639년 11월 2일); 2243: 91v (1640년 9월 23일). 슐레겔의 자체 집계에 따르면, 그가 옛 직위에서 1,500명의 고객 명단을 확보했던 반면, 뉘른베르크의 진료 고객들은 고작해야 97명밖에 없었다.

4. 마리아는 1664년 4월 12일 사망했고, 프란첸한스는 1683년 2월 26일 사망했다. (LKAN Beerditgungen St. Lorenz, fol. 311, 328).

5. Evans, *Rituals of Retribution*, 109-49.

6. 나는 이러한 점에서 미셸 푸코(Michel Foucault)와 필리페 아리에스(Philippe Ariès)의 목적론적이고 어떤 면에서는 흠결 있는 논쟁에 관해 리차드 에반스(Richard Evans)가 강력히 제기한 비판에 주목하고 싶다. 비록 "문명화 과정"이 다른 문화적 맥락에서는 여전히 가치 있다고 주장한 노베르트 엘리아스(*Rituals of Retribution*, 880ff.)에 조금 더 공감하지만 말이다. 불행하게도 최근 스티븐 핑커가 후자를 대중화하는 과정에서 엘리아스 이론의 가장 취약한 요소, 즉 18세기 내내 공감 능력이 늘었다는 추정을 더욱 증폭시키는 결과를 낳았다. 예를 들어, 핑커는 "중세의 기독교 세계는 잔인성의 문명"이며, 오로지 계몽주의 시대의 휴머니즘이 등장하면서 비로소

"사람들은 자신과 동류인 인류에 공감하게 되었다"고 주장한다. 이러한 주장에 관해서는 Steven Pinker의 *The Better Angels of Our Nature: Why Violence Has Declined* (New York: Viking, 2011), 132-33을 보라. 공개처형에 관한 대중 감성의 변화를 보다 섬세하게 분석한 연구로는 Pieter Spierenburg의 *The Spectacle of Suffering: Executions and the Evolution of Repression* (Cambridge: Cambridge University Press, 1984)과 Paul Friedland의 *Seeing Justice Done: The Age of Spectacular, Punishment in France* (Oxford: Oxford University Press, 2012), 특히 119-91을 참조하라. 내가 후자의 문헌에 주목하게 된 것은 동료 로렌 클레이(Lauren Clay)의 조언 덕분임을 밝힌다.

7. Dülmen의 *Theatre of Horror*, 133-37에서 거의 비슷한 결론을 내렸음에 주목하기 바란다.

8. Keller, 262-79; Stuart, 75-82, 227-39; Nowosadtko, 305-16, 333-36; Knapp, *Loch*, 60-61.

9. 이 대목은 Nowosadtko, "'Und nun alter, ehrlicher Franz.'"의 훌륭한 접근에 의존했다.

10. 스타이그(R. Steig)가 편집한 아힘 폰 아르님과 그림 형제 사이에 주고받은 1810년 9월 3일 날짜의 서신을 인용했다(Stuttgart: J. G. Cotta, 1904), 69-70.

11. G&T, 49; Nowosadtko, "'Und nun alter, ehrlicher Franz,'" 238-1.

12. Stephen Brockmann의 *Nuremberg: The Imaginary Capital* (Rochester, NY: Camden House, 2006)에 특히 주목하기를 바란다.

13. Wolfgang Schild의 매혹적인 역사 관광안내서 *Die Eiserne Jungfrau: Dichtung und Wahrheit*, Schriftenreiche des Mittelalterlichen Kriminalmuseums Rothenburg ob der Tauber (2001)를 참고하기 바란다. 이 출판물을 소개해 준 Hartmut Frommer 박사에게 감사를 표한다.

14. 근세 독일의 사형집행인에 관한 20세기 사료 편찬을 더 자세히 토론하기 위해서는 다음의 문헌을 볼 것. Wilbertz, 1ff.; Nowosadtko, 3-8; Stuart, 2-5.

15. 중세 망나니가 주인공으로 등장하는 여러 문학작품 중에서 가장 성공을 거둔 것은 Wilhelm Raabe의 *Das letzte Recht* (1862), *Zum wilden Mann* (written in 1873, published in 1884), 그리고 Gerhart Hauptmann의 희극들(*Magnus Garbe*, 1914; second version, 1942), Ruth Schaumann(*Die Zwiebel*, 1943) 등이다. 보다 최근에는 Oliver Pötzsch의 *The Hangman's Daughter* (English translation by Lee Chadeayne; Seattle: AmazonCrossing, 2011), *Der Henker von Nürnberg* (Mannheim: Wellhöfer, 2010), 그리고 Anne Hassel와 Ursula Schmid-Spreera가 편집한 상상 단편소설집과 같은 대중 로망스 소설에도 주요 배역으로 등장했다.

16. 나는 이 용어를 Evans의 *Rituals of Retribution*, xiii.에서 차용해 왔다.

17. Pinker, *Better Angels of Our Nature*, 특히 129-88.

18. www.amnesty.org/en/death-penalty/numbers.

그림 출처

Bayerisches Hauptstaatsarchiv München: 251쪽 그림
Germanisches Nationalmuseum Nürnberg: 96쪽, 145쪽, 218쪽, 303쪽, 380쪽 그림
Kunsthistorisches Museum Wien: 41쪽
Luzern Zentralbibliothek: 108쪽, 112쪽
Mary Evans Picture Collection: 238쪽
Museen der Stadt Nürnberg: 34쪽
Staatliche Museen Nürnberg: 367쪽
Staatliche Museen zu Berlin, Kunstbibliothek: 248쪽, 259쪽
Staatsarchiv Nürnberg: 24쪽, 79쪽, 166쪽, 183쪽, 185쪽, 210쪽
Stadtarchiv Nürnberg: 61쪽, 73쪽, 123쪽, 129쪽, 171쪽, 191쪽, 225쪽, 292쪽
Stadtbibliothek Nürnberg: 19쪽, 330쪽
Zentralbibliot hek Zürich: 130쪽, 133쪽, 153쪽, 336쪽

뉘른베르크의 사형집행인
The Faithful Executioner

1판 1쇄 찍음 2023년 10월 25일
1판 1쇄 펴냄 2023년 10월 30일

지은이　조엘 해링톤
옮긴이　이지안
편집　　김효진
디자인　위하영
교열　　황진규
펴낸곳　마르코폴로

등록　　제2021-000005호
주소　　세종시 다솜1로9.
이메일　laissez@gmai l.com

ISBN　　979-11-92667-29-4 93920